Coverdesign: Tan Kanbay

für meinen Vater,

Dr. med. Ahmet Kıygı

Internist

möge er in Frieden ruhen

Wörterbuch der Medizin

Deutsch-Türkisch

Band 2

Tıp Sözlüğü

Almanca-Türkçe

Cilt 2

OSMAN NAZIM KIYGI, M.A.

Bibliografische Information der Deutschen Nationalbibliothek: Die
Deutsche Nationalbibliothek verzeichnet diese Publikation in der Deutschen
Nationalbibliografie. Detaillierte bibliografische Daten sind im Internet über
dnb.dnb.de abrufbar.

© 2025 Osman Nazim Kiygi

Verlag: BoD · Books on Demand GmbH, In de Tarpen 42,

22848 Norderstedt, bod@bod.de

Druck: Libri Plureos GmbH, Friedensallee 273, 22763 Hamburg

ISBN: 978-3-7693-3885-0

Vorwort

Ich kann mich gut an die Worte meines Vaters erinnern als ich vor meinem Schulabschluss stand: "Als Arzt wirst du niemals arbeitslos. Schau mich an." Ich hatte damals nur genickt, aber ich wollte auf keinen Fall Mediziner werden. Um jegliche Art von Diskussionen mit meinen Vater zu vermeiden, hatte ich damals - 1967 bei der zentralen Eintrittsprüfung der Hochschulen in der Türkei - die drei besten medizinischen Fakultäten angekreuzt. Die Punktzahl, die ich erzielte, reichte, um eine der Fakultäten frei zu wählen. Ich aber verließ fluchtartig die Türkei und kam nach Deutschland, um Maschinenbau zu studieren. Auch ein Irrtum meinerseits, denn ich entdeckte meine Passion für die Linguistik. Schließlich beendete ich das Studium als Sprachwissenschaftler.

War die Idee zu diesem Wörterbuch mir in die Wiege gelegt worden oder ist sie die logische Konsequenz meiner jahrelangen Wörterbucharbeit? Wenn man sich Tag für Tag mit Worten und Wörtern beschäftigt, wird dies, ehe man sich's versieht, erst zu einer Obsession und schließlich zur Gewohnheit.

Hinweise zur Benutzung des Wörterbuchs

Die Benutzung dieses Wörterbuchs ist relativ einfach. Die Stichwörter sind fett gedruckt und alphabetisch gegliedert

Beispielsweise wird der Begriff „**Akathisie**" als Stichwort aufgeführt:

Akathisie *f* <*Syn*→ **Sitzunruhe**> *(in der Neurologie: Unfähigkeit, still zu sitzen)* akatizi

Mit der Abkürzung „*f*" nach dem Stichwort wird das Geschlecht des Nomens angegeben, sodann gibt es einen Verweis auf das Synonym, danach, in Klammern, einen Verweis auf den medizinischen Fachbereich mit einer kurzen und leicht verständlichen Erklärung sowie schließlich die Übersetzung in die Zielsprache.

Wenn ein Stichwort mehr als nur eine Bedeutung hat, werden die Stichwörter mit Exponenten unterschieden:

Eiweiß[1] *nt* yumurta akı; <*Syn*→ **Albumen**> albumen

Eiweiß[2] *nt* **Eiweiß**[2] *nt* <*Syn*→ **Protein**> protein

Abkürzungen und Zeichen

Kısaltmalar ve İşaretler

Abkürzung/kısaltma		Deutsch/Almanca	Türkisch/Türkçe
a.		Substantiv	ad
Adj		Adjektiv	sıfat
anat		Anatomie	anatomi
Ant		Antonym	zıt anlam
Eng		Englisch	İngilizce
eş		Synonym	eşanlam
f		femininum	dişil
Frz		Franszösisch	Fransızca
HNO		Hals, Nasen, Ohren	kulak burun boğaz
İng		Englisch	İngilizce
Lat		Latein	Latince
m		maskulinum	eril
nt		neutrum	nötr
pl		Plural	çoğul
psi		Psychologie	psikoloji
psych		Psychologie	psikoloji
sf.		Adjektiv	sıfat
sing		Singular	tekil
Syn		Synonym	eşanlam
umg		umgangsprachlich	halk dilinde
vi		intransitives Verb	geçişsiz fiil
vrefl		reflexives Verb	dönüşlü fiil
vt		transitives Verb	geçişli fiil
z.B.		zum Beispiel	örneğin
zıt		Antonym	zıt anlam

Zeichen - İşaretler

/	bedeutet	oder - veya
↑	bedeutet	gehe zu - bak
→	bedeutet	gehe zu - bak

Quellenverzeichnis - Kaynakça

Türkçe Sözlük,
Türk Dil Kurumu
11. Baskı, Ankara, 2011
ISBN 975-16-0070-7

Türkçe Sözlük,
Ali Püsküllüoğlu
5. Baskı, İstanbul, 2004
ISBN 975-6770-38-4

Türkisch-Deutsches Wörterbuch,
Karl Steuerwald
2. Auflage, Wiesbaden, 1988
ISBN 3-447-02804-1

Duden
Deutsches Universalwörterbuch,
9. Auflage, Berlin, 2019
ISBN 978-3-411-05509-8

Kompaktwörterbuch Türkisch
Osman Nazım Kıygı
Verlag PONS GmbH, Stuttgart 2022
ISBN 978-3-12-516295-2

DUDEN
Das Wörterbuch
medizinischer Fachausdrücke
6. Auflage, Mannheim; Leipzig, 1998
ISBN 3-411-04616-3

A

Abarognosis *f (in der Neurologie: Störung des Gewichtsschätz-vermögens)* abarognosis

Abasie *f (in der Neurologie: das Unvermögen zu gehen)* abazi

abaxial *Adj <Ant→* **adaxial>** eksenden uzak; ~**e Fläche** eksenden uzak yüzey

Abbau[1] *m* yıkım; bozunma; ~ **von Botenstoffen** habercilerin yıkımı; ~ **von roten Blutkörperchen** *(in der Hepatologie)* alyuvarların yıkımı; **biochemischer ~ von Aminosäuren** aminoasitlerin biyokimyasal yıkımı

Abbau[2] *m* verme; ~ **von Übergewicht** fazla kilo verme

Abbauenzym *nt* yıkıcı enzim

Aberration *f <Syn→* **Abbildungsfehler>** *(in der Optik)* aberasyon; *<Syn→* **Abweichung>** sapınç; **chromatische ~** kromatik aberasyon; renkser sapınç

Abbild *nt* görüntü

Abbildungsfehler *f <Syn→* **Aberration>** *(in der Optik)* aberasyon

Abbinden *nt (in der Notfallmedizin: die Blutversorgung durch eine Binde unterbinden)* bağlama

ABC-Transporter *m (in der Zellbiologie)* ABC taşıyıcı

Abdomen *nt (Lat: abdomen) anat* abdomen; *<Syn→* **Bauch>** karın; **akutes ~** *<Syn→* **akuter Bauch>** *(in der Notfallmedizin)* akut karın

Abdomen-Sonographie *f <Syn→* **Abdominalsonographie>** abdominal sonografi; karın ultrasonu

abdominal *Adj* abdominal; ~**es Aortenaneurysma** *<Syn→* **Bauchaortenaneurysma>** *(in der Angiologie und der Chirurgie)* abdominal aort anevrizması

Abdominalatmung *f <Syn→* **Abdominalsonographie>** diyafragmatik solunum

Abdominalchirurgie *f <Syn→* **Bauchchirurgie>** karın cerrahisi

Abdominalgravidität *f <Syn→* **Bauchhöhlenschwangerschaft>** *(in der Gynäkologie)* abdominal gebelik

Abdominallavage *f <Syn→* **Bauchspülung** → **Peritoneallavage** → **abdominale Lavage** > *(in der Gastroenterologie)* periton lavajı

Abdominalmigräne *f <Syn→* **Bauchmigräne>** *(in der Neurologie: Migräne mit Bauchschmerzen)* abdominal migren

Abdominalsonographie *f* abdominal sonografi; karın ultrasonu

Abdominaltrauma *nt <Syn→* **Bauchtrauma>** abdominal travma

Abdominaltyphus *m <Syn→* **Unterleibstyphus** → **Typhus>** *(Lat: Typhus abdominalis)* tifo

Abdominoplastik *f* abdominoplasti; *<Syn→* **Bauchdeckenstraffung>** karın germe

Abduktion *f <Ant→* **Adduktion>** *(Bewegung von der Mittellinie des Körpers nach außen) anat* abdüksiyon

Abduktor *m* <*Ant*→ **Adduktor**>
anat abdüktör

Abduzensparese *f (in der*
Neuroanatomie) abdusens siniri felci

Aberration *f* <*Syn*→
Abbildungsfehler> *(in der Optik)*
aberasyon; <*Syn*→ **Abweichung**>
sapınç; sapma
chromatische ~ kromatik aberasyon;
sphärische ~ küresel aberasyon

Abfälle *pl* atıklar; **organische** ~
<*Syn*→ **Bioabfälle**> organik atıklar

Abfolge *f* <*Syn*→ **Sequenz**> *(in der*
Bioinformatik) dizi; sekans

Abführmittel *pl* müshiller; <*Syn*→
Laxativa> laksatifler; purgatifler

Abgeschlagenheit *f* bitkinlik

abhängig *Adj* <*Syn*→ **süchtig**> *(in*
der Psychiatrie) bağımlı

Abhängigkeit *f* <*Syn*→ **Sucht**> *(in*
der Psychiatrie) bağımlılık;
körperliche ~ fiziksel bağımlılık;
wechselseitige ~ *(in der Biologie)*
karşılıklı bağımlılık

Abhängigkeitssrisiko *nt (in der*
Psychiatrie) bağımlılık riski

Abhängigkeitssyndrom *nt (in der*
Psychiatrie) bağımlılık sendromu

Abhorchen *nt* <*Syn*→
Auskultation> *(bei der körperlichen*
Untersuchung) oskültasyon

Abhören *nt* dinleme; **das** ~ **mit**
einem Stethoskop stetoskopla
dinleme

abiotisch *Adj* abiyotik ; ~**e**
Aktivation abiyotik aktivasyon; ~**e**
Faktoren *(in der*

Evolutionsökologie) abiyotik
faktörler

Abklopfen *f (bei der körperlichen*
Untersuchung) vurma; <*Syn*→
Perkussion> perküsyon

Ablaktation *f* <*Syn*→ **Abstillen**>
sütten kesme

Ablation *f (Lat: ablatio) (in der*
Chirurgie: Entfernen von
Körpergewebe) ablasyon

Ablationsbehandlung *f* ablasyon
tedavisi

Ableitung *f* <*Syn*→ **Drainage**>
drenaj

Abmagerungsdiät *f* zayıflama diyeti

Abnabelung *f* göbek bağının
kesilmesi

Abnahme *f* azalma; ~ **in der**
Zellzahl hücre sayısında azalma

Abnehmen *nt* zayıflama; <*Syn*→
Gewichtsabnahme →
Gewichtsreduktion> kilo verme

abnehmen *vi* <*Ant*→ **zunehmen**>
kilo vermek

Abnehmspritze *f* zayıflama iğnesi

abnorm *Adj* anormal; ~**e**
Gewohnheiten anormal alışkanlıklar

abnormal *Adj* anormal; ~**e Zellen**
anormal hücreler

Abort *m* <*Syn*→ **Fehlgeburt**> *(Lat:*
abortus) abortus; düşük

Abriss *m (Lat: avulsio)* kopma;
<*Syn*→ **Avultion**> avülsiyon

12

absaugen *vt* emmek; **Fett** ~ yağ emmek

abschaben *vt* <*Syn→* **ausschaben**> kazımak; **mit der Kürette** ~ küret ile kazımak

Abschabung *f* <*Syn→* **Ausschabung**> *(Lat: abrasio)* kazıma; <*Syn→* **Kürettage**> küretaj; ~ **der Gebärmutterschleimhaut** *(Lat: abrasio uteri)* endometriyal küretaj

Abscheu *f* <*Syn→* **Ekel**> *psych* tiksinme; iğrenme

Abschuppung *f* <*Syn→* **Schuppenbildung** → **Desquamation**> *(in der Dermatologie)* kepeklenme

abschwächen *vt* azaltmak[2]; **die Entzündung** ~ enflamasyonu azaltmak

abschwellend *Adj (Eng: decongestant)* dekonjestan

Absence *f* absans; **myoklonische** ~**n** *(bei epileptischen Anfällen)* miyoklonik absanslar

Absence-Epilepsie *f* absans epilepsisi; absans nöbeti; <*Syn→* **Petit-Mal-Anfall**> petit mal nöbeti

absetzen *vt* bırakmak; **das Medikament** ~ ilacı bırakmak

Absinken *nt* düşme

absolut *Adj* <*Ant→* **relativ**> mutlak; ~**e Kontrindikation** *(in der Pharmazie)* mutlak kontrendikasyon

absondern *vt* <*Syn→* **sezernieren**> *(Lat: secernere)* salgılamak; **Tränen** ~ gözyaşı salgılamak

Absonderung *f* <*Syn→* **Sekretion**> *(Lat: secretio)* salgılama

absorbieren *vt chem* absorbe etmek; <*Syn→* **aufsaugen**> emmek; <*Syn→* **schlucken**> yutmak

Absorption *f chem* absorpsiyon; emilim; **chemische** ~ kimyasal absorpsiyon

Absorptionsprozess *m chem* absorpsiyon süreci

Absorptionsstörung *f* <*Syn→* **Malabsorption**> *(in der Gastroenterelogie)* emilim bozukluğu

absteigend *Adj* <*Ant→* **aufsteigend**> inen; desandan; ~**e Aorta** *anat (Lat: Aorta descendens)* desandan aort; ~**es Colon** *(Lat: Colon descendens)* inen kolon

Abstillen *nt* <*Syn→* **Ablaktation**> sütten kesme

Abstinenz *f* <*Syn→* **Enthaltsamkeit**> *(in der Allgemeinmedizin)* riyazet

Abstoßung *f* <*Syn→* **Rejektion**> *(in der Chirurgie:bei Transplantationen)* rejeksiyon; **akute** ~ akut rejeksiyon; **chronische** ~ kronik rejeksiyon; **hyperakute** ~ hiperakut rejeksiyon

Abstoßungsreaktion *f (in der Chirurgie:bei Transplantationen)* rejeksiyon tepkimesi

Abstrich *m* sürüntü; **der** ~ **aus der Nase** burundan alınan örnek; **das mittels** ~ **genommene Probematerial** sürüntü yoluyla alınan örnek

Abstrichspatel *m* <*Syn→* **Mundspatel** → **Mund- und**

Zungenspatel> *(Frz: abaisse-langue)* abeslang

Abstrichstäbchen *nt* sürüntü çubuğu

Abszess *m* apse; **perianaler ~** perianal apse; **pyämischer ~** *(in der Intensivmedizin)* piyemik apse

Abszessdrainage *f* apse drenajı

Abtasten *nt (bei der körperlichen Untersuchung)* elle dokunma; elle yoklama; *<Syn→* **Palpation>** palpasyon

abtasten *vt (bei der körperlichen Untersuchung)* elle dokunmak; elle yoklamak; *<Syn→* **palpieren>** palpe etmek

Abteilung *f (in der Taxonomie: Divisio)* şube

Abtreibung *f <Syn→* **Schwangerschaftsabbruch>** *(Lat: interruptio) (in der Gynäkologie)* kürtaj

Abtreibungspille *f* kürtaj hapı; düşük hapı

Abwasser *nt* atık su

Abwehr *f* savunma; **erste ~ gegen Viren** virüslere karşı ilk savunma

Abwehrmechanismus *m (in der Psychoanalyse)* savunma mekanizması

Abweichung *f <Syn→* **Aberation>** sapma; **chromosomale ~** kromozomal sapma

Abzug *m <Syn→* **Abzugshaube →** **Digestor → Digestorium>** *(im Labor: Laborgerät)* çeker ocak; çekerocak

Abzugshaube→ **Abzug**

Abzym *nt (in der Immunologie)* abzim; *<Syn→* **katalytischer Antikörper>** katalitik antikor

Acarodermatitis *f <Syn→* **Krätze → Scabies → Skabies>** *(in der Dermatologie)* uyuz

Acarologie *f <Syn→* **Milbenkunde>** akaroloji

ACE *nt* ACE; *<Syn→* **Angiotensin-konvertierendes Enzym>** *(in der Pharmazie)* anjiyotensin dönüştürücü enzim

ACE-Hemmer *m (in der Pharmazie)* ACE inhibitörü; *<Syn→* **Angiotensin-Converting-Enzyme-Hemmer>** anjiyotensin dönüştürücü enzim inhibitörü

Acetabulum *nt <Syn→* **Hüftgelenkpfanne →** **Beckenpfanne>** *anat* asetabulum

Acetat *nt (Formel: $C_2H_3O_2$) chem* asetat

Aceton *nt <Syn→* **Azeton>** *(Formel: C_3H_6O) chem* aseton

Acetylameisensäure *f <Syn→* **Brenstraubensäure>** *(Formel: $C_3H_4O_3$) (Eng: pyruvic acid) chem* pirüvik asit

Acetylsalicylsäure *f (formülü: $C_9H_8O_4$) chem* asetilsalisilik asit

Achalasie *f (in der Gastroenterologie)* akalazya

Achillessehne *f (Lat: Tendo calcaneus) (untere Extremität)* aşil tendonu

14

Achillessehnenriss→ **Achillessehnenruptur**

Achillessehnenruptur *f <Syn*→ **Achillessehnenriss>** *(in der Orthopädie)* aşil tendon rüptürü

Achsel→ **Achselhöhle**

Achromasie→ **Achromatopsie**

Achromatopsie *f* akromatopsi; *<Syn*→ **Farbenblindheit** → **Achromasie>** renk körlüğü

Achse *f <Syn*→ **Axis>** *anat* aks; eksen; axis; **der ~ ist der zweite Halswirbel** eksen, ikinci boyun omurudur; eksen, ikinci servikal omurdur

Achselhaare *pl* koltuk altı tüyleri

Achselhöhle *f (Lat: axilla)* koltuk altı; aksilla

Achsellymphknoten *pl (Lat: Nodi lymphatici axillares)* koltuk altı lenf bezleri

Achselzucken *nt <Syn*→ **Schulterzucken>** *(in der Neurologie)* omuz silkme; **das ~ gehört zu den einfachen motorischen Tics** omuz silkme, basit motor tiklerdendir

Achse *f anat* eksen

Achsenfaden *m (in der Zellbiologie:)* eksenel filament

Achsenskelett *nt <Syn*→ **Axialskelett>** *(in der Osteologie)* aksiyel iskelet; **zum ~ gehören die Wirbelsäule, das Kreuzbein, die Rippen und das Brustbein** aksiyel iskelet kemikleri, omurga, sağrı kemiği, kaburgalar ve göğüs kemiğidir

Achsenstab *m <Syn*→ **Chorda dorsalis** → **Notochord>** *(Lat: Chorda dorsalis) (in der Organogenese)* notokorda; notokord

Acidose→ **Azidose**

Acromion *nt <Syn*→ **Akromion>** *anat* akromyon

Adamantin *nt <Syn*→ **Zahnschmelz>** *(Lat: Substantia adamantinea) (Eng: tooth enamel)* diş minesi

Adamsapfel *m (Lat: Prominentia laryngea)* Adem elması

Adaptation *f (in der Evolutionsbiologie)* adaptasyon; *<eş*→ **Anpassung>** uyum

Adapterprotein *nt* adaptör protein

adäquat *Adj* uygun; **~e Schmerztherapie** uygun ağrı tedavisi

adaxial *Adj <Ant*→ **abaxial>** eksene bakan; **~e Fläche** eksene bakan yüzey

Adduktion *f <Ant*→ **Abduktion>** *Bewegung in der Anatomie* addüksiyon

Adduktor *m <Ant*→ **Abduktor>** *anat* addüktör

Adenitis *f* adenit; **~ bezeichnet eine Entzündung einer Drüse** adenit, bir bezin iltihaplanmasını belirtir

adeno-assoziert *Adj* adeno ilişkili; **~es Virus** *(in der Virologie)* adeno ilişkili virüs

Adenohypophyse *f (in der Neurobiologie)* adenohipofiz; ön hipofiz

adenoid-zystisch *Adj* adenoid kistik; **~es Karzinom** adenoid kistik karsinom

Adenokarzinom *nt (in der Onkologie)* adenokarsinom

Adenom *nt* adenom

Adenosintriphosphat *nt <kurz→* **ATP>** *(Formel: $C_{10}H_{16}N_5O_{13}P_3$)* adenozin trifosfat; **~ ist ein Nukleotid** adenozin trifosfat, bir nükleotittir

Ader *f <Syn→* **Gefäß>** *(Lat: Vas sanguineum)* damar; *<Syn→* **Blutgefäß>** kan damarı

Aderhaut *f <Syn→* **Choroidea** → **Choriodea>** *(Lat: Tunica media bulbi) (im Auge) anat* damar tabaka; **die ~ bildet die Mittelschicht zwischen weißer Augenhaut ((Sclera) und Netzhaut (Retina)** damar tabaka, gözakı (sklera) ile ağkatman (retina) arasında bulunan orta tabakayı oluşturur

Aderlass *m (in der Medizingeschichte, der Hämatologie und der Onkologie)* hacamat; *<Syn→* **Phlebotomie>** flebotomi

Aderlassen→ Aderlass

Aderpresse *f <Syn→* **Tourniquet>** *(in der Notfallmedizin und der Chirurgie: Binde, um den Blutfluss zu unterbinden)* turnike

Adhäsion *f (in der Pathologie)* adhezyon; adezyon; *<Syn→* **Verklebung>** yapışma

Adhäsionsmolekül *nt* adhezyon molekülü; **intrazelluläres ~** intraselüler adhezyon molekülü

Adhäsionsrezeptor *m (in der Virologie)* adhezyon reseptörü

ADHS→ Aufmerksamkeitsdefizit-/Hyperaktivitätsstörung

adipös *Adj* obez; **~e Menschen** obez insanlar; **~e Personen** obez kişiler

Adipositas *f <Syn→* **Fettleibigkeit** → **Fettsucht** → **Obesitas>** *(Frz: obésité)* obezite

Adipositas-Chirurgie *f* obezite cerrahisi

Adipozyt *m (in der Histologie: Zelle des Fettgewebes)* adipozit

adjuvant *Adj* adjuvan; **~e Chemotherapie** *(in der Onkologie)* adjuvan kemoterapi; **~e Therapie** *(in der Onkologie)* adjuvan terapi

Adoleszenz *f* adolesans; *<Syn→* **Pubertät>** ergenlik

Adrenalin *nt (Formel: $C_9H_{13}NO_3$)* adrenalin; *<Syn→* **Epinephrin>** epinefrin; **~ ausschütten** adrenalin salgılamak

adrenerger Rezeptor *m* adrenerjik reseptör; *<Syn→* **Adrenozeptor>** adrenoseptör

adrenocorticotrop *Adj* adrenokortikotropik; **~es Hormon** *<Syn→* **Adrenocorticotropin>** adrenokortikotropik hormon

Adrenocorticotropin→ adrenocorticotropes Hormon

Adrenozeptor *m* adrenoseptör; *<Syn→* **adrenerger Rezeptor>** adrenerjik reseptör

Adsorbtion *f* adsorbsiyon

Adsorbtionschromato-graphie *f (in der analytischen Chemie)* adsorbsiyon kromatografisi

adstringierend *Adj (Eng: astringent)* astrenjan; *<Syn→* **zusammenziehend>** büzücü; ~**e Wirkung** astrenjan etki; ~**er Geschmack** astrenjan tat;

adult *Adj* yetişkin; ~**e Stammzellen** yetişkin kök hücreler

Adventitia *f <Syn→* **Tunica adventitia>** *(in der Histologie: die äußere Schicht um schlauchförmige Organe)* adventisya

aerob *Adj <Ant→* **anaerob>** aerobik; ~**e Atmung** aerobik solunum; oksijenli solunum; ~**er Stoffwechsel** aerobik metabolizma

Aerophagie *f (in der Gastroenterologie)* aerofaji; *<Syn→* **Luftschlucken>** hava yutma

Aerophobie *f psych* aerofobi; *<Syn→* **Flugangst>** uçma korkusu

Aerosol *nt (in der Chemie: ein heterogenes Gemisch aus festen oder flüssigen Schwebeteilchen in einem Gas)* aerosol

Aerosolpartikel *nt <Syn→* **Aerosolteilchen>** aerosol parçacığı

Afantasie *f <Syn→* **Aphantasie>** *(Eng; aphantasia; Fr: aphantasie) (in der Neuropsychologie: das Fehlen des bildlichen Vorstellungsvermögens)* afantazi

Affekt *m psych* afekt; duygudurum *(veraltet)* duygulanım

Affenpocken *f <Syn→* **Mpox>** *(Infektionskrankheit)* maymun çiçeği

Affektstörung *f <Syn→* **affektive Störung** → **Stimmungsstörung >** *psych* duygudurum bozukluğu; *(veraltet)* duygulanım bozukluğu

Affektzustand *m psych* duygudurum hâli

afferent *Adj <Ant→* **efferent>** afferent; getiren; getirici; ~**e Arteriole** afferent arteriyol; ~**e Nervenfasern** *<Syn→* **Afferenten>** *(in der Neurophysiologie)* getiren sinir lifleri

Afferenten *pl <Syn→* **afferente Nervenfasern**; *Ant→* **Efferenten>** *(in der Neurophysiologie)* getiren sinir lifleri

Affinität *f* afinite; ilginlik

Affinitätschromatographie *f (in der analytischen Chemie)* afinite kromatografisi; ilginlik kromatografisi

Affinitätskonstante *f chem* afinite sabiti

Afrikanische Tripanosomiasis *f* Afrika tripanosomiyazisi; *<Syn→* **Schlafkrankheit>** uyku hastalığı; **die ~ wird durch den Stich der Tsetsefliege übertragen** Afrika tripanosomiyazisi, çeçe sineği ısırığı ile bulaşır

After *m* makat; *<Syn→* **Anus>** anüs

Afterregion *f <Syn→* **Analregion>** *anat* makat bölgesi

Aftermade *f <Syn→* **Madenwurm** → **Springwurm** → **Pfriemenschwanz>** *(Lat: Enterobius vermicularis) (in der Parasitologie)* kıl kurdu

17

Afterwissenschaft *f <Syn→*
Pseudowissenschaft *→*
Scheinwissenschaft> *(Ing:*
pseudoscience) sözdebilim; sahte
bilim

Agar *m (in der Biochemie)* agar

Agarose *f (in der Biochemie)* agaroz

Agarschale *f* agar plağı; agar plakası

agar plakası *a. <eş→* **agar plağı>**
(biyokimyada) Agarschale *f*

Agenesia→ Agenesie

Agenesie *f* agenezi

Agenesis→ Agenesie

Agglutination *f (in der*
Hämatologie: Verklumpung von
Zellen) aglütinasyon

Agglutinin *nt (in der Immunologie)*
aglütinin

Aggregation *f* agregasyon

Aggression *f (in der Psychiatrie)*
agresyon

aggressiv *Adj (in der Psychiatrie)*
agresif; **~es Verhalten** agresif
davranış

Agitation *f <Syn→* **Agitiertheit>**
ajitasyon; *f; (Eng: psychomotor agitation)*
psikomotor ajitasyon

Agitiertheit→ Agitation

Agliophobie *f <Syn→* **Algophobie>**
(psych: Angst vor Schmerzen)
algofobi

Agnosie *f (in der Neuropsychologie)*
agnozi

Agonie *f (in der Pathologie:*
Todeskampf) agoni

Agonist *m <Ant→* **Antagonist>** *(in*
der Pharmakologie) agonist

Agoraphobie *f psch* agorafobi;
<Syn→ **Platzangst>** açık alan
korkusu

agranulär *Adj <Ant→* **granulär>**
granüllsüz **~es endoplasmatisches**
Retikulum granülsüz endoplazmik
retikulum

Agrypnie *f <Syn→* **Schlafstörung>**
uyku bozukluğu

Ägyptische Augenkrankheit *f (in*
der Ophthalmologie) Mısır oftalmisi;
<Syn→ **Trachom>** trahom

Ahnenforschung *f* soybilim; soy
bilimi; *<Syn→* **Genealogie>**
jenealoji

Ailurophobie *f psi* ailurofobi; kedi
korkusu

Airway-Management *nt <Syn→*
Atemwegssicherung *→*
Atemwegsmanagement> *(Eng:*
airway management) solunum yolu
yönetimi

Akanthose *f (in der Dermatologie:*
Epidermisverdickung) akantoz

Akanthozyt *m (im Labor: im Blutbild)*
akantosit

Akathisie *f <Syn→* **Sitzunruhe>** *(in der*
Neurologie: Unfähigkeit, still zu sitzen)
akatizi

Akinese *f <Syn→* **Akinesie>** *(in der*
Neurologie: Bewegungslosigkeit) akinezi

Akinesie→ Akinese

Akinetopsie *f (in der Augenheilkunde)* akinetopsi; <*Syn*→ **Bewegungsagnosie**> hareket körlüğü

Akkomodation *f (in der Physiologie des Auges)* akomodasyon

Akkomodationsreflex *m* akomodasyon refleksi

Akkulturation *f (Frz: acculturation)* akültürasyon; kültürleşme

Akne *f (Fr: acné) (in der Dermatologie)* akne; <*umg*→ **Pickel**> sivilce

Aknetherapie *f (in der Dermatologie)* akne tedavisi

Akromegalie *f (in der Endokrinologie)* akromegali

Akromion *nt* <*Syn*→ **Acromion**> *anat* akromyon

Akrophobie *f pysch* akrofobi; <*Syn*→ **Höhenangst**> yükseklik korkusu

Aktin *nt* aktin; ~ **ist ein Strukturprotein** aktin, yapısal proteindir

Aktinfilamente *pl (in der Zellbiologie)* aktin filamentleri; <*eş*→ **Mikrofilamente**> mikrofilamentler

aktinisch *Adj (in der Dermatologie)* aktinik; ~e **Keratose** aktinik keratoz

Aktionspotential *nt (in der Physiologie)* aksiyon potansiyeli

aktiv *Adj* <*Ant*→ **passiv**> aktif; ~e **Übertragung** <*Syn*→ **biologische Übertragung**; *Ant*→ **passive Übertragung**> *(in der Epidemiologie)* biyolojik nakil

Aktivation *f* aktivasyon; **abiotische** ~ abiyotik aktivasyon

Aktivator *m* <*Ant*→ **Inhibitör**> *(in der Biochemie: Enzymaktivator)* aktivatör

aktivieren *vt* aktive etmek; harekete geçirmek; **die Verdauung** ~ sindirimi harekete geçirmek

Aktivierungsenergie *f chem* aktivasyon enerjisi

Aktivität *f* aktivite; etkinlik; hareketlilik; **neuronale** ~ *(in der Neurologie)* nöronale aktivite; **pulslose elektrische** ~ *(in der Kardiologie)* nabızsız elektriksel aktivite

Aktivitätszyklen *pl* <*Ant*→ **Ruhezyklen**> aktivite döngüleri

Aktivkohle *f (Eng: activated carbon)* aktif karbon

Aktiv-Rollstuhl *m* aktif tekerlekli sandalye

Akupressur *f* <*Syn*→ **Akupunktmassage**> *(in der Alternativmedizin)* akupresür; akupresör; iğnesiz akupunktur

Akupunktmassage→ **Akupressur**

Akupunktur *f (in der Alternativmedizin)* akupunktur

Akupunkturbehandlung *f* akupunktur tedavisi

Akupunkturnadel *f* akupunktur iğnesi

Akupunkturpunkt *m* akupunktur noktası

Akustikusneurinom *nt (in der HNO)* akustik nörinom

akustisch *Adj* akustik; işitsel; ~e **Halluzination** *(in der Psychopathologie)* akustik halüsinasyon; işitsel halüsinasyon

akut *Adj <Ant→* **chronisch>** akut; iveğen; ~er Bauch→ **akutes Abdomen**; ~es **Abdomen** *(in der Notfallmedizin)* akut karın; ~es **Atemnotsyndrom** *(Eng: acute respiratory distress syndrome; ARDS)* akut solunum sıkıntısı sendromu

akzessorisch *Adj* aksesuar; ~e **Gene** aksesuar genler; ~e **Proteine** aksesuar proteinler

Alaun *m chem* şap[2]

Albinismus *m (in der Genetik)* albinizm; akşınlık

Albino *m* albino; akşın

Albumen *nt* albumen; *<Syn→* **Eiweiß[1]>** yumurta akı

Albumin *nt* albümin; serum albümini; ~e **sind in Milch, Eiern und Weizen zu finden** albümin, süt, yumurta ve buğdayda bulunur

Albuminausscheidung *f* albümin atılımı

Albuminurie *f (in der Urologie und der Nephrologie)* albüminüri

Alchemie *f* simya; alşimi; ~ **ist die Lehre von den Eigenschaften der Stoffe und ihren Reaktionen** simya/alşimi, maddelerin özellikleri ve tepkimeleri ile uğraşan öğretidir

Alchemist *m* simyacı

Alchimie→ Alchemie

Alchymie→ Alchemie

Aldehyd *nt chem* aldehit

Alembik *m <Syn→* **Destillierhelm → Brennhut>** *(Lat: Alembicus) (im Labor)* imbik; damıtıcı

Aleppobeule *f <Syn→* **Bagdadbeule>** *(parasitäre Krankheiten)* şark çıbanı.; *<Syn→* **Hautleishmaniose → kutane Leishmaniose>** kutanöz layşmanyaz

Alexie *f (in der Neurologie: das völlige Unvermögen, zu lesen)* aleksi

Alexithymie *f (in der Psychopathologie)* aleksitimi; *<Syn→* **Gefühlsblindheit>** duygu körlüğü

Algophobie *f <Syn→* **Agliophobie>** *(psych: Angst vor Schmerzen)* algofobi

Alignierung→ Alignment

Alignment *nt a. (in der Bioinformatik)* hizalama; **globales** ~ global hizalama; **lokales** ~ lokal hizalama; **multiples** ~ çoklu hizalama; **paarweises** ~ ikili hizalama

Alinierung→ Alignment

aliphatisch *Adj* alifatik; ~e **Aldehyde** alifatik aldehitler; ~e **Amine** alifatik aminler

Alkalie *f chem* alkali

alkalisch *Adj <Syn→* **basisch** *Ant→* **sauer>** *(pH-Wert ist mehr als 7) chem* alkalik; bazik; ~e **Lösung** *<Syn→* **Lauge>** alkalik çözelti

Alkalität *f chem* alkalilik; *<Syn→*
Basizität> baziklik

Alkaloid *nt* alkaloid

Alkalose *f (bei*
Stoffwechselstörungen) alkaloz

Alkoholabhängigkeit *f <Syn→*
Alkoholsucht → **Trunksucht>** alkol
bağımlılığı

Alkoholentzug *m* alkol yoksunluğu

Alkoholentzugssyndrom *nt* alkol
yoksunluk sendromu

Alkoholiker *m* alkolik; **anonyme** ~
adsız alkolikler

Alkoholkonsum *m* alkol tüketimi;
alkol kullanımı

Alkoholmessgerät→
Alkoholometer

Alkoholmeter→ **Alkoholometer**

Alkoholometer *nt* alkolmetre;
<Syn→ **Alkoholmessgerät>**
alkolölçer

Alkoholmissbrauch *m* alkolün
kötüye kullanımı

Alkoholsucht *f <Syn→*
Alkoholabhängigkeit →
Trunksucht> alkol bağımlılığı

Alkoholumschlag *m* alkol kompresi

Alkoholvergiftung *f* alkol
zehirlenmesi

Allantois *f (in der Embryologie)*
allantoyis

Allel *nt (in der Genetik)* alel;
alelmorf; **dominante** ~**e** baskın
aleller; **rezessive** ~**e** çekinik aleller

Allelfrequenz *f <Syn→*
Allelhäufigkeit> *(in der Genetik)*
alel frekansı

Allelhäufigkeit→ **Allelfrequenz**

allelisch *Adj* alelik; ~**e**
Heterogenität alelik heterojenlik

Allergen *f* alerjen

Allergie *f* alerji; **angeborene** ~
doğuştan gelen alerji; **verzögerte** ~
gecikmeli alerji; **zellübertragene** ~
hücre aktarmalı alerji

Allergietest *m* alerji testi

allergisch *f* alerjik; ~**e Rhinitis**
alerjik rinit; ~**es** alerjik astım

Allergologie *f* alerjiloji

allgemein *Adj <Ant→* **speziell>**
genel; ~**e Chirurgie** *<Syn→*
Allgemeinchirurgie> genel cerrahi;
~**e Histologie** genel histoloji

Allgemeinbevölkerung *f* genel nüfus

Allgemeinchirurgie *f* genel cerrahi

Allgemeinmedizin[1] *f* genel tıp

Allgemeinmedizin[2] *f (Eng: family*
medicine) aile hekimliği

Allgemeinnarkose *f < Syn→*
Vollnarkose; *Ant→* **Teilnarkose>**
(in der Chirurgie) genel anestezi

Allgemeinzustand *m* genel durum; ~
des Patienten hastanın genel durumu

Allodynie *f (in der Neurologie:*
Schmerzempfindung infolge einer
leichten Berührung) allodini

Allograft *nt (bei Organtransplantationen das transplantierte Gewebe)* allogreft

Allometrie *f* alometri

allometrisch *Adj* alometrik; ~e Skalierung *(in der Kinderheilkunde)* alometrik ölçekleme; ~es **Wachstum** *(in der Kinderheilkunde)* alometrik büyüme

Allotransplantation *f* allojenik nakil

Alopecia→ **Alopezie**

Alopezie *f* <*Syn*→ **Alopecia**> *(in der Dermatologie)* alopezi

Allosterie *f (in der Biochemie)* alosteri

allosterisch *Adj (in der Biochemie)* alosterik; ~es **Enzym** alosterik enzim

ALS→ **amyotrophe Lateralsklerose**

Altenheim *nt* <*Syn*→ **Altersheim**> huzurevi

Altenmedizin→ **Altersmedizin**

Altenpflege *f* yaşlı bakımı

Alter *nt* yaş; **biologisches** ~ biyolojik yaş; **fortschreitendes** ~ ilerleyen yaş

Altern *nt* <*Syn*→ **Alterung**> yaşlanma

altern *vi* yaşlanmak

alternativ *Adj* alternatif; ~e **Medizin** <*Syn*→ **Alternativmedizin**> alternatif tıp; ~e **Zahnheilkunde** alternatif diş hekimliği

Alternativmedizin *f* <*Syn*→ **alternative Medizin**> alternatif tıp

alternierend *Adj* almaşık; ~e **Copolymere** *chem* almaşık kopolimerler

altersbedingt *Adj* yaşa bağlı

Alterschirurgie *f* geriatrik cerrahi

Altersgruppe *f* yaş grubu

Altersheilkunde→ **Altersmedizin**

Altersheim *nt* <*Syn*→ **Altenheim**> huzurevi

Alterskatarakt *f (in der Augenheilkunde)* yaşa bağlı katarakt

Alterskrankheit *f* yaşa bağlı hastalık

Altersmedizin *f* yaşlılık hekimliği; <*Syn*→ **Geriatrie**> geriatri

Alterssichtigkeit *f* <*Syn*→ **Presbyopie** → **Altersweitsichtigkeit**> *(in der Opththalmologie)* presbiyopi

Altersverhinderung *f* <*Syn*→ **Anti-Aging**> yaşlanma karşıtı tıp

Alterswarze *f* ~ <*Syn*→ **seborrhoische Warze** → **seborrhoische Keratose**> *(in der Dermatologie)* seboreik keratoz

Altersweitsichtigkeit→ **Alterssichtigkeit**

Alterswissenschaft *f* yaşlılık bilimi; <*Syn*→ **Gerontologie**> gerontoloji; jerontoloji

Alterung *f* <*Syn*→ **Altern**> yaşlanma; **vorzeitige** ~ erken yaşlanma

Alterungsprozess *m* yaşlanma süreci

Aluminium-Blister-Verpackung *f*
alüminyum blister ambalaj

Aluminiumsulfat *nt (Formel:*
AL$_2$(SO$_4$)$_3$) alüminyum sülfat

alveolär *Adj* alveolar; **~e Drüsen**
alveolar bezler; **~e Echinokokkose**
(in der Human- und
Veterinärmedizin) alveolar
ekinokokkoz; **~er Prognathismus**
(in der Kieferorthopädie) alveolar
prognatizm

Alveolarfortsatz *m (Lat: Processus*
alveolaris) diş yuvası çıkıntısı

Alveolargang *m (Lat: Ductus*
alveolaris) alveolar kanal

Alveole^1 *f (Lat: alveolus) (in der*
Pneumologie) alveol; *<Syn→*
Lungenbläschen> hava keseceği

Alveole^2 *f <Syn→* **Zahnfach>** *(Lat:*
Alveolus dentalis) (in der
Zahnmedizin) alveol kemiği

Alzheimer-Demenz *f* Alzheimer tip
demans

Alzheimer-Krankheit *f (Lat:*
Morbus Alzheimer) Alzheimer
hastalığı; **die ~ ist eine**
neurodegenerative Erkrankung
Alzheimer hastalığı, nörodejeneratif
bir hastalıktır

Alzheimer-Therapie *f* Alzheimer
terapisi

Amalgamfüllung *f (in der*
Zahnmedizin) amalgam dolgu

Ambivalenz *f (in der Psychoanalyse)*
ambivalens; **affektive ~** duygusal
ambivalens

Amblyopie *f (in der*
Augenheilkunde) ambliyopi; *<Syn→*
Schwachsichtigkeit> göz tembelliği

Amboss *m (Lat: Incus) anat* örs
kemiği; **der ~ befindet sich**
zwischen Hammer und Steigbügel
örs kemiği, çekiç kemiği ile üzengi
kemiği arasında bulunur; **der ~ ist**
ein kleiner Knochen im Mittelohr
örs kemiği, orta kulakta küçük bir
kemiktir

ambulant *Adj <Ant→* **stationär>**
ayakta; **~e Behandlung** ayakta tedavi

Ambulanz *f* ambulans istasyonu;
<Syn→ **Notaufnahme>** *(in der*
Notfallmedizin) acil servis

Ameisenlaufen→ Kribbeln

Amenorrhö→ Amenorrhoe

Amenorrhoe *f <Syn→* **Amenorrhö>**
(in der Gynäkologie: Ausbleiben der
Menstruation) amenore

Amfetamin *nt <Syn→* **Amphetamin**
→ Phenylisopropylamin> *(Formel:*
C$_9$H$_{13}$N) amfetamin

Amin *nt chem* amin; **~ e sind**
Derivate des Ammoniaks aminler,
amonyakın türevleridir;
aromatisches ~ aromatik amin

Aminosäure *f* amino asit; **~n sind**
die Bausteine von Proteinen amino
asitler, proteinleri oluşturan yapı
taşlarıdır

Aminosäuresequenz *f (in der*
Bioinformatik) amino asit dizisi; **die**
~ eines Proteins bir proteinin amino
asit dizisi

Aminosäure-Substitution *f* amino
asit ikamesi

Aminoterminus *m* *<Syn→* **N-Terminus>** amino ucu

Ammoniak *nt (Formel: NH₃) (Lat: ammoniacum)* amonyak; ~ **ist eine chemische Verbindung von Stickstoff und Wasserstoff** amonyak, azot ile hidrojenden oluşan kimyasal bir birleşiktir

Amnesie *f (in der Neuropsychologie)* amnezi; *<Syn→* **Gedächtnisverlust>** hafıza kaybı; **dissoziative** ~ dissosiyatif amnezi; **infantile** ~ çocukluk amnezisi; bebeklik amnezisi; **retrograde** ~ retrograd amnezi

Amnion *nt (in der Pränatalmedizin)* amniyon

Amnionflüssigkeit *f <Syn→* **Fruchtwasser>** *(in der Pränatalmedizin)* amniyotik sıvı; amniyon sıvısı

Amnionhöhle *f* amniyon boşluğu

Amnioninfektionssyndrom *nt (in der Gynäkologie)* amniyon içi enfeksiyon; koryoamniyonit

Amöben-Meningoenzephalitis *f* amipli meningoensefalit; **primäre** ~ primer amipli meningoensefalit

Amöbenruhr *f (in der Gastroenterologie)* amipli dizanteri

Amöbiasis *f (in der Dermatologie: Erkrankung durch Amöbenbefall)* amebiyaz; amebiyazis

Amphetamin *nt <Syn→* **Amfetamin → Phenylisopropylamin>** *(Formel: C₉H₁₃N)* amfetamin

amphipathisch *Adj (chem: sowohl hydrophil als auch lipophil)* amfipatik

Amphiphilie *f chem* amfifili

amphoter *Adj chem* amfoter; ~**e Stoffe** amfoter maddeler

Amplifikation *f (in der Genetik)* amplifikasyon; kuvvetlendirilme

Ampulle *f* ampul

Amputation *f (Lat: amputatio)* ampütasyon

Amputationsretraktor *f (in der Chirurgie)* ampütasyon retraktörü

Amputationssäge *f (in der Chirurgie)* ampütasyon testeresi

Amputationswunde *f (in der Chirurgie)* ampütasyon yarası

amputiert *Adj* ampute

Amputiertenfußball *m* ampute futbol

Amygdala *f <Syn→* **Mandelkern>** *(Lat: Corpus amygdaloideum) (in der Neuroanatomie)* amigdala; **die** ~ **ist ein Teil des Lymbischen Systems** amigdala, limbik sistemin bir parçasıdır

Amylase *f* amilaz; ~ **ist ein Enzym, das Stärke und Glykogen spaltet** amilaz, nişasta ve glikojeni ayıran bir enzimdir

Amyloid *nt (in der inneren Medizin)* amiloid

Amyloidablagerung *f (in der inneren Medizin)* amiloid birikimi

Amyloidose *f (in der inneren Medizin: Stoffwechselkrankheit)* amiloidoz

amyotrophe Lateralsklerose amyotrofik lateral skleroz; *<kurz→* **ALS>** ALS

anabol *Adj* anabolik; ~**e Steroide** *(in der Pharmakologie)* anabolik steroidler

Anabolismus *m <Syn→* **Baustoffwechsel>** anabolizma; özümleme; asimilasyon

anaerob *Adj <Ant→* **aerob>** anaerobik; oksijensiz; ~**e Atmung** anaerobik solunum; oksijensiz solunum; ~**e Gärung** anaerobik fermantasyon

anal *Adj* anal; ~**e Masturbation** anal mastürbasyon; ~**er Juckreiz** *<Syn→* **Pruritus ani>** anüs kaşıntısı; makat kaşınması

Analfissur *f (in der Proktologie)* anal fissür; makat çatlağı; makat yırtığı; **akute** ~ akut makat çatlağı; **chronische** ~ kronik makat çatlağı

Analfistel *f* anal fistül; makat fistülü

Analgesie *f <Syn→* **Analgie>** analjezi; *<Syn→* **Schmerzunempfindlichkeit>** ağrıya duyarsızlık

Analgetika *pl <Sing→* **Analgetikum>** analjezikler; *<Syn→* **Schmerzmittel>** ağrı kesiciler; ~ **zur Schmerztherapie** ağrı tedavisi için analjezikler

Analgetikum *nt <pl→* **Analgetika>** analjezik; *<Syn→* **Schmerzmittel>** ağrı kesici

Analgie→ Analgesie

Analkanal *m* anal kanal

Analkarzinom→ Analkrebs

Analkrebs *m <Syn→* **Analkarzinom>** *(in der Onkologie)* anal kanser; makat kanseri; anüs kanseri

Analregion *f <Syn→* **Afterregion>** *anat* makat bölgesi

Analverkehr *m (Sexualpraktiken)* anal seks

Analzäpchen *nt <Syn→* **Rektalzäpchen>** rektal supozituvar

Analyse *f* analiz; **retrosynthetische** ~ *(in der organischen Chemie)* retrosentetik analiz

analytisch *Adj* analitik; ~**e Chemie** analitik kimya; ~**e Psychologie** *(Carl Gustav Jung)* analitik psikoloji

Anämie *f* anemi; *<Syn→* **Blutarmut>** kansızlık; **aplastische** ~ *(in der Hematologie)* aplastik anemi; **mikrozytäre** ~ *(Eng: microcytic anemia) (in der klinischen Pathologie)* mikrositik anemi

anämisch *Adj* anemik; ~**er Infarkt** *(in der Angiologie)* anemik infarkt

Anamnese *f (in der Diagnostik: Erfragung von medizinisch relevanten Informationen)* anamnez; **die Inspektion folgt die** ~ *(bei der körperlichen Untersuchung)* inspeksiyon, anamnezden sonra gelir

Anaphase *f (in der Genetik und der Zellbiologie bei der Meiose)* anafaz

anaphylaktisch *Adj* anafilaktik; ~**er Schock** *(in der Immunologie und der Notfallmedizin)* anafilaktik şok

25

Anaphylaxie f *(in der Immunologie und der Notfallmedizin: eine akute, allergische Reaktion des Immunsystems)* anafilaksi

Anaplastologie f *(in der Wiederherstellungschirurgie)* anaplastoloji

Anästhesie f anestezi

Anästhetikum nt anestezik

Anästhesiologie f anesteziyoloji; anestezi bilimi

Anästhesist m (erkek) anestezist

Anästhesistin f (kadın) anestezist

Anatom m (erkek) anatomist

Anatomie f anatomi; **makroskopische** ~ makroskopik anatomi; **mikroskopische** ~ mikroskopik anatomi; **patholojik** ~ pathologische anatomi; **systematische** ~ sistematik anatomi;; **topographische** ~ topografik anatomi; **vergleichende** ~ karşılaştırmalı anatomi

Anatomin f (kadın) anatomist

anatomisch Adj anatomik sf; ~e **Pathologie** anatomik patoloji; ~es **Theater** anatomi tiyatrosu

Andragogik f *(in der pädagogischen Psychologie)* andragoji

Androgen nt androjen

Androgenenrezeptor m androjen reseptörü

Andrologie f <Syn→ **Männerheilkunde**> androloji

Andropause f <Syn→ **Klimakterium virile**> *(in der Andrologie: rasche Abnahme des Testosteronspiegels des Mannes)* andropoz

Anenkephalie→ **Anenzephalie**

Anenzephalie f <Syn→ **Anenkephalie**> anensefali

Anergie f *(in der Immunologie: die fehlende Reaktion auf ein Antigen)* anerji

Aneuploidie f *(in der Genetik)* anöploidi

Aneurysma nt *(in der Angiologie und der Chirurgie)* anevrizma; **gerissenes** ~ rüptüre anevrizma; **intrakranielles** ~ intrakraniyal anevrizma; **sakkuläres** ~ sakküler anevrizma; **zerebrales** ~ serebral anevrizma

Anfall[1] m <Syn→ **Attacke**> atak

Anfall[2] m nöbet; **atonischer** ~ *(in der Neurologie)* atonik nöbet; **epileptischer** ~ epileptik nöbet; **hysterischer** ~ histeri nöbeti; **tonisch-klonischer** ~ *(bei Epilepsie)* tonik-klonik nöbet

anfällig Adj <Syn→ **prädisponierend**> yatkın

Anfälligkeit f <Syn→ **Prädisposition** → **Disposition**> yatkınlık

angeboren Adj <Ant→ **erworben**> doğuştan; doğuştan gelen; *(in der Genetik)* doğumsal; <Syn→ **kongenital**> konjenital; ~e **Hüftgelenksverrenkung** <Syn→ **Hüftdysplasie** → **Hüftgelenkdysplasie**> *(in der Orthopädie)* doğuştan kalça çıkığı

DKÇ; ~e Immunität <Ant→
erworbene Immunität> doğuştan
gelen bağışıklık; ~e Katarakt (in der
Augenheilkunde) doğumsal katarakt;
~e Krankheit doğumsal hastalık; ~e
Störung doğumsal bozukluk

angewandt Adj uygulamalı; ~e
Forschung (bei Forschung und
Entwicklung) uygulamalı araştırma;
~e Psychologie uygulamalı psikoloji

Angina pectoris f <Syn→
Stenokardie> anjina pektoris;
anjina; stabile ~ kararlı anjina
pektoris

Angio f anjiyo

Angiographie f anjiyografi: <kurz→
Angio> anjiyo

Angiokardiografie f
anjiyokardiyografi

Angiokardiogramm nt
anjiyokardiyogram

Angiologie f anjiyoloji; ~ ist die
Lehre von Blutgefäßen und ihren
Krankheiten anjiyoloji, kan
damarları ve bunların hastalıklarıyla
ilgilenen öğretidir

Angioödem nt (in der HNO)
anjiyoödem

Angiopathie f anjiyopati; <Syn→
Gefäßerkrankung> damar hastalğı;
diabetische ~ diyabetik anjiyopati

Angiospasmus m <Syn→
Vasospasmus → Gefäßspasmus>
(in der Angiologie) vazospazm

Angiotensin-konvertierendes
Enzym nt (in der Pharmazie)
anjiyotensin dönüştürücü enzim;
<kurz→ ACE> ACE

Angst[1] f (Eng: fear) korku

Angst[2] f (Eng: anxiety) anksiyete

Angstanfall m anksiyete nöbeti

Angstattacke f anksiyete atağı

angstlösend Adj kaygı-endişe
giderici

Angststörung f anksiyete bozukluğu;
generalisierte ~ <kurz→ GAS>
yaygın anksiyete bozukluğu; soziale
~ sosyal anksiyete bozukluğu

Angstzustand f psych kaygı durumu

Anhidrose f (Eng: anhidrosis) (in
der Dermatologie: fehlende
Schweißbildung) anhidrozis

Anidrose→ Anhidrose

Anion nt chem anyon

Anisokorie f (in der
Augenheilkunde) anizokori;
anisocoria; ~ ist ein Unterscheid in
den Pupillenweiten der Augen
anizokori, göz bebeklerinin farklı
büyüklüklerde olmasıdır

Anisöl nt anason yağı

Ankylose f (Eng: ankylosis) (in der
Rheumatologie: Gelenksteife) ankiloz

Anlage f (Erb~) yapı

Anlaufphase f <Syn→
Latenzphase> (Eng: lag phase) (in
der Bakteriologie: Phasen des
bakteriellen Wachstums) lag faz;
latent dönem

Anode f <Ant→ Kathode> chem
katot

Anomalie f anomali

Anopheles *f <Syn→*
Malariamücke> *(Lat: Anopheles maculipennis)* anofel

Anosmie *f (in der Neurologie)* anozmi; ~ **ist der vollständige Verlust der Geruchswahrnehmung** anozmi, koku algısının tamamen kaybıdır

anorektal *Adj (anat: im Bereich von After und Rektum)* anorektal; ~**es Melanom** *(in der Proktologie)* anorektal melanom

Anorektalchirurgie *f* anorektal cerrahi

Anorexia nervosa *f <Syn→* **Magersucht>** anoreksiya nervoza

Anorexie *f* anoreksi; *<Syn→* **Appetitlosigkeit>** iştahsızlık

Anovulation *f <Ant→* **Ovulation>** *(in der Gynäkologie: Fehlen des Eisprungs während des Menstruationszyklus)* anovülasyon

anovulatorisch *Adj* anovülatör; ~**er Zyklus** anovülatör döngü

Anoxie *f* anoksi; **die ~ ist das Fehlen von Sauerstoff im Organismus** anoksi, bir organizmanın oksijensiz kalmasıdır

anoxisch *Adj* anoksik

anorganisch *Adj <Ant→* **organisch>** inorganik; ~**e Chemie** inorganik kimya

Ansammlung *f* birikme; birikim; toplanma; ~ **von Blut** kan birikmesi

Ansatz *m (İng: approach)* yaklaşım; **antiviraler** ~ antiviral yaklaşım;

diagnostischer ~ tanısal yaklaşım; **empirischer** ~ deneyci yaklaşım; **experimenteller** ~ deneysel yaklaşım; **neurolinguistischer** ~ sinirdilbilimsel yaklaşım

Ansatzrohr *nt <Syn→* **Vokaltrakt** → **Artikulationstrakt** → **Sprechtrakt>** *(Eng: vocal tract; Frz: canal vocal) anat* ses yolu

Anschwellen *nt* şişme; ~ **der Lippen** dudakların şişmesi

Anspannungsphase *f <Ant→* **Entspannungsphase>** kasılma evresi; ~ **des Herzens** kalbin kasılma evresi

ansteckend *Adj* bulaşıcı; *<Syn→* **infektiös>** enfeksiyöz; ~**e Krankheit** bulaşıcı hastalık; **hoch** ~ son derece bulaşıcı

Ansteckung *f* bulaşma; *<Syn→* **Infektion>** enfeksiyon; **direkte** ~ doğrudan bulaşma

Ansteckungsgefahr *f <Syn→* **Infektionsgefahr>** bulaşma tehlikesi

Ansteckungsrisiko *nt* enfeksiyon riski

Antagonist *m <Ant→* **Agonist>** *(in der Pharmakologie)* antagonist; **kompetitiver** ~ yarışmalı antagonist

Antazidum *nt (in der Gastroenterologie)* antiasit

Anthelminthikum *nt* antihelmintik; anthelmintik; *<Syn→* **Wurmmittel>** solucan düşürücü

Atherom *nt* aterom

Anthrax *m* antraks; *<Syn→* **Milzbrand>** şarbon

28

Anthropologie *f* antropoloji

Anthropometrie *f* antropometri; **die ~ beschäftigt sich mit den Maßen des menschlichen Körpers** antropometri, insan vücudunun ölçüleri ile ilgilenir

anthropometrisch *Adj* antropometrik; **~e Messungen** antropometrik ölçümler

Antiadipositum *nt* anti-obezite ilacı

Anti-Aging *nt <Syn→ Altersverhinderung>* yaşlanma karşıtı tıp

Antibabypille *f* doğum kontrol hapı

Antibiotika *pl <Sing→ Antibiotikum>* antibiyotikler; **hochdosierte ~** yüksek doz antibiyotikler

Antibiotikaprophylaxe *f* antibiyotik profilaksisi

antibiotikaresistent *Adj* antibiyotiğe karşı dirençli; **~e Bakterien** antibiyotiğe karşı dirençli bakteriler

Antibiotikaresistenz *f* antibiyotik direnci

Antibiotikum *nt <pl→ Antibiotika>* antibiyotik; **hochdosiertes ~** yüksek doz antibiyotik

Antidementivum *nt <pl→ Antdementiva>* antidemans ajan

Antidepressivum *nt <pl→ Antdepressiva Syn→ Thymoleptikum>* antidepresan; **pharmakologische Behandlung mit Antidepressiva** antidepresanlı farmakolojik tedavi

Antidiabetikum *nt* antidiyabetik

Antidot *nt (in der Toxikologie)* antidot; *<Syn→* **Gegengift>** panzehir

Antidoton→ Antidot

Antiemetikum *nt* antiemetik; **ein ~ ist ein Medikament gegen Übelkeit und Brechreiz** antiemetik, bulantı ve kusmaya karşı bir ilaçtır

Antifaltencreme *f* kırışıklık giderici krem

Antigen *nt (im Immunsystem)* antijen; bağıştıran

Antigen-Antikörper-Komplex *m <Syn→* **Immunkomplex>** *(in der Immunologie)* antijen antikor kompleksi

Antigen-Antikörper-Reaktion *f (in der Immunologie)* antijen antikor tepkimesi; antijen antikor reaksiyonu

Antigendrift *f (in der Virologie und der Immunologie)* antijenik kayma

Antigenshift *f (in der Virologie und der Immunologie)* antijenik sapma

Antigenpräsentation *f (in der Immunologie: im Immunsystem)* antijen sunumu

Antigen-präsentierend *Adj* antijen sunan; **~e Zellen** antijen sunan hücreler

Antihistaminikum *nt <pl→ Antihistaminika>* antihistamin

Antihypertensiva *pl* antihipertansifler; **~ sind blutdrucksenkende Arzneimittel** antihipertansifler, tansiyon düşürücü ilaçlardır

Antihypertensivum *nt*
antihipertansif

antiinflamatorisch *Adj* <*Syn*→
entzündungshemmend>
antiinflamatuar

Antikoagulans *nt* <*Syn*→
Gerinnungshemmer> antikoagülan

Antikonzeption *f* <*Syn*→
Kontrazeption> kontrasepsiyon;
<*Syn*→ **Empfängnisverhütung**>
(Eng: birth controle) doğum kontrolü

Antikörper *m* antikor; bağışan;
katalytischer ~ *(in der Immunologie)*
katalitik antikor; <*Syn*→ **Abzym**>
abzim

Antimykotikum *nt (bei durch Pilze
verursachten Erkrankungen)*
antimikotik; antifungal

antimykotisch *Adj* antifungal

Antioxidans *nt* <*Syn*→
Antioxidationsmittel> antioksidan;
yükseltgeme önleyici; **ein ~ ist eine
chemische Verbindung, die eine
Oxidation anderer Substanzen
verlangsamt oder gänzlich
verhindert** antioksidan, başka
maddelerin yükseltgenmesini
yavaşlatan veya tamamen önleyen
kimyasal bileşiktir

Antioxidationsmittel→
Antioxidans

Antiparasitika *pl (Eng: antiparasitic
agents)* antiparazitik ajanlar

Antiparasitikum *nt (Eng:
antiparasitic agent)* antiparazitik ajan

Antipathie *f* <*Ant*→ **Sympathie**>
psych antipati

Antipsychotikum *nt (in der
Pharmakologie)* antipsikotik; <*eş*→
Neuroleptikum> nöroleptik

Antipyretikum *nt* antipiretik

antiretroviral *Adj* antiretroviral; ~**e
Therapie** *(bei AIDS)* antiretroviral
tedavi

Antirheumatikum *nt* antiromatizmal
ilaç

Antisense-RNA *f (in der Genetik)*
antisens RNA; <*kurz*→ **aRNA**>
asRNA

Antisense-Therapie *f* antisens
terapisi

Antisepsis *f* antisepsi

Antiseptikum *nt* antiseptik[1]

antiseptisch *Adj* antiseptik[2]; ~**e Seife**
antiseptik sabun; ~**e Wirkung**
antiseptik etki

Antiserum *nt* antiserum

antisozial *Adj* <*Syn*→ **dyssozial**>
antisosyal; ~**e
Persönlichkeitsstörung** <*Syn*→
dyssoziale Persönlichkeitsstörung>
(in der Psychiatrie) antisosyal kişilik
bozukluğu

Antitoxin *nt (in der Immunologie
und der Mikrobiologie)* antitoksin

Antitranspirant *nt (Eng:
antiperspirant) (in der Körperpflege)*
antiperspirant

antitumoral *Adj* antitümöral; ~**e
Wirkung** antitümöral etki

Antivenin→ **Antivenom**

30

Antivenom *nt (in der Toxikologie)* antivenom; *<Syn→* **Antivenin>** antivenin

antiviral *Adj* antiviral[1]; ~ **e Ansätze** antiviral yaklaşımlar; ~ **e Medikamente** antiviral ilaçlar; **~es Protein** *(in der Zellbiologie: ein Protein, das die Replikation von Viren hemmt)* antiviral protein

Antwortsyndrom→ **Response-Syndrom**

Anus *m* anüs; *<Syn→* **After>** makat

Anuschirurgie *f* anal cerrahi

Anwendung *f* uygulanma; **orale** ~ ağızdan uygulanma

Anzeichen *nt* belirti[2]

anzeigepflichtig *Adj <Syn→* **meldepflichtig>** ihbarı mecburi; bildirimi zorunlu; **~e Krankheit** ihbarı mecburi hastalık; bildirimi zorunlu hastalık

Aorta *f anat* aort; *<Syn→* **Hauptschlagader>** ana atardamar; **absteigende** ~ *(Lat: Aorta descendens)* desandan aort; ; **aufsteigende** ~ *anat (Lat: Aorta ascendens)* asendan aort

Aortenaneurysma *nt (in der Angiologie und der Chirurgie)* aort anevrizması

Aortenbogen *m (Lat: Arcus aortae)* aort arkı

Aortenchirurgie *f* atardamar cerrahisi

Aorteninsuffienz→ **Aortenklappeninsuffienz**

Aortenklappe *f (Lat: Valva aortae)* aort kapağı

Aortenklappeninsuffienz *f <Syn→* **Aorteninsuffienz>** *(in der Kardiologie)* aort kapağı yetmezliği

Aortenklappenstenose *f <Syn→* **Aortenstenose>** *(in der Kardiologie)* aort kapak stenozu

Aortenstenose→ **Aortenklappenstenose**

Apathie *f psych* apati; *<Syn→* **Teilnahmslosigkeit>** ilgisizlik; kayıtsızlık

Apex dentis *m <Syn→* **Wurzelspitze>** *(Lat: Apex radices dentis) (in der Zahnmedizin)* apeks; diş kökü apeksi

Apexfinder *m (in der Zahnmedizin)* apeks bulucu

Apex linguae *m <Syn→* **Zungenspitze>** *anat* dil ucu

Apex nasi *m <Syn→* **Nasenspitze>** *anat* burun ucu

Apfelsinenhaut *f <Syn→* **Cellulite → Orangenhaut → Zellulitis>** *(Lat: Adipositas oedamatosa) (in der Dermatologie)* selülit

APGAR *(in der Pädiatrie: Atmung, Puls, Grundtonus, Aussehen, Reflexe) (Eng: Appearance, Pulse, Grimace, Activity, Respiration)* APGAR

Apgar-Score *m (in der Pädiatrie)* Apgar skoru

Aphantasie *f <Syn→* **Afantasie>** *(Eng; aphantasia; Fr: aphantasie) (in der Neuropsychologie: das*

*Fehlen des bildlichen
Vorstellungsvermögens)* afantazi

Aphasie *f (in der Neuropsychologie)*
afazi; ~ **entsteht beispielsweise
durch einen Schlaganfall** afazi,
örneğin inme sonucu ortaya çıkar

Aphasietherapie *f* afazi terapisi

Aphasiologie *f* afaziyoloji

Apherese *f (in der Hämatologie und
der Onkologie)* aferez

Aphonie *f (in der Neurologie:
Stimmlosigkeit)* afoni

Aphrodisiakum *nt (in der
Pharmakologie)* afrodizyak; **das ~,
steigert die Libido** afrodizyak,
libidoyu arttırır

Aphthe *f (in der Oralpathologie)* aft;
aftöz ülser

aphthös *Adj* aftöz; **~e Stomatitis**
<Syn→ **Mundfäule>** *(Lat: Stomatitis
aphthosa; Eng: aphthous stomatitis)*
aftöz stomatit

apikal *Adj* apikal; **~e Parodontitis**
(in der Zahnmedizin) apikal
periodontitis

Apitoxin *nt* apitoksin; *<Syn→*
Bienengift> arı zehiri

Aplasia→ Aplasie

Aplasie *f <Syn→* **Aplasia>** aplazi

aplastisch *Adj* aplastik; **~e Anämie**
(in der Hematologie) aplastik anemi

Apnoe *f* apne; *<Syn→*
Atemstillstand> solunumun durması

Apnoe-Hypopnoe-Index *m (in der
Pneumologie)* apne hipopne indeksi

apokrin *Adj (Sekret produzierend
und ausscheidend)* apokrin; **~e
Drüsen** apokrin bezler; **~e
Schweißdrüsen** apokrin ter bezleri;
~e Sekretion apokrin salgılama

Aponeurose *f* aponöroz

Apoplex *m (in der Neurochirurgie
und der Notfallmedizin)* inme; ~ **mit
Hemiparese links**

Apoplexie *f a. (Lat: Apoplexia
cerebri) (in der Neurochirurgie und
der Notfallmedizin)* apopleksi;
<Syn→ **Schlaganfall>** *(Eng: stroke)*
inme

Apoptose *f* apoptoz; apoptozis; **die ~
ist eine Form des programmierten
Zelltods** apoptoz, programlanmış
hücre ölümü biçimlerinden biridir

Apotheke *f* eczane

Apotheker *m* (erkek) eczacı

Apothekerin *f* (kadın) eczacı

Apparatur *f (Frz: appareil)* aparey;
festsitzende ~en *(in der
Kieferorthopädie)* sabit
apareyler

Appendikularskelett *nt (Eng:
appendicular skeleton) (in der
Osteologie)* apendiküler iskelet

Appendix vermiformis *f <Syn→*
Wurmfortsatz> *(Lat: Appendic
coeci; Eng: appendix/vermiform
appendix)* apandis; apendiks; *<umg
Syn→* **Blinddarm>** kör bağırsak

Appendizitis *f <Syn→*
Wurmfortsatzentzündung; *umg→*
Blinddarmentzündung> *(Lat:
Appendicitis)* apandisit

Appetit *m* iştah

Appetitlosigkeit *f* iştahsızlık

Appetitverlust *m* iştah kaybı

Appetitzügler *m* iştah kesici (ilaç)

Applikation *f* <*Syn*→ **Verabreichung**> uygulama; uygulanma; **die rektale** ~ **eines Medikaments** bir ilacı rektal yoldan uygulama; **perkutane** ~ deri üzerine uygulanma

Applikationsform *f* <*Syn*→ **Verabreichungsform**> *(von Arzneimitteln)* uygulama yolu

Approbation *f* hekimlik yapma yetkisi

Apraxie *f (in der Neurologie)* apraksi; işlev yitimi; **gliedkinetische** ~ uzuv-kinetik apraksi

Äquivalent *nt* eşdeğer; **synthetisches** ~ sentetik eşdeğer

Äquivalentdosis *f (im Strahlenschutz)* eşdeğer doz

Arachnoidalzyste *f (in der Neurologie)* araknoid kist

Arachnoidea *f (Anatomie des Gehirns)* araknoid mater; <*Syn*→ **Spinnwebenhaut**> örümceksi zar

Arachnophobie *f psych* araknofobi; <*Syn*→ **Spinnenphobie**> örümcek korkusu

Arbeitsgedächtnis *nt (İng: working memory)* çalışma belleği; çalışan hafıza; <*Syn*→ **Kurzzeitgedächtnis**> kısa süreli bellek; kısa süreli hafıza

Arbeitsmedizin *f* işyeri hekimliği

Arbeitsunfall *m* iş kazası

Archea→ **Archaeen**

Archebakterien *pl* arkebakteriler; <*Syn*→ **Archea**> arkea; <*Syn*→ **Archaeen**> arkeler

Archaeen *pl* arkeler; <*Syn*→ **Archea**> arkea; <*Syn*→ **Archebakterien**> arkebakteriler

ARDS→ **akutes Atemnotsyndrom**

Areal *nt (Gehirn~) anat* bölge²

Area tegmentalis ventralis *f (im Mesencephalon)* ventral tegmental alan

Aräometer *nt* <*Syn*→ **Hydrometer**> *(im Labor: Laborgerät)* hidrometre

Arm *m anat* kol

Armbewegung *f* kol hareketi

Armgeflecht *nt* <*Syn*→ **Plexus brachialis**> *(Lat: Plexus brachialis) anat* brakial pleksus

Armmuskulatur *f anat* kol kasları

Armschiene *f (in der Notfallmedizin)* kol ateli

aRNA→ **Antisense-RNA**

Aromastoffe *pl* aroma verici maddeler

Aromatherapie *f (in der Alternativmedizin)* aromaterapi

aromatisch *Adj* aromatik

Arrhythmie *f* <*Syn*→ **Rhythmusstörung**> *(in der Kardiologie)* aritmi; **kardiale** ~ <*Syn*→ **kardiale Rhythmusstörung**

→ **Herzrhythmusstörung**> kardiyak aritmi

Arrhythmiebehandlung *f (in der Kardiologie)* aritmi tedavisi

Arsen *nt (Symbol: As) chem* arsenik

Arsenvergiftung *f* arsenik zehirlenmesi

Art *f* <*Syn*→ **Spezies**> tür; **invasive** ~ *(in der Epidemiologie und der Virologie)* invazif tür; istilacı tür

Arteria basilaris *f (Lat: Arteria basilaris) (im Metencephalon)* baziler arter

Arteria carotis communis *f* <*Syn*→ **Carotis** → **Halsschlagader**> *anat* karotis arter; şah damarı

Arteria carotis interna *f* <*Syn*→ **innere Halsschlagader**> *anat* internal karotis arter

Arteria cerebri posterior *f anat* posterior serebral arter; arka beyin atardamarı

Arteria communicans posterior *f anat* posterior komünikan arter; arka iletici atardamarı

Arteria lumbalis *f a.* <*Syn*→ **Lendenarterie**> *(Lat: Arteria lumbalis)* lumbal arter

Arteria renalis *f* <*Syn*→ **Nierenarterie**> *(Lat: Arteria renalis) (in der Urologie)* böbrek atardamarı; renal arter

Arteria spinalis anterior *f (vordere Rückenmarksarterie)* anterior spinal arter; **die ~ ist die größte versorgende Arterie des Rückenmarks** anterior spinal arter, omuriliği besleyen en büyük arterdir

Arterie *f* <*Ant*→ **Vene**> *(Lat: Arteria) (in der Angiologie)* arter; <*Syn*→ **Schlagader**> atardamar

arteriell *Adj* <*Ant*→ **venös**> arteriyel; **~e Hypertonie** arteriyel hipertansiyon; **~e Hypoxie** arteriyel hipoksi; **~e Sauerstoffsättigung** arteriyel oksijen doyumu

Arterienerweiterung *f* <*Ant*→ **Arterienverengung**> *(in der Angiologie)* arter genişlemesi; arterlerin genişlemesi

Arterienklemme *f* <*Syn*→ **Gefäßklemme**> *(Instrument in der Chirurgie)* klemp

Arterienverengung *f* <*Ant*→ **Arterienerweiterung**> *(in der Angiologie)* arter daralması; arterlerin daralması

Arterienwand *f* arter çeperi

Arteriitis *f (in der Angiologie: die Entzündung von Arterien)* arterit

Arteriole *f (in der Angiologie)* arteriyol; atardamarcık; **afferente ~** afferent arteriyol; **efferent ~** efferent arteriyol

Arteriosklerose *f (in der Angiologie)* arteriyoskleroz

arteriovenös *Adj* arteriovenöz; **~e Fistel** arteriyovenöz fistül; **~e Malformation** *(in der Neurochirurgie : Fehlbildung der Blutgefäße)* arteriovenöz malformasyon

Arthritis *f* artrit; **die ~ ist eine Gelenkentzündung** artrit, bir eklem iltihabıdır; artrit, eklemlerde bir iltihaptır; **bakterielle ~** bakteriyel artrit; **eitrige ~** irinli artrit;

idiopathische ~ idiyopatik artrit;
rheumatoide ~ romatoid artrit;
septische ~ <*Syn*→ **Pyarthrose**> *(in der Orthopädie)* septik artrit; <*Syn*→ **Gelenkempyem**> eklem empiyemi

Arthrodese *f (Eng: arthrodesis)* artrodez; *(Eng: artificial ankylosis)* yapay ankiloz; *(Eng: syndesis)* sindez

Arthropathie *f (in der Orthopädie und der Unfallchirurgie: Gelenerkrankung)* artropati

Arthroplastie→ **Arthroplastik**

Arthroplastik *f* <*Syn*→ **Arthroplastie**> *(in der Chirurgie: Eingriff, um die Gelenkfunktion wiederherzustellen)* artroplasti

Arthrose *f* <*Syn*→ **Arthrosis**> *(Lat: Arthrosis deformans)* artroz; <*Syn*→ **Osteoarthrose**> osteo artrit

Arthrosis→ **Arthrose**

Arthroskop *nt (in der Orthopädie)* artroskop

Arthroskopie *f* <*Syn*→ **Gelenkspiegelung**> *(in der Orthopädie)* artroskopi

artifiziell *Adj* artifisyel; <*Syn*→ **künstlich**> yapay; ~**er Sphinkter** artifisyel üriner sfinkter

Artikulationstrakt *m* <*Syn*→ **Ansatzrohr** → **Vokaltrakt** → **Sprechtrakt**> *(Eng: vocal tract; Frz: canal vocal)* anat ses yolu

artspezifisch *Adj* türe özgü; ~**es Verhalten** türe özgü davranış

Aryknorpel *m* <*Syn*→ **Stellknorpel**> *(Lat: Cartilago arytaenoidea)* anat aritenoid kıkırdak

Arzneiaufbereitung *f (in der Pharmazie)* ilaç hazırlama

Arzneibuch *nt* <*Syn*→ **Pharmakopöe**> farmakope

Arzneiform *f (Eng: dosage form) (in der Pharmazie)* dozaj formu; birim doz; **feste** ~ katı dozaj formu

Arzneikunde *f* <*Syn*→ **Pharmazie** → **Pharmazeutik**> eczacılık

Arzneimittel *nt* <*Syn*→ **Medikament**> ilaç; **unentbehrliche** ~ *(Eng: essential medicines)* temel ilaçlar; **unerlässliche** ~ *(Eng: essential medicines)* temel ilaçlar; **unverzichtbare** ~ *(Eng: essential medicines)* temel ilaçlar

Arzneimittelallergie *f* ilaç alerjisi

Arzneimitteldesign *nt* ilaç tasarımı

Arzneimittelengpass *m* ilaç darboğazı

Arzneimittelherstellung *f* ilaç üretimi

Arzneimittelinteraktion→ **Arzneimittelwechselwirkung**

Arzneimittelmetabolismus *m* <*Syn*→ **Arzneimittel-stoffwechsel**> *(Eng: drug metabolism) (in der Pharmakologie)* ilaç metabolizması

Arzneimittelnebenwirkung *f* ilaç yan etkisi

Arzneimittelstoffwechsel *m* <*Syn*→ **Arzneimittel-metabolismus** > *(Eng: drug metabolism) (in der Pharmakologie)* ilaç metabolizması

Arzneimitteltherapie *f* <*Syn*→ **Arzneiherapie**> ilaçla tedavi; ilaç tedavisi; ilaçla sağaltım

35

Arzneimittelvorlage *f (Eng: drug template) (in der Pharmazie)* ilaç şablonu

Arzneimittelwechselwirkung *f* *<Syn→* **Arzneimittelinteraktion>** *(in der Pharmazie)* ilaç etkileşimi

Arzneipflanzen *pl <Syn→* **Heilpflanzen>** şifalı bitkiler

Arzneispezialität *f (in der Pharmazie: Arzneimittel, das im Voraus hergestellt ist) <Syn→* **Fertigarzneimittel>** müstahzar

Arzneistoff *m* ilaç

Arzneitherapie *f <Syn→* **Arzneimitteltherapie>** ilaçla tedavi; ilaç tedavisi; ilaçla sağaltım

Arzneiträgerstoff *m (İng/Fr: excipient)* eksipiyan; *<Syn→* **pharmazeutischer Hilfsstoff>** farmasötik eksipiyan

Arzt *m* (erkek) hekim; *umg* doktor; **diensttuender** ~ nöbetçi hekim; **praktischer** ~ pratisyen hekim

Arztbericht *m <Syn→* **Befundbericht → Patientenbrief>** epikriz raporu

Ärzte ohne Grenzen *(Fr: Médecins Sans Frontières)* Sınır Tanımayan Doktorlar

Ärztin *f* (kadın) hekim; *umg* doktor; **diensttuende** ~ nöbetçi hekim; **praktische** ~ pratisyen hekim

Arztpraxis *f <kurz→* **Praxis>** muayenehane

Arzttermin *m* doktor randevusu

Asbest *m* asbest

Asbestfaser *f* asbest lifi

Asbestose *f* asbestozis

Asepsie *f (in der medizinischen Hygiene)* asepsi

asexuell *Adj <Ant→* **sexuell>** eşeysiz; **~e Vermehrung** eşeysiz çoğalma

Asiatenfleck *m <Syn→* **Mongolenfleck → Sakralfleck → Steißfleck>** *(in der Dermatologie)* Moğol lekesi; Moğol beneği

Askorbinsäure *f (Formel: $C_6H_8O_6$)* askorbik asit

Askorbinsäuremangel *m* askorbik asit eksikliği

ASMR *f* ASMR; *<Syn→* **autonome sensorische Meridianreaktion>** *(Eng: autonomous sensory meridian response)* otonom duyusal meridyen tepkisi

Asparaginsäure *f (Formel:$C_4H_7NO_4$) (in der Biochemie)* aspartik asit

Asperger-Syndrom *nt* Asperger sendromu

Aspergillose *f* aspergilloz; aspergillosis

Aspiration *f (Lat: aspiratio)* aspirasyon; **~ des Mageninhalts** *(in der Intensivmedizin)* mide içeriği aspirasyonu

Aspirationspneumonie *f (in der Intensivmedizin)* aspirasyon pnömonisi

Aspirationsprophylaxe *f* aspirasyon profilaksisi

aspirieren *vt* aspire etmek; *<Syn→* **einsaugen>** emmek; **Fremdkörper** ~ yabancı cisim aspire etmek; **Luft** ~ hava aspire etmek

Assistent *m* (erkek) asistan

Assistentin *f* (kadın) asistan

Assistenzarzt *m* (erkek) asistan hekim

Assistenzärztin *f* (kadın) asistan hekim

Assoziationsfasern *pl (in der Neurophysiologie und der Neuroanatomie)* birleştirme lifleri

Assoziieren *nt f psych* çağrışım; **freies** ~ *(in der Psychoanalyse)* serbest çağrışım

Assoziation *f psych* çağrışım; **freie** ~ *(in der Psychoanalyse)* serbest çağrışım

Assoziationstest *m (in der Psychoanalyse)* çağrışım testi

Ast *m <Syn→* **Ramus>** *anat* dal

Astereognosie *f <Syn→* **taktile Agnosie>** *(in der Neuropsychologie: Gegenstände durch Ertasten nicht erkennen)* taktil agnozi

ästhetisch *Adj* estetik; ~**e Chirurgie** estetik cerrahi

Asthma *nt (in der Pneumologie)* astım; astma; *<Syn→* **Asthma bronchiale** → **Bronchialasthma>** bronşial astma; **allergisches** ~ alerjik astım

Asthma bronchiale *nt <Syn→* **Bronchialasthma>** *(in der*

Pneumologie) bronşial astma; *<Syn→* **Asthma>** astım

Asthmatiker *m* (erkek) astımlı

Asthmatikerin *f* (kadın) astımlı

asthmakrank *Adj* astımlı hasta

Astigmatismus *m <Syn→* **Stabsichtigkeit** → **Hornhautverkrümmung>** *(in der Augenheilkunde)* astigmatizma; astikmatlık

Astragalus *m (untere Extremität)* astragalus; *<Syn→* **Sprungbein** → **Rollbein>** aşık kemiği; *<Syn→* **Talus>** talus

astrozytär *Adj (Eng: astrocytic)* astrositik

Astrozytom *nt (in der Onkologie: Hirntumor)* astrositom

asymptomatisch *Adj (im Krankheitsverlauf)* asemptomatik

Asystolie *f (in der Kardiologie und der Notfallmedizin: Stillstand der Herzaktivität)* asistol

ataktisch *Adj (in der Neurologie)* ataksik *sf.*; ~**e Neuropathie** ataksik nöropati

Ataraxie *f psych* ataraksiya

Atavismus *m <pl→* **Atavismen>** atavizm; ataya çekim

Ataxie *f (in der Neurologie)* ataksi

Atelektase *f (in der Pneumologie)* atelektazi

Atemgas *nt* solunum gazı

Atemgeräusch *nt* solunum sesi

Ateminsuffizienz *f <Syn→*
Atmungsinsuffizienz> solunum
yetmezliği; *<Syn→* **respiratorische
Insuffizienz>** respiratuar yetmezlik

Atemlosigkeit *f <Syn→* **Atemnot>**
nefes darlığı; *<Syn→* **Dyspnoe>**
dispne

Atemnot *f* nefes darlığı; solunum
sıkıntısı; *<Syn→* **Dyspnoe>** dispne

Atemnotsyndrom *nt (Eng:
respiratory distress syndrome)*
solunum sıkıntısı sendromu;
respiratuar distres sendromu; *<Syn→*
Lungenversagen> solunum
yetmezliği

Atemstillstand *f* solunumun
durması; *<Syn→* **Apnoe>** apne

Atemschutzmaske *f (Eng:
respirator)* respiratör

Atemtrakt *m <Syn→*
Atmungsapparat> *(Lat: Apparatus
respiratorius)* solunum sistemi

Atemwege *pl* solunum yolları

Atemwegsinfektion *f* solunum yolu
enfeksiyonu

Atemwegsmanagement *nt <Syn→*
Atemwegssicherung → **Airway-
Management>** *(Eng: airway
management)* solunum yolu yönetimi

Atemwegssicherung→
Atemwegsmanagement

Äther→ Ether

ätherisch *Adj <Syn→* **etherisch>**
uçucu; ~e Öle uçucu yağlar

Atherosklerose *f (in der Angiologie)*
ateroskleroz

Ätiologie *f* etiyoloji; neden bilimi;
nedenbilim; **die ~ beschäftigt sich
mit den Ursachen für das
Entstehung einer Krankheit**
etiyoloji, bir hastalığın oluşma
nedenlerini araştırır

ätiologisch *Adj* etiyolojik; **eine
pathologische oder ~e Diagnose** bir
patolojik veya etiyolojik tanı

Atlas *m anat* atlas; **der ~ ist der
erste Halswirbel** atlas, ilk boyun
omurudur

Atmung *f* solunum; nefes; **aerobe ~**
aerobik solunum; oksijenli solunum;
anaerobe ~ anaerobik solunum;
oksijensiz solunum; **künstliche ~**
yapay solunum

Atmungsapparat *m <Syn→*
Atemtrakt> *(Lat: Apparatus
respiratorius)* solunum sistemi

Atmungsgerät *nt* solunum cihazı

Atmungsinsuffizienz *f <Syn→*
Ateminsuffizienz> solunum
yetmezliği; *<Syn→* **respiratorische
Insuffizienz>** respiratuar yetmezlik

atonisch *Adj* atonik; **~er Anfall** *(in
der Neurologie)* atonik nöbet

Atopie *f (Eng: atopy)* atopi

atopisch *Adj* atopik; **~e Dermatitis**
(in der Dermatologie) atopik
dermatit; **~e Diathese** *(in der
Pathophysiologie)* atopik diyatez; **~es
Ekzem** *(in der Dermatologie)* atopik
egzama

ATP→ Adenosintriphosphat

Atriumseptum *nt <Syn→*
Vorhofseptum →

38

Vorhofscheidewand> *(in der Kardiologie)* atriyal septum

Atriumseptumdefekt *m (in der Kardiologie)* atriyal septal defekt

Atrophie *f (in der Pathologie)* atrofi; *<Syn→* **Verkrümmung>** körelme; **einfache ~** basit atrofi; **numerische ~** nümerik atrofi

Atropin *nt (Formel: $C_{17}H_{23}NO_3$)* chem atropin; **~ steht auf der Liste der unentbehrlichen Arzneimittel der Weltgesundheits-organisation** atropin, Dünya Sağlık Örgütü'nün Temel İlaçlar listesinde yer almaktadır

Attachmentverlust *m (in der Paradontologie)* ataşman kaybı

Attacke *f <Syn→* **Anfall>** atak

Attest *nt (Lat: attestatio)* doktor raporu

atypisch *Adj* atipik; **~er Gesichtsschmerz** *(in der Neuropsychiatrie)* atipik fasiyal ağrı; atipik yüz ağrısı

Audiologe *m* (erkek) odyolog

Audiologie *f* odyoloji

Audiologin *f* (kadın) odyolog

Aufbewahrung *f* saklanma

Aufflammen *nt* alevlenme; **erneutes ~ der Pilzinfektion** mantar enfeksiyonunun yeniden alevlenmesi

Auffrischungsdosis *f (Eng: booster dose) (in der Epidemiologie)* takviye dozu; hatırlatma dozu; *<Syn→* **Boosterdosis>** *(Frz: dose de rappel)* rapel *f*

Auffrischungsimpfung *f (in der Epidemiologie)* takviye aşısı; hatırlatma aşısı; *<Syn→* **Boosterimpfung>** booster aşısı

auflösen *vr* çözünmek; **sich im Magen ~** midede çözünmek; **sich im Wasser ~** suda çözünmek

Auflösung *f* yıkım; **~ von roten Blutkörperchen** *(in der Hämatologie)* alyuvarların yıkımı; *<Syn→* **Erythrozytenzerfall>** eritrosit yıkımı

Aufmerksamkeit *f psych* dikkat; **geteilte ~** bölünmüş dikkat; **selektive ~** seçici dikkat; **visuelle ~** görsel dikkat

Aufmerksamkeitsdefizit *nt psych* dikkat eksikliği

Aufmerksamkeitsdefizit-/Hyperaktivitätsstörung *f (in der Psychiatrie und der Pädiatrie)* dikkat eksikliği ve hiperaktivite bozukluğu; *<kurz→* **ADHS>** DEHB

Aufnahme *f* kayıt (işlemi); **bei der ~ ins Krankenhaus** hastaneye kayıtta

aufstehen *vi* kalkmak; **früh ~** erken kalkmak; **spät ~** geç kalkmak

aufsteigend *Adj <Ant→* **absteigend>** çıkan; asendan; **~e Aorta** *anat (Lat: Aorta ascendens)* asendan aort; **~es Colon** *(Lat: Colon ascendens)* çıkan kolon

Aufstoßen *nt (beim Sodbrennen)* geğirme

auftreten *vi* ortaya çıkmak; belirmek

Auftretungs-wahrscheinlichkeit *f* ortaya çıkma olasılığı

aufwachen *vi* uyanmak; ~ **aus der Narkose** narkozdan uyanmak; ~ **in der Nacht** geceleyin uyanmak

Aufweichung *f* yumuşama

Augapfel *m (Lat: Bulbus oculi)* göz yuvarı

Auge *nt (Lat: oculus) anat* göz; **blaues** ~ *<umg→* **Veilchen>** morarmış göz; **er hat ein blaues** ~ gözü morarmış

Augenarzt *m* (erkek) göz hastalıkları hekimi; *umg.* (erkek) göz doktoru; *<Syn→* **Ophthalmologe>** (erkek) oftalmolog

Augenärztin *f* (kadın) göz hastalıkları hekimi; *umg.* (kadın) göz doktoru; *<Syn→* **Ophthalmologin>** (kadın) oftalmolog

Augenbewegung *f* göz hareketi; **rasche** ~ *(Eng: rapid eye movement) (beim REM-Schlaf) psych* hızlı göz hareketi

Augenbewegungsnerv *m <Syn→* **Nervus oculomotorius>** *(Lat: Nervus oculomotorius)* okülomotor sinir

Augenblinzeln *f (in der Neurologie)* göz kırpıştırma; ~ **gehört zu den einfachen motorischen Tics** göz kırpıştırma, basit motor tiklerdendir

Augenbraue f (Lat: Supercilium) kaş

Augenchirurgie *f* göz cerrahisi; oküler cerrahi

Augenentzündung *f* göz iltihabı

Augenfehler *m (in der Augenheilkunde)* göz kusuru

Augenfleck *m* göz lekesi

Augengrippe *f <Syn→* **Keratoconjunctivitis epidemica** *kurz→* **Epidemica>** *(in der Augenheilkunde)* epidemik keratokonjonktivit; adenoviral keratokonjonktivit

Augenheilkunde *f <Syn→* **Ophthalmologie>** oftalmoloji

Augenhöhle *f* göz çukuru; *<Syn→* **Orbita>** orbita

Augenhöhlenfläche *f (Lat: Facies orbitalis)* orbita yüzü

Augeninnendruck *m* göz tansiyonu[1]

Augeninnendruckmessung *f* göz tansiyonu ölçümü

Augenkrankheit *f* göz hastalığı; **Ägyptische** ~ *(in der Ophthalmologie)* Mısır oftalmisi; *<Syn→* **Trachom>** trahom

Augenlid *nt (Lat: Palpebra)* göz kapağı; **oberes** ~ *(Lat: Palpebra superior)* üst göz kapağı; **unteres** ~ *(Lat: Palpebra inferior)* alt göz kapağı

Augenmuskel *m (Lat: Musculus ciliaris)* göz kası

Augen-OP→ Augenoperation

Augenoperation *f <Syn→* **Augen-OP>** göz ameliyatı

Augenoptiker *m <Syn→* **Optiker>** (erkek) optisyen; gözlükçü

Augenoptikerin *f <Syn→* **Optikerin>** (kadın) optisyen; gözlükçü

Augenprothese *f* göz protezi

augenreizend *Adj* gözleri tahriş edici; ~e **Flüssigkeit** gözleri tahriş edici sıvı; ~er **Stoff** gözleri tahriş edici madde

Augenringe *pl* göz halkaları

Augensalbe *f* göz merhemi

Augentropfen *m* göz damlası

Augentumor *m* göz tümörü

Augenuntersuchung *f* göz muayenesi

Augenverband *m* göz sargısı

Augenverletzung *f* göz yaralanması

Augenwurm *m* <*Syn→* **Wanderfilarie**> *(Lat: Loa loa) (in der Parasitologie)* Afrika göz solucanı

Aura *f (in der Neurologie)* aura; **die ~ ist ein Symptom, das vor einem Anfall von Migräne auftreten kann** aura, migren atağından önce görülebilir bir semptomdur; **Migräne mit ~** <*Syn→* **klassische Migräne**> auralı migren; **Migräne ohne ~** aurasız migren; <*Syn→* **gewöhnliche Migräne**> yaygın migren

aural *Adj* işitsel

ausatmen *vi* <*Ant→* **einatmen**> soluk vermek; nefes vermek

Ausatmung *f* <*Ant→* **Einatmung**> soluk verme; nefes verme

Ausbleiben *nt* yokluk; ~ **der Periode** aybaşı kanamasının yokluğu

Ausbreitung *f* yayılma; ~ **der Infektion** enfeksiyonun yayılması

Ausbruch[1] *m (in der Epidemiologie)* salgın; patlama; ~ **einer Krankheit** bir hastalık patlaması

Ausbruch[2] *m (Schweiß~)* boşanma

Ausdauer *f* dayanıklılık[2]; **aerobe ~** aerobic dayanıklılık

Ausdruck *m* dışavurum; **emotionaler ~** duygusal dışavurum

Ausfall *m (Haar~)* dökülme

Ausfluss *m (Scheiden~) (Lat: Fluor)* akıntı

Ausgangsstoff *m* <*Syn→* **Reaktant**> *(Eng: reactant) chem* reaktant; *(Eng: reagent)* reajan; reaktif; ayıraç

ausgekugelt *Adj (in der Orthopädie)* çıkık; ~e **Schulter** çıkık omuz

ausgeprägt *Adj anat* belirgin

ausgewogen *Adj* dengeli; ~e **Ernährung** dengeli beslenme

aushalten *vt* dayanmak *vi*; **Schmerzen ~** ağrıya dayanmak

Auskultation *f* <*Syn→* **Abhorchen**> *(bei der körperlichen Untersuchung)* oskültasyon

Ausleitung *f (in der Chirurgie)* ağızlaştırılma; ~ **des Dünndarms** *(Ileostomie)* ince bağırsağın ağızlaştırılması

Auslese *f* <*Syn→* **Selektion**> *(in der Evolution)* seleksiyon; seçilim; **natürliche ~** doğal seçilim

Auslösemechanismus *m* tetik mekanizması

41

auslösen *vt* tetiklemek; *(führen)* yol açmak; **Schlaganfall** ~ inme tetiklemek; **Schmerzen** ~ ağrıya yol açmak

auslösend *Adj* tetikleyici; ~**e Faktoren** tetikleyici faktörler

ausreißen *vt* yolmak; **Haare** ~ saç yolmak

Ausrenkung *f (Lat: luxatio) (in der Orthopädie)* çıkık; *<Syn→* **Luxation>** luksasyon

Ausrüstung *f* donanım; ekipman

Aussatz *m* cüzzam; *<Syn→* **Lepra>** lepra

ausschaben *vt <Syn→* **abschaben>** kazımak

Ausschabung *f <Syn→* **Abschabung>** *(Lat: abrasio)* kazıma; kazınma; *<Syn→* **Kürettage>** küretaj; ~ **der Gebärmutterschleimhaut** *(Lat: abrasio uteri)* endometriyal küretaj

Ausscheidung[1] *f <Syn→* **Exkretion>** *(Lat: excrementum; Eng: excretion)* boşaltım; atılım; atılma; ~ **von Urin** idrar atılımı

Ausscheidung[2] *f <Syn→* **Exkrement>** *(Lat: excrementum; Eng: excrements)* dışkı; metabolik atık

Ausscheidungsorgane *pl* boşaltım organları

Ausscheidungsstörung *f* boşaltım bozukluğu

Ausschlag *m (in der Dermatologie)* döküntü; **papulärer** ~ papüler döküntü

ausschließen *vt* ekarte etmek

Ausschlussdiagnose *f* ekarte ederek teşhis koyma

Ausschneiden *nt (in der Chirurgie)* kesip çıkarma; kesip çıkarılma; *<Syn→* **Exzision>** ekzisyon

ausschneiden *vt (in der Chirurgie)* kesip çıkarmak

ausschütten *vt* salgılamak; **Adrenalin** ~ adrenalin salgılamak; **Insulin** ~ insulin salgılamak

Außenmeniskus *m <Ant→* **Innenmeniskus>** *(Lat: Meniscus lateralis) anat* dış menisküs

Außenohr *nt (Lat: Auris externa)* dış kulak

Außenseite *f <Ant→* **Innenseite>** dış yüzey

Außenwelt *f* dış dünya

außerkörperlich *Adj* beden dışı; ~**e Erfahrung** *(in der Neuropsychologie)* beden dışı deneyim

Ausstrich *m <Syn→* **Verdünnungsausstrich>** *(in der Mikrobiologie: Blut~)* yayma

Austrocknung→ Dehydration

auswerten *vt* değerlendirmek; **die Daten** ~ verileri değerlendirmek

Auswurf *m <Syn→* **Sputum** → **Expektorat>** balgam; **eitriger** ~ irinli balgam

Autismus *m* otizm

Autismus-Spektrum-Störung *f* otizm spektrum bozukluğu

Autist *m* otist

autistisch *Adj* otistik; ~**es Verhalten** otistik davranış

Autoantikörper *pl (in der Immunologie:im Immunsystem)* otoantikorlar

autogen *Adj* otojenik; ~**es Training** otojenik eğitim

Autoimmunerkrankung *f <Syn→* **Autoimmunkrankheit>** *(in der Immunologie)* özbağışıklık hastalığı; otoimmün hastalık

Autoimmungastritis f otoimmün gastrit

Autoimmunhepatitis *f* otoimmün hepatit

Autoimmunität *f (in der Immunologie)* özbağışıklık; otoimmünite; otoimmunite

Autoimmunkrankheit *f <Syn→* **Autoimmunerkrankung>** *(in der Immunologie)* özbağışıklık hastalığı; otoimmün hastalık

Autoimmunstörung *f* özbağışıklık bozukluğu; otoimmün bozukluk

Autoklav *m (im Labor)* otoklav

autolog *Adj* otolog; ~**e Transplantation** *<Syn→* **Autotransplantation>** *(Eng: autograft)* otogreft

autonom *Adj* otonom; özerk; ~**e sensorische Meridianreaktion** *(Eng: autonomous sensory meridian response)* otonom duyusal meridyen tepkisi; *<kurz→* **ASMR>** ASMR; ~**es Nervensystem** *(in der*

Neurobiologie) otonom sinir sistemi; özerk sinir sistemi;

Autolyse *f (in der Pathophysiologie)* otoliz

Autophagie *f <Syn→* **Autophagozytose>** *(in der Zellbiologie)* otofaji

Autophagozytose *f <Syn→* **Autophagie>** *(in der Zellbiologie)* otofaji

Autopsie *f <Syn→* **Obduktion>** otopsi

Autorezeptor *m (in der Neurophysiologie)* otoreseptör

Autosom *nt (in der Zellgenetik)* otozom

autosomal-dominant *Adj <Ant→* **autosomal-resessiv>** *(in der Nephrologie)* otosomal dominant; ~**e polyzystische Nierenerkrankung** otosomal dominant polikistik böbrek hastalığı; ~**e Vererbung** otosomal dominant kalıtım

autosomal-resessiv *Adj <Ant→* **autosomal- dominant>** *(in der Nephrologie)* otosomal resesif; ~**e Vererbung** otosomal resesif kalıtım

Autotransplantation *f* otofgreft

Auxologie *f (die Lehre vom menschlichen Körperwachstum)* oksoloji

avaskulär *Adj* avasküler; ~**e Nekrose** *(in der Orthopädie)* avasküler nekroz

Aversionstherapie *f* aversiyon terapisi; engelleme terapisi

43

Aviophobie *f (psych: Angst vor dem Fliegen)* aviofobi

avital *Adj <Ant→* **vital>** cansız

Avultion *f (Lat: avulsio)* avülsiyon; *<Syn→* **Abriss>** kopma

Axialskelett *nt <Syn→* **Achsenskelett>** *(in der Osteologie)* aksiyel iskelet

Axis *m <Syn→* **Achse>** *anat* aks; eksen; axis; **der ~ ist der zweite Halswirbel** eksen, ikinci boyun omurudur; eksen, ikinci servikal omurdur

Axon *nt (in der Neurophysiologie)* akson; **myelinisierte ~e** miyelinli aksonlar

Axonem *nt (in der Zellbiologie: Achsenfaden)* aksonem

Axonterminale *f <Syn→* **Endknöpchen>** *(in der Neurophysiologie)* akson ucu

Azeton *nt <Syn→* **Aceton>** *(Formel: C_3H_6O) chem* aseton

Azidose *f <Syn→* **Acidose>** *(bei Stoffwechselstörungen)* asidoz

azinös *Adj* asinöz; **~e Drüsen** asinöz bezler

Azofarbstoff *m* azo boyası

Azotämie *f (in der Nephrologie)* azotemi

B

Baby *nt* bebek; *<Syn→* **Säugling>** süt çocuğu

Babylotion *f* bebek losyonu

Babynahrung *f <Syn→* **Säuglingsnahrung>** bebek maması

Babyöl *f* bebek yağı

Babypuder *nt* bebek pudrası

Bacillus *m <Syn→* **Bazillus>** *(Lat: bacillus)* basil

Backe *f <Syn→* **Wange>** *(Lat: Bucca)* yanak

Backenknochen *m <Syn→* **Jochbein → Wangenbein>** *(Lat: Os zygomaticum) anat* elmacık kemiği; zigomatik kemik

Backenmuskel *m (Lat: Musculus buccinator)* yanak kası

Backenschleimhaut *f <Syn→* **Wangenschleimhaut>** *(in der Histologie)* yanak mukozası

Backenzahn *m* azı dişi

Bäckerasthma *nt (in der Pneumologie)* fırıncı astımı

Bädertherapie *f <Syn→* **Balneotherapie>** *(in der Alternativmedizin; Anwendung von Badekuren)* balneoterapi

Bagdadbeule *f <Syn→* **Aleppobeule>** *(parasitäre Krankheiten)* şark çıbanı; *<Syn→* **Hautleishmaniose → kutane Leishmaniose>** kutanöz layşmanyaz

BAK→ Blutalkoholkonzentration *f*

Bakterie *f* bakteri; **gramnegative ~n** gram-negatif bakteriler

bakteriell *Adj* bakteriyel; **~e Allergie** *<Syn→* **Bakterienallergie>**

bakteriyel alerji; ~e **Infektion**
bakteriyel enfeksiyon; ~e **Vaginöse**
(in der Gynäkologie) bakteriyel
vajinöz

Bakterienallergie *f* bakteriyel alerji

Bakterienruhr *f* <*Syn*→
Bazillenruhr → **bazilläre**
Dysenterie> *(in der*
Gastroenterologie) basil dizanterisi;
<*Syn*→ **Schigellose**> şigelloz

Bakterienstamm *m* bakteri suşu

Bakteriologe *m* (erkek) bakteriyolog

Bakteriologie *f* bakteriyoloji

Bakteriologin *f* (kadın) bakteriyolog

Bakteriophage *f* *(in der Virologie)*
bakteriyofaj; <*kurz*→ **Phage**> faj

Bakterium *nt* bakteri

Bakterizid *nt* bakterisit

balanciert *Adj* <*Ant*→
unbalanciert> dengeli; ~e
Translokation *(in der Genetik bei*
Chromosomenmutationen) dengeli
translokasyon

Balanitis *f* <*Syn*→
Eichelentzündung> *(in der*
Urologie) balanit

Balken *m* <*Syn*→ **Corpus callosum**
→ **Commissura magna**> *(in der*
Neuroanatomie: im Telencephalon)
korpus kallozum; sert cisim; nasırlı
cisim

Balkenagenesie *f* <*Syn*→ **Corpus-**
callosum-Agenesie> korpus
kallozum agenezisi; nasırlı cisim
gelişmezliği; nasırlı cisim yokluğu

Ballaststoff *m* *(in der Ernährung)*
diyet lifi; lif[2]; **wasserlösliche** ~e suda
eriyen diyet lifleri

ballaststoffreich *Adj* yüksek lif
içeren; lif oranı yüksek olan; ~e
Lebensmittel yüksek lif içeren
gıdalar; lif oranı yüksek olan gıdalar

Ballen *m* *(Lat: Torus)* yuvar

Ballonkatheter *m* balon kateter

Balneotherapie *f* <*Syn*→
Bädertherapie> *(in der*
Alternativmedizin) balneoterapi

Balsam *m* balsam

Band *nt* bağ[2]; <*Syn*→ **Ligament**>
(Lat: Ligamentum) ligament; ligaman

Bandage *f* bandaj; <*Syn*→
Schutzverband> sargı bezi

Bandriss *m* <*Syn*→ **Bandruptur**>
bağ yırtılması

Bandruptur→ **Bandriss**

Bandscheibe *f* <*Syn*→
Zwischenwirbelscheibe> *(Lat:*
Discus intervertebralis)
intervertebral disk

Bandscheibenprolaps→
Bandscheibenvorfall

Bandscheibenprotrusion *f* disk
protrüzyonu

Bandscheibenvorfall *m* <*Syn*→
Bandscheibenprolaps> *(Lat:*
Prolapsus nuclei pulposi) bel fıtığı

Bandwurm *m* *(Lat: Taenia saginata)*
(in der Parasitologie) tenya; şerit;
Schweine~ *(Lat: Taenia solium)*
domuz tenyası; domuz şeridi

Bandwurmdiät *f* tenya diyeti

Bandwurminfektion *f* tenya enfeksiyonu

Barbiturat *nt (in der Pharmakologie)* barbitürat

Barbitursäure *f (Formel: $C_4H_4N_2O_3$) chem* barbitürik asit

Barotrauma *nt (in der Intensivmedizin)* barotravma; ~ **der Lunge** akciğer barotavması; pulmoner barotravma; ~ **des Mittelohres** orta kulak barotavması; ~ **des Verdauungstrakts** sindirim sistemi barotavması; ~ **der Zähne** diş barotavması

Barrierefunktion *f* bariyer fonksiyonu; ~ **der Schleimhäute** mukozaların bariyer fonksiyonu; sümükdokuların bariyer fonksiyonu

Barriereverhütung *f* bariyer kontrasepsiyon

Bartflechte *f (Lat: Tinea barbae)* sakalkıran

Basalganglion *nt (im Hirn)* bazal gangliyon

Basalinsulin *nt (in der Diabetologie)* bazal insülin

Basaliom *nt (in der Dermatologie)* bazalioma; *<Syn→* **Basalzellenkrebs>** bazal hücreli cilt kanseri; *<Syn→* **Basalzellkarzinom>** bazal hücreli karsinom

Basalkörper *m (in der Zellbiologie)* bazal cisimcik; bazal granül

Basallamina *f (Lat: Lamina basalis) (in der Zellbiologie)* bazal lamina

Basalmembran *nt (in der Zellbiologie)* bazal membran; bazal zar

Basaltemperatur *f (in der Gynäkologie)* bazal vücut sıcaklığı

Basalzellenkrebs→ Basaliom

Basalzellkarzinom→ Basaliom

Basalzellschicht *f <Syn→* **Stratum basale>** *(Lat: Stratum basale)* bazal hücre katmanı

Base *f <Ant→* **Säure>** *chem* baz

Basenpaar *nt (in der Genetik)* baz çifti

Basenpaarung *f (in der Genetik)* baz çiftleşmesi

Basilarismigräne *f <Syn→* **Migräne mit Hirnstammaura>** *(in der Neurologie)* beyin sapı auralı migren

Basilarmembran *m (Lat: Membrana basilaris) (in der Anatomie des Ohres)* baziler membran

basisch *Adj <Syn→* **alkalisch** *Ant→* **sauer>** *(pH-Wert ist mehr als 7) chem* bazik; ~**e Ernährung** bazik beslenme;; ~**e Proteine** bazik proteinler; ~**er Stoffwechsel** bazik metabolizma

Basisreproduktionszahl *f <Syn→* **Basisreproduktionsrate>** *(in der Epidemiologie)* temel çoğalma oranı

Basisreproduktionsrate→ Basisreproduktionszahl

Basizität *f chem* baziklik; *<Syn→* **Alkalität>** alkalilik

46

basophil *Adj (in der Immunologie)* bazofil; **~er Granulozyt** bazofil granülosit

Bauch *m (Lat: venter) anat* karın; batın; *<Syn→* **Abdomen>** *(Lat: abdomen)* abdomen; **akuter ~** *<Syn→* **akutes Abdomen>** *(in der Notfallmedizin)* akut karın

Bauchaortenaneurysma *nt <Syn→* **abdominales Aortenaneurysma>** *(in der Angiologie und der Chirurgie)* abdominal aort anevrizması

Bauchatmung *f <Syn→* **Abdominalatmung>** diyafragmatik solunum

Bauchchirurgie *f <Syn→* **Abdominalchirurgie>** karın cerrahisi; karın cerrahisi

Bauchdecke *f <Syn→* **Bauchwand>** karın duvarı

Bauchdeckenplastik→ **Bauchdeckenstraffung**

Bauchdeckenstraffung *f <Syn→* **Bauchdeckenplastik>** karın germe; *<Syn→* **Abdominoplastik>** abdominoplasti

Bauchfell *nt* karın zarı; *<Syn→* **Peritoneum>** periton; peritoneum

Bauchfelldialyse *f <Syn→* **Peritonealdialyse>** *(in der Nephrologie)* periton diyalizi

Bauchfellentzündung *f* karın zarı iltihabı; *<Syn→* **Peritonitis>** peritonit

Bauchfellhöhle *f <Syn→* **Peritonealhöhle →** **Peritonealraum>** *(Lat: Cavitas peritonealis/Cavum peritonei)* periton boşluğu; peritoneal boşluk

Bauchfett *nt* göbek yağı

Bauchhöhle *f <Syn→* **Bauchraum>** *(Lat: Cavitas abdominalis)* karın boşluğu

Bauchhöhlenganglion *nt (Lat: Ganglion coeliacum)* çölyak gangliyon

Bauchhöhlenschwangerschaft *f <Syn→* **Abdominalgravidität >** *(in der Gynäkologie)* abdominal gebelik

Bauchinnendruck *m <Syn→* **intraabdomineller Druck>** karın içi basıncı

Bauchkrämpfe *pl* karın krampları

Bauchmuskulatur *f anat* karın kasları

Bauchlage *f (bei Krafttraining: Liegestütze)* yüzüstü pozisyonu

Bauchmigräne *f <Syn→* **Abdominalmigräne>** *(in der Neurologie: Migräne mit Bauchschmerzen)* abdominal migren

Bauchnabel *m <Syn→* **Nabel>** *(Lat: Umbillicus)* göbek; göbek deliği

Bauchnabelentzündung *f (in der Kinderheilkunde)* göbek deliği iltihabı

Bauchnabelpiercing *nt* göbek deliği pirsingi

Bauchraum *m <Syn→* **Bauchhöhle>** *(Lat: Cavitas abdominalis)* karın boşluğu

Bauchschmerzen *pl* karın ağrısı

47

Bauchspalte *f <Syn→*
Gastroschisis> gastroşizis

Bauchspeicheldrüse *f <Syn→*
Pankreas> *(Lat: Pancreas)* pankreas

Bauchspeicheldrüsen-entzündung *f*
<Syn→ **Pankreatitis>** pankreatit

Bauchspeicheldrüsenkrebs *m*
pankreas kanseri; *<Syn→*
Pankreaskarzinom> pankreas
karsinomu

Bauchspülung *f <Syn→*
Peritoneallavage →
Abdominallavage → **abdominale**
Lavage > *(in der Gastroenterologie)*
periton lavajı

Bauchtrauma *nt <Syn→*
Abdominaltrauma> abdominal
travma

Bauchuntersuchung *f* batın
muayenesi

Bauchwand *f <Syn→* **Bauchdecke>**
karın duvarı

Bauchzange *f <Syn→* **Tiegelzange>** *(im*
Labor) kroze maşası

Baum *m* ağaç; **phylogenetischer ~**
(in der Taxonomie) filogenetik ağaç

Baustoffwechsel *m <Syn→*
Anabolismus> anabolizma;
özümleme; asimilasyon

Bazillenruhr *f <Syn→*
Bakterienruhr → **bazilläre**
Dysenterie> *(in der*
Gastroenterologie) basil dizanterisi;
<Syn→ **Schigellose>** şigelloz

Bazillus→ Bacillus

Beatmen→ Beatmung

Beatmung *nt <Syn→* **Beatmen>** *(in*
der Intensivmedizin) (Eng:
mechanical ventilation) mekanik
ventilasyon; *(Eng: assisted*
ventilation) yardımlı ventilasyon

Beatmungsgerät *nt* solunum cihazı;
solunum aygıtı

Beatmungstubus *m (bei der*
Intubation) solunum tüpü; **einen ~**
einführen solunum tüpü yerleştirmek

Becher *m (im Labor)* beher

Becherzelle *f (in der Histologie)*
kadeh hücresi; *<Syn→* **Goblet-**
Zelle> goblet hücresi

Becken *nt (Lat: pelvis)* anat pelvis;
leğen; basen; **großes ~** *(Lat: Pelvis*
major) büyük pelvis; **kleines ~** *(Lat:*
Pelvis minor) küçük pelvis

Beckenboden *m* pelvik taban

Beckenbodeninsuffienz *f (in der*
Gynäkologie) pelvik taban yetmezliği

Beckenbodenmuskulatur *f* pelvik
taban kasları

Beckenbodentraining *nt (İng: pelvic*
floor exercise) pelvik taban egzersizi;
<Syn→ **Kegelübung>** Kegel
egzersizi

Beckenendlage *f <Syn→* **Steißlage>**
(Frz: présentation podalique) (in der
Gynäkologie) makat prezentasyon;
makat geliş

Beckenendlagengeburt *f <Syn→*
Steißgeburt> *(in der Gynäkologie)*
makat doğum

Beckenentzündung *f <Syn→*
Unterleibsentzündung> *(Eng:*
pelvic inflammatory disease) (in der

Gynäkologie) pelvik inflamatuar
hastalık

Beckenfraktur *f* pelvis kırığı; pelvis
kemiğinde kırık; leğen kemiği kırığı

Beckengürtel *m* <*Syn*→
Beckenring> *(Lat: Cingulum
membri pelvini)* pelvik kemer; pelvik
kuşak

Beckenhöhle *f (Lat: Cavum pelvis)*
anat leğen boşluğu

Beckenknochen *m anat* leğen
kemiği; pelvis kemiği

Beckenorgan *m anat* pelvik organ

Beckenpfanne *f* <*Syn*→
Acetabulum → **Hüftgelenkpfanne**>
anat asetabulum

Beckenpfannenbruch→
Beckenpfannenfraktur

Beckenpfannenfraktur *f* asetabulum
kırığı

Beckenring *m* <*Syn*→
Beckengürtel> *(Lat: Cingulum
membri pelvini)* pelvik kemer; pelvik
kuşak

Beckenvenensyndrom *nt (Eng:
pelvic congestion syndrome)* pelvik
konjesyon sendromu; pelvik
tıkanıklık sendromu; pelvik ven
yetersizliği

Bedienungsanleitung *f* kullanma
talimatı

bedingt *Adj* <*Ant*→ **unbedingt**>
koşullu; ~**er Reflex** koşullu refleks

beeinflussen *vt* etkilemek; **den
Krankheitsverlauf** ~ hastalığın
seyrini etkilemek; **die**

Lebensqualität ~ yaşam kalitesini
etkilemek

Befall *m* maruziyet; *(Pilz~)*
enfeksiyon; <*Syn*→ **Infestation**>
enfestasyon

befruchten *vt* döllemek; **die Eizelle**
~ *(in der Embryologie)* yumurta
hücresini döllemek

befruchtet *Adj* <*Ant*→
unbefruchtet> döllenmiş; ~**e Eizelle**
(in der Embryologie) döllenmiş
yumurta hücresi

Befruchtung *f* döllenme; <*Syn*→
Fertilisation> fertilizasyon;
künstliche ~ yapay döllenme

Befund *m (Lat: Status praesens) (in
der Diagnostik)* bulgu

Befundbericht *m* <*Syn*→
Arztbericht → **Patientenbrief**>
epikriz raporu

begeißelt *Adj (in der Zellbiologie)*
kamçılı; ~, **ein** ~**es, bewegliches,
gramnegatives Bakterium** kamçılı,
hareketli, gram negatif bir bakteri

begleiten *vt* eşlik etmek

Begleiterkrankung *f* eşlik eden
hastalık; <*Syn*→ **Komorbidität** →
Co-Morbidität> komorbidite; ek
hastalık

Begleiterscheinung *f* eşlik eden olgu

Begleitschaden *m* <*Syn*→
Kollateralschaden →
Randschaden> tali hasar; ikincil
hasar

Begleitsymptom *nt* eşlik eden belirti

Behaarung *f* kıllanma

behandeln *vt* tedavi etmek; **die Entzündung** ~ enfeksiyonu tedavi etmek; **die Wunde** ~ yarayı tedavi etmek; **Patienten** ~ hasta tedavi etmek

Behandlung *f* tedavi; sağaltım; <*Syn*→ **Therapie**> terapi; **medikamentöse** ~ ilaç ile tedavi; ilaç tedavisi

Behandlungsansätze *pl* tedavi yaklaşımları

Behandlungsfehler *m* <*Syn*→ **Kunstfehler**> tıbbi hata

Behandlungsmethode *f* tedavi yöntemi; **alternative** ~n alternatif tedavi yöntemleri

Behandlungspflege *f* tedavi bakımı

behandlungsresistent *Adj* tedaviye (karşı) dirençli

Behandlungsverfahren *nt* tedavi yöntemi

Behandlungszweck *m* tedavi amacı

Behçet-Krankheit *f* <*Syn*→ **Morbus Behçet** → **maligne Aphthose**> Behçet hastalığı

behindert *Adj* engelli; **geistig** ~ zihinsel engelli; **körperlich** ~ fiziksel engelli

Behinderung *f* engel; engellilik

Bein¹ *nt (untere Extremität)* bacak

Bein² *nt* <*Syn*→ **Knochen**> kemik

Beinbruch→ **Knochenbruch**

Beinhaut *f* <*Syn*→ **Knochenhaut**> kemik zarı; <*Syn*→ **Periost**> periost

Beinmuskulatur *f* bacak kasları

Beinschiene *f (in der Notfallmedizin)* bacak ateli

Beipackzettel *m* <*Syn*→ **Packungsbeilage** → **Gebrauchsinformation** → **Patienteninformation**; *umg*→ **Waschzettel**> prospektüs; kullanma talimatı

beißen *vi/vt* ısırmak *vi/vt*

Bekämpfung *f* mücadele; ~ **der Infektionskrankheiten** enfeksiyon hastalıkları ile mücadele

Beklemmung *f (in der Brust)* sıkışma

Belag *m* <*eş*→ **Zahnbelag**> *(in der Zahnmedizin)* tartar; kefeki

belasten *vt* zorlamak; yük vermek; **das Bein** ~ bacağı zorlamak; bacağa yük vermek

Belastung¹ *f* stres

Belastung² *f* zorlama; yük verme; ~ **des Beins** bacağa yük verme; bacağı zorlama

Belastungsechokardiografie *f (in der Kardiologie)* stres ekokardiyografisi

Belastungs-EKG *f (in der Kardiologie)* eforlu EKG

Belastungsstörung *f* stres bozukluğu; **akute** ~ *(Eng: acute stress disorder)* akut stres bozukluğu; akut stres tepkisi; **posttraumatische** ~ *(Eng: post-traumatic stress disorder)* travma sonrası stres bozukluğu; TSSB; **somatische** ~ somatik stres bozukluğu

Belastungstest *m* zorlama testi; <*Syn*→ **Stresstest**> stres testi

Belegschaft *f* kadro

Belt-Lipektomie *f (in der plastischen Chirurgie: Straffung der Bauch-, Hüft- und Gesäßregionen)* belt lipektomi; kuşak germe

Benommenheit *f* sersemlik

beobachten *vt* gözlemek; gözlemlemek

Beobachten und Abwarten *nt (Eng: watch and wait; active surveillance)* bekle ve gör; aktif gözlem

Beobachtung *f (Eng: observation)* gözlem; ~ **des Krankheitsverlaufs** hastalık seyrinin gözlemi; ~, **Untersuchung und Behandlung Kranker** hastaların gözlemi, muayenesi ve tedavisi

Beratung *f* danışma; <*Syn*→ **Konsultation**> konsültasyon: **genetische** ~ genetik danışma

Bereitschaft→ **Bereitschaftsdienst**

Bereitschaftsdienst *m* <*Syn*→ **Notdienst**> nöbet[2]

Bergkrankheit *f* akut dağ hastalığı; <*Syn*→ **Höhenkrankheit**> irtifa hastalığı

Berufskrankheit *f* meslek hastalığı

beruhigend *Adj* sakinleştirici[2]; <*Syn*→ **sedierend**> sedatif

Beruhigungsmittel *nt* müsekkin

Berührung *f* dokunma; **Ansteckung durch** ~ dokunma yoluyla bulaşma

Besamung *f (in der Reproduktionsmedizin)* tohumlama; **künstliche** ~ suni tohumlama

Beschäftigungstherapie *f* iş ve uğraşı terapisi; <*Syn*→ **Ergotherapie**> ergoterapi

Beschneidung *f* sünnet; <*Syn*→ **Zirkumzision**> sirkumsizyon

Beschwerde *f* şikâyet; yakınma

Besenreiser *m (in der Angiologie)* örümcek damarı

bestrahlen *vt* ışınlamak; **Lebensmittel** ~ gıda ışınlamak

Bestrahlung *f* ışınlama

Betablocker *m* <*Syn*→ **Betarezeptorenblocker**> beta bloker

Betarezeptorenblocker→ **Betablocker**

betäuben *vt* uyuşturnak

Betäubungsmittel *nt* <*Syn*→ **Suchtstoff**> uyuşturucu; uyuşturucu madde

Betazelle *f* <*Syn*→ **β-Zelle**> beta hücresi

Bestrahlung *f (in der Radiologie)* ışınlama

betroffen *Adj* maruz; **von der Krankheit** ~ **sein** hastalığa maruz kalmak

Bettbezug *m* yatak kılıfı

Bettflasche *nt* <*Syn*→ **Wärmflasche** → **Thermophor**> termofor; *(Frz: Bouillotte)* buyot

bettlägerig *Adj* yatalak

Bettnässen *nt psych* uykuda işeme; yatak ıslatması; *<Syn→* **Enuresis** → **Enurese>** enürezis

Bettruhe *f* yatak istirahatı

Bettwanze *f <Syn →* **Hauswanze>** *(Lat: Cimex lectularius)* tahtakurusu

Beuger *f <Syn→* **Flexor**; *Ant→* **Strecker>** fleksör

Beugung *f* bükülme; *<Syn→* **Flexion** *Ant→* **Streckung>** fleksiyon

Beule¹ *f <Syn→* **Schwellung>** şişme; şişlik

Beule² *f* kabarcık²

Beulenpest *f* hıyarcıklı veba

Bevölkerungsgesundheit→ **Volksgesundheit**

Bewegung *f* hareket; ~ **an der frischen Luft** açık havada hareket; **regelmäßige** ~ düzenli hareket

Bewegungsagnosie *f (in der Augenheilkunde)* hareket körlüğü; *<Syn→* **Akinetopsie>** akinetopsi

Bewegungsapparat *m anat* hareket sistemi

Bewegungslernen *nt (Eng: motor learning) (in der Motorik)* motor öğrenme

Bewegungslosigkeit *f* hareketsizlik

Bewegungsmangel *m* hareket eksikliği

Bewegungsstörung *f (in der Neurologie)* hareket bozukluğu; **hemiplegische** ~ hemiplejik hareket bozukluğu

Bewegungssystem *nt (in der Physiotherapie)* hareket sistemi

Bewegungstherapie *f* hareket terapisi

Bewegungswissenschaft *f <Syn→* **Kinesiologie>** kinesiyoloji; kinezyoloji

Bewusstsein *nt* bilinç; şuur

Bewusstseinsstörungen *f* bilinç bozuklukları; şuur bozuklukları

Bewusstseinsverlust *m* bilinç kaybı; şuur kaybı; **plötzlicher** ~ ani bilinç kaybı; **vorübergehender** ~ geçici bilinç kaybı

Biceps *m (Lat: Musculus biceps brachii)* biceps; pazu

Bichektomie *f (in der plastischen Chirurgie)* bişektomi

Bienengift *nt* apitoksin; *<Syn→* **Apitoxin>** arı zehiri

Bienenstichallergie *f* arı sokması alerjisi

Bigorexie *f* bigoreksiya; *<Syn→* **Muskeldysmorphie>** kas dismorfisi; *<Syn→* **Muskelsucht>** ters anoreksiya

Bikuspidalklappe *f <Syn→* **Mitralklappe>** *(Lat: Valva mitralis/Valva atrioventricularis sinistra)* mitral kapak

Bild *nt* tablo; **klinisches** ~ klinik tablo

bilden¹ *vt* oluşturmak; **Sporen** ~ spor oluşturmak

52

bilden² *vt* üretmek; **Hormone** ~ hormon üretmek

Bildgebende Diagnostik→ **Bildgebendes Verfahren**

Bildgebendes Verfahren *(Eng: medical imaging)* tıbbi görüntüleme

Bildgebung *f* görüntüleme; **medizinische** ~ *<Syn→* **Bildgebendes Verfahren** → **Bildgebende Diagnostik>** *(Eng: medical imaging)* tıbbi görüntüleme

Bilharziose *a. (Lat: Bilharziosis) (in der Parasitologie)* bilharyaz; *<Syn→* **Schistosomiasis>** şistozomiyaz

Bilirubin *nt (Formel: $C_{33}H_{36}N_4O_6$) (in der Hepatologie)* bilirubin; bilirübin; **konjugiertes** ~ konjuge bilirübin

Bindegewebe *nt (Eng: connective tissue) (in der Histologie)* bağ doku; **embryonales** ~ embriyonik bağ doku; **lockeres** ~ gevşek bağ doku; **mesenchymales** ~ mezenşimal bağ doku; **retikuläres** ~ retiküler bağ doku; **straffes** ~ sıkı bağ doku

Bindegewebskapsel *f (Lat: Capsula fibrosa) anat* fibröz kapsül

Bindegewebsknorpel *m <Syn→* **Faserknorpel>** *(in der Histologie)* fibröz kıkırdak

Bindehaut *f* göz zarı; *<Syn→* **Konjunktiva>** *(Lat: Tunica conjunctiva)* konjonktiva

Bindehautentzündung *f <Syn→* **Konjunktiva>** *(in der Augenheilkunde)* konjonktivit; konjonktiva iltihabı; **allergische** ~ alerjik konjonktivit

binden *vt* bağlamak

Bindung¹ *f* bağ²; **chemische** ~ kimyasal bağ

Bindung² *f (Eng: attachment) (in der Psychiatrie und der Pädiatrie)* bağlanma¹; **sichere** ~ *(İng: secure attachment)* güvenli bağlanma; **vermeidende** ~ *(Eng: avoidant attachment)* kaçıngan bağlanma

Bindungsstörung *f (in der Psychiatrie und der Pädiatrie)* bağlanma bozukluğu; **reaktive** ~ reaktif bağlanma bozukluğu

Bindungstheorie *f (in der Entwicklungspsychologie)* bağlanma teorisi; bağlanma kuramı

Binge-Eating-Störung *f (Eng: binge eating disorder)* tıkanırcasına yeme bozukluğu

Bioabfälle *pl* organik atıklar

Biochemie *f* biyokimya; biyoşimi

biochemisch *Adj* biyokimyasal; **~er Abbau** biyokimyasal yıkım

Biodiversität *f <Syn→* **biologische Vielfalt>** biyoçeşitlilik

Biodiversitätskonvention *f (Übereinkommen über die biologische Vielfalt)* Biyolojik Çeşitlilik Sözleşmesi

Bioinformatik *f* biyoenformatik

Biokompatibilität *f (in der Chirurgie)* biyouyumluluk; ~ **von Implantaten** implantatların biyouyumluluğu

Biologe *m* (erkek) biyolog

Biologie *f* biyoloji

53

Biologin *f* (kadın) biyolog

biologisch *Adj* biyolojik; bio-; ~**e**
Vielfalt <*Syn*→ **Biodiversität**>
biyoçeşitlilik; ~**er Rhythmus**
biyolojik ritim

Biomarker *m* biyobelirteç

Biomarker-Test *m* biyobelirteç testi

Biomaterial *nt (in der Chirurgie)*
biyomateryal; biyomalzeme

Biomedizin *f* biyotıp

biomedizinisch *Adj* biyomedikal; ~**e**
Ansätze biyomedikal yaklaşımlar

Biometrie *f* biyometri

biometrisch *Adj* biyometrik; ~**e**
Daten biyometrik veriler

Biomolekül *nt* biyomolekül

Biophysik *f* biyofizik

Biophysiker *m* (erkek) biyofizikçi

Biophysikerin *f* (kadın) biyofizikçi

biophysisch *Adj* biyofiziksel; ~**e**
Chemie biyofiziksel kimya

Biopsie *f (in der Pathologie:*
Entnahme einer Gewebeprobe)
biyopsi

Biopsienadel *f (in der Pathologie)*
biyopsi iğnesi

Bioresonanztherapie *f (in der*
Alternativmedizin) biyorezonans
terapisi

Biostatistik *f* biyoistatistik

Biosynthese *f* biyosentez

Bioverfügbarkeit *f (in der*
Pharmakologie) biyoyararlanım

bipolar *Adj* bipolar; ~**e affektive**
Störung *(in der Psychiatrie)* iki uçlu
duygudurum bozukluğu ~**e Pinzette**
(in der Chirurgie) bipolar penset; ~**e**
Störung *(in der Psychiatrie)* bipolar
bozukluk

Birkenallergie *f* huş ağaçları alerjisi

Bisexualität *f* biseksüellik

Biss[1] *m* ısırık; ısırma; **der ~ eines**
Hundes bir köpeğin ısırması

Biss[2] *m (in der Zahnmedizin:*
Okklusion) kapanış; **offener ~** açık
kapanış

Blähbauch *m (in der*
Gastroeneterologie) şişmiş karın

Blähung *f (in der*
Gastroeneterologie) yellenme:
<*Syn*→ **Flatulenz**> flatulans; *umg*
gaz; ~**en verursachen** gaz yapmak

Bläschen[1] *nt* kabarcık

Bläschen[2] *nt* <*Syn*→ **Vesikel**> *(Lat:*
vesicula) vezikül

Bläschendrüse *f (Lat: Vesicula*
seminales) seminal kese; vesiküler
bez

Bläschenkrankheit *f* kabarcık
hastalığı

Blase[1] *f* <*Syn*→ **Harnblase**> *(Lat:*
Vesica urinaria) idrar kesesi; sidik
torbası; mesane

Blase[2] *f (Luft~) (in der Physik)*
kabarcık

54

Blasenkatarrh *m* <*Syn*→
Harnblasenentzündung > idrar
kesesi iltihaplanması; mesane
enfeksiyonu: <*Syn*→ **Zystitis**> *(Lat:
Cystitis)* sistit

Blasenkarzinom *nt* <*Syn*→
Blasenkrebs> mesane kanseri

Blasenkatheter *m (in der Urologie)*
idrar sondası

Blasenkatheterisierung *f* mesane
kateterizasyonu

Blasenkrebs *m* <*Syn*→
Blasenkarzinom> mesane kanseri

Blasenmole *f (Lat: Mola cystica)
(Eng: molar pregnancy) (in der
Gynäkologie und der Onkologie)*
molar gebelik; *(Fr: Môle
hydatiforme)* mol hidatiform

Blasenmuskel *m* mesane kası

Blasenruptur *f* <*Syn*→ **Ruptur der
Harnblase**> idrar kesesi yırtılması

Blasen-Scheiden-Fistel *f (in der
Chirurgie: Fistel zwischen Harnblase
und Scheide)* <*Syn*→ **vesikovaginale
Fistel**> *(Lat: Fistula vesicovaginalis)*
vezikovajinal fistül

Blasenschwäche *f* <*Syn*→
Harninkontinenz; *Ant*→
Harnkontinenz> *(Lat: Incontinentia
urinae)* idrar tutamama; üriner
inkontinans

Blasensphinkter *m* <*Syn*→
Harnsphinkter →
Harnblasenschließmuskel> *(in der
Urologie)* üriner sfinkter

Blasenstein *m (in der Urologie)*
mesane taşı

Blasenwurm *m (Lat: Cysticercus)*
keseli kurt

blass *Adj* solgun; soluk benizli

Blässe *f (Symptom in der Neurologie)*
soluk benizlilik; benizin solması

Blastocyste→ **Blastozyste**

Blastogenese *f (in der Embryologie)*
blastojenez

Blastozyste *f* <*Syn*→ **Blastocyste**>
(in der Embryologie) blastokist; **die ~
ist eines der ersten
Entwicklungsstadien der
Embryogenese** blastokist,
embriyogenezin ilk gelişim
evrelerinden biridir

Blastula *f (in der Embryologie)*
blastula

Blastulation *f (in der Embryologie)*
blastulasyon; **~ ist die Bildung einer
Blastula** blastulasyon, blastulanın
oluşmasıdır

Blausucht *f* <*Syn*→ **Zyanose**>
siyanoz; **die ~ ist eine bläuliche bis
violette Verfärbung der Haut, der
Schleimhäute, der Lippen und der
Fingernägel** siyanoz, cilt, mukoza,
dudak ve eldeki tırnakların mavimsi
mor bir renk almasıdır

Bleaching *nt* <*Syn*→
Zahnaufhellung> diş beyazlatma

bleibend *Adj* kalıcı; **~er Schaden**
kalıcı hasar; **~es Gebiss** *(in der
Zahnmedizin)* kalıcı dişler

Bleichsucht→ **Blutarmut**

Bleivergiftung *f* kurşun
zehirlenmesi; <*Syn*→ **Saturnismus**>
satürnizm

Blepharitis *f (in der Augenheilkunde)* blefarit; *<Syn→* **Lidentzündung>** göz kapağı iltihaplanması

Blepharoplastik *f (in der Augenheilkunde: ästhetische Korrekturen rund um das Auge)* blefaroplasti

Blickkontakt *m* göz teması

Blinddarm *m (Lat: Caecum/Coecum)* kör bağırsak; *<Syn→* **Caecum/Coecum →** **Zäkum/Zökum>** çekum

Blinddarmentzündung *f <Syn→* **Appendizitis →** **Wurmfortsatzentzündung>** *(Lat: Appendicitis)* apandisit

Blindheit *f* körlük; ~ **wegen Unaufmerksamkeit** *<Syn→* **Unaufmerksamkeitsblindheit>** dikkatsiz körlük; algısal körlük; istem dışı körlük

Blitzlichterinnerung *f psych* flaş bellek anısı

Blitzschlag *m (in der Notfallmedizin)* yıldırım çarpması

Blut *nt (Lat: sanguis)* kan; ~ **im Stuhl** dışkıda kan; ~ **im Urin** idrarda kan; **sauerstoffreiches** ~ oksijen zengini kan

Blutalkoholkonzentration *f <kurz→* **BAK>** kan alkol konsantrasyonu

Blutandrang *m* kan toplanması; *<Syn→* **Kongestion>** konjesyon

Blutansammlung *f* kan birikmesi; kan birikimi

Blutarmut *f* kansızlık; *<Syn→* **Anämie>** anemi

Blutausstrich *m (in der Mikrobiologie)* kan yayması; **gefärbter** ~ boyalı kan yayması

Blutbank *f* kan bankası

Blutbild *nt <Syn→* **Hämogramm →** **Hämatogramm>** *(in der Hämatologie)* kan tablosu; hemogram

Blutbildung *f <Syn→* **Hämatopoese>** *(in der Hämatologie: Bildung von Blutzellen)* hematopoez

Blutcholesterinspiegel *m* kan kolesterol seviyesi

Blutdruck *m* kan basıncı; tansiyon; **den** ~ **messen** tansiyonu ölçmek; **den** ~ **senken** tansiyonu düşürmek; **diastolischer** ~ diastolik kan basıncı; **niedriger** ~ düşük kan basıncı; **systolischer** ~ sistolik kan basıncı

Blutdruckmedikament *nt* tansiyon ilacı

Blutdruckmesser→ **Blutdruckmessgerät**

Blutdruckmessgerät *nt* *<Syn→* **Blutdruckmesser>** tansiyon aleti;kan basıncı ölçer; *<Syn→* **Sphygmomanometer>** sfigmomanometre

Blutdruckmessung *f* tansiyon ölçme

blutddrucksenkend *Adj* tansiyon düşürücü

Blutelemente *pl* kan elemenları

Bluten *nt* kanama; **das** ~ **der Nase** burnun kanaması

bluten *vi* kanamak; **leicht** ~ hafif kanamak; **schwer** ~ şiddetli kanamak

blutend *Adj* kanayan; **~e Wunden** kanayan yaralar

Blütenstauballergie→ Pollenallergie

Blutentnahme *f* kan alımı; kan alma

Bluterbrechen *nt* kan kusma; *<Syn→* **Hämatemesis>** hematemez

Bluterguss *m <Syn→* **Hämatom>** hematom

Blutfluss *m* kan akımı; **renaler** ~ *(in der Physiologie der Niere)* renal kan akımı

Blutgasanalyse *f (in der Intensivmedizin und der Anästhesie)* kan gazı analizi

Blutgefäß *nt (Lat: Vas sanguineum)* kan damarı; *<Syn→* **Gefäß>** damar

Blutgefäßstent *m (in der Kardiologie)* koroner stent

Blutgasanalyse *f (im Labor)* kan gazı analizi

Blutgift *nt <Syn→* **Hämotoxin>** *(in der Hämatologie)* hemotoksin

Blut-Gehirn-Schranke→ Blut-Hirn-Schranke

Blutgerinnung *f* kan pıhtılaşması

blutgerinnungshemmend *Adj* kan pıhtılaşmasını inhibe eden; **~e Medikamente** kan pıhtılaşmasını inhibe eden ilaçlar

Blutgerinnsel *nt (in der Hämatologie)* kan pıhtısı; *<Syn→* **Thrombus>** trombus; trombüs

Blutgeschwür→ Furunkel

Blutgruppe *f* kan grubu

Blutgruppen-Unverträglichkeit *f* kan grubu intoleransı

Blut-Hirn-Barriere→ Blut-Hirn-Schranke

Blut-Hirn-Schranke *f <Syn→* **Blut-Hirn-Barriere>** *(im Zentralnervensystem)* kan-beyin bariyeri

Bluthochdruck *m <Ant→* **Blutunterdruck>** yüksek kan basıncı

Bluthusten *nt (in der Pneumologie:)* kan kusma; *<Syn→* **Hämoptyse>** hemoptizi

blutig *Adj (Lat: sanguinolent)* kanlı; **~er Stuhlgang** kanlı dışkılama

Blutkörperchen *nt <Syn→* **Blutzelle>** kan hücresi; *<Syn→* **Hämozyt>** hemosit; **rotes** ~ alyuvar; kırmızı kan hücresi; *<Syn→* **Erythrozyt>** eritrosit; **weißes** ~ akyuvar; *<Syn→* **Leukozyt>** lökosit

Blutkörperchensenkungs-geschwindigkeit *f <Syn→* **Blutsenkungs-geschwindigkeit** > *(in der Hämatologie)* alyuvar çökelme hızı

Blutkrebs *f* kan kanseri; *<Syn→* **Leukämie>** lösemi

Blutkreislauf *m* kan dolaşımı

Blutkultur *f (im Labor)* kan kültürü

Blutkulturflaschen *pl (im Labor)* kan kültürü şişeleri

Blutkulturuntersuchung *f (im Labor)* kan kültürü testi

Blutmangel→ **Blutarmut**

Blutphobie *f* <*Syn*→ **Hämatophobie** → **Hämaphobie**> *(psych: krankhafte Angst vor Blut)* hematofobi

Blutplasma *nt* kan plazması; <*Syn*→ **Plasma**> plazma

Blutplättchen *m (beim Blutbild)* kan pulcuğu; platelet; <*Syn*→ **Thrombozyt**> trombosit

Blutprobe *f* kan örneği; kan numunesi

Blutprotein *nt* kan proteini

blutsaugend *Adj* kan emer; ~**e Insekten** kan emer böcekler

Blutschwämmchen *nt* <*Syn*→ **Hämangiom** → **Erdbeerfleck**> *(in der Dermatologie)* hemangioma; angioma; hemanjiyom

Blutsenkungs-geschwindigkeit *f* <*Syn*→ **Blutkörperchensenkungs-geschwindigkeit**> *(in der Hämatologie)* alyuvar çökelme hızı

Blutserum *nt (Lat: Serum sanguinis)* kan serumu; <*kurz*→ **Serum**> *(Lat: serum)* serum

Blutspende *f* kan bağışı

blutstillend *Adj* kanama durdurucu

Blutstillung *f* kanamayı durdurma

Blutstuhl *f* dışkıda (gizli) kan; dışkıda kanama; rektal kanama

Bluttest *m* kan testi; <*Syn*→ **Blutuntersuchung**> kan tahlili

Bluttransfusion *f* kan transfüzyonu; kan nakli

Blutung *f (Lat: haemorrhaghia)* kanama; <*Syn*→ **Hämorrhagie**> hemoraji; ~**en in der Schwangerschaft** gebelikte kanamalar; **gastrointestinale** ~ gastrointestinal kanama; mide kanaması; **innere** ~ iç kanama; **leichte** ~ hafif kanama; **schwere** ~ şiddetli kanama

Blutunterdruck *m* <*Ant*→ **Bluthochdruck**> alçak kan basıncı

Blutuntersuchung *f* kan tahlili; <*Syn*→ **Bluttest**> kan testi

blutverdünnend *Adj* kan sulandırıcı; kan seyreltici; ~**e Medikamente** kan sulandırıcı ilaçlar

Blutverdünner *m* kan sulandırıcı; kan seyreltici

Blutvergiftung *f* kan zehirlenmesi

Blutverlust *m* kan kaybı; **chronischer** ~ kronik kan kaybı

Blutvolumen *nt (in der Hämatologie)* kan hacmi

Blutzelle *f* kan hücresi; **rote** ~ <*Syn*→ **rotes Blutkörperchen**> alyuvar; kırmızı kan hücresi; <*Syn*→ **Eritrozyt**> eritrosit **weiße** ~ <*Syn*→ **weißes Blutkörperchen**> beyaz kan hücresi; akyuvar; <*Syn*→ **Leukozyt**> lökosit

Blutzirkulation→ **Blutkreislauf**

Blutzucker *m* kan şekeri; **niedriger** ~ düşük kan şekeri

Blutzuckerkrankheit→ **Zuckerkrankheit**

Blutzucker-Langzeitwert *m* uzun süreli kan şekeri değeri

Blutzuckermessung *f* kan şekeri ölçümü

Blutzuckerspiegel *f* kan şekeri seviyesi; **erhöhter ~** artmış kan şekeri seviyesi

Bodensatz *m chem* tortu; dip tortusu; çökelti

Bodybuilding *nt* vücut geliştirme

Bodylotion *f* <*Syn*→ **Körperlotion**> vücut losyonu

Body-Mass-Index *m* <*Syn*→ **Körpermasseindex**> vücut kitle indeksi

Bodyscanner *m* <*Syn*→ **Körperscanner**> vücut tarayıcısı

Bogen *m (Lat: arcus)* ark

Bolusaspiration *f* <*Syn*→ **Fremdkörperaspiration**> yabancı cisim aspirasyonu

Bonbon *nt (in der Pharmazie)* pastil

Booster→ **Boosterimpfung**

Boosterimpfung *f* <*kurz*→ **Booster**> *(in der Epidemiologie)* booster aşısı; <*Syn*→ **Auffrischungsimpfung**> takviye aşısı; hatırlatma aşısı

Borreliose *f* borreliosis

bösartig *Adj* <*Ant*→ **gutartig**> kötü huylu; <*Syn*→ **maligne**> habis; malign; **~er Tumor** kötü huylu tümör; <*Syn*→ **maligner Tumor**> habis tümör; malign tümör

Bösartigkeit *f (Lat: malignitas) (in der Pathologie)* kötü huyluluk;

<*Syn*→ **Malignität**> malignite; habislik

Boten-Ribonukleinsäure→ **Boten-RNA**

Boten-RNA *f* <*Syn*→ **messenger-RNA** → **Boten-Ribonukleinsäure**> *(in der Genetik)* mesajcı RNA; <*kurz*→ **mRNA**> mRNA

Botenstoff *m (in der Genetik)* haberci; mesajcı; **sekundärer ~** *(Eng: second messenger) (bei der Signal transduktion)* ikincil haberci

Botulismus *m* <*Syn*→ **Fleischvergiftung** → **Wurstvergiftung**> botulizm

Brachycephalie *f* brakisefali

Brachytherapie *f (in der Onkologie)* brakiterapi

Bradykardie *f* <*Ant*→ **Tachykardie**> *(in der Kardiologie)* bradikardi

Branchialbogen *m* <*Syn*→ **Kiemenbogen**> *(Lat: Arcus branchiales) (in der Embyologie)* brankiyal ark; <*Syn*→ **Pharyngealbogen**> faringiyal ark

Brandverletzung *f* yanık yaralanması

Brandwunde *f* yanık yarası

Bräune *f* <*Syn*→ **Halsbräune**> *(Kinderkrankheit)* kuşpalazı, <*Syn*→ **Diphtherie**> difteri

Brausegranulat *nt (in der Pharmazie)* efervesan granül; köpüren granül

Brausepulver *m* efervesan toz

59

Brausetablette f *(Eng: effervescent tablet)* efervesan tablet

Brechmittel nt *<Syn→* **Emetikum → Vomitivum>** kusma ilacı; kusturucu

Brechungsindex m *<Syn→* **Brechzahl → Brechungszahl>** *(in der Optik)* kırılma indisi

Brechungszahl→ Brechungsindex

Brechzahl→ Brechungsindex

Brei m lapa

Breitband-Antibiotikum nt *<Syn→* **Breitspektrumantibiotikum>** geniş spektrumlu antibiyotik

Breitspektrumantibiotikum→ Breitband-Antibiotikum

Brennen nt yanma; ~ **im Mund** ağızda yanma; ~ **unter den Füßen** ayaklar altında yanma

brennend Adj yanıcı; yanan; ~**er Schmerz** yanıcı ağrı; yanan ağrı

Brennesselallergie f ısırgan otu alerjisi

Brennhut m *<Syn→* **Alembik → Destillierhelm>** *(Lat: Alembicus) (im Labor)* imbik; damıtıcı

Brenstraubensäure f *<Syn→* **Acetylameisensäure>** *(Formel: $C_3H_4O_3$) (Eng: pyruvic acid) chem* pirüvik asit

Bries nt *<Syn→* **Thymus>** timüs

Brille f gözlük

Broca-Aphasie f *(in der Neuropsychologie)* Broca afazisi; ifade afazisi

Broca-Areal nt Broca alanı; Broca bölgesi

Bronchialasthma nt *<Syn→* **Asthma bronchiale>** *(in der Pneumologie)* bronşial astma; *<Syn→* **Asthma>** astım

Bronchialkarzinom nt *<Syn→* **Lungenkarzinom → Lungenkrebs>** *(in der Onkologie)* akciğer kanseri;

Bronchiallavage f *(in der Pneumologie)* bronş lavajı

Bronchie f *(im Atmungsapparat)* bronş

Bronchiektasie f *(in der Pneumologie)* bronşektazi; ~ **ist die irreversible Erweiterung der Bronchien** bronşektazi, bronşların geri dönüşsüz biçimde genişlemesidir

Bronchitis f *(in der Pneumologie: Entzündung der Bronchien)* bronşit; **akute** ~ akut bronşit; **chronische** ~ kronik bronşit; **obstruktive** ~ *(in der Pädiatrie)* obstrüktif bronşit

Bronchiole f *(im Atmungsapparat)* bronşiyol; bronşçuk

Bronchodilatation f *(in der Pneumologie: Weitung der Bronchien)* bronkodilatasyon

Bronchodilatator m *(in der Pharmakologie)* bronkodilatör

bronchopulmonal Adj bronkopulmoner; ~**e Dysplasie** *(in der Pneumologie)* bronkopulmoner displazi

Bronkoskop nt bronkoskop

Bronchoskopie f *<Syn→* **Lungenspiegelung>** bronkoskopi;

Gewebeproben der ~
bronkoskopinin doku örnekleri

bronchoskopisch *Adj* bronkoskopik

Bronchuskarzinom→
Bronchialkarzinom

Brucellose *f* bruselloz; *<Syn→*
Maltafieber> Malta humması;
<Syn→ **Mittelmeerfieber>** Akdeniz
humması

Bruch[1] *m <Syn→* **Fraktur>** kırık

Bruch[2] *m* fıtık; *<Syn→* **Hernie>** herni

Bruchbehandlung *f <Syn→*
Frakturenbehandlung> *(in der*
Orthopädie) kırık tedavisi

Bruchheilung *f <Syn→*
Frakturheilung> *(in der*
Orthopädie) kırık iyileşmesi; *<Syn→*
Knochenheilung > kemik iyileşmesi

Bruchkerbe *f* çentik; **Tablette mit ~**
çentikli tablet

Brust[1] *f anat* göğüs; *<Syn→*
Thorax> toraks

Brust[2] *f (Lat: Mamma) (weibliche ~)*
meme

Brustamputation→ **Mastektomie**

Brustaorta *f (Lat: Aorta thoracica)*
anat torasik aort

Brustbein *nt (Lat: Sternum)* göğüs
kemiği; *<Syn→* **Sternum>** sternum

Brustbeklemmung *f* göğüs sıkışması

Brustdrüse *f <Syn→* **Milchdrüse>**
(Lat: Glandula mammaria) meme
bezi

Brustdrüsenentzundung *f <Syn→*
Mastitis> *(in der Gynäkologie)*
mastit

Brusteinlage *f* göğüs pedi

Brusternährung *f <Syn→* **Stillen>**
emzirme

Brustfell *nt (Lat: pleura) anat*
akciğer zarı; *<Syn→* **Pleura>** plevra

Brusthöhle *f (Lat: Cavitas thoracis;*
Cavitas thoracica; Cavum thoracis)
anat göğüs boşluğu; torasik kavite

Brustimplantat *nt* meme implantı

Brustkasten→ **Brustkorb**

Brustkorb *m <Syn→* **Thorax>** *anat*
göğüs kafesi

Brustkrebs *m <Syn→*
Mammakarzinom> *(in der*
Onkologie) meme kanseri

Brustmuskel *m (Lat: Muskulus*
pectoralis) anat göğüs kası; pektoral
kas

Brust-OP *f* meme ameliyatı

Brustregion *f anat* göğüs bölgesi

Brustschmerz *m <Syn→*
Thoraxschmerz> göğüs ağrısı

Bruststraffung *f* meme dikleştirme;
<Syn→ **Mastopexie>** mastopeksi

Brustvergrößerung *f <Syn→*
Mammaaugmentation> *(in der*
plastischen Chirurgie) meme
büyütme

Brustverkleinerung *f <Syn→*
Mammareduktion> *(in der*
plastischen Chirurgie) meme
küçültme

Brustwand *f* göğüs duvarı

Brustwarze *f* <*Syn*→ **Mamille**> *(Lat: mamilla) anat* meme başı

Brustwarzenpiercing *nt* göğüs ucu pirsingi

Brustwirbel *m (Lat: Vertebra thoracicae) anat* göğüs omuru; torasik omur; torasik vertebra

Brustwirbelsäule *f anat* torasik omurga

Brutkasten *m* <*Syn*→ **Inkubator**> kuvöz; yaşanak

Bubonen *pl* <*Syn*→ **Pestbeulen**> bubolar; hıyarcıklar

buccal→ **bukkal**

Buckel *m (in der Orthopädie)* kambur

bukkal *Adj* <*Syn*→ **buccal**> *(in Applikationsformen: auf die Wangenschleimhaut; wangenseitig; zur Wange gewandt)* bukkal; ~**e Fettentfernung** *(in der plastischen Chirurgie)* yanak yağı aldırma; <*Syn*→ **Bichektomie**> bişektomi

Bulbus *m* <*Syn*→ **Sinus caroticus** → **Karotissinus**> *(Lat: Sinus caroticus) (in der Kardiologie)* karotis sinüs

Bulimie *f* <*Syn*→ **Ess-Brechsucht** → **Bulimarexie**> bulimiya; <*Syn*→ **Bulimia nervosa**> Bulimia nervoza

Bulla *f* <*Syn*→ **Blasé** <*Syn*→ **Hautblase**> *anat* bül

Bunsenbrenner *m (im Labor: Laborgerät)* Bunsen brülörü; *(Frz: bec Bunsen)* Bunsen beki

Bürette *f (Frz: burette) (im Labor: Laborgerät)* büret

Bürettenhahn *m (im Labor)* büret musluğu

Bürettenrohr *nt (im Labor)* büret namlusu

Burnout-Syndrom *nt psych* tükenmişlik sendromu

Bursektomie *f* bursektomi

Bursitis *f* <*Syn*→ **Schleimbeutelentzündung**> *(Lat: Bursa synovialis) (in der Orthopädie)* bursit; ~ **am Knie** *(Lat: Bursitis praepatellaris)* diz bursiti

Busen-Sex *m* <*Syn*→ **Mammalverkehr**> *(Lat: Coitus intermammarius; Coitus inter mammas)* meme ilişkisi

Buttersäure *f (Formel: $C_4H_8O_2$) chem* bütirik asit

Bypass-Operation *f* baypas ameliyatı

Byssinose *f* bisinoz; bisinozis; **die ~ ist eine Berufskrankheit** bisinoz, meslek hastalığıdır; **die ~ ist eine Erkrankung der Lunge infolge Einatmens von Baumwollstäuben** bisinoz, pamuk tozlarını solumaktan meydana gelen bir akciğer hastalığıdır

β-Zelle *f* <*Syn*→ **Betazelle**> beta hücresi

C

Caecum *nt* <*Syn*→ **Coecum** → **Zäkum/Zökum**> *(Lat:*

Caecum/Coecum) çekum; *<Syn→*
Blinddarm> kör bağırsak

Calciol *nt (Formel: $C_{27}H_{44}O$)*;
<Syn→ **Colecalciferol** →
Cholecalciferol> kolekalsiferol;
<Syn→ → **Vitamin D$_3$>** D$_3$ vitamini

Calcium *nt <Syn→* **Kalzium>**
(Formel: Ca; Ordnungszahl: 20)
chem kalsiyum

Calciumaufnahme *f (in der
Intensivmedizin)* kalsiyum emilimi

Calciumausscheidung *f* kalsiyum
atılımı

Calcium-Mangel *m* kalsiyum
eksikliği

Calcium-Spiegel *m* kalsiyum düzeyi;
~ **im Blut** kandaki kalsiyum düzeyi

Calor *m (Lat: calor) (in der
Pathologie: als Symptom einer
Entzündung)* calor; *<Syn→* **Wärme>**
ısı; sıcaklık

Candiru *m <Syn→* **Carnero>** *(Lat:
Vandellia cirrhosa)* kandiru; **der ~
dringt durch die Harnröhre in den
menschlichen Körper ein** kandiru,
idrar kanalı yoluyla insan vücuduna
girer

Caninus *m <Syn→* **Eckzahn>** *(Lat:
Dens caninus)* köpek dişi

Cannabis *nt (Lat: Papaver
somniferum)* kanabis; esrar;
<Syn→ **Haschisch** → **Schlafmohn>**
haşhaş

Cannabisentzug *m* kanabis
yoksunluğu

Capsid *nt <Syn→* **Kapsid>** *(Lat:
capsula) (in der Virologie)* kapsid;
protein kılıf

Carboxylester-Lipase *f* karboksil
ester lipaz; *<Syn→* **Gallensalz-
aktivierte Lipase>** safra tuzu uyarılı
lipaz

Carcinom *nt <Syn→* **Karzinom>**
(Lat: Carcinoma) (in der Onkologie)
karsinom; karsinoma

Carcinom in situ *nt (in der
Onkologie)* kanser in situ

Cardia *f <Syn→* **Kardia>** *(Lat: Pars
cardiaca) anat* kardia; *<Syn→*
Mageneingang> mide kapısı

Cardiaspasmus *m <Syn→*
Kardiaspasmus> kardiyospazm

Cardiospasmus→ Cardiaspasmus

Carnero→ Candiru

Carotis *f (Lat: Arteria carotis
communis) anat* karotis arter; *<Syn→*
Kopfschlagader →
Halsschlagader> şah damarı

Carpaltunnelsyndrom *nt <Syn→*
Karpaltunnelsyndrom →
Medianuskompressions-syndrom>
*(Lat: Brachialgia paraesthetica
nocturna)* karpal tünel sendromu;
<kurz→ **CTS>** KTS

Cephalea *f <Syn→* **Kopfschmerz>**
baş ağrısı
Cephalgie *f <Syn→* **Kopfschmerz>**
baş ağrısı

**Cerebrospinalflüssigkeit→
Zerebrospinalflüssigkeit**

Cellulite *f <Syn→* **Orangenhaut** →
Apfelsinenhaut → **Zellulitis>** *(Lat:
Adipositas oedamatosa) (in der
Dermatologie)* selülit

Cerclage *f* serklaj

63

Cerebellum *nt (Lat: cerebellum)*
serebellum; *<Syn→* **Kleinhirn>**
beyincik

Cerebralshunt *m <Syn→*
Zerebralshunt> *(in der*
Neurochirurgie beim Hydrocephalus)
serebral şant

Centromer *nt <Syn→* **Zentromer>**
(in der Genetik) sentromer

Cerebrum *nt (Lat: cerebrum) (in der*
Neurobiologie) serebrum; *<Syn→*
Telencephalon → **Endhirn** →
Großhirn> telensefalon

Cerumen *m <Syn→* **Zerumen>**
serumen; *<umg→* **Ohrenschmalz>**
kulak kiri

Cervix *f <Syn→* **Zervix>** *(Lat:*
Cervix uteri) serviks; *<Syn→*
Gebärmutterhals> uterus serviksi;
rahim ağzı; rahim boynu; dölyatağı
boynu

Chalazion *nt <Syn→* **Hagelkorn>**
(in der Augenheilkunde) şalazyon;
maibomiyan kisti

Chaperon *nt (bei der*
Proteinbiosynthese) şaperon

Chefarzt *m* (erkek) başhekim

Chefärztin *f* (kadın) başhekim

Chelat *nt (in der anorganischen*
Chemie) şelat; çelat

Chelator *m (in der anorganischen*
Chemie) şelatör; çelatör

Chemie *f* kimya; **analytische** ~
analitik kimya; **anorganische** ~
inorganik kimya; **organische** ~
organik kimya; **metallorganische** ~
(Frz: chimie organométallique)

organometalik kimya:
pharmazeutische ~ farmasötik
kimya

Chemikalie *f* kimyasal²

chemisch *Adj* kimyasal; **~e Bindung**
kimyasal bağ; **~e Reaktion** kimyasal
tepkime

Chemorezeptoren *pl (bei den*
Sinnesorganen) kemoreseptörler

Chemosynthese *f chem* kemosentez

chemotaktisch *Adj* kemotaksik; **~e**
Bewegung kemotaksik hareket

Chemotaxis *f (in der Mikrobiologie)*
kemotaksi; **negative** ~ negatif
kemotaksi; **positive** ~ pozitif
kemotaksi

Chemotherapeutikum *nt f (in der*
Onkologie) kemoterapötik;
kemoterapötik ilaç

Chemotherapie *f (in der Onkologie)*
kemoterapi; **adjuvante** ~ adjuvan
kemoterapi

Chemotherapie-Resistenz *f*
kemoterapi direnci

Chiasma *nt (in der Genetik)* kiyazma

Chiasma opticum *nt <Syn→*
Sehnervkreuzung> *(im*
Zentralnervensystem) optik kiyazma

Chinin *nt (Formel: $C_{20}H_{24}N_2O_2$) (in*
der Pharmazie: in der
Malariabehandlung) kinin

chiral *Adj (in der Stereochemie)*
kiral; **~e Molekule** kiral moleküller

Chiralität *f (in der Stereochemie und*
der Pharmakologie) kiralite

Chiropraktik *f (in der Alternativmedizin)* kiropraktik

Chirotherapie *f* şiroterapi

Chirurg *m* (erkek) cerrah; operatör; hariciyeci

Chirurgenknoten *m* cerrah düğümü

Chirurgie *f* cerrahi; **ästhetische** ~ estetik cerrahi; **computer-gestützte** ~ bilgisayar destekli cerrahi **endokrine** ~ endokrin cerrahi; **experimentelle** ~ deneysel cerrahi; **orthopädische** ~ ortopedik cerrahi; **plastische** ~ plastik cerrahi; **robotische** ~ robotik cerrahi

Chirurgin *f* (kadın) cerrah; operatör; hariciyeci

chirurgisch *Adj* <*Syn*→ **operativ**> cerrahi; **~e Pathologie** cerrahi patoloji; **~er Eingriff** <*Syn*→ **operativer Eingriff**> cerrahi müdahale

Chlamydieninfektion *f* klamidya enfeksiyonu

Chlamydiose *f (bei sexuell übertragbaren Erkrankungen)* klamidya

Chloroform *nt (Formel: CHCL₃)* **chem** kloroform

Cholangiographie *f* kolanjiyografi

Cholangiokarzinom *nt (in der Gastroenterologie: bösartiger Tumor der Gallengänge)* kolanjiokarsinom

Cholangioskopie *f (in der Gastroenterologie: Endoskopie der Gallenwege)* kolanjiyoskopi

Cholangiitis→ **Cholangitis**

Cholangitis *f* <*Syn*→ **Cholangiitis**> *(in der Gastroenterologie)* kolanjit; ~ ist eine Entzündung der Gallenwege kolanjit, safra yollarının iltihaplanmasıdır

Cholecalciferol *nt (Formel: $C_{27}H_{44}O$)*; <*Syn*→ **Colecalciferol** → **Calciol**> kolekalsiferol; <*Syn*→ **Vitamin D₃**> D₃ vitamini

Cholecystitis *f* <*Syn*→ **Cholezystitis**> *(in der Gastroenterologie)* kolesistit; <*Syn*→ **Gallenblasenentzündung**> safra kesesi iltihabı

Cholelith *m (in der Gastroenterologie)* kolelit; <*Syn*→ **Gallenstein**> safra taşı

Cholera *f* kolera

Choleriker *m* kolerik

Cholestase *f (in der Gastroenterologie: Gallestauung)* kolestaz; **extrahepatische** ~ ekstrahepatik kolestraz

Cholestaseparameter *m (in der Gastroenterologie)* kolestaz parametresi

Cholesterin *nt* <*Syn*→ **Cholesterol**> *(Formel: $C_{27}H_{46}O$)* kolesterol

cholesterinsenkend *Adj* kolesterol düşürücü; **~e Diät** kolesterol düşürücü diyet

Cholesterinsenker *m* <*Syn*→ **Cholesterolsenker**> kolesterol düşürücü (ilaç)

Cholesterinspiegel *m* kolesterol seviyesi

Cholesterinwert *m* kolesterol değeri; **erhöhter** ~ artmış kolesterol değeri

Cholesterol→ Cholesterin

Cholesterolsenker→
Cholesterinsenker

Cholezystitis *f <Syn→*
Cholecystitis> *(in der
Gastroenterologie)* kolesistit; *<Syn→*
Gallenblasen-entzündung> safra
kesesi iltihabı

Chondrom *nt (bei gutartigen
Tumorbildungen)* kondrom

Chorda dorsalis *f <Syn→*
Achsenstab → Notochord> *(Lat:
Chorda dorsalis) (in der
Organogenese)* notokorda; notokord

Chorda tympani *f <Syn→*
Paukensaite> *(Lat: Chorda tympani)*
korda timpani

Chordozentese *f (in der
Pränatalmedizin)* kordosentez;
<Syn→ Nabelschnurpunktion>
göbek kordonu ponksiyonu

Choriodea→ Choroidea

Chorion *nt (in der Embyologie)*
koryon; koryon zarı

Chorionzottenbiopsie f *(Eng:
chorionic villus sampling) (in der
Pränatalmedizin)* koriyonik villus
örneklemesi

Choroidea *f <Syn→* Aderhaut →
Choriodea> *(Lat: Tunica media
bulbi) (im Auge)* anat damar tabaka;
die ~ bildet die Mittelschicht
zwischen weißer Augenhaut
((Sclera) und Netzhaut (Retina)
damar tabaka, gözakı (sklera) ile
ağkatman (retina) arasında bulunan
orta tabakayı oluşturur

Chromatid *nt <Syn→* Chromatide>
(in der Zellbiologie) kromatit

Chromatide→ Chromatid

Chromatophor *m (in der
Zellbiologie)* kromatofor

Chromatin *nt (in der Epigenetik)*
kromatin

chromatisch *Adj* kromatik; ~e
Aberration *(in der Optik)* kromatik
aberasyon; renkser sapınç

Chromosom *nt (in der Genetik)*
kromozom

chromosomal *Adj* kromozomal; ~e
Abweichung kromozomal sapma; ~e
Störungen kromozomal bozukluklar

Chromosomenaberration *f (in der
Genetik)* kromozom sapması;
kromozomlardaki sapma

Chromosomenanalyse *f* kromozom
analizi

Chromosomenanomalie *f <Syn→*
Chromosomenmutation> *(in der
Genetik)* kromozom anomalisi

Chromosomenfehler *m (in der
Genetik)* kromozom hatası

Chromosomenmutation *f (Eng:
chromosome abnormality) (in der
Genetik)* kromozom anomalisi

Chromosomenstücke *pl (in der
Genetik)* kromozom parçaları

chronisch *Adj <Ant→* akut> kronik;
süreğen; ~ obstruktive
Lungenerkrankung kronik
obstrüktif akciğer hastalığı; *<kurz→*
COPD> KOAH; ~e
Autoimmunkrankheit kronik

özbağışıklık hastalığı; kronik otoimmün hastalık

Chron-Krankheit *f* *<Syn→* **Morbus Chron>** *(Lat: Ileitis terminalis; Enteritis regionalis Chron; Enterocolitis regionalis) (in der Gastroenterologie)* Chron hastalığı

Cirrhosis *f* *<Syn→* **Zirrhose>** *(in der Pathologie)* siroz

Cluster-Kopfschmerz *m* *(in der Schmerztherapie)* küme baş ağrısı; salkım ağrı

Coccyx *nt* *<Syn→* **Steißbein>** *(Lat: coccyx; Os coccygis) anat*; kuyruk sokumu; koksiks

Cochlea *f* *(in der Neurobiologie) anat* koklea; kohlea; *<Syn→* **Gehörschnecke → Hörschnecke>** kulak salyangozu

Cochlea-Implantat *nt* *(Eng: cochlear implant)* kohlear implant

Code *m* kod; şifre; **epigenetischer** ~ epigenetik kod; **genetischer** ~ genetik kod

Codein *nt* *<Syn→* **Kodein>** *(Formel: $C_{18}H_{21}NO_3$) chem* kodein

codieren *vt* kodlamak; **Gene, die Proteine** ~ protein kodlayan genler

Codon *nt* *<Syn→* **Kodon>** *(in der Genetik bei der Proteinbiosynthese)* kodon

Coecum *nt* *<Syn→* **Caecum → Zäkum/Zökum>** *(Lat: Caecum/Coecum)* çekum; *<Syn→* **Blinddarm>** kör bağırsak

Coelom *nt* *<Syn→* **Zölom>** sölom; *<Syn→* **Leibeshöhle>** vücut boşluğu

Coenzym *nt* *<Syn→* **Koenzym>** *(in der Biochemie)* koenzim

Cofaktor *m* *<Syn→* **Kofaktor>** *(in der Biochemie)* kofaktör

Coffein *nt* *<Syn→* **Koffein>** *(Formel: $C_8H_{10}N_4O_2$) chem* kafein

Coitus interruptus *m* koitus interruptus; dışarı boşalma

COLD→ **chronisch obstruktive Lungenerkrankung**

Colecalciferol *nt* *(Formel: $C_{27}H_{44}O)$*; *<Syn→* **Cholecalciferol → Calciol>** kolekalsiferol; *<Syn→* **Vitamin D₃>** D_3 vitamini

Colitis *f* *<Syn→* **Kolitis>** kolit; **hämorrhagische** ~ hemorajik kolit; **ischämische** ~ *(in der Gastroenterologie und der Angiologie)* iskemik kolit; kolon iskemisi; **ülserative** ~ *(Lat: Colitis ulcerose)* ülseratif kolit

Colon *nt* *<Syn→* **Grimmdarm → Kolon>** *anat* kolon

Colon ascendens *nt* *<Ant→* **Colon descendens>** *(aufsteigendes Colon)* çıkan kolon

Colon descendens *nt* *<Ant→* **Colon ascendens>** *(absteigendes Colon)* inen kolon

Colonoskopie *f* *<Syn→* **Koloskopie → Darmspiegelung>** *(in der Gastroenterelogie)* kolonoskopi

Colon sigmoideum *nt* *<Syn→* **Sigmaschlinge → Sigmadarm → Sigmoid → Sigma>** sigmoid kolon

Combitubus *m* *(im Atemwegsmanagement)* kombi tüp

Commissura magna *nt (in der Neuroanatomie: im Telencephalon)* korpus kallozum; *<Syn→* **Corpus callosum** → **Balken>** sert cisim; nasırlı cisim

Co-Morbidität *f <Syn→* **Komorbidität>** komorbidite; ek hastalık; *<Syn→* **Begleiterkrankung>** eşlik eden hastalık

Compliance *f <Syn→* **Komplianz** → **Therapietreue>** *(in der Gesundheitspsychologie: kooperatives Verhalten von Patienten im Rahmen einer Therapie)* tıbbi tedaviye uyum

computergestützt *Adj* bilgisayar destekli; **~e Chirurgie** bilgisayar destekli cerrahi

Computertomographie *f <kurz→* **CT>** bilgisayarlı tomografi; BT

Condyloma acuminatum→ Feigwarze

COPD→ chronisch obstruktive Lungenerkrankung

Coracoid *nt <Syn→* **Rabenbein** → **Rabenschnabelbein>** *(Lat: Os coracoides)* *anat* korakoid

Corona-Fall *m* korona vakası

Corona-Schnelltest *m* hızlı korona testi

Corona(virus)-Pandemie *f <Syn→* **COVID-19-Pandemie>** koronavirüs pandemisi; COVID-19 pandemisi

Corpus callosum *nt (in der Neuroanatomie: im Telencephalon)* korpus kallozum; *<Syn→* **Commissura magna** → **Balken>** sert cisim; nasırlı cisim

Corpus-callosum-Agenesie *f <Syn→* **Balkenagenesie>** korpus kallozum agenezisi; nasırlı cisim gelişmezliği; nasırlı cisim yokluğu

Corpus ciliare *nt <Syn→* **Ziliarkörper** → **Strahlenkörper>** *(in der Augenheilkunde)* siliyer cisim; kirpiksi cisim

Corpus luteum *nt <Syn→* **Gelbkörper>** *(in der Gynäkologie)* sarı cisim

Corpus ventriculi *nt <Syn→* **Corpus gastricum>** korpus; mide korpusu

Cortex *m <Syn→* **Kortex** → **Hirnrinde>** *(Lat: cortex)* korteks; *<Syn→* **Hirnmantel** → **Pallium>** palyum; **~ der Nebenniere** *<Syn→* **Nebennierenrinde>** böbrek üstü bezlerinin korteksi; *(Eng: adrenal cortex)* adrenal korteks; **visueller ~** *<Syn→* **Sehrinde>** *(in der Neurophysiologie)* görsel korteks

Cortikoid *nt <Syn→* **Kortikoid>** kortikoid

Cortikosteroid *nt <Syn→* **Kortikosteroid>** kortikosteroid

Corti-Organ *nt (in der Anatomie des Ohres)* korti organı

Cortisol *nt <Syn→* **Kortisol>** *(Formel: $C_{21}H_{30}O_5$)* kortizol

Cortisolkonzentration *f <Syn→* **Kortisolkonzentration>** kortizol derişimi

Cortison *a. <Syn→* **Kortison>** *(Formel: $C_{21}H_{28}O_5$)* kortizon; **~ ist ein Steroidhormon** kortizon, steroid hormondur

68

cortisonhaltig *Adj <Syn→*
kortisonhaltig> kortizon içeren; **~e**
Medikamente kortizon içeren ilaçlar

Cortisontherapie *f <Syn→*
Kortisontherapie> kortizon terapisi

COVID-19-Pandemie *f <Syn→*
Corona(virus)-Pandemie> COVID-19 pandemisi; koronavirüs pandemisi

Covid-Kranke *f* (kadın) COVID hastası

Covid-Kranker *m* (erkek) COVID hastası

Coxarthrose *f <Syn→* **Koxarthrose**
→ **Hüftgelenkarthrose** > *(Lat: Arthrosis deformans coxae) (in der Orthopädie)* kalça ekleminde artrit

CPR→ kardiopulmonale Reanimation

Creatin *nt <Syn→* **Kreatin>**
(Formel: $C_4H_9N_3O_2$) kreatin

Creatin-Kinase *f <Syn→* **Kreatin-Kinase>** kreatin kinaz

Creme *f <Syn→* **Hautcreme>**
kozmetik krem; **kortisonhaltige ~s**
kortizon içeren kremler

Crossing-over *nt <Syn→*
Crossover> *(in der Genetik)*
krosover; krossing over

Crossover→ Crossing-over

CT *f <Syn→*
Computertomographie>
bilgisayarlı tomografi; BT

CTS→ Carpaltunnelsyndrom

Cushing-Syndrom *nt (in der Endokrinologie)* Cushing sendromu

Cuticula *f <Syn→*
Schuppenschicht> kütikül; **die ~ ist eine Haarschicht** kütikül, saç katmanıdır

Cyanid *nt (Formel: CN) chem*
siyanür

Cyanidvergiftung *f (in der Toxikologie)* siyanür zehirlenmesi

Cyanose→ Zyanose

Cyanosis→ Zyanose

Cyste *f <Syn→* **Zyste>** kist

Cystenexstirpation *f (in der Gynäkologie)* kist çıkarılması

Cystoskopie *f <Syn→* **Zystoskopie**
→ **Urethrozystoskopie** > *(in der Urologie: Harnröhren- und Blasenspiegelung)* sistoskopi

Cytogenetik *f <Syn→* **Zellgenetik**
→ **Zytogenetik>** sitogenetik

Cytokinese *f <Syn→* **Zytokinese>**
sitokinez; *<Syn→* **Zellteilung>** hücre bölünmesi

cytopathisch *Adj <Syn→*
zytopathisch> sitopatik; **~er Effekt**
(in der virologischen Diagnostik)
sitopatik etki

Cytoplasma *nt <Syn→*
Zytoplasma> sitoplazma

cytoplasmatisch *Adj <Syn→*
zytoplasmatisch> sitoplazmatik; **~es**
Ribosom sitoplazmatik ribozom

Cytoskelett *nt* hücre iskeleti

Cytotoxizität *f <Syn→* **Zytotoxizität**
→ **Zellgiftigkeit>** *(in der Toxikologie und der Pharmakologie)*
sitotoksisite

D

Damenbinde *f* <*Syn*→ **Slipeinlage**> hijyenik ped

Damm *m* <*Syn*→ **Perineum**> perine

Dammriss *m* *(in der Proktologie)* perine yırtılması

Dammschnitt *m* <*Syn*→ **Episiotomie**> *(in der Gynäkologie und der Geburtshilfe)* epizyotomi; <*Syn*→ **Perineotomie**> peroneotomi

Dampfbad *nt* buhar banyosu

Dampfdruck-Sterilisierung *nt (im Labor)* basınçlı su buharı ile sterilizasyon

Dampfsterilisation *f (im Labor)* basınçlı buhar ile sterilizasyon

Darm *m (Lat: intestinum)* bağırsak

Darmaktivität *f* bağırsak faaliyeti

Darmbakterien *pl* bağırsak bakterileri

Darmbein *nt (Lat: Os ilium)* ilium

Darmblutung *f* bağırsak kanaması

Darmentzündung *f* bağırsak iltihabı; <*Syn*→ **Enteritis**> enterit

Darmerkrankung *f* bağırsak hastalığı

Darmfistel *f* bağırsak fistülü

Darmflora *f* <*Syn*→ **Intestinalflora**> bağırsak florası

Darmgas *nt* bağırsak gazı

Darmgewebe *nt* bağırsak dokusu

Darmgrippe *m* bağırsak nezlesi

Darminfektion *f* bağırsak enfeksiyonu

Darmkanal *m* bağırsak borusu

Darmkolik *f (in der Gastroenterologie)* bağırsak koliği

Darmkrebs *m* bağırsak kanseri

Darmkrebsvorsorge *f* bağırsak kanseri profilaksisi

Darmlumen *nt anat* bağırsak lümeni

Darmmukosa→ **Darmschleimhaut**

Darmnervensystem *nt* <*Syn*→ **enterisches Nervensystem** → **Darmwandnervensystem** → **Eingeweidenervensystem**> enterik sinir sistemi

Darmparasit *m* bağırsak paraziti

Darmperforation *m* bağırsak perforasyonu

Darmpolypen *pl (in der Gastroenterologie)* bağırsak polipleri

Darmreinigung *f* kolon temizliği

Darmschleimhaut *f* <*Syn*→ **Darmmukosa**> *(Lat: Tunica mucosa) (in der Histologie: im Verdauungsapparat)* bağırsak mukozası

Darmspiegelung *f* <*Syn*→ **Koloskopie** → **Colonoskopie**> *(in der Gastroenterelogie)* kolonoskopi

Darmtätigkeit *f* bağırsak faaliyeti; bağırsak hareketleri

Darmtrakt *m anat* intestinal system

Darmverschluss *m (in der Gastroenterologie)* bağırsak tıkanması; bağırsak tıkanıklığı; *<Syn→* **Ileus>** ileus

Darmverstopfung *f <Syn→* **Verstopfung** → **Stuhlverstopfung>** kabızlık; *<Syn→* **Obstipation>** obstipasyon

Darmwand *f* bağırsak duvarı

Darmwandnervensystem→ Darmnervensystem

Darmwurm *m* bağırsak kurdu

Darmzotte *f (in der Histologie des Verdauungsapparats: fingerförmige Erhebungen der Dünndarmschleimhaut)* villus

Darreichungsform *f (in der Pharmazie: Art der Anwendung)* uygulama şekli

Daten *pl* veriler; **klinische** ~ klinik veriler

Datenschutz *m* veri koruma

Datenträger *m* veri kayıt ortamı

Daumen *m (Lat: pollex; Digitus primus manus) anat* başparmak

Daumenhypoplasie *f (in der ästhetischen Chirurgie: Fehlbildung des Daumens)* başparmak hipoplazisi

Dauerausscheider *m (Eng: asymptomatic carrier) (in der Epidemiologie)* asemptomatik taşıyıcı

Dauerbelastung *f <Syn→* **Dauerstress>** sürekli stres

Dauerstress *m <Syn→* **Dauerbelastung>** sürekli stres; **dem** ~ **ausgesetzt sein** sürekli strese maruz kalmak

Deaminierung *f <Syn→* **Desaminierung>** *(in der Biochemie: erster Schritt des biochemischen Abbaus von Aminosäuren)* deaminasyon

Débridement *nt <Syn→* **Wundtoilette>** *(in der Chirurgie)* debridman; debride etme; debride edilme; **enzymatisches** ~ enzimatik debridman

Deckepithel *nt* örtü epiteli

Deckgewebe *nt* örtü doku

Defäkation *f* defekasyon; *<Syn→* **Stuhlgang>** dışkılama

Defekt *m* defekt; kusur

Defi→ Defibrillator

Defibrillator *m <kurz→* **Defi>** defibrilatör; *<Syn→* **Schockgeber>** şok cihazı; **der** ~ **ist ein medizinisches Gerät** defibrilatör, tıbbi alettir

Defizit *nt* eksiklik

Deformation *f <Syn→* **Verformung>** deformasyon

Deformität *f* deformite; *<Syn→* **Fehlbindung→ Malformation>** malformasyon

Degeneration *f <Syn→* **Entartung>** dejenerasyon

degenerativ *Adj* dejenere; ~**e Gelenkerkrankung** dejenere eklem hastalığı

Degranulation *f (in der Zellbiologie und der Histologie)* degranülasyon.; **die Freisetzung von Granula nennt man ~** granüllerin salınmasına degranülasyon denir

Dehydratation→ **Dehydration**

Dehydration *f* dehidrasyon; *<Syn→* **Dehydratation** → **Dehydratisierung** → **Dehydrierung>** dehidratasyon

Dehydratisierung→ **Dehydration**

Dehydrierung→ **Dehydration**

Dekompressionskrankheit *f (in der Tauchmedizin)* dekompresyon hastalığı; vurgun

Dekon→ **Dekontamination**

Dekontamination *f <kurz→* **Dekon>** dekontaminasyon

Delkubitalgeschwür→ **Dekubitus**

Dekubitus *m* dekubitus; *<Syn→* **Delkubitalgeschwür>** dekubitus ülseri; *<Syn→* **Druckgeschwür** → **Wundlegegeschwür>** basınç ülseri; yatak yarası

Deletion *f <Syn→* **Gendeletion>** *(in der Genetik)* delesyon; **terminale ~** terminal delesyon

Delir→ **Delirium**

Delirium *nt <kurz→* **Delir>** *(Lat: delirium) (in der Psychiatrie)* deliriyum

Delirium tremens *nt (in der Psychiatrie)* deliriyum tremens

Deltamuskel→ **Deltoideus**

Deltoideus *m <Syn→* **Deltamuskel>** *(Lat: Musculus deltoideus) anat* deltoid; **der ~ ist ein dreieckiger Skelettmuskel** deltoid, üçgen biçiminde iskelet kasıdır

Demenz *f (Lat: dementia) (in der Neurologie)* demans; bunama; **~ ist eine neurokognitive Störung** demans, nörokognitif bozukluktur; **präsenile ~** erken bunama; **vaskuläre ~** vasküler tip demans

Demenzformen *pl* demans tipleri

denaturiert *Adj (in der Biochemie)* denatüre; **~es Ethanol** denatüre etanol

Denaturierung *f (in der Biochemie)* denatürasyon

Dendrit *nt (in der Neurophysiologie)* dendrit

dendritisch *Adj (in der Neurophysiologie)* dendritik; **~e Zellen** dendritik hücreler

Denken *nt* düşünme; **kreatives ~** yaratıcı düşünme; **kritisches ~** eleştirel düşünme

Denkprozess *m* düşünme süreci

Denkstörung *f* düşünce bozukluğu

Dentalassistent *m <Syn→* **Zahnmedizinischer Fachangestellter>** (erkek) diş hekimi asistanı

Dentalassistentin *f <Syn→* **Zahnmedizinische Fachangestellte>** (kadın) diş hekimi asistanı

Dentalfluorose *f <Syn→* **Zahnfluorose>** dental florozis

Dentalspiegel *m* diş aynası; *<Syn→*
Mundspiegel> ağız aynası

Dentin *nt <Syn→* **Zahnbein>** *(Lat:*
Substantia eburnea) dentin

Deodorant *nt <kurz→* **Deo>** *(in der*
Körperpflege) deodorant

Deoxyribonukleinsäure *f (in der*
Genetik) deoksiribonükleik asit;
<kurz→ **DNA>** DNA

Depilation *f* depilasyon

Depopräparat *nt* depo preparatı

Depo-Spritze *f* depo iğne; depo
enjeksiyon

Depression¹ *f psych* depresyon;
endogene ~ endojen depresyon;
postnatale ~ doğum sonrası
depresyon

Depression² *f <Ant→* **Elevation>**
(grubenförmige Einsenkung) anat
depresyon

Depressionsschub *m psych*
depresyon atağı

depressiv *Adj psych* depresif

Derealisierung *f (in der Neurologie)*
derealizasyon

Derivat *nt chem* türev

Dermatilomanie *f (in der*
Psychiatrie) dermatilomani; *<Syn→*
Skin Picking Disorder> deri yolma
bozukluğu

Dermatitis *f* dermatit; **atopische ~**
atopik dermatit; **periorale ~** perioral
dermatit

Dermatologe *m* dermatolog; deri
hastalıkları hekimi; cildiyeci

Dermatologie *f* dermatoloji
Dermatologin *f* dermatolog; deri
hastalıkları hekimi; cildiyeci

dermatologisch *Adj* dermatolojik; **~e**
Erkrankung dermatolojik hastalık;
~e Medikamente dermatolojik
ilaçlar; **~e Rehabilitation**
dermatolojik rehabilitasyon; **~er**
Stoffwechsel dermatolojik
metabolizma

Dermatom¹ *nt (anat: von einem*
Spinalnerv sensibel innervierte
segmentale Hautgebiet) dermatom

Dermatom² *nt (chirurgisches*
Instrument) dermatom; **elektrisches**
~ elektrikli dermatom; **manuelles ~**
manuel dermatom

Dermatomykose *f (in der*
Dermatologie) dermatomikoz;
<Syn→ **Hautpilz>** cilt mantarı; deri
mantarı; **stressbedingte ~** strese
bağlı dermatomikoz

Dermatomyositis *f* dermatomiyozit

Dermatopathologie *f*
dermatopatoloji

Dermatophagie *f (psych:*
zwanghaftes Beißen in die
Nagelhaut) dermatofaji

Dermatophytose *f <Syn→* **Tinea>**
dermatofitoz

Dermatose *f* dermatoz

Dermatosklerose *f (Eng:*
scleroderma; Frz: sclèrodermie) (in
der Angiologie) skleroderma

Dermatoskop *m* dermateskop

Dermatozoenwahn *m (Eng: delusional parasitosis) (in der Psychiatrie)* delüzyonel parazitoz

Dermis *f (Lat: corium) <Syn→* **Lederhaut²>** *(in der Dermatologie)* dermis; **die ~ befindet sich unter der Epidermis und über der Subcutis** dermis, epidermisin altında ve alt derinin üstünde bulunur

Derotation *f (in der Orthopädie: Drehung in entgegengesetzte Richtung)* derotasyon

Derotationsosteotomie *f <Syn→* **Drehosteotomie>** *(in der Chirurgie)* derotasyon osteotomisi

Desaminierung *f <Syn→* **Deaminierung>** *(in der Biochemie: erster Schritt des biochemischen Abbaus von Aminosäuren)* deaminasyon

Descensus *m <Syn→* **Senkung>** *(Lat: descensus)* sarkma

Desensibilisierung *f* duyarsızlaştırma; **systematische ~** *(in der Verhaltenstherapie)* sistematik duyarsızlaştırma

Desiccator *m <Syn→* **Exsiccator →** **Exsikkator>** *(Frz: dessicateur) (im Labor)* dezikatör

Desinfektion *f* dezenfeksiyon

Desinfektionsmittel *nt* dezenfektan

Desinfektionsmittelallergie *f* dezenfektan alerjisi

Desinfektionsmittelspender *m* dezenfektan makinesi

desinfizieren *vt* dezenfekte etmek

desintegrativ *Adj* desintegratif; **~e Psychose** *(in der Psychiatrie)* desintegratif psikoz

deskriptiv *sf.* betimsel; betimleyici; **~e Statistik** betimsel istatistik

Desmosom *nt (in der Zellbiologie)* desmosom; *<Syn→* **Macula adhaerens>** makular desmosom

Desquamation *f <Syn→* **Schuppenbildung →** **Abschuppung>** *(in der Dermatologie)* kepeklenme

Desquamationsphase *f <Syn→* **Proliferationsphase>** *(in der Entwicklungsbiologie)* proliferatif dönem; *<Syn→* **Follikelphase>** foliküler faz

Destillation *f (Lat: destillatio) (im Labor)* damıtma; damıtılma; distilasyon; **fraktionierte ~** ayrımsal damıtma; fraksiyonlu distilasyon; **trockene ~** kuru damıtma

destillieren *vt (im Labor)* damıtmak

Destillierhelm *m <Syn→* **Alembik →** **Brennhut>** *(Lat: Alembicus) (im Labor)* imbik; damıtıcı

destilliert *Adj* damıtılmış; distile; **~es Wasser** damıtılmış su

Detoxifikation *f <Syn→* **Entgiftung>** detoksifikasyon

Dextrose *f <Syn→* **Traubenzucker>** dekstroz

Diabetes→ Diabetes mellitus

Diabetes insipidus *m* diabetes insipidus; *<Syn→* **Wasserharnruhr>** şekersiz şeker hastalığı

Diabetes mellitus *m* diabetes mellitus; <*Syn*→ **Zuckerkrankheit**> şeker hastalığı; <*umgSyn*→ **Diabetes**> diabet; diyabet; <*Syn*→ **Typ-2 Diabetes**> tip 2 diyabet

Diabetesprävalenz *f* diabet prevalansı; diyabet prevalansı

Diabetestherapie *f* diabet terapisi

diabetisch *Adj* diabetik; diyabetik; ~**e Nephropathie** *(Lat: Nephropathia diabetica)* diyabetik nefropati; ~**e Retinopathie** *(Lat: Retinopathia diabetica)* diyabetik retinopati; ~**er Fuß** *(bei Diabetes)* diyabetik ayak; ~**es Fußsyndrom**→ **diabetischer Fuß**; ~**es Koma** *(Lat: Coma diabeticum)* diyabetik koma

Diabetologie *f* diabetoloji; diyabetoloji

Diacetylmorphin *nt (Formel: $C_{21}H_{23}NO_5$)* diasetilmorfin; <*Syn*→ **Heroin**> eroin; <*Syn*→ **Diamorphin**> diamorfin

Diaetologe *m* (erkek) diyetisyen

Diaetologin *f* (kadın) diyetisyen

Diagnose *f* tanı; teşhis; ~ **(er)stellen** tanı koymak; teşhis koymak; **Ultraschall** *m* ultrason; ~ **des Darmes** bağırsağın ultrasonu; **die** ~ **mit Ultraschall stellen** tanıyı ultrason ile koymak; teşhisi ultrasonla koymak; **klinische** ~ klinik tanı; **pränatale** ~ prenatal tanı

Diagnosekriterien *pl* tanı kriterleri

Diagnosemethode *f* tanı yöntemi

Diagnosestellung *f* tanı koyma

Diagnostik *f* diagnostik[1]; tanı amacıyla yapılan tedavi

diagnostisch *Adj* tanısal; diagnostik[2]; ~**e Peritoneallavage** *(in der Gastroenterologie)* tanısal periton lavajı; ~**e Radiologie** diagnostik radyoloji

diagnostizieren *vt* tanılamak; teşhis etmek; teşhis koymak

Diagramm *nt* diyagram

Dialyse *f (in der Nephrologie)* diyaliz

Dialysegerät *nt* diyaliz makinesi; **das Blut in einem** ~ **reinigen** kanı diyaliz makinesinde temizlemek

Diamorphin *nt (Formel: $C_{21}H_{23}NO_5$)* diamorfin; <*Syn*→ **Heroin**> eroin; <*Syn*→ **Diacetylmorphin**> diasetilmorfin

Diaphragma *nt* <*Syn*→ **Zwerchfell**> diyafram; **das** ~ **trennt die Brusthöhle und die Bauchhöhle voneinander** diyafram, göğüs boşluğunu karın boşluğundan ayırır

Diarrhoe *f* diyare; <*Syn*→ **Durchfall**> ishal; amel

Diastema mediale *f* <*Syn*→ **Margo interalveolaris**> *(in der Zahnmedizin: Lücke zwischen den mittleren Schneidezähnen)* diastema; aralık diş

Diastole *f* <*Ant*→ **Systole**> *(in der Kardiologie)* diastol; diyastol

diastolisch *Adj* <*Ant*→ **systolisch**> *(in der Kardiologie)* diastolik; ~**er Blutdruck** diastolik kan basıncı

Diät *f* diyet; **ausgeglichene** ~ dengeli diyet; **cholesterinsenkende** ~ kolesterol düşürücü diyet;

eiweißarme ~ düşük protein diyeti;
fettarme ~ düşük yağ diyeti

Diätassistent *m <in Österreich→*
Diaetologe> (erkek) diyetisyen

Diätassistentin *f <in Österreich→*
Diaetologin> (kadın) diyetisyen

Diätetik *f* diyetetik

Diathese *f (in der Pathophysiologie)*
diyatez; **atopische** ~ atopik diyatez

dick *Adj <Syn→* **fett** → **fettleibig>**
şişman; *<Syn→*
adipös> obez

Dickdarm *m (Lat: Intestinum
crassum)* kalın bağırsak

Dickdarmchirurgie *f* kolon cerrahisi

Dickdarminhalt *m* kalın bağırsak
içeriği

Dickdarmkapselendoskopie *f (in
der Gastroenterologie)* kalın bağırsak
kapsül endoskopisi

Dickdarmkarzinom *nt* kalın
bağırsak kanseri; *<Syn→*
kolorektales Karzinom> kolorektal
kanser

Diclofenac *nt (Formel:
$C_{14}H_{11}Cl_2NO_2$) (Analgetika)*
Diklofenak

Diencephalon *nt <Syn→*
Dienzephalon> *(in der
Neuroanatomie)* diensefalon; *<Syn→*
Zwischenhirn> ara beyin

Dienstleistung *f* hizmet;
medizinische ~en tıbbi hizmetler

Dienzephalon→ Diencephalon

Diethylether *m (Formel: $C_4H_{10}O$)*
dietil eter; *<kurz→* **Ether>** eter

Differentialdiagnose *f <Syn→*
Differenzialdiagnose> *(in der
Diagnostik)* ayırıcı tanı

differentialdiagnosisch *Adj (in der
Diagnostik)* ayırıcı tanısal

**Differenzialdiagnose→
Differentialdiagnose**

Differentialinterferenzkontrast *m*
ayrımlı girişim kontrast

differenziert *Adj <Ant→*
undifferenziert> farklılaşmış; **~e
Zellen** *(in der Histologie)*
farklılaşmış hücreler; **~es Gewebe** *(in
der Histologie)* farklılaşmış doku

Differenzierung *f* farklılaşma;
farklılaştırma; ~ **von Zellen** *(in der
Zellbiologie)* hücrelerin farklılaşması

Differenzierungsnährboden *m* ayırt
edici besiyeri

diffus *Adj* yaygın; **~e Peritonitis** *(in
der Gastroenterologie)* yaygın
peritonit

Digestor *m <Syn→* **Abzug** →
Abzugshaube → **Digestorium>** *(im
Labor: Laborgerät)* çeker ocak;
çekerocak

Digestorium→ Digestor

digital *Adj* dijital; sayısal; **~e
Pathologie** dijital patoloji

Digitalbürette *f (im Labor:
Laborgerät)* dijital büret

Dilatation *f* dilatasyon; *<Syn→*
Erweiterung> genişleme

Dimethylketon *nt (Formel: C₃H₆O)* *chem* dimetil keton; *<Syn→* **Aceton>** aseton

Dimorphismus *m (in der Genetik)* dimorfizm

Dioptrie *f* diyoptri

Diphtherie *f (Kinderkrankheit)* difteri, *<Syn→* **Bräune** → **Halsbräune>** kuşpalazı

Diphtherieimpfstoff *m* difteri aşısı

Diphtherietoxin *nt* difteri toksini

Diplegie *f (in der Neurologie: doppelseitige Lähmung)* dipleji; **spastische** ~ spastik dipleji

Diplopie *f (in der Augenheilkunde)* diplopi; *<Syn→* **Doppelsehen>** çift görme

Dipol-Dipol-Wechselwirkung *f chem* dipol dipol etkileşimi

Dipolmoment *nt chem* dipol momenti; **elektrisches** ~ elektrik dipol momenti

direkt *Adj* doğrudan; ~**e Ansteckung** doğrudan bulaşma

Diskushernie *f <Syn→* **Bandscheibenvorfall** → **Bandscheibenprolaps>** *(Lat: Prolapsus nuclei pulposi) (in der Orthopädie)* bel fıtığı

Dispensaire *m (Frz: dispensaire; Eng: dispensary)* dispanser

dispers *Adj <Syn→* **dispersiv>** dispersif; ~**e Replikation** *(in der Genetik)* dispersif replikasyon

dispersiv→ dispers

Disposition *f <Syn→* **Prädisposition** → **Anfälligkeit>** yatkınlık; *<Syn→* **Veranlagung>** kalıtsal yatkınlık; **genetische** ~ genetik yatkınlık

disseminiert *Adj* dissemine; *<Syn→* **verstreut>** yaygın; ~**e intravasale Gerinnung** *(in der Intensivmedizin)* yaygın damar içi pıhtılaşma

Dissonanz *f* uyumsuzluk; **kognitive** ~ bilişsel uyumsuzluk

Dissoziation¹ *f chem* ayrıştırma; ayrışma¹

Dissoziation² *f psych* kendinden ayrışma
Dissoziationsenergie *f chem* ayrıştırma enerjisi

Dissoziationsgrad *m chem* ayrıştırma derecesi; ayrışma derecesi

Dissoziationskonstante *f chem* ayrıştırma sabiti

dissoziativ *Adj* dissosiyatif; ~**e Fugue** *f (in der Psychiatrie)* dissosiyatif füg; ~**e Persönlichkeitsstörung** *(in der Psychiatrie)* dissosiyatif kişilik bozukluğu

dissoziiert *Adj chem* ayrışmış

distal *Adj <Ant→* **proximal>** anat distal; ~**er Reiz** *<Syn→* **distaler Stimulus** → **Fernreiz>** *(in der Wahrnehmungspsychologie)* distal uyaran; ~**er Stimulus** *<Syn→* **distaler Reiz** → **Fernreiz>** *(in der Wahrnehmungspsychologie)* distal uyaran

Distickstoffmonoxid *nt (Formel: N₂O) chem* nitröz oksit; *<Syn→* **Lachgas>** güldürücü gaz

Distortion *f* distorsiyon; *<Syn→* **Verstauchung>** burkulma

Diurethikum *nt* diüretik (ilaç)

Diversität *f* diversite; *<Syn→* **Vielfalt>** çeşitlilik

Divertikel *nt (Lat: Diverticulum) (in der Gastroenterologie)* divertikül

Divertikulitis *f (in der Gastroenterologie)* divertikülit; *~* **ist eine Erkrankung des Dickdarms** divertikülit, kalın bağırsak hastalığıdır

Divertikelperforation *f (in der Gastroenterologie)* divertikül perforasyonu

DNA *f (in der Genetik)* DNA; *<Syn→* **Deoxyribonukleinsäure>** deoksiribonükleik asit

DNA-Erscheinungsabbildung→ DNA-Phänotypisierung

DNA -Gyrase *f* DNA girazı

DNA-Klammer *f (in der Genetik)* DNA kıskacı; *(Eng: sliding clamp)* kayar kıskaç

DNA-Lygase *f (in der Molekularbiologie)* DNA ligaz

DNA-Methylierung *f (in der Epigenetik)* DNA metilasyonu

DNA-Phänotypisierung *f <Syn→* **DNA-Erscheinungsabbildung>** *(in der Genetik)* DNA fenotipleme

DNA-Polymerase *f (in der Genetik)* DNA polimeraz

DNA-Reparatur *f (in der Genetik)* DNA onarımı; DNA tamiri

DNA-Replikation *f* DNA replikasyonu; DNA ikileşmesi

DNA-Schaden *m <Syn→* **DNA-Schädigung>** *(in der Genetik)* DNA hasarı

DNA-Schädigung *f <Syn→* **DNA-Schaden>** *(in der Genetik)* DNA hasarı

DNA-Sequenz *f (in der Bioinformatik)* DNA dizisi

DNA-Sequenzanalyse *f (in der Bioinformatik)* DNA dizi analizi

DNA-Sequenzierung *f (in der Genetik)* DNA dizilemesi

DNA-Synthese *f (in der Genetik)* DNA sentezi

DNS→ DNA

Dolor *m <Syn→* **Schmerz>** *(Lat: dolor)* ağrı

dominant *Adj <Ant→* **rezessiv>** *(Lat: dominus) (in der Genetik)* dominant; baskın; *~***e Allele** baskın aleller; *~***e negative Mutation** baskın negatif mutasyon

Donepezil *nt (Formel: $C_{24}H_{29}NO_3$)* donepezil; *~* **ist ein Arzneimittel zur Behandlung der Demenz vom Alzheimer-Typ** donepezil, Alzheimer tipi demansın tedavisi için kullanılan bir ilaçtır

Donor *m* donör

Doping *nt* doping

Doppeleinstromventrikel *m (in der Kardiologie)* çift girişli ventrikül

Doppelhelix *f <pl→* **Doppelhelices>**
(in der Molekularbiologie) çift
sarmal; ikili sarmal

Doppellipidschicht *f <Syn→*
Lipiddoppelschicht> *(in der
Zellbiologie)* çift katlı lipit katmanı

Doppelschicht *f (in der
Elektrochemie)* çift tabaka

Doppelsehen *nt (in der
Augenheilkunde)* çift görme; *<Syn→*
Diplopie> diplopi

Doppelstrang *m (in der Genetik und
der Molekularbiologie)* çift iplik

doppelsträngig *Adj (in der Genetik)*
çift iplikli; *~e* **DNA-Viren** *<Syn→*
dsDNA-Viren> çift iplikli DNA
virüsleri

Dornfortsatz *m (Lat: Processus
spinosus)* spinöz uzantı; spinal uzantı

dorsal *Adj (in der Anatomie:
rückenseits)* dorsal *(sırt tarafı)*; *~er*
Fersensporn üst topuk dikeni

Dorsalflexion *f* dorsifleksiyon

Dosierfenster *nt (auf dem Insulin-
Pen)* doz penceresi

Dosierung *f (in der Pharmazie)*
dozaj

Dosis *f (in der Pharmazie)* doz;
höchst zugelassene *~* izin verilen en
yüksek doz; **toxische** *~* toksik doz

Dosiserhöhung *f* dozu artırma

Dosis-Wirkungs-Kurve *f (Eng:
dose-response relationship) (in der
Pharmakologie)* doz yanıt ilişkisi;
doz etki ilişkisi

Dottersack *m (Lat: Saccus
vitellinus) (in der Embryologie)* yolk
kesesi

Down-Syndrom *nt (in der
Kinderheilkunde: genetische
Störung)* Down sendromu; *<Syn→*
Trisomie 21> trizomi 21

Drainage *f (in der Chirurgie)* drenaj;
~ **des Eiters** iltihabın drenajı;
perkutane *~ (in der Dermatologie)*
perküten drenaj

Drainageröhrchen *nt (in der
Chirurgie)* dren

Drehvakuumverdampfer *m* döner
vakum buharlaştırıcı

Dreiecktuch *nt (Eng: Esmarch
bandage) (in der ersten Hilfe)*
Esmark bandı

Dreieckstuch→ Dreiecktuch

Dreitagefieber *nt <Syn→* **sechste
Krankheit>** *(in der
Kinderheilkunde)* altıncı hastalık;
<Syn→ **Exanthema subitum>**
egzantema subitum; roseola infantum

Drift *f* sürüklenme; **genetische** *~*
<Syn→ **Gendrift>** *(in der
Populationsgenetik)* genetik
sürüklenme

Driftgeschwindigkeit *f (in der
Festkörperphysik)* sürüklenme hızı

Droge *f* drog; *<Syn→* **Rauschdroge
→ Rauschmittel → Rauschstoff>**
uyuşturucu; *<umg→* **Stoff>** madde

Droge-Extrakt-Verhältnis *nt (in der
Pharmazie)* drog ekstre oranı

Drogenabhängigkeit *f <Syn→* **Drogensucht>** *(in der Psychiatrie)* madde bağımlılığı

Drogenpsychose *f <Syn→* **drogeninduzierte Psychose** → **substanzinduzierte Psychose>** *(in der Psychiatrie)* maddeye bağlı psikoz

Drogensucht→ **Drogenabhängigkeit**

Drogerie *f* aktar

Drogist *m (erkek)* aktar

Drogistin *f (kadın)* aktar

Druck *m* basınç; **intrakranieller ~** *<Syn→* **Hirndruck>** *(Lat: Compressio cerebri; İng: inintracranial pressure) (in der Neurochirurgie)* kafa içi basıncı; intrakraniyal basınç

Druckänderung *f* basınç değişimi

Druckfallkrankheit→ **Dekompressionskrankheit**

Druckgeschwür *nt* basınç ülseri; *<Syn→* **Wundlegegeschwür>** yatak yarası; *<Syn→* **Dekubitus>** dekubitus; *<Syn→* **Delkubitalgeschwür>** dekubitus ülseri

Druckfallkrankheit *f <Syn→* **Dekompressionskrankheit>** vurgun; dekompresyon hastalığı

Druckgefühl *nt* basınç hissi

Druckluft *f* basınçlı hava

Druckluftkrankheit→ **Dekompressionskrankheit**

Druckschmerz *m <Ant→* **Loslassschmerz>** *(in der Chirurgie)* bastırınca ağrı

Drüse *f (Lat: Glandula)* bez; salgı bezi; **~n innerer Sekretion** *(in der Endokrinologie)* iç salgı bezleri; **muköse ~** *(Lat: Glandula mucosa)* muköz bez

Drüsenepithel *nt* bez epiteli

Drüsengewebe *nt* bez dokusu

Drüsensekret *m* bez salgısı

dsDNA→ doppelsträngige DNA

Ductus cochlearis *m (im Innenohr: Schneckengang)* koklea kanalı

Ductus thoracicus *m (im lymphatischen System)* toraksik kanal

Duftdrüse *f (Lat: Glandula odorifera)* koku bezi

Dunkelfeldmikroskopie *f* karanlık alan mikroskopi

Dünndarm *m (Lat: Intestinum tenue)* ince bağırsak

Dünndarmendoskopie *f* ince bağırsak endoskopisi; *<Syn→* **Enteroskopie>** enteroskopi

Dünndarmkapselendoskopie *f (in der Gastroenterologie)* ince bağırsak kapsül endoskopisi

Duodenalulkus *nt <Syn→* **Zwölffingerdarmgeschwür>** *(Lat: Ulcus duodeni) (in der Gastroenterologie)* on iki parmak bağırsağı ülseri; duodenum ülseri

Dura→ Dura mater

80

Dura mater *f <kurz→* **Dura>**
(Anatomie des Gehirns) dura mater;
sert zar

Durchblutung *f* kanlanma; *<Syn→*
Perfusion> perfüzyon

Durchblutungsstörung *f* perfüzyon
bozukluğu

Durchfall *m <Ant→* **Verstopfung>**
ishal; amel; *<Syn→* **Diarrhoe>**
diyare

Durchfallerkrankung *f* ishalli
hastalık

durchleuchten *vt* görselleştirmek;
görüntülemek

Durchleuchtung *f <Syn→*
Fluoroskopie> *(in der Radiologie)*
floroskopi

Durchtrennung *f (in der Chirurgie)*
kesi yapılma; ~ **einer Sehne** bir
kirişe kesi yapılması; bir tendonu
bölme

Durstkrankheit *f <Syn→*
Wasserharnruhr> şekersiz şeker
hastalığı; *<Syn→* **Diabetes**
insipidus> diabetes insipidus

Dusche¹ *f* duş

Dusche² *f <Syn→* **Spülung>**
irritasyon; lavaj

Duschgel *nt (Hygieneartikel)* duş jeli

dynamisch *Adj* dinamik; ~**e**
Mutation *(in der Genetik)* dinamik
mutasyon; ~**e Okklusion** *<Ant→*
statische Okklusion> *(in der*
Zahnmedizin) dinamik oklüzyon

Dysarthrie *f (in der Neurologie:*
motorische Sprechstörung) dizartri;
gemischte ~ karışık dizartri

dysarthrisch *Adj (in der Neurologie)*
dizartrik; ~**e Störung** dizartrik
bozukluk

Dysenterie *f <Syn→* **Ruhr>** *(in der*
Gastroenterologie) dizanteri

Dysfunktion *f <Syn→* **Fehlfunktion**
→ **Funktionsstörung>** *(Lat: Functio*
laesa) işlev bozukluğu; fonksiyon
bozukluğu; disfonksiyon; **erektile** ~
<Syn→ **Erektionsstörung>** *(Lat:*
Impotentia coeundi) ereksiyon
bozukluğu; sertleşme bozukluğu;
<umg→ **Impotenz>** iktidarsızlık;
kognitive ~ bilişsel işlev bozukluğu;
sexuelle ~ cinsel işlev bozukluğu

Dysgraphie *f (in der klinischen*
Linguistik) disgrafi; *<Syn→*
Schreibstörung> yazma bozukluğu

Dyskinesie *f (Bewegungs-störungen*
in der Neurologie) diskinezi; **tardive**
~ tardif diskinezi: *<Syn→*
Spätdyskinesie → **Dyskinesia**
tarda> geç diskinezi

Dyslexie *f* disleksi¹; *<Syn→*
Lesestörung> okuma bozukluğu

Dysmorphie *f* dismorfi

Dysmorphophobie *f <Syn→*
körperdysmorphe Störung> *(in der*
Psychiatrie) beden dismorfik
bozukluğu

Dyspepsie *f (in der*
Gastroenterologie) dispepsi;
funktionelle ~ fonksiyonel dispepsi

Dysphagie *f (Lat: dysphagia) (in der*
Gastroenterologie und der
Neurologie) disfaji; *<Syn→*
Schluckstörung> *f* yutkunma
güçlüğü; yutma bozukluğu;
sideropenische ~ sideropenik disfaji

Dysphonie *f (in der Hals-Nasen-Ohren-Heilkunde)* disfoni; <*Syn*→ **Stimmstörung**> ses bozukluğu

Dysphorie *f <Ant*→ **Euphorie**> *Psych* disfori

Dysplasie *f* displazi; **fibröse** ~ *(in der Orthopädie)* fibröz displazi; **kampomele** ~ *(in der Orthopädie und der Pädiatrie)* kampomelik displazi

Dyspnoe *f* dispne; <*Syn*→ **Atemnot**> nefes darlığı

dyssozial *Adj* <*Syn*→ **antisozial**> antisosyal; ~**e** **Persönlichkeitsstörung** <*Syn*→ **antisoziale Persönlichkeitsstörung**> *(in der Psychiatrie)* antisosyal kişilik bozukluğu

Dysthymie *f (in der Psychiatrie)* distimi; <*Syn*→ **persistierende depressive Störung**> ısrarcı depresif bozukluk

Dystonie *f (in der Neurologie)* distoni
Dystrophie *f (in der Pathologie)* distrofi

E

Ebolavirus *nt/m* ebola virüsü

Echinokokkose *f (in der Human- und Veterinärmedizin: eine Zoonose)* ekinokokkoz; **alveoläre** ~ alveolar ekinokokkoz; **zystische** ~ kistik ekinokokkoz

Echografie *f <Syn*→ **Sonographie**> sonografi; <*Syn*→ **Ultraschalluntersuchung**> ultrason

muayenesi; <*umg*→ **Ultraschall**> ultrason

Echokardiografie *f (in der Kardiologie)* ekokardiyografi

Echokardiographie→ **Echokardiografie**

Echokardiogramm *nt (in der Kardiologie)* ekokardiyogram

Echolalie *f (in der Neurologie und der Psychiatrie)* ekolali

Echtzeitbildgebung *f* gerçek zamanlı görüntüleme

Eckzahn *m* <*Syn*→ **Caninus**> *(Lat: Dens caninus)* köpek dişi

E. coli *f (in der Lebensmittel-mikrobiologie)* E. Coli; <*Syn*→ **Eschericia coli**> Eschericia coli; <*Syn*→ **Kolibakterium**> *(Lat: Bacterium coli)* coli bakterisi; koli bakterisi

Edelgas *nt chem* soy gaz; asal gaz

EEG¹ *f* <*Syn*→ **Elektroenzephalografie**> elektroensefalografi

EEG² *nt* <*Syn*→ **Elektroenzephalogramm**> elektroensefalogram

Effekt *m* <*Syn*→ **Wirkung**> etki; **therapeutischer** ~ terapötik etki

Effektor *m* efektör

Effemination *f (Lat: effeminatio)* efeminelik

efferent *Adj* <*Ant*→ **afferent**> efferent; götüren; götürücü; ~**e**

Arteriole efferent arteriyol; ~e
Nervenfasern <*Syn*→ **Efferenten**>
(in der Neurophysiologie) götüren
sinir lifleri

Efferenten *pl* <*Syn*→ **efferente
Nervenfasern**; *Ant*→ **Afferenten**>
(in der Neurophysiologie) götüren
sinir lifleri

Egestion *f (Lat: egestio) (in der
Verdauungsphysiologie)* egesyon

Egozentrismus *m (in der
Psychopathologie)* egosantrizm;
beniçincilik; benmerkezcilik

Eiallergie *f* yumurta alerjisi

Eibläschen→ **Eierstockfollikel**

Eichel *f (des Penis) (Lat: glans) anat*
penis başı; başçık; haşefe; <*Syn*→
Glans penis> glans penis

Eichelentzündung *f* <*Syn*→
Balanitis> *(in der Urologie)* balanit

Eicheltripper→ **Eichelentzündung**

Eid *m* yemin; ~ **des Hippokrates**
Hipokrat yemini; **Hippokratischer** ~
Hipokrat yemini

Eierstock *m* <*Syn*→ **Ovar**> *(Lat:
Ovarium) (in der Gynäkologie)*
yumurtalık

Eierstockentzündung *f (in der
Gynäkologie)* yumurtalık iltihabı;
<*Syn*→ **Oophoritis**> ooforit

Eierstockfollikel *m* <*Syn*→
Ovarialfollikel → **Eifollikel** →
Eibläschen> *(in der Gynäkologie)*
yumurtalık folikülü; <*kurz*→
Follikel> folikül

Eierstockkrebs *m* <*Syn*→
Ovarialkarzinom> yumurtalık
kanseri

Eierstockreserve *f* <*Syn*→ ovarielle
Reserve> *(in der Gynäkologie)*
yumurtalık rezervi

Eierstockzyste *f* <*Syn*→
Ovarialzyste> *(in der Gynäkologie)*
yumurtalık kisti

Eifollikel→ **Eierstockfollikel**

Eigelb *nt* yumurta sarısı

Eigenempfindung *f psych* özduyum;
<*Syn*→ **Propriozeption**>
propriyosepsiyon

Eigenschaft *f* <*Syn*→ **Merkmal**>
özellik

Eileiter *m (Lat: Tuba
uterina/fallopii) (in der Gynäkologie)*
yumurta kanalı; fallop tüpü

Einäscherung *f* <*Syn*→
Feuerbestattung → **Kremation**>
kremasyon

einatmen *vi* <*Ant*→ **ausatmen**>
soluk almak; nefes almak

Einatmung *f* <*Ant*→ **Ausatmung**>
soluk alma; nefes alma; teneffüs
etme; teneffüs edilme; <*Syn*→
Inhalation> inhalasyon

Einengung *f* daralma; <*Syn*→
Stenose> stenoz; **die** ~ **der Aorta**
aortun daralması; aortun stenozu

einfach *Adj* basit; ~**e Atrophie** *(in
der Pathologie)* basit atrofi; ~**e
Drüsen** *(in der Gastroenterologie)*
basit bezler

83

Einfachzucker *m (in der Biochemie)* basit şekerler; monozlar; *<Syn→* **Monosaccharide>** monosakkaritler

einführen *vt (Eng: to insert)* sokmak[1]; yerleştirmek; **einen Beatmungstubus** ~ solunum tüpü yerleştirmek; **einen Gegenstand in die Vagina** ~ vajinaya cisim sokmak; **Katheter** ~ kateter sokmak

Eingeweidearterie *f <Syn→* **Mesenterialarterie>** *(Lat: Arteria mesenterica)* mezenterik arter

Eingeweidenervensystem *nt <Syn→* **enterisches Nervensystem** → **Darmwandnervensystem** → **Darmnervensystem>** enterik sinir sistemi

Eingriff *m* müdahale; girişim; **chirurgischer** ~ *<Syn→* **operativer Eingriff>** cerrahi müdahale; cerrahi girişim; **operativer** ~ *<Syn→* **chirurgischer Eingriff>** cerrahi müdahale; cerrahi girişim

Einheit[1] *f* birim; **internationale** ~ *(Eng: international unit) (in der Phamakologie)* uluslararası birim; **motorische** ~ *(in der Neurophysiologie)* motor birim

Einheit[2] *f (Insulin~)* ünite; **300 ~en in einer Dosis** bir dozda 300 ünite

Einlage[1] *f <Syn→* **Slipeinlage>** ped

Einlage[2] *(in der Urologie und der Geriatrie: bei Inkontinenz)* alt bezi

Einlage[3] *(in der Orthopädie: Fuß~, Schuh~)* tabanlık

Einlagefüllung *f <Syn→* **Inlayfüllung>** *(in der Zahnmedizin)* inley dolgu

Einlegesohle *f* tabanlık; **orthopädische** ~ ortopedik tabanlık

Einlieferung ins Krankenhaus hastaneye kaldırılma

Einmalhandschuhe *f <Syn→* **Einweghandschuhe>** tek kullanımlık eldiven

Einnahme *f* kullanım; ~ **zusammen mit anderen Arzneimitteln** *(auf dem Beipackzettel)* diğer ilaçlarla birlikte kullanım

Einnistung *f (in der Gynäkologie)* yerleşme; ~ **der Eizelle** yumurta hücresinin yerleşmesi

Einnistungsblutung *f (in der Gynäkologie)* yerleşme kanaması

Einsatz *m* eylem; **ehrenamtlicher** ~ gönüllü eylemi

einschichtig *Adj* tek katlı; ~ **plattes Epithel** *(in der Histologie)* tek katlı yassı epitel

Einschnitt *m (Lat: incisio) (in der Chirurgie)* kesi; *<Syn→* **Inzision>** insizyon

Einsetzen *nt* takma; yerleştirme; ~ **einer Larynxmaske** *(im Atemwegsmanagement)* laringeal maske yerleştirme; ~ **eines neuen Stents** yeni stent takma

Einstellen *nt* ayarlama; ~ **der Dosis** dozu ayarlama

einstellen *vt* ayarlamak; **die Dosis** ~ dozu ayarlamak

Einstellung *f (Lat: praesentatio) (in der Gynäkologie)* prezentasyon; *(in der Beckenendlage)* angajman

Einstellungsanomalie *f (in der Gynäkologie)* prezentasyon anomalisi

Einverständniserklärung *f* muvafakatname

Einwegbinde *f* tek kullanımlık ped

Einweghandschuhe *pl* tek kullanımlık eldivenler

Einwegnadel *f* tek kullanımlık iğne

Einwegspritze *f* tek kullanımlık şırınga

Einweisung *f* sevk; yatırılma; ~ **in die Psychiatrie** akıl hastanesine yatırılma; ~ **ins Krankenhaus** hastaneye sevk; hastaneye yatırılma

Einzeldosis *f* tek doz; **maximale** ~ maksimum tek doz

einzellig *Adj <Ant→* **mehrzellig>** tek hücreli; ~**e Parasiten** tek hücreli parazitler

einzelsträngig *Adj (Eng: single stranded) (in der Genetik)* tek iplikli; tek sarmallı; ~**e RNA** tek sarmallı RNA

Eisbeutel *m* buzlu torba

Eisenbindungskapazität *f (in der Labormedizin)* demir bağlama kapasitesi

Eisenmangel *m (in der inneren Medizin)* demir eksikliği; *<Syn→* **Sideropenie>** sideropeni

Eisenmangelanämie *f (in der Hämatologie)* demir eksikliği anemisi

Eisenmetabolismus *m <Syn→* **Eisenstoffwechsel>** demir metabolizması

Eisenpräparat *nt* demir preparatı

Eisenstoffwechsel *m <Syn→* **Eisenmetabolismus>** demir metabolizması

Eisprung *f <Syn→* **Ovulation** → **Follikelsprung>** *(in der Gynäkologie)* ovülasyon

Eiter *f* irin; cerahat

Eiteransammlung *f* cerahat toplanması

Eiterbeule *f* irinli kabarcık; *<Syn→* **Karbunkel>** karbonkül[1]; karakabarcık; habis çıban

Eiterherd *m* irin topluluğu

eitrig *Adj* irinli; cerahatli; ~**e Entzündung** irinli yangı; ~**e Meningitis** *(Lat: Meningitis purulenta) (in der Neurologie)* irinli menenjit; ~**er Auswurf** irinli balgam

Eiweiß[1] *nt* yumurta akı; *<Syn→* **Albumen>** albumen

Eiweiß[2] *nt <Syn→* **Protein>** protein; **tierische** ~**e** hayvansal proteinler

eiweißarm *Adj <Syn→* **proteinarm**; *Ant→* **eiweißreich>** düşük proteinli; ~**e Diät** düşük proteinli diyet; ~**e Ernährung** düşük proteinli beslenme

Eiweißhülle *f* protein kılıfı

Eiweißmangel *m <Syn→* **Proteinmangel>** protein eksikliği

eiweißreich *Adj <Ant→* **eiweißarm>** yüksek proteinli; ~**e Diät** yüksek proteinli diyet; ~**e Ernährung** yüksek proteinli beslenme

Eizelle *f* yumurta hücresi; *<Syn→* **Ei>** yumurta; **befruchtete** ~ döllenmiş yumurta hücresi

Eizellspende *f* yumurta bağışı; yumurta donasyonu

Ejakulat *nt* atmık; meni; boşalma sıvısı

Ejakulatıon *f (Lat: eıaculatıo) (in der Urologie)* ejakülasyon; *<Syn→* **Samenerguss>** boşalma; **weibliche** ~ *(in der Gynäkologie)* kadınlarda boşalma

Ejakulatsanalyse *f (in der Urologie)* meni analızi

Ekchymose *f (in der Dermatologie: kleinflächige Blutung der Haut)* ekimoz

Ekel *m <Syn→* **Abscheu>** *psych* tiksinme; iğrenme

Ekelgefühl *nt* iğrenme duygusu

EKG *nt* EKG; *<Syn→* **Elektrokardiogramm>** elektrokardiyogram; kalp çizgesi

EKG-Gel *nt* EKG jeli

ekkrin *Adj* ekrin; ~**e Schweißdrüse** ekrin ter bezi; ~**e Sekretion** ekrin salgılama

Eklampsie *f (in der Notfallmedizin)* eklampsi

ektodermal *Adj* ektodermal; ~**e Dysplasie** ektodermale displazi

Ektomie *f (in der Chirurgie: Herrausschneiden/die vollständige Entfernung)* ektomi

ektop→ ektopisch

ektopisch *Adj <Syn→* **ektop>** ektopik; ~**e Schwangerschaft** ektopik gebelik

Ekzem *nt <Syn→* **Juckflechte>** egzama; **atopisches** ~ atopik egzama; **stressbedingtes** ~ strese bağlı egzama

Elastin *nt* elastin; ~ **ist ein Faserprotein** elastin, fibril proteindir

elastisch *Adj* elastik; ~**e Faser** elastik fibril; ~**er Knorpel** *(in der Histologie)* elastik kıkırdak

elastischer Knorpel *(in der Histologie)* elastik kıkırdak

Elefantenmann-Syndrom *nt* fil hastalığı; *<Syn→* **Elefantiasis** → **Elephantiasis>** elefantiyazis

Elefantiasis *f <Syn→* **Elephantiasis>** elefantiyazis; *<Syn→* **Elefantenmann-Syndrom>** fil hastalığı

elektiv *Adj <Syn→* **selektiv>** seçici; ~**er Mutismus** *<Syn→* **selektiver Mutismus>** *(in der Psychiatrie)* seçici mutizm

Elektrakomplex *m (in der analytischen Psychologie)* Elektra kompleksi

Elektrochemie *f* elektrokimya

Elektrode *f (in der Elektrochemie)* elektrot

Elektroenzephalografie *f <Abk→* **EEG[1]>** elektroensefalografi

Elektrokardiogramm *nt <kurz→* **EKG>** elektrokardiyogram; kalp çizgesi

Elektrokonvulsionstherapie *f <Syn→* **Elektrokrampftherapie>**

(in der Psychiatrie) elektrokonvülsif terapi; *f;* *<kurz→* **EKT>** EKT

Elektrokrampftherapie *f <Syn→* **Elektrokonvulsionstherapie>** *(in der Psychiatrie)* elektrokonvülsif terapi; *f;* *<kurz→* **EKT>** EKT

Elektrokoter *m (Instrument in der Chirurgie)* elektrokoter

Elektrolyse *f chem* elektroliz

Elektrolyt *m* elektrolit

Elektrolythaushalt *m* elektrolit dengesi; **wenn der ~ gestört ist** elektrolit dengesi bozulursa

Elektrolytlösung *f* elektrolit çözeltisi

Elektrolytmangel *m (Krankheitssymptom)* elektrolit eksikliği

Elektrolytstörung *f (Krankheitssymptom)* elektrolit bozukluğu

Elektronenmikroskop *nt (in der Pathologie)* elektron mikroskobu

Elektronenmikroskopie *f (in der Pathologie)* elektron mikroskopi

Elektronentransportkette *f (in der Zellatmung)* elektron taşıma zinciri; elektron taşıma sistemi

Elektromyografie *f <Syn→* **Elektromyographie>** *(in der Elektrophysiologie)* elektromiyografi; *<kurz→* **EMG>** EMG

Elektromyogramm *nt* elektromiyogram

Elektromyographie→ Elektromyografie

elektroosmotisch *Adj (in der Elektrochemie)* elektroosmotik; **~er Fluss** elektroosmotik akış

Elektrophorese *f* elektroforez

Elektrophysiologie *f* elektrofizyoloji; **experimentelle ~** deneysel elektrofizyoloji; **klinische ~** klinik elektrofizyoloji

Elektroporation *f (in der Molekularbiologie)* elektroporasyon; elektropermabilizasyon

Elektrorollstuhl *m* akülü tekerlekli sandalye

Elektroschocktherapie→ Elektrokonvulsionstherapie

Element[1] *nt (Lat: elementum) chem* element

Element[2] *nt* eleman; **mobiles genetisches ~** hareketli genetik eleman

Elephantiasis *f <Syn→* **Elefantiasis>** elefantiyazis; *<Syn→* **Elefantenmann-Syndrom>** fil hastalığı

Elevation *f <Ant→* **Depression**[2]**>** *(das Heben des Armes über die Horizontalebene) anat* elevasyon

Eliminierung *f <Syn→* **Eliminierungsreaktion>** *(in der organischen Chemie)* ayrılma reaksiyonu; ayrılma tepkimesi

Eliminierungsreaktion *f <kurz→* **Eliminierung>** *(in der organischen Chemie)* ayrılma reaksiyonu; ayrılma tepkimesi

Elixier *nt* eliksir

Elixir→ Elixier

Elle *f anat* dirsek kemiği; ~ **und Speiche** dirsek kemiği ve ön kol kemiği

Ellenbogenarthroskopie *f* dirsek artroskopisi

Ellbogengelenk *nt (Lat: Articulatio cubiti) anat* dirsek

Ellbogenschleimbeutel-entzündung *f (Lat: Bursitis olecrani) (in der Orthopädie)* dirsek bursiti

Ellenbogengelenk→ **Ellbogengelenk**

Elongation *f (in der Biochemie: zweite Phase der Transkription)* uzama

Eltern-Kind-Beziehung *f (in der Entwicklungspsychologie)* ebeveyn çocuk ilişkisi

Embolie *f* emboli

Embryo *f* embriyo; *<Syn→* **Fetus>** *(Lat: fetus)* fetus

Embryogenese *f* embriyogenez; *<Syn→* **Embryonal-entwicklung>** embriyonik gelişim

Embryoid bodies *pl (in der Entwicklungsbiologie)* embriyomsu cisimler

Embryologie *f* embriyoloji

embryonal *f* embriyonik; ~**e Stammzellen** embriyonik kök hücreler; ~**er Shunt** fetal şant

Embryonalentwicklung *f* embriyonik gelişim; *<Syn→* **Embryogenese>** embriyogenez

Emesis *f <Syn→* **Erbrechen**; → **Vomitus>** kusma

Emetikum *nt* emetik; *<Syn→* **Brechmittel** → **Vomitivum>** kusma ilacı; kusturucu

EMG→ **Elektromyografie**

Emotion *f* duygu; **Verarbeitung von** ~**en** *(im Telencephalon)* duygu işleme

emotional *Adj* duygusal; ~**e Intelligenz** *Psych* duygusal zekâ; ~**e Spannung** *Psych* duygusal gerilim; ~**er Reiz** *(in der Verhaltenspsychologie)* duygusal uyaran; ~**er Trigger** duygusal tetikleyici

Empfänger *m <Ant→* **Spender>** *(bei Transplantationen)* (erkek) organ alıcısı; (erkek) alıcı

Empfängerin *f <Ant→* **Spenderin>** *(bei Transplantationen)* (kadın) organ alıcısı; (kadın) alıcı

Empfängerzelle *f <Ant→* **Spenderzelle>** alıcı hücre

Empfängnis *f <Syn→* **Konzeption>** konsepsiyon

Empfängnisverhütung *f (Eng: birth controle)* doğum kontrolü; *<Syn→* **Kontrazeption** → **Antikonzeption>** kontrasepsiyon

Empfängnisverhütungsmittel[1] *nt (als Instrument)* doğum kontrol aracı; gebeliği önleme aracı; **das Kondom ist ein** ~ prezervatif, doğum kontrol aracıdır

Empfängnisverhütungsmittel[2] *nt (als Arzneimittel)* doğum kontrol ilacı

Empfehlung *f* tavsiye; ~ **des Arztes** hekimin tavsiyesi; *umg* doktorun tavsiyesi

empfinden *vt* hissetmek; duymak; **Wärme** ~ ısı hissetmek

empfindlich *Adj* duyarlı; hassas; ~**e Haut** *(in der Kosmetik)* hassas cilt; **übermäßig** ~ aşırı duyarlı

Empfindlichkeit *f* duyarlılık; duyarlık; **übermäßige** ~ aşırı duyarlılık; aşırı duyarlık

Empfindungslosigkeit *f* duyarsızlık

empfohlen *Adj* tavsiye edilen; **die** ~**e Dosis** *(in der Packungsbeilage)* tavsiye edilen doz

Emphysem *nt* <*Syn*→ **Lungenemphysem**; → **Lungenblähung**> *(in der Pneumologie)* amfizem

empirisch *Adj* ampirik; deneyci; ~**e Studien** ampirik araştırmalar; ~**er Ansatz** deneyci yaklaşım

Empyem *nt* *(in der Chirurgie: Ansammlung von Eiter in Körperhöhlen)* empiyem

Emulgator *m chem* emülgatör; emülsifikatör

Emulsion *f chem* emülsiyon; sıvı asıltı; **die** ~ **ist ein verteiltes Gemisch nicht mischbarer Flüssigkeiten** emülsiyon, birbiri içinde çözünmeyen iki sıvının dağılmış durumda karışımıdır

Emulsionspolymerisation *f chem* emülsiyon polimerizasyonu

Endemie *f* endemi

Endemiologie *f* endemiyoloji

endemisch *Adj* endemik; ~**er Kropf** *(in der Endokrinologie)* endemik guatr

Endhirn *nt* <*Syn*→ **Cerebrum**> *(Lat: cerebrum)* serebrum; <*Syn*→ **Telencephalon** → **Großhirn**> telensefalon

Endknöpchen *nt* <*Syn*→ **Axonterminale**> *(in der Neurophysiologie)* akson ucu

Endocard *nt* <*Syn*→ **Endocardium**> endokard; <*Syn*→ **Herzinnenhaut**> kalbin iç zarı

Endocarditis *f* <*Syn*→ **Herzinnenhautentzündung**> *(in der Kardiologie)* endokardit; **akute** ~ akut endokardit; **bakterielle** ~ bakteriyel endokardit

Endocardium→ **Endocard**

Endodontie *f* endodonti

endodontisch *Adj* endodontik; ~**e Behandlung** *(Eng: endodontic therapy)* endodontik tedavi; <*Syn*→ **Wurzelkanalbehandlung**> kök kanal tedavisi; kanal tedavisi

endoepithelial *Adj* <*Ant*→ **exoepithelial**> *(in der Histologie)* endoepiteliyal; ~**e Drüsen** endoepiteliyal bezler

endogen *Adj* <*Ant*→ **exogen**> *(im Körperinneren entstehend)* endojen; ~**e Depression** endojen depresyon; ~**es Insulin** endojen insülin

Endokarditis *f* <*Syn*→ **Herzinnenhautentzündung**> *(in der Kardiologie)* endokardit; **infektiöse** ~ infektif endokardit

endokrin *Adj* <*Syn*→ **inkretorisch** *Ant*→ **exokrin**> endokrin; ~e **Chirurgie** endokrin cerrahi; ~e **Drüsen** endokrin bezler; iç salgı bezleri; ~es **System** endokrin sistem

Endokrinologe *m* (erkek) endokrinolog

Endokrinologie *f* endokrinoloji; **gynäkologische** ~ jinekolojik endokrinoloji

Endokrinologin *f* (kadın) endokrinolog

endometrial *Adj* endometrial

Endometriose *f (in der Reproduktionsmedizin: gutartige Erkrankung außerhalb der Gebärmutterhöhle)* endometriozis

Endometrium *nt* endometriyum; <*Syn*→ **Gebärmutter-schleimhaut**> *(in der Histologie)* rahim mukozası

Endometriumablation *f (in der Chirurgie: Abtragung der Gebärmutterschleimhaut)* endometriyum ablasyonu

Endometriumkarzinom *nt* <*Syn*→ **Uteruskarzinom**→ **Korpuskarzinom**> *(Lat: Carcinoma corporis uteri)* endometriyum kanseri; endometriyal kanser; rahim kanseri

endoneural *Adj* endonöral; ~e **Flüssigkeit** *(im Nervengewebe)* endonöral sıvı

Endoneurium *nt* <*Syn*→ **Epilemma**> *(im Nervengewebe)* endonöryum; *(Eng: endoneurial tube)* endonöral tüp

Endoplasma *nt* endoplazma

endoplasmatisch *Adj (im Cytoplasma)* endoplazmik; plazma içi; ~es **Retikulum** endoplazmik retikulum

Endoprothese *f* endoprotez; <*Syn*→ **Gelenkersatz**> yapay eklem replasmanı

Endoskop *f* endoskop

Endoskopie *f* endoskopi; iç görüm

endoskopisch *Adj* endoskopik; ~e **Untersuchung** endoskopik inceleme

Endosperm *nt* endosperm; besidoku

Endosymbiontentheorie *f (in der Symbiose)* endosimbiyoz kuramı

Endothel *nt* <*Syn*→ **Gefäßendothel**> *(Lat: endothelium) (in der Angiologie)* endotel

Endothelzellen *pl* endotel hücreler

endotherm *Adj* <*Ant*→ **exotherm**> *(in der Thermodynamik)* endotermik; ısıalan; ~e **Reaktion** endotermik reaksiyon; ısıalan tepkime

Endotoxin *nt* <*Ant*→ **Exotoxin**> endotoksin

endotracheal *Adj (durch die Luftröhre nach innen)* endotrakeal; ~e **Intubation** endotrakeal entübasyon

Endotrachialtubus *m (bei der Intubation)* endotrakeal tüp

endovenös *Adj* endovenöz; ~e **Laserablation** *(in der Gefäßchirurgie: Methode zur Behandlung von Krampfadern)* endovenöz lazer ablasyon

Endwirt *m (in der Parasitologie)*
kesin konak

Energiegetränk *nt <Syn→* **Energy-
Drink>** enerji içeceği

Energiegewinnung *f (beim
Stoffwechsel)* enerji elde etme

Energiespeicherung enerji
depolama

Energy-Drink *nt <Syn→*
Energiegetränk> *(Eng: energy
drink)* enerji içeceği

entartet *Adj* dejenere; **~e Zellen**
dejenere hücreler

Entartung *f <Syn→* **Degeneration>**
dejenerasyon

Entbindung *f <Syn→* **Geburt>** *(Lat:
Partus) (in der Gynäkologie)* doğum

enterisch *Adj* enterik; **~es
Nervensystem** *<Syn→*
Darmnervensystem →
Darmwandnervensystem →
Eingeweidenervensystem> enterik
sinir sistemi

Enteritis *f* enterit; *<Syn→*
Darmentzündung> bağırsak iltihabı

Enterobakterien *pl* enterobakteriler

Enterobiasis *f* enterobiyasiz; *<Syn→*
Madenwurminfektion> kıl kurdu
enfeksiyonu

enterohepatisch *Adj* enterohepatik;
~er Kreislauf *<Syn→* **Darm-Leber-
Kreislauf>** enterohepatik
sirkülasyon; enterohepatik dolaşım

enterokutan *Adj (in der Chirurgie:
zwischen Darm und Haut befindlich)*
enterokutanöz; **~e Fistel**
enterokutanöz fistül

Enteroskopie *f (in der
Gastroenterologie)* enteroskopi;
<Syn→ **Dünndarmendoskopie>**
ince bağırsak endoskopisi

Entfernung[1] *f* çıkarılma; **~ des
Pulpagewebes** *(in der Zahnmedizin)*
pulpa dokusunun çıkarılması; **~ eines
Nierensteins** *(in der Urologie)*
böbrek taşının çıkarılması;
vollständige operative ~ *(in der
Chirurgie)* ameliyat ile tamamen
çıkarılma

Entfernung[2] *f* mesafe; uzaklık

entflammbar *Adj* parlayıcı; **~e
Stoffe** parlayıcı maddeler

Entgiftung *f <Syn→*
Detoxifikation> detoksifikasyon

Enthaarungscreme *f* tüy dökücü
krem

Enthaltsamkeit *f <Syn→*
Abstinenz> *(in der
Allgemeinmedizin)* riyazet

entkeimen *vt* mikroptan arındırmak;
<Syn→ **sterilisieren>** sterilize etmek

entkeimt *Adj <Syn→* **keimfrei>**
mikroptan arındırılmış; *<Syn→*
steril> steril

Entkeimung *f* mikroptan arındırılma;
<Syn→ **Sterilisierung** →
Sterilisation> sterilizasyon

Entlassung *f* taburcu edilme; taburcu
olma; **~ aus dem Krankenhaus**
hastaneden taburcu edilme;
hastaneden taburcu olma

Entoplasma→ **Endoplasma**

Entosark→ **Endoplasma**

91

Entspannung f gevşeme; <Syn→ **Relaxation**> relaksasyon

Entspannungsphase f <Ant→ **Anspannungsphase**> gevşeme evresi; ~ **des Herzens** kalbin gevşeme evresi

Entspannungstechniken pl (in der Psychiatrie: bei Panikattacken) relaksasyon teknikleri

Entspannungsübung f gevşeme egzersizi; relaksasyon egzersizi

Entstehung f oluşma; oluşum; ~ **des Neuralrohrs** nöral tüp oluşumu; ~ **von Tumoren durch epigenetische Veränderungen in Zellen** (in der Onkologie) hücrelerde epigenetik değişiklikler yoluyla tümörlerin oluşması

Enttäuschung f hayal kırıklığı

Entwicklung f gelişim; gelişme; **pränatale** ~ doğum öncesi gelişim; prenatal gelişim; **psychomotorische** ~ psikomotor gelişme

Entwicklungsbiologie f gelişim biyolojisi

Entwicklungspsychologie f gelişim psikolojisi

Entwicklungsstörung f gelişim bozukluğu

Entzug m (Eng: withdrawal) yoksunluk; (Schlaf~) eksiklik

Entzugssyndrom nt (Eng: drug withdrawal syndrome) yoksunluk sendromu

entzündet Adj iltihaplı; yangılı; ~**e Wunde** iltihaplı yara

entzündlich Adj iltihabi; yangısal; <Syn→ **inflammatorisch**> inflamatuar; enflamatuvar

entzündlich-rheumatisch Adj inflamatuar romatizmal; ~**e Erkrankung** inflamatuar romatizmal hastalık

Entzündung f iltihaplanma; yangı; <Syn→ **Inflammation**> inflamasyon; enflamasyon; ~ **der Magenschleimhaut** (in der Gastroenterologie) mide zarının iltihaplanması; **eitrige** ~ irinli yangı; **seröse** ~ seröz yangı

entzündungshemmend Adj <Syn→ **antiinflamatorisch**> antiinflamatuar

Entzündungsprozess m iltihaplanma süreci; enflamasyon süreci

Entzündungsreaktion f enflamasyon tepkisi

Enurese→ **Enuresis**

Enuresis f <Syn→ **Enurese**> enürezis; <Syn→ **Bettnässen**> uykuda işeme

Enzephalitis f ensefalit; <Syn→ **Gehirnentzündung**> beyin iltihabı

Enzephalomyelitis f (in der Neurologie) ensefalomiyelit; **myalgische** ~ miyaljik ensefalomiyelit; <Syn→ **chronisches Erschöpfungssyndrom**> kronik yorgunluk sendromu

Enzephalopathie f (in der Neurologie: Hirnleiden) ensefalopati; **hepatische** ~ hepatik ensefalopati; **spongiforme** ~ <Syn→ **schwammartiges Hirnleiden**> süngerimsi ensefalopati

Enzephalozele *f* <*Syn*→
Hirnbruch> *(Lat: Hernia cerebri)*
ensefalosel

Enzym *nt* enzim; **das ~ katalysiert
eine Reaktion** enzim bir tepkimeyi
katalize eder; **~e beschleunigen
chemische Reaktionen** enzimler bir
kimyasal tepkimenin hızını artırırlar

Enzymaktivator *f* <*Ant*→
Enzyminhibitor> *(in der Biochemie)*
enzim aktivatörü

Enzymaktivität *f* enzim aktivitesi

Enzym-Ersatztherapie *f* enzim
replasman tedavisi

Enzymhemmung *f* <*Syn*→
Enzyminhibition> enzim
inhibisyonu; **reversible ~** *(in der
pharmazeutischen Chemie)* tersinir
enzim inhibisyonu

Enzyminhibition→
Enzymhemmung

Enzyminhibitor *f* <*Ant*→
Enzymaktivator> *(in der
Biochemie)* enzim inhibitörü

Enzymkatalyse *f* enzim katalizi

Enzymkinetik *f* *(in der
biophysikalischen Chemie)* enzim
kinetiği

Enzymtherapie *f* enzim terapisi

eosinophil *Adj* *(in der Immunologie)*
eozinofil; **~e Gastroenteritis**
eozinofil gastroenterit; **~e
Granulozyten** <*kurz*→ **Eozynophile**
→ **Eos**> eozinofiller

Epheliden *pl* <*Syn*→
Sommersprossen> *(in der
Dermatologie)* çiller

Epidemica *f* <*Syn*→
Keratoconjunctivitis epidemica
umg→ **Augengrippe**> *(in der
Augenheilkunde)* epidemik
keratokonjonktivit; adenoviral
keratokonjonktivit

Epidemie *f* epidemi

Epidemiologe *m* (erkek)
epidemiolog

Epidemiologie *f* epidemiyoloji

Epidemiologin *f* (kadın) epidemiolog

epidemiologisch *Adj* epidemiyolojik

epidemisch *Adj* epidemik

epidermal *Adj* epidermal

Epidermis *f* <*Syn*→ **Oberhaut**> *(in
der Dermatologie)* epidermis; üst
deri

Epiduralabszess *m* epidural apse; **~
an der Wirbelsäule** omurgada
epidural apse; **spinaler ~** spinal
epidural apse

Epiduralanästhesie *f* <*Syn*→
Periduralanästhesie> epidural
anestezi

Epigenetik *f* epigenetik; **die ~ ist das
Fachgebiet der Biologie, das die
Änderungen der Genfunktion
untersucht, die nicht auf die
Veränderungen der Sequenz der
DNA beruhen** epigenetik,
biyolojide, DNA dizisindeki
değişikliklerden kaynaklanmayan
ama aynı zamanda ırsı olan gen
ifadesi değişikliklerini inceleyen bir
bilim dalıdır

epigenetisch *Adj* epigenetik; **~e
Veränderungen** *(in der Onkologie)*
epigenetik değişiklikler

Epiglottis *f* <*Syn*→ **Kehldeckel**>
epiglottis

Epikard *nt (Lat: epicardium) (in der Histologie der Kreislauforgane)* epikard

Epikrise *f* epikriz

Epilation *f* epilasyon; <*Syn*→ **Haarentfernung**> saç çıkarma

Epilemma→ **Endoneurium**

Epilepsie *m (Lat: epilepsia)* epilepsi; sara

epileptisch *Adj* epileptik; ~**er Anfall** epileptik nöbet

Epiphyse *f* <*Syn*→ **Epiphysis cerebri**> *(Lat: Glandula pinealis)* epifiz; <*Syn*→ **Zirbeldrüse** → **Pinealis**> pineal bez

Epiphysis cerebri→ **Epiphyse**

Episiotomie *f* <*Syn*→ **Dammschnitt**> *(in der Gynäkologie und der Geburtshilfe)* epizyotomi; <*Syn*→ **Perineotomie**> perineotomi

episoidisch *Adj* epizodik; ~**es Gedächtnis** *psych* epizodik bellek; **das ~e Gedächtnis beinhaltet persönliche Erlebnisse** epizodik bellek, kişisel deneyimleri içerir

Epistaxis *f* epistaksis; <*Syn*→ **Nasenbluten**> burun kanaması

Epithel *nt (in der Histologie)* epitel; epitelyum; epitel doku; **einschichtig plattes** ~ tek katlı yassı epitel; **mehrschichtige ~ien** çok katlı epiteller

Epitheliasierung→ **Epithelisierung**

Epithelisation→ **Epithelisierung**

Epithelisierung *f* <*Syn*→ **Epitheliasierung**; → **Epithelisation**> *(in der Histologie)* epitelizasyon

Epithelveränderung *f (in der Histologie)* epitel değişmesi

Epithese *f (in der plastischen Chirurgie)* epitez

Epoxidharz *nt* epoksi reçine

ER→ **endoplasmatisches Retikulum**

Eradikation *f* <*Syn*→ **Keimeliminierung**> *(in der Mikrobiologie: vollständige Vertilgung des Krankheitserregers)* eradikasyon

Erbanlage *f* kalıtyapı

Erbgut *nt* genetik malzeme; <*Syn*→ **Genom**> *(in der Genetik)* genom

Erbgutanalyse *f* <*Syn*→ **Genomanalyse**> *(in der Genetik)* genom analizi; ~ **des Tumors** tümörün genom analizi

Erbkrankheit *f* <*Syn*→ **genetisch bedingte Krankheit**> genetik hastalık

Erblindung *f* körlük; **vorübergehende** ~ geçici körlük

Erbmaterial *nt* <*Syn*→ **Erbgut**> genetik malzeme; <*Syn*→ **Genom**> *(in der Genetik)* genom

Erbrechen *nt* <*Syn*→ **Emesis**; → **Vomitus**> kusma; **ständiges** ~ sürekli kusma

erbrechen *vt* kusmak; **Blut** ~ kann kusmak

Erbrochenes *nt* kusmuk; **am eigenen Erbrochenen ersticken** (kendi) kusmuğunda boğulmak

Erbsenbein *nt (Lat: Os pisiforme) anat* Os pisiforme; **das** ~ **ist der kleinste der acht Handwurzelknochen** Os pisiforme, karpal kemiklerin en küçüğüdür

Erdbebenprognose→ **Erdbebenvorhersage**

Erdbebenvorhersage *f* <*Syn*→ **Erdbebenprognose**> deprem tahmini

Erdbeerfleck *m* <*Syn*→ **Hämangiom** → **Blutschwämmchen**> *(in der Dermatologie)* hemangioma; angioma; hemanjiyom

Ereignis *nt* olay; **mortalitätsdeterminierende** ~**se** mortalite düzeyini belirleyen olaylar

erektile Dysfunktion→ **Erektionsstörung**

Erektionsstörung *f* <*Syn*→ **erektile Dysfunktion**> *(Lat: Impotentia coeundi)* ereksiyon bozukluğu; sertleşme bozukluğu; <*umg*→ **Impotenz**> iktidarsızlık

Erfahrung *f* deneyim; **außerkörperliche** ~ *(in der Neuropsychologie)* beden dışı deneyim

Erfolgsquote *f* başarı oranı

Erfrierung *f (Lat: Congelatio) (in der Notfallmedizin)* soğuk ısırması; soğuk yanığı

Ergometrie *f (Frz: test d'effort) (in der Kardiologie)* efor testi

Ergotherapeut *m* (erkek) ergoterapist

Ergotherapeutin *f* (kadın) ergoterapist

Ergotherapie *f* ergoterapi

Erguss *m (Eng: effusion)* effüzyon; *(Fr: épanchement)* epanşman

erhöhen *vt* <*Ant*→ **reduzieren** → **senken**> artırmak; **die Dosis** ~ *(in der Pharmazie)* dozu artırmak

erhöht *Adj* artmış; ~**er Blutzuckerspiegel** artmış kan şekeri seviyesi

Erkältung *f* soğuk algınlığı

Erkennung *f* tanıma; <*Syn*→ **Diagnose**> tanı

Erkennungssequenz *f (in der Molekularbiologie)* tanıma dizisi

erkranken *vi* hastalanmak

Erkrankung[1] *f* hastalanma; ~ **der Gene** genlerin hastalanması

Erkrankung[2] *f* hastalık; **sexuell übertragbare** ~ cinsel yolla bulaşan hastalık

Erkrankungsstadium *nt* hastalık evresi

erlaubte Tagesdosis *f* <*kurz*→ **ETD**> *(Eng; acceptable daily intake; ADI)* günlük kabul edilebilir alım miktarı; GKEAM

erleiden *vt* geçirmek[2]; **einen Herzinfarkt** ~ kalp krizi geçirmek; **einen Schock** ~ şok geçirmek

Erlenmeyerkolben *m* <*Syn*→
Schüttelkolben> *(im Labor)* erlen;
(Eng: Erlenmeyer flask) Erlenmeyer
flask; Erlenmeyer şisesi; titreşim
şisesi

ernähren *vrefl* beslenmek

Ernährung *f* beslenme; <*Syn*→
Nutrition> *(Lat: nutritio)* nütrisyon;
~ **mit viel Gemüse und Obst** çok
meyve ve sebzeli beslenme;
ausgewogene ~ dengeli beslenme;
basische ~ bazik beslenme; **falsche** ~
yanlış beslenme; **gesunde** ~ sağlıklı
beslenme; **intuitive** ~ sezgisel
beslenme; **klinische** ~ klinik
beslenme; **künstliche** ~ yapay
beslenme; **parenterale** ~ *(in der
Intensivmedizin)* parenteral
beslenme; **richtige** ~ doğru
beslenme; **ungesunde** ~ sağlıksız
beslenme

Ernährungsgewohnheiten *f/pl*
beslenme alışkanlıkları

Ernährungskunde *f* <*Syn*→
Ökotrophologie> ekotrofoloji

Ernährungsmangel *m* beslenme
yetersizliği

Ernährungsphysiologie *f* beslenme
fizyolojisi

Ernährungsprogramm *nt* beslenme
programı

Ernährungswissenschaft *f* beslenme
bilimi

erogen *Adj* erojen; ~**e Zone** erojen
bölge

Erosion *f (in der Zahnheilkunde)* asit
erozyonu

erotisch *Adj* erotik; ~**e Laktation**
erotik emme

Erreger *m* etken[2]

Erregerreservoir *m (in der
Epidemiologie)* doğal konak; nidus

Erregung *f* uyarılma; heyecan;
sexuelle ~ cinsel uyarılma

Ersatz[1] *m* replasman; yerine koyma;
ikame

Ersatz[2] *m* <*Syn*→ **Prothese**> protez

Ersatztherapie *f* <*Syn*→
Substitutionstherapie> replasman
tedavisi; replasman terapisi; ikame
tedavisi

Erscheinung *f* olgu; **klinische** ~**en**
klinik olgular; **pathologische** ~
patolojik olgu

Erscheinungsbild *nt* tablo; olgu;
<*Syn*→ **Phänotyp**> *(in der Genetik)*
fenotip; dışyapı

Erschlaffung *f* <*Syn*→ **Relaxation**>
gevşeme

Erschöpfung *f* halsizlik

Erstarren *nt psych* donakalma

Erste Hilfe *f* ilk yardım

Erste-Hilfe-Station→
Notaufnahme

Ersthelfer *m (in der Notfallmedizin
und der ersten Hilfe)* (erkek)
ilkyardımcı

Ersthelferin *f (in der Notfallmedizin
und der ersten Hilfe)* (kadın)
ilkyardımcı

Ersticken *nt* boğulma; ~ **am eigenen Erbrochenen** (kendi) kusmuğunda

ersticken *vi* boğulmak; **am eigenen Erbrochenen** ~ (kendi) kusmuğunda boğulmak

Erstlinientherapie *f* <*Syn*→ **First-Line-Therapie** → **Mittel der ersten Wahl**> *(Eng: first-line treatment) (in der Pharmakologie)* birinci basamak tedavi

Ertrinken *nt* suda boğulma

Eruption *f* erüpsiyon; <*Syn*→ **Ausschlag**> döküntü

Erwachsenengebiss *nt* <*Syn*→ **bleibendes** Gebiss; *Ant*→ **Milchgebiss**> kalıcı dişler

erworben *Adj* <*Ant*→ **angeboren**> *(Eng: acquired)* edinilmiş; edinsel; kazanılmış; akkiz; **~e Eigenschaften** *(in der Genetik)* edinilmiş özellikler; **~e Immunantwort** edinilmiş bağışıklık yanıtı; **~e Immunität** edinilmiş bağışıklık; akkiz immunite; **~e PRCA** *(in der Hämatologie und der Onkologie)* kazanılmış saf kırmızı hücre aplazisi

Erysibel *nt (in der Dermatologie)* erizibel; <*Syn*→ **Wundrose** → **Rotlauf** → **Rose**> yılancık

Erythem *nt (in der Dermatologie: Hautrötung)* eritem

Erythem-Ausschlag *m (in der Dermatologie)* eritemli döküntü
erythrodermatisch *Adj (in der Dermatologie)* eritrodermik; **~e Psoriasis** eritrodermik psöriazis

Erythrocyt→ **Erythrozyt**

Erythrozyt *m* <*Syn*→ **Erythrocyt**; *Ant*→ **Leukozyt**> eritrosit; <*Syn*→

rotes Blutkörperchen> alyuvar; <*Syn*→ **rote Blutzelle**> kırmızı kan hücresi

Erythrozyten-sedimentationsrate *f* <*Syn*→ **Blutsenkungsreaktion** → **Blutkörperchensenkungs-geschwindigkeit**> *(in der inneren Medizin)* eritrosit sedimentasyon hızı

Erythrozytenzerfall *m* eritrosit yıkımı; <*Syn*→ **Hämolyse**> hemoliz

Erwachen *nt* uyanma; ~ **aus dem Koma** *(in der Intensivmedizin)* komadan uyanma

Erwachsenenalter *nt* yetişkin yaş

Erwachsenenbildung *f* yetişkin eğitimi

Erwachsenendosis *f* yetişkin dozu

Erweiterung *f* <*Ant*→ **Verengung**> *(Lat: dilatatio)* genişleme; ~ **der Blutgefäße** kan damarlarının genişlemesi; <*Syn*→ **Vasodilatation**> vazodilatasyon; **irreversible** ~ geri dönüşsüz genişleme; **pathologische** ~ patolojik genişleme

Erwürgen *nt (in der Rechtsmedizin)* boğma

Erziehungspsychologie *f* <*Syn*→ **pädagogische Psychologie**> eğitim psikolojisi

Es *nt (in der Psychoanalyse)* id

Eschericia coli *f (in der Lebensmittel-mikrobiologie)* Eschericia coli; <*kurz*→ **E. coli**> E. coli; <*Syn*→ **Kolibakterium**> *(Lat: Bacterium coli)* coli bakterisi; koli bakterisi

Essanfall *m* <*Syn*→ **Essattacke** *umg*→ **Fresssattacke**> yeme atağı

Essattacke→ **Essanfall**

Ess-Brechsucht *f* <*Syn*→ **Bulimie** → **Bulimarexie**> bulimiya; <*Syn*→ **Bulimia nervosa**> Bulimia nervoza

Essen *nt* yeme; **intuitives** ~ sezgisel yeme

essentiell *Adj* esansiyel; ~**e Fettsäuren** esansiyel yağ asitleri; ~**e Thrombozythose** esansiyel trombositoz; ~**er Tremor** *(in der Neurologie)* esansiyel tremor

Essigsäure *f* *(Lat: acidum aceticum)* *(Formel: $C_2H_4O_2$) chem* asetik asit; <*Syn*→ **Ethansäure**> etanoik asit

Essstörung *f* yeme bozukluğu

Esssucht *f* yeme bağımlılığı

Essverlangen *nt* yeme isteği

Ethik *f* etik; **medizinische** ~ tıbbi etik

Ethikkommission *f* etik kurul

Ethikrat *m* etik kurul

Euphorie *f* <*Ant*→ **Dysphorie**> *Psych* öfori

Eustachiröhre *f* <*Syn*→ **Ohrtrompete**> *(Lat: Tuba auditiva Eustachii) anat* östaki borusu

Euthanasie *f* ötanazi

Exkretion *f* <*Syn*→ **Ausscheidung**> dışkılama

Evakuation→ **Evakuierung**

Evakuierung *f* *(Lat: evacuare; Eng: evacuation)* (acil) tahliye; **medizinische** ~ tıbbi tahliye

Evakuierungsplan *m* tahliye planı

Evidenz *f* kanıt; **empirische** ~ ampirik kanıt

evidenzbasiert *Adj* kanıta dayalı; ~**e Medizin** kanıta dayalı tıp

Evolution *f* evrim; **biologische** ~ biyolojik evrim

evolutionär *Adj* evrimsel; ~**e Medizin** <*Syn*→ **Evolutionsmedizin**> evrimsel tıp; ~**e Psychologie** <*Syn*→ **Evolutionspsychologie**> evrimsel psikoloji

Evolutionsbiologie *f* evrimsel biyoloji

Evolutionsmedizin *f* evrimsel tıp

Evolutionsökologie *f* evrimsel ekoloji

Evolutionspsychologie *f* evrimsel psikoloji

evolutiv *Adj* evrimsel; ~**e Veränderungen** evrimsel değişimler

Exanthem *nt* *(in der Dermatologie)* ekzantem; **Vitamin-B_2-Mangel kann zu einem** ~ **führen** B_2 vitamini eksikliği, ekzanteme yol açabilir

Exhalation *f* <*Syn*→ **Expiration**; *Ant*→ **Inhalation**> *(Lat: exhalare)* ekshalasyon; <*Syn*→ **Ausatmen**> soluk verme

Exitus *m* <*Syn*→ **Tod** > *(Lat: Exitus letalis)* ölüm

Exkrement *nt* <*Syn*→
Ausscheidung²> *(Lat: excrementum;
Eng: excrements)* dışkı; metabolik
atık

Exkretion *f* <*Syn*→ **Ausscheidung¹**>
(Lat: excernere; Eng: excretion)
boşaltım; atılım

exoepithelial *Adj* <*Ant*→
endoepithelial> *(in der Histologie)*
eksoepiteliyal; ~**e Drüsen**
eksoepiteliyal bezler

exogen *Adj* <*Ant*→ **endogen**>
eksojen; ~**es Insulin** eksojen insülin

exokrin *Adj* <*Syn*→ **exkretorisch**
Ant→ **endokrin**> ekzokrin; ~**e**
Drüsen ekzokrin bezler; dış salgı
bezleri; ~**e Pankreasinsuffizienz**
ekzokrin pankreas yetmezliği

Exonuklease *f (in der
Molekularbiologie)* eksonükleaz

Exophthalmus *m* <*Syn*→ **Protrusio
bulbi** → **Opththalmopathie**> *(in der
Augenheilkunde: hervorstehende
Augen)* ekzoftalmi; <*umg*→
Glotzauge → **Glubschauge**> patlak
göz; pörtlek göz

Exostose *f (in der Orthopädie)*
ekzostoz

exotherm *Adj* <*Ant*→ **endotherm**>
(in der Thermodynamik) ekzotermik;
ısıveren; ~**e Reaktion** ekzotermik
reaksiyon; ısıveren tepkime

Exotoxin *nt* <*Ant*→ **Endotoxin**>
ekzotoksin; dış ağı

Exozytose *f (in der Zellbiologie)*
ekzozitoz

Expectorans→ **Expektorans**

Expektorans *m* <*Syn*→
Expectorans → **Hustenlöser**>
ekspektoran

Expektorantien *pl* ekspektoranlar;
balgam çözücüler

Expektorat *nt* <*Syn*→ **Sputum** →
Auswurf> balgam

Experiment *nt* deney

experimentell *Adj* deneysel; ~**e**
Chirurgie deneysel cerrahi; ~**e**
Elektrophysiologie deneysel
elektrofizyoloji

Expertenmeinung *f* uzman görüşü

Expiration *f* <*Syn*→ **Exhalation**;
Ant→ **Inspiration**> *(Lat: exspiratio)*
ekspirasyon; <*Syn*→ **Ausatmen**>
soluk verme

Explantat *nt* eksplant

Exposition¹ *f (in der Epidemiologie)*
maruziyet; *(Ausgesetztsein)* maruz
kalma

Exposition² *f (in der
Nukllearmedizin)* teşhir

Expositionsdosis *f (in der
Nukllearmedizin)* teşhir dozu

Expression *f* <*Syn*→
Genexpression> *(in der Genetik)*
gen ifadesi; gen ekspresyonu

Expressionsanalyse *f (in der
Genetik)* gen ifadesi analizi

Exprimierung→ **Expression**

Exsiccator→ **Exsikkator**

Exsikkator *m* <*Syn*→ **Exsiccator** →
Desiccator> *(Frz: dessicateur) (im
Labor)* desikatör

Exspiration *f <Ant→* **Inspiration>** *(Lat: exspirare) (in der Pneumologie)* ekspiryum; *<Syn→* **Ausatmen → Ausatmung>** soluk verme

Exstirpationsnadel *f (in der Zahnmedizin: Werkzeug zur Entfernung der Pulpa)* tirnerf

Exsudat *nt (in der Pathophysiologie)* eksüda; ~ **entsteht durch Entzündung** eksüda, iltihaplanma yoluyla oluşur; **geronnenes ~** pıhtılaşmış eksüda

Exsudation *f (in der Pathophysiologie)* eksüdasyon; **fibrinöse ~** fibrinöz eksüdasyon; **seröse ~** seröz eksüdasyon

exsudativ *Adj* eksüdatif; ~**e Gastroenteropathie** *(in der Gastroenterologie)* eksüdatif gastroenteropati

Extension *f <Syn→* **Streckung** *Ant→* **Flexion>** *(Lat: extensio)* anat ekstansiyon; **die ~ ist die Streckung eines Gelenkes** ekstansiyon, bir eklemin uzatılmasıdır

externe Ventrikeldrainage *f (in der Neurochirurgie)* eksternal ventriküler drenaj; ventrikülostomi

Extirpation *f <Syn→* **Entfernung>** çıkarılma

extrachieren *vt chem* ekstrakte etmek; **Gas aus einem Gasgemisch ~** gaz karışımından gaz ekstrakte etmek

extradural *Adj* dura dışı; ~**e Blutung** *(in der Neurochirurgie)* dura dışı kanama

extraepithelial *Adj <Ant→* **intraepithelial>** *(in der Histologie)* ekstraepiteliyal; ~**e Drüsen** ekstraepiteliyal bezler

extrahepatisch *Adj <Ant→* **intrahepatisch>** *(in der Gastroenterologie: außerhalb der Leber gelegen)* ekstrahepatik; ~**e Cholestase** ekstrahepatik kolestaz; ~**er Gallengang** ekstrahepatik safra yolu

Extrakt *nt* ekstrakt; ekstre; özüt

Extraktion *f chem* ekstraksiyon

Extraktionsverfahren *nt chem* ekstraksiyon yöntemi

extrauterine Schwangerschaft→ Extrauteringravidität

Extrauteringravidität *f <Syn→* **extrauterine Schwangerschaft>** *(in der Pränatalmedizin)* dış gebelik; *<Syn→* **ektopische Schwangerschaft → ektope Schwangerschaft>** ektopik gebelik

Extraversion *f* ; *<Syn→* **Extravertiertheit>** *(Eng: extraversion) (in der Persönlichkeitspsychologie: im Fünf-Faktoren-Modell)* dışadönüklük

Extravertiertheit→ Extraversion

extrazellulär *Adj <Ant→* **intrazellulär>** *(in der Histologie)* ekstrasellüler; hücre dışı; ~**e Matrix** *<Syn→* **Extrazellularmatrix>** *(Eng: extracellular matrix)* ekstrasellüler matriks; hücre dışı matriks

Extrazellularmatrix *f (Eng: extracellular matrix) (in der Histologie)* ekstrasellüler matriks; hücre dışı matriks; *<Syn→*

Interzellularsubstanz> hücrelerarası madde

Extrazellularraum *m (in der Histologie und der Zellbiologie)* hücre dışı boşluk

Extremität *f <Syn→* Gliedmaße> *anat* ekstremite; obere ~ üst ekstremite; untere ~ *(Lat: Membrum inferius)* alt ekstremite

extrinsisch *Adj <Ant→* intrinsisch> ekstrinsik; ~er Faktor *(in der Hämatologie)* ekstrinsik faktör; ~er Weg ekstrinsik yol

ex vivo ex vivo; Latince' de ~, canlının dışında demektir lateinisch heißt ex vivo außerhalb des Lebendigen

exzisidieren *vt (in der Chirurgie)* eksize etmek; kesip çıkarmak

Exzision *f (in der Chirurgie)* eksizyon; kesip çıkarma

Exzisionsbiopsie *f (in der Chirurgie)* ekzisyonel biyopsi

F

Facharzt *m* (erkek) uzman hekim; ~ für innere Medizin (erkek) iç hastalıkları uzmanı; ~ für Neurologie (erkek) sinir hastalıkları uzmanı

Facharztausbildung *f* tıpta uzmanlık eğitimi

Fachärztin *f* (kadın) uzman hekim; ~ für innere Medizin (kadın) iç hastalıkları uzmanı; ~ für Neurologie (kadın) sinir hastalıkları uzmanı

Fachausbildung *f* uzmanlık eğitimi

Fachbereich→ Fachgebiet

Fachgebiet *nt* uzmanlık alanı; uzmanlık dalı

Fadendrainage *f (in der Proktologie)* seton drenajı; *<Syn→* Seton-Einlage> seton yerleştirilmesi

fadenförmig *Adj* ipliksi; ~e Struktur ipliksi yapı

Fadenwürmer *pl (Lat: Nematoda) (in der Parasitologie)* yuvarlak solucanlar; *<Syn→* Nematoden> nematodlar

Fahrlässigkeit *f (in der Rechtsmedizin)* taksir

fäkales okkultes Blut *(Eng: faecal occult blood) (in der Gastroenterelogie)* dışkıda gizli kan

Fäkalie *f* dışkı

Faktor *m* faktör; etken[1]; intrinsischer ~ *(in der Hämatologie)* intrinsik faktör *a. <eş→* faktör> Faktor *m*

fakultativ *Adj* fakültatif; seçmeli; ~ anaerob fakültatif anaerobik; seçmeli anaerob; Streptokken sind ~ anaerob streptokoklar, fakültatif anaerobiktirler

Fall *m* vaka; akute Fälle akut vakalar

Fallbericht *m* vaka raporu

Fall-Kontrol-Studie *f (in der evidenzbasierten Medizin)* vaka kontrol araştırması; olgu kontrol araştırması

Fällung *f chem* çökelme; *<Syn→* **Präzipitation>** *(Lat: praecipitatio)* presipitasyon

Fallzahlen *pl* vaka sayıları

Falte¹ *f (in der Dermatologie und der Schönheitschirurgie)* kırışıklık; *~n* **im Gesicht** yüzde kırışıklıklar

Falte² *f anat* kıvrım

Faltencreme *f* kırışıklık kremi

Faltung *f (in der Biosynthese)* katlanma; **~ der Proteine** proteinlerin katlanması

familiär *Adj* ailesel; ailevi; **~ e hemiplegische Migräne** *(in der Neurologie)* ailesel hemiplejik migren; **~es Mittelmeerfieber** ailevi Akdeniz ateşi; **tödliche ~e Schlaflosigkeit** *(bei Erbkrankheiten)* ailevi ölümcül uykusuzluk; ölümcül uykusuzluk

Familienplanung *f* aile planlaması

Familientherapie *f psych* aile terapisi

Farbenblindheit *f* renk körlüğü; *<Syn→* **Achromatopsie** → **Achromasie>** akromatopsi

Farbstoff *m* boyar madde

Fascie→ Faszie

Faser *f* lif; *<Syn→* **Fibrille>** fibril; **elastische ~** *anat* elastik fibril; **retikuläre ~** *(in der Zellbiologie)* retiküler fibril

Faserbündeln *pl* lif demetleri

Faserknorpel *m <Syn→* **Bindegewebsknorpel>** *(in der Histologie)* fibröz kıkırdak

Faserprotein *nt* fibril protein

Fasszange *f (in der Chirurgie)* kavrama forsepsi

Fasten *nt* oruç

Fast Food *nt* ayaküstü yemek

Faziallähmung *f <Syn→* **Gesichtslähmung>** *(in der Neurologie)* yüz felci; *<Syn→* **Fazialisparese>** fasiyal parezi

Faszie *f <Syn→* **Fascie>** *(Lat: fascia) (im Bindegewebe)* fasya; ak zar; **tiefe ~** derin fasya; **viszerale ~** visseral fasya; **oberflächliche ~** yüzeysel fasya

Faszikel *m (Lat: fasciculus) (in der Anatomie und der Histologie)* fasikül; fasikülüs; *<Syn→* **Faserbündel >** lif demeti

Faszikulation *f (in der Neurologie)* fasikülasyon

Fasziitis *f (in der Dermatologie)* fasiit; **nekrotisierende ~** nekrotizan fasiit; et yiyen böcek hastalığı; et yiyen bakteri hastalığı

Faszikel *m (Lat: fasciculus) (in der Histologie) anat* fasikül; demet

Fasziolose *f (in der Parasitologie)* fasciolozis

Feedback *nt <Syn→* **Rückkopplung** → **Rückmeldung>** geri bildirim; geri besleme

Fehlbildung *f <Syn→* **Malformation>** malformasyon; *<Syn→* **Deformität>** deformite; **~ der Blutgefäße** *<Syn→* **arteriovenöse Malformation>** *(in der Neurochirurgie)* arteriovenöz

malformasyon; **gutartige** ~ iyi huylu
malformasyon; **kavernöse** ~
kavernöz malformasyon

Fehlbiss *m <Syn→*
Zahnfehlstellung →
Malokklusion> *(Eng: malocclusion)*
(in der Zahnmedizin) maloklüzyon;
diş kapanış bozuklukları

Fehldiagnose *f* hatalı tanı;
<Syn→ **falsche Diagnose>** yanlş tanı

Fehler *m* hata; ~ **im genetischen**
Code genetik kodda hata;
menschlicher ~ insan hatası

Fehlermarge *f* hata marjı; hata payı

Fehlfunktion *f <Syn→* **Dysfunktion**
→ **Funktionsstörung>** işlev
bozukluğu; fonksiyon bozukluğu

Fehlgeburt *f <Syn→* **Abort>** *(Lat:*
abortus) (in der Gynäkologie)
abortus; düşük

Fehlgeburtrisiko *nt (in der*
Gynäkologie) düşük riski

fehlgefaltet *Adj* yanlış katlanmış; ~e
Proteine *(in der Zellbiologie)* yanlış
katlanmış proteinler

Feigwarze *f <Syn→* **Genitalwarze**
→ **Kondylom>** *(Lat: Condyloma*
acuminatum) (in der Proktologie)
genital siğil

Feinmessung *f* hassas ölçüm

Feinmotorik *f <Ant→*
Grobmotorik> ince motor beceri

Feinnadelaspirationsbiopsie *f*
<Syn→ **Feinnadelbiopsie>** *(in der*
Pathologie) ince iğne aspirasyon
biyopsisi

Feinnadelbiopsie→
Feinnadelaspirationsbiopsie

Feinstaub *m* partikül

Feld *nt (in der Physik: Magnet~)*
alan^2

Felsenbein *nt <Syn→* **Petrosum>**
(Lat: Os petrosum) anat petröz
kemik

Felsenbeinspitze *f (Lat: Apex partis*
petrosae ossis temporalis) anat
petröz kemik apeksi

Femur *nt <Syn→*
Oberschenkelknochen> *(Lat: Os*
femoris) uyluk kemiği; femur kemiği

Femurfraktur *f* femur kırığı;
<Syn→ **Oberschenkelfraktur>**
uyluk kemiği kırığı

Femurkopf *m (Lat: Caput femoris)*
femur başı

Femurkopfnekrose *f (in der*
Orthopädie) femur başı nekrozu

Femurkopfresektion *f (in der*
Chirurgie) femur başı rezeksiyonu

Fenestra ovalis *nt <Syn→* **ovales**
Fenster → **Vorhoffenster>** *(Lat:*
Fenestra vestibuli) oval pencere

Fermentation *f* fermantasyon;
<Syn→ **Gärung>** mayalanma

Fernreiz *m <Syn→* **distaler Reiz** →
distaler Stimulus; *Ant→* **Nahreiz>**
(in der Wahrnehmungspsychologie)
distal uyaran

Ferritin *nt* ferritin
Ferse *f <Syn→* **Hacke>** topuk

Fersenbein *nt (Lat: Calcaneus) anat* topuk kemiği; *<Syn→* **Kalkaneus>** kalkaneus

Fersensehne *f* topuk kirişi

Fersensporn *m <Syn→* **Kalkaneussporn>** *anat* topuk dikeni; **dorsaler** ~ üst topuk dikeni; **plantarer** ~ alt topuk dikeni

Fertigarzneimittel *nt <Ant→* **Rezepturarzneimittel>** *(in der Pharmazie: Arzneimittel, das im Voraus hergestellt ist) <in Österreich→* **Arzneispezialität>** müstahzar

Fertiggericht *nt* hazır yemek

Fertigpräparat *nt* hazır preparat; müstahzar

Fertilisation *f* fertilizasyon; *<Syn→* **Befruchtung>** döllenme

fest *Adj* katı; **~e Arzneiform** *(in der Pharmazie)* katı dozaj formu

Festelektrolyt *m <Syn→* **Feststoffelektrolyt** → **Festkörperelektrolyt** > katı elektrolit; katı hal elektroliti

Fest-Flüssig-Extraktion *f chem* katı-sıvı ekstraksiyon

Festkörper *m <Syn→* **Feststoff>** *(Aggregatzustand)* katı (madde); katı hâl

Festkörperakkumulator→ **Festkörperbatterie**

Festkörperbatterie *f <Syn→* **Feststoffbatterie>** katı hâl pili

Festkörperchemie *f* katı hâl kimyası

Festkörperelektrolyt→ **Festelektrolyt**

Festkörperphysik *f* katı hâl fiziği

Festkörperverbindungen *pl* katı hâl bileşikleri

Feststoff→ **Festkörper**

Feststoffbatterie *f <Syn→* **Festkörperbatterie>** katı hâl pil

Feststoffelektrolyt→ **Festelektrolyt**

fetal *Adj* fetal; **~e Tachykardie** *(in der Gynäkologie)* fetal taşikardi; **~es Alkoholsyndrom** *(in der Kinderheilkunde)* fetal alkol sendromu; fetal alkol embriyopatisi

Fetalentwicklung *f (in der Embryologie)* fetal gelişim

Fetalzeit *f (in der Embryologie)* fetal dönem

Fett *nt* yağ; **pflanzliches** ~ bitkisel yağ; **tierisches** ~ hayvansal yağ

fett *Adj <Syn→* **dick** → **fettleibig>** şişman; *<Syn→* **adipös>** obez

Fettabsaugung *f (Eng: liposuction) (in der plastischen Chirurgie)* liposakşın; lipo

Fettembolie *f* yağ embolisi

Fettentfernung *f (in der plastischen Chirurgie)* yağ aldırma; **bukkale** ~ yanak yağı aldırma; *<Syn→* **Bichektomie>** bişektomi

Fettgewebe *nt* yağ doku; adipöz doku; **braunes** ~ kahverengi yağ doku; **weißes** ~ yağ doku

fetthaltig *Adj* yağ içeren; **~e Speisen** yağ içeren yemekler

fettig *Adj* yağlı; **~e Haut** yağlı cilt

Fettleber *f (Lat: Steatosis hepatis) (in der Hepatologie)* yağlı karaciğer; karaciğer yağlanması

Fettleibigkeit *f <Syn→* **Adipositas → Fettsucht → Obesitas>** obezite

Fettnekrose *f* yağ nekrozu

Fettsäure *f* yağ asidi; **essentielle ~n** esansiyel yağ asitleri

Fettschicht *f* yağ katmanı

Fettstoffwechsel *m* yağ metabolizması; *<Syn→* **Lipidstoffwechsel>** lipit metabolizması

Fettsucht→ Fettleibigkeit

Fettverbrennung *f* yağ yakma

Fettverdauung *f* yağ sindirimi

Fetus *m <Syn→* **Fötus>** *(Lat: fetus) (in der Embriologie)* fetus

Feuchtigkeit *f* nem

Feuchtigkeitscreme *f* nemlendirici krem

Feuchtkugeltemperatur *f (Eng: wet-bulb temperature)* yaş ampul sıcaklığı

Feuchttücher *pl (in der Hautpflege)* ıslak mendiller

Feuchtverband *m* nemli sargı

Genitalwarze → Kondylom> *(Lat: Condylomata acuminata) (in der Proktologie)* genital siğil

Feuerbestattung *f <Syn→* **Kremation → Einäscherung>** kremasyon

Feuerhalle *f <Syn→* **Krematorium>** krematoryum

Feuermaul *m (Lat: Naevus flammeus) (in der Dermatologie)* Nevus flammeus

Feuerschröpfen *nt (in der Alternativmedizin)* ateşli kupa tedavisi

Fiberknorpel *m* fibröz kıkırdak; fibrokartilaj

Fibrille *f* fibril; *<Syn→* **Faser>** lif

Fibrinogen *nt* fibrinojen; **~ ist ein Glykoprotein** fibrinojen, bir glikoproteindir

fibrinös *Adj* fibrinöz; **~e Entzündung** *(in der Pathologie)* fibrinöz iltihap; fibrinli yangı; fibrinli enflamasyon

Fibroblast *m (histolojide)* fibroblast; **der ~ ist eine Zelle des Bindegewebes** fibroblast, bağ doku hücresidir

Fibrom *nt <Syn→* **Stielwarze>** *(in der Dermatologie)* fibrom

Fibromyalgie *f <Syn→* **Fibromyalgie-Syndrom>** *(in der Rheumatologie)* fibromiyalji

Fibromyalgie-Syndrom→ Fibromyalgie

fibrös *Adj* fibröz; **~e Dysplasie** *(in der Orthopädie)* fibröz displazi;; **~es Gewebe** fibröz doku

Fibrose *f <Syn→* **Fibrosis>** *(in der Pathologie)* fibrozis; **progressive ~** ilerleyici fibrozis

Fibrosis→ Fibrose

Fibula *f (Lat: fibula)* fibula; *<Syn→* Wadenbein>* baldır kemiği

Fieber[1] *nt (Lat:febris)* ateş[2]; *<Syn→* Pyrexie>* pireksiya; rheumatisches ~ romatizmal ateş

Fieber[2] *nt (Gelb~)* humma

Fieberbläschen *nt (Lat:Herpes febrilis)* ateş kabarcığı

Fieberfrost *m <Syn→* Schüttelfrost>* titremeli üşüme

Fieberkrampf *m (Eng: febrile convulsion) (in der Kinderheilkunde)* febril konvülsiyon

Fiebermesser→ Fieberthermometer

fiebersenkend *Adj* ateş düşürücü

Fiebersenkung *f* ateş düşürme

Fieberthermometer *nt* tıbbi termometre

Filariose *f (Eng: filariasis)* filariasis; lymphatische ~ *(Eng: lymphatic filariasis)* lenf filariasis

Filmtablette *f (in der Pharmazie)* film kaplı tablet

Filterpapier *nt* süzgeç kâğıdı

Finger *m (Lat: Digitus (manus)) anat* parmak

Fingerabdruck *m* parmak izi; genetischer ~ genetik parmak izlemesi; DNA profillemesi

Fingergrundgelenk *nt <Syn→* Metacarpophalangeal-gelenk>* anat metakarpofalangeal eklem

Fingerknacken *nt (in der Orthopädie)* parmak çıtlatma

Fingerknochen *pl anat* el parmağı kemikleri

Fingernägel *pl* (eldeki) tırnaklar

Fingernagelkauen *f* tırnak yeme; *<Syn→* Onychohagie>* onikofaji

Fingerschiene *f* parmak ateli

First-Line-Therapie *f <Syn→* Erstlinientherapie → Mittel der ersten Wahl> *(in der Pharmakologie)* birinci basamak tedavi

First-Pass-Effekt *m (in der Pharmakologie)* ilk geçiş etkisi

Fischbandwurm *m (Lat: Diphyllobothrium latum)* balık tenyası

Fischschuppenkrankheit *f <Syn→* autosomal-dominante Ichthyose> *(Lat: Ichthyosis vulgaris) (in der Dermatologie)* balık pulluluk

Fissur *f (Lat: fissura) anat* fissür; *(Spalte)* çatlak; yarık; *(Riss)* yırtık

Fissura lateralis *f <Syn→* Sulcus lateralis> *(in der Anatomie des Gehirns)* yanal çatlak; yanal girinti; *<Syn→* Fissura Sylvii → Sylvische Fissur>* Silviya yarığı

Fissura orbitalis superior *f (Lat: Fissura orbitalis superior) (im Schädel)* üst orbital yarık

Fissura Sylvii *f <Syn→* Sylvische Fissur> *(in der Anatomie des*

Gehirns) Silviya yarığı; *<Syn→*
Fissura lateralis → Sulcus
lateralis> yanal çatlak; yanal girinti

Fistel *f* fistül; akarca; **enterokutane**
~ *(in der Chirurgie: zwischen Darm*
und Haut befindliche Fistel)
enterokutanöz fistül;
urethrovaginale ~ *(in der Chirurgie:*
Fistel zwischen der Harnröhre und
der Vagina) üretrovajinal fistül;
vesikovaginale ~ *(Lat: Fistula*
vesicovaginalis) (in der Chirurgie:
Fistel zwischen Harnblase und
Scheide) vezikovajinal fistül

Fistelarten *pl* fistül tipleri

Fistelbehandlung *f* fistül tedavisi

Fistelbildung *f* fistül oluşması;
fistülleşme

Fistulektomie *f* fistülektomi

Fixation *f* fiksasyon

Fixativ *nt (in der Pathologie)* fiksatif

Flachwarzen *pl <Syn→*
Planwarzen> *(Lat: Verrucae*
planae) (in der Dermatologie) düz
siğiller

Flagellum *nt (Lat: flagellum) (in der*
Zellbiologie) flagellum; flagella;
<Syn→ **Geißel>** kamçı

Flanke *f (Lat: latus) (seitliche*
Bauchregion) anat böğür;
Schmerzen in der ~ *(in der*
Nephrologie: Nierensteine) böğür
ağrısı

Fläschen *nt* flakon

Flatulenz *f (in der*
Gastroeneterologie) flatulans:
<Syn→ **Blähung>** yellenme

Flavivirus *nt/m* flavivirüs

Flechse *f <Syn→* **Sehne>** *(Lat:*
tendo) anat tendon; *f* kiriş

Fleck *m (Lat: macula)* benek; leke;
Gelber ~ *<Syn→* **Makula →**
Macula> *(Lat: Macula lutea)* sarı
benek

Fleisch *nt* et; **rotes** ~ kırmızı et;
weißes ~ beyaz et

Fleischersatz *m* et muadili; et
muadilleri

Fleischvergiftung *f <Syn→*
Botulismus → Wurstvergiftung>
botulizm

flexibel *Adj* esnek; **flexible**
Endoskope *<Ant→* **starre**
Endoskope> esnek endoskoplar

Flexion *f <Ant→* **Extension>** *anat*
fleksiyon

fließend *Adj* akıcı; ~ **Sprechen** *(in der*
Neuropsychologie) akıcı konuşma

Flimmern *nt (Eng: fibrillation) (in*
der Kardiologie) fibrilasyon

Flimmerskotom *nt (in der*
Neuroophthalmologie: bei Migräne)
kıvılcımlı skotom

Flohbiss *m* pire ısırığı

Flora *f* flora

Flugangst *f* *psych* uçma korkusu;
<eş→ **Aerophobie>** aerofobi

Flugmedizin *f* havacılık tıbbı

Fluidextrakt *nt <Syn→*
Flüssigextrakt> *(Lat: Extractum*
fluidum) (in der Pharmazie) sıvı
ekstre

107

Fluor *nt (Symbol: F) chem* flor

Fluoreszenz-in-situ-Hybridisierung *f*
(in der Hämatologie und der Onkologie)
floresan in situ hibridizasyon

Fluorid *nt chem* florür

Fluoridlack *m (in der Zahnmedizin)*
florür verniği

Fluorose *f (in der Zahnmedizin)*
florozis

Fluoroskopie *f <Syn→*
Durchleuchtung> *(in der*
Radiologie) floroskopi

Fluorwasserstoff *m (Formel: HF) chem*
hidrojen florür

Fluorwasserstoffsäure *f <Syn→*
Flusssäure> *chem* hidroflorik asit

Fluss *m* akış; **elektroosmotischer ~**
(in der Elektrochemie)
elektroosmotik akış

Flussdiagramm *nt <Syn→*
Programmablaufplan> *(İng: flow chart)*
akış şeması

flüssig *Adj* sıvı

Flüssigextrakt *nt <Syn→*
Fluidextrakt> *(Lat: Extractum*
fluidum) (in der Pharmazie) sıvı
ekstre

Flüssig-Flüssig-Extraktion *f chem*
sıvı-sıvı ekstraksiyon

Flüssigkeit *f* sıvı; **endoneurale ~** *(im*
Nervengewebe) endonöral sıvı

Flüssigkeitsansammlung *f* sıvı
birikmesi

Flüssigkeitsaufnahme *f* sıvı alımı;
ausreichende ~ yeterli sıvı alımı

Flüssigseife *f* sıvı sabun

Flusssäure *f <Syn→*
Fluorwasserstoffsäure> hidroflorik asit

Flusswasserstoffsäure→ Flusssäure

FOB→ fäkales okkultes Blut

Follikel¹ *m (Haar~; Zahn~)* folikül

Follikel² *m <Syn→* **Ovarialfollikel**
→ Eierstockfollikel → Eifollikel →
Eibläschen> *(in der Gynäkologie)*
folikül

Follikelphase *f <Syn→*
Eireifungsphase> *(in der*
Entwicklungsbiologie) foliküler faz;
<Syn→ **Proliferationsphase →**
Desquamationsphase> proliferatif
dönem

Follikelreifung *f (in der*
Gynäkologie beim
Menstruationszyklus) folikül
olgunlaşması

Follikelsprung *f <Syn→* **Ovulation**
→ Eisprung> *(in der Gynäkologie)*
ovülasyon

follikelstimulierend *Adj* folikül
uyarıcı; **~es Hormon** *<Syn→*
Follitropin> *(Eng: follicle*
stimulating hormone) folikül uyarıcı
hormon

Follikulitis *f* folikülit

Follitropin *nt <Syn→*
follikelstimulierendes Hormon>
(Eng: follicle stimulating hormone)
folikül uyarıcı hormon

Fontanelle *f (anat: noch nicht knöchernen Bereich des Schädels von Neugeborenen)* fontanel; bıngıldak

forensisch *Adj*; forensik; adli; ~e **Toxikologie** adli toksikoloji

Formagnosie *f (in der Neuropsychologie: Betroffene können keine kontinuierlichen Linien und Formen erkennen)* form agnozisi

Formaldehyd *m (Formel: CH₂O)* chem formaldehid

Formel *f* formül

Formveränderung *f* şekil değişikliği

Fornix *m (Lat: fornix) (im Lymbischen System)* forniks; **der ~ ist eine Struktur des Lymbischen Systems im Großhirn** forniks, serebrumda bulunan bir limbik sistem yapısıdır

Forscher *m* (erkek) araştırmacı

Forscherin *f* (kadın) araştırmacı

Forschung *f* araştırma; **klinische ~** klinik araştırma

Forschungslabor *nt* araştırma laboratuvarı

fortgeschritten *Adj* ilerlemiş; ileri; ~e **Läsionen** ilerlemiş lezyonlar; **im ~en Alter** ilerlemiş yaşta; ileri yaşta

Fortpflanzung *f <Syn→ Reproduktion>* üreme; **geschlechtliche ~** eşeyli üreme

Fortpflanzungsorgan *nt (Lat: Organum genitale)* üreme organı.; *<Syn→ Geschlechtsorgan>* cinsel organ

Fortsatz *m (Lat: processus)* uzantı; çıkıntı; ~ **einer Nervenzelle** bir sinir hücresinin çıkıntısı

Fortschreiten *nt <Syn→ Progress>* ilerleme; **das ~ der Krankheit** hastalığın ilerlemesi

fortschreitend *Adj <Syn→ progressiv → progredient>* ilerleyen

Fossa infratemporalis *f <Syn→ Unterschläfengrube>* anat şakak altı çukuru

Fossa intercondylaris *f (Lat: Fossa intercondylaris)* anat kondiller arası çukur

Fotorezeptor *m <Syn→ Photorezeptor> (im Auge)* fotoreseptör

Fotorezeptorzelle *f <Syn→ Photorezeptorzelle → Sehzelle> (im Auge)* fotoreseptör hücre

Fötus *m <Syn→ Fetus> (Lat: fetus) (in der Embriologie)* fetus

fraktioniert *Adj* fraksiyonlu; ayrımsal; ~e **Destillation** ayrımsal damıtma; fraksiyonlu distilasyon; ~e **Kristallisation** chem ayrımsal kristallendirme

Fraktur *f <Syn→ Bruch¹>* kırık; *<Syn→ Knochenbruch>* kemik kırığı; **pathologische ~** (in der Hämatologie und der Onkologie) *<Syn→ Spontanfraktur>* patolojik kırık

Frakturenbehandlung *f <Syn→ Bruchbehandlung> (in der Orthopädie)* kırık tedavisi; *<Syn→ Knochenbruchbehandlung>* kemik kırığı tedavisi

Frakturheilung f <Syn→
Bruchheilung> *(in der Orthopädie)*
kırık iyileşmesi; <Syn→
Knochenheilung > kemik iyileşmesi

Frameshift m <Syn→ **Rasterschub**
→ **Leseraster-verschiebung**> *(Eng:*
frameshift mutation) (in der Genetik)
çerçeve kayması mutasyonu

Frauenarzt m kadın hastalıkları
hekimi; <Syn→ **Gynäkologe**>
jinekolog

Frauenärztin f kadın hastalıkları
hekimi; <Syn→ **Gynäkologin**>
jinekolog

Frauenfeidlichkeit f kadın
düşmanlığı; <Syn→ **Misogynie**>
mizojini

Frauenhaus nt kadın sığınma evi

frauenspezifisch Adj kadınlara özgü;
~e **Krankheiten** kadınlara özgü
hastalıklar

Freitod→ **Selbstmord**

Fremdkörper m *(Lat: Corpus*
alienum) yabancı cisim

Fremdkörperaspiration f yabancı
cisim aspirasyonu

Fremdkörperreaktion f yabancı
cisim reaksiyonu

Fremitus m <Syn→
Stimmfremitus> *(bei der Palpation*
in der körperlichen Untersuchung)
solunum titreşimi

Frequenz f frekans; <Syn→
Häufigkeit> sıklık

Fresszelle f yutar hücre

Frigidität f *(in der Psychoanalyse)*
cinsel soğukluk

Frontalschnitt m anat frontal kesit

Frontallappen m <Syn→
Stirnlappen> *(Lat: Lobus frontalis)*
(Bereich im Gehirn) frontal lob; ön
lob; frontal korteks

Frontzahn m ön diş

Frontzahntrauma nt ön diş tavması

Frontzahnverletzung→
Frontzahntrauma

Froschbauch m *(in der*
Kinderheilkunde) kurbağa karnı

Frostbeule f <Syn→ **Pernione**>
donma şişliği

frozen shoulder f <Syn→
Schultersteife> *(in der Orthopädie)*
donuk omuz; <Syn→ **adhäsive**
Kapsulitis> adheziv kapsülit

Fruchtblase f <Syn→
Fruchtwassersack> *(Eng: amniotic*
sac) (in der Pränatalmedizin)
amniyotik kese

Fruchtsack→ **Fruchtblase**

Fruchtwasser nt <Syn→
Amnionflüssigkeit> *(in der*
Pränatalmedizin) amniyotik sıvı;
amniyon sıvısı

Fruchtwasserprobe f *(in der*
Pränatalmedizin) amniyotik sıvı
örneği

Fruchtwassersack→ **Fruchtblase**

Fruchtzucker→ **Fruktose**

Fructose→ **Fruktose**

Frühbehandlung *f* erken tedavi

Frühchen *nt (in der Pädiatrie)* prematüre bebek

Frühdiagnose *f* erken teşhis; erken tanı

Früherkennung *f* erken tanı; erken tanınma; ~ **von Krankheiten** hastalıkların erken tanısı

Frühgeburt *f (in der Pädiatrie)* erken doğum; prematüre doğum

Frühjahrsmüdigkeit *f psych* bahar yorgunluğu

Frühsommer-Meningoenzephalitis *f <kurz→* **FSME>** erken yaz meningoensefaliti

Frühpubertät *f* erken ergenlik

Frühstadium *nt* erken evre; **im** ~ **der Krankheit** hastalığın erken evresinde

Frühwarnzeichen *nt* erken uyarı işareti

Fruktose *f <Syn→* **Fructose>** fruktoz

Fruktoseintoleranz *f (in der Gastroenterologie)* fruktoz intoleransı

Fruktosekonzentration *f* fruktoz derişimi; **niedrige** ~ düşük fruktoz derişimi

Frustration *f Psych* bıkkınlık

FSME→ Frühsommer-Meningoenzephalitis *f*

Fugue *f (in der Psychiatrie)* füg; **dissoziative** ~ dissosiyatif füg

fühlen *vt* hissetmek; **sich unwohl** ~ kendini rahatsız hissetmek

Füllmaterial *nt (in der Zahnmedizin)* dolgu malzemesi

Füllung *f (in der Zahnmedizin)* dolgu

fulminant *Adj (schnell voranschreitend)* fulminan; fulminant; ~**e Infektion** fulminant enfeksiyon

fünfte Krankheit *f* beşinci hastalık; *<Syn→* **Ringelröteln →** **Kinderrotlauf>** *(Lat: Erythema infectiosum)* eritema

Fünf-Faktoren-Modell *nt (in der Persönlichkeitspsychologie)* Beş Etmen Modeli

Fungizid *m (in der Toxikologie)* fungusit

Funiculus *m (Lat: funiculus) anat* fünikülüs

Funktion *f (Lat: functio)* işlev; fonksiyon

funktionell *Adj* işlevsel; fonksiyonel; ~**e Gruppe** *<Syn→* **charakteristische Gruppe>** *(in der organischen Chemie)* fonksiyonel grup; ~**e Plastizität des Gehirns** beynin işlevsel plastisitesi

Funktionalität *f* işlevsellik

Funktionsfähigkeit *f* işlevsellik

Funktionsstörung *f <Syn→* **Dysfunktion>** *(Lat: Functio laesa)* işlev bozukluğu; fonksiyon bozukluğu; ~ **der Leber** karaciğer fonksiyon bozukluğu

Funktionsverlust *m* işlev yitimi; işlev kaybı; fonksiyon kaybı; *<Syn→* **Apraxie>** apraksi

Furkation *f (in der Zahnmedizin)* furkasyon

Furkationseingang *m (in der Zahnmedizin)* furkasyon girişi

Furunkel *m (Lat: furunculus; Fr: furoncle)* fronkül; *<Syn→* **Blutgeschwür>** çıban

Furz *m derb* osuruk

furzen *vi derb* osurmak

Fuß *m (Lat: pes) anat* ayak

Fußgelenk→ Sprunggelenk

Fußpflege *f <Syn→* **Pediküre>** pedikür

Fußpilz *m (Lat: Tinea pedis)* ayak mantarı

Fußrücken *m (Lat: Dorsum pedis) anat* ayak sırtı

Fußsohle *f <Syn→* **Planta>** *(Lat: Planta pedis) anat* ayak tabanı

Fußsohlenwarzen *pl <Syn→* **Sohlenwarzen → Dornwarzen>** *(Lat: Verrucae plantares) (in der Dermatologie)* ayak tabanı siğilleri; *<Syn→* **Plantarwarzen>** plantar siğiller

Fußwurzelballen *m* ayak yuvarı

G

gähnen *vi* esnemek

Galen-Vene *f <Syn→* **Vena Galeni>** Galen veni; *<Syn→* **Vena magna**

cerebri → **Vena cerebri magna>** vena serebri magna

Galle *f (Lat: fel)* safra; öd

Gallenblase *f (Lat: Vesica fellea/biliaris)* safra kesesi; öd kesesi

Gallenblasenentzündung *f (in der Gastroenterologie)* safra kesesi iltihabı; *<Syn→* **Cholezystitis>** kolesistit

Gallenblasenkarzinom *nt (in der Onkologie)* safra kesesi kanseri

Gallenblasenpolypen *pl (in der Gastroenterologie)* safra kesesi polipleri

Gallenfistel *f* safra fistülü

Gallenfluss *m (in der Gastroenterologie)* safra akımı

Gallenflüssigkeit *f (in der Gastroenterologie)* safra sıvısı

Gallengang *m <Syn→* **Gallenweg>** *(Lat: Ductus biliferus) (in der Gastroenterologie)* safra yolu

Gallengangschirurgie *f* safra yolu cerrahisi

Gallengangskarzinom *nt* safra yolu kanseri

Gallengrieß *m (in der Hepatologie)* safra çamuru

Gallenkanälchen *nt (Lat: Canaliculi biliferi)* safra kanalı

Gallenkolik *f (in der Gastroenterologie)* safra koliği

Gallensalz *nt* safra tuzu

Gallensalz-aktivierte Lipase *f* safra tuzu uyarılı lipaz; *<Syn→* **Carboxylester-Lipase>** karboksil ester lipaz

Gallensalze *pl* safra tuzları

Gallensäure *f (in der Gastroenterologie)* safra asidi

Gallensäurestoffwechsel *m (in der Gastroenterologie)* safra asidi metabolizması

Gallenfsekretion *f (in der Gastroenterologie)* safra sekresyonu

Gallenstein *m (in der Gastroenterologie)* safra taşı; *<Syn→* **Cholelith>** kolelit

Gallenweg *m <Syn→* **Gallengang>** *(Lat: Ductus biliferus) (in der Gastroenterologie)* safra yolu

Gallenwege *pl (in der Gastroenterologie)* safra yolları

Gamet *m (in der geschlechtlichen Fortpflanzung)* gamet; *<Syn→* **Geschlechtszelle → Keimzelle>** üreme hücresi

Gammastrahlung *f <Syn→* **γ-Strahlung>** *(in der Radiologie)* gama ışını; gama ışıması

Ganglion[1] *nt (in der Neurobiologie: im Nervensystem)* gangliyon; **autonome Ganglien** otonom gangliyonlar

Ganglion[2] *nt <Syn→* **Überbein>** *(Eng: ganglion cyst) (in der Orthopädie)* gangliyon kisti

Gangrän *f* kangren; gangren; **feuchte ~** yaş kangren; **trockene ~** kuru kangren

gangränös *m* kangrenli; **~e Stomatitis** *(Lat: Stomatitis gangraenosa; Cancrum oris) (in der Oralpathologie)* kangrenli stomatit; *<Syn→* **Noma → Wangenbrand>** noma

Gangstörung *f* yürüme bozukluğu

Gänsefuß *m <Syn→* **Pes anserinus>** *(Lat: Pes anserinus)* anat kaz ayağı; **oberflächlicher ~** *(Lat: Pes anserinus superficialis)* yüzeysel kaz ayağı; **tiefer ~** *(Lat: Pes anserinus profundus)* derin kaz ayağı

Ganzheitsmedizin *f* bütünlükçü tıp

Ganzkörperscanner *m <Syn→* **Körperscanner>** vücut tarayıcısı

GA-OP→ **geschlechtsangleichende Operation**

Gärung *f* mayalanma; *<Syn→* **Fermentation>** fermantasyon; **anaerobe ~** anaerobik fermantasyon

Gas *nt chem* gaz; **farbloses ~** renksiz gaz

Gasaustausch *m (in der Pneumologie)* gaz değişimi; gaz alışverişi; **~ in den Lungenbläschen** akciğerlerdeki alveollarda gaz değişimi

Gasbrand *m <Syn→* **Gasgangrän → Gasödem>** gazlı kangren; *<Syn→* **clostridiale Myonekrose>** klostridial miyonekroz

Gaschromatographie *f* gaz kromatografisi

Gasgangrän→ **Gasbrand**

Gasgemisch *nt chem* gaz karışımı

Gaskromatographie *f* gaz kromatografisi

Gasödem→ **Gasbrand**

Gastrektomie *f* <*Syn*→ **totale Magenresektion**> *(in der Viszeralchirurgie)* gastrektomi *f*

Gastriole *f* <*Syn*→ **Nahrungsvakuole**> *(in der Zellanatomie)* besin kofulu

Gastritis *f* gastrit; ~ **ist eine Magenschleimhaut-entzündung** gastrit, mide zarının iltihaplanmasıdır

Gastroenteritis *f* gastroenterit; <*Syn*→ **Magen-Darm-Entzündung**> mide bağırsak iltihabı; <*umg*→ **Magen-Darm-Grippe**> mide gribi; gastrik grip

Gastroenterologe *m* gastroenterolog

Gastroenterologie *f* gastroenteroloji

Gastroenterologin *f* gastroenterolog

Gastroenteropathie *f* *(in der Gastroenterologie: Magen-Darmleiden)* gastroenteropati; **exsudative** ~ eksüdatif gastroenteropati

gastrointestinal *Adj* gastrointestinal; ~**e Blutung** gastrointestinal kanama; mide kanaması; ~**e Störung** gastrointestinal bozukluk

Gastrointestinaltrakt *m* <*Syn*→ **Magen-Darm-Trakt**> gastrointestinal sistem

gastroösophageal *Adj* gastro özofageal; ~**er Reflux** gastro özofageal reflü

Gastroparese *f* <*Syn*→ **Magenlähmung**> gastroparezi

Gastroskopie *f* gastroskopi

Gastrula *f* *(in der Embryologie)* gastrula

Gastrulation *f* *(in der Embryologie)* gastrulasyon

Gattung *f* <*Syn*→ **Genus**> *(in der Taxonomie)* cins

Gaumen *m* *(Lat: palatum)* *(in der Mundanatomie)* damak; **harter** ~ *(Lat: palatum durum)* anat sert damak **weicher** ~ *(Lat: Palatum molle)* yumuşak damak

Gaumenfortsatz *m* *(Lat: Processus palatinus)* damak çıkıntısı

Gaumenperforation *f* damak perforasyonu; damak delinmesi

Gaumensegel *m* *(Lat: Velum palatinum)* velum

Gaumenspalte *f* damak yarığı

Gaumenspaltenchirurgie *f* damak yarığı cerrahisi

Gaze *f* <*Syn*→ **Mull**> *(in der Medizintechnik)* gazlı bez

gebären *vt* doğurmak

gebärend *Adj* doğuran

Gebärende *f* doğuran

Gebärmutter *f* rahim; dölyatağı <*Syn*→ **Uterus**> uterus

Gebärmutterhals *m* *(Lat: Cervix uteri)* rahim ağzı; rahim boynu; dölyatağı boynu

uterus serviksi; <*Syn*→ **Cervix/Zervix**> serviks

Gebärmutterhalsentzündung *f* rahim ağzı iltihabı; dölyatağı boynu iltihabı; <*Syn*→ **Zervizitis**> servisit

Gebärmutterhalsfistel *f* servikal fistül

Gebärmutterhalskanal *m* <*Syn*→ **Zervixkanak**> servikal kanal

Gebärmutterhalskrebs *m (Lat: Carcinoma cervicis uteri)* rahim ağzı kanseri; <*Syn*→ **Zervixkarzinom** → **Kollumkarzinom**> serviks kanseri; servikal kanser

Gebärmutterschleimhaut *f (in der Histologie)* rahim mukozası; <*Syn*→ **Endometrium**> endometriyum

Gebärmuttersenkung *f (Lat: Descensus uteri)* rahim sarkması

Gebrauchsanweisung *f* kullanma talimatı

Gebrauchsinformation *f* <*Syn*→ **Beipackzettel** → **Packungsbeilage** → **Patienteninformation**; *umg*→ **Waschzettel**> prospektüs

Gebrechen *nt* özür; **geistiges** ~ zihinsel özür; **körperliches** ~ bedensel özür

Geburt *f* <*Syn*→ **Entbindung**> *(Lat: Partus) (in der Gynäkologie)* doğum

Geburtenkontrolle *f* doğum kontrolü

Geburtenrate *f* doğum oranı

Geburtsfehler *f* doğum kusuru

Geburtshilfe[1] *f* doğum yardımı; ebelik

Geburtshilfe[2] *f* <*Syn*→ **Tokologie** → **Obstetrik** > obstetrik

Geburtskanal *m* doğum kanalı

Geburtrauma *nt (in der Psychoanalyse)* doğum travması

Geburtsvorgang *m (in der Gynäkologie)* doğum prosedürü

Geburtsweg *m (in der Gynäkologie)* doğum yolu

Geburtswehe *f (in der Gynäkologie)* doğum sancısı

Geburtszange *f* obstetrik forseps; doğum forsepsi

Gedächtnis *nt psych* bellek; hafıza; **autobiographisches** ~ otobiyografik hafıza; **episoidisches** ~ epizodik bellek; **olfaktorisches** ~ koku hafızası; **semantisches** ~ semantik bellek; **sensorisches** ~ <*Syn*→ **Ultrakurzzeitgedächtnis**> duyusal hafıza

Gedächtnisleistung *f* bellek performansı

Gedächtnisverlust *m* hafıza kaybı *a.*; <*Syn*→ **Amnesie**> *(in der Neuropsychologie)* amnezi

Gedächtniszellen *pl (in der Immunologie)* bellek hücreleri; hafıza hücreleri; **die** ~ **sind Zellen des Immunsystems** bellek hücreleri, bağışıklık sisteminin hücreleridir

Gefahrensymbol *nt* tehlike sembolü

gefaltet *Adj* <*Ant*→ **ungefaltet**> katlanmış; ~**e Proteine** katlanmış proteinler

Gefäß[1] *nt* <*Syn*→ **Ader**> *(Lat: Vas sanguineum)* damar; <*Syn*→ **Blutgefäß**> kan damarı

Gefäß² *nt (Behälter)* kap

Gefäßchirurgie *f* damar cerrahisi; *<Syn→* **vaskuläre Chirurgie>** vasküler cerrahi

Gefäßentzündung *f* kan damarlarının iltihaplanması; *<Syn→* **Vaskulitis>** vaskülit

Gefäßerkrankungen *pl* damar hastalıkları

gefäßerweiternd *f* damar genişletici

Gefäßerweiterung *f (in der Kardiologie)* damar genişlemesi; *<Syn→* **Vasodilatation>** vazodilatasyon

Gefäßklemme *f <Syn→* **Arterienklemme>** *(Instrument in der Chirurgie)* klemp

Gefäßlumen *nt* damar lumeni

Gefäßmalformation *f <Syn→* **vaskuläre Malformation>** vasküler malformasyon

Gefäßnaht *f* vasküler dikiş

Gefäßneubildung *f (in der Angiogenese)* yeni damarların oluşması

Gefäßradiologie *f* vasküler radyoloji

Gefäßruptur *f* damar yırtılması

Gefäßspasmus *m <Syn→* **Vasospasmus → Angiospasmus>** *(in der Angiologie)* vazospazm

Gefäßverengung *f (in der Herz-Kreislauf-Physiologie)* damar daralması; damar büzülmesi; *<Syn→* **Vasokonstriktion>** vazokonstriksiyon

Gefäßverschluss *m* damar tıkanması

Gefäßwand *f* damar çeperi

Geflügelpest *f* tavuk vebası; *<Syn→* **Vogelgrippe>** kuş gribi; *<Syn→* **aviäre Influenza>** avian influenza; avian flu

Gefriersperma *nt* dondurulmuş sperm

Gefriertrocknung *f* dondurarak kurutna; *<Syn→* **Lyophilisierung>** liyofilizasyon

Gefühlsblindheit *f (in der Psychopathologie)* duygu körlüğü; *<Syn →* **Alexithymie>** aleksitimi

gegen *präp* karşı ; **ein Mittel/Medikament ~ Schmerzen** ağrıya karşı bir ilaç

Gegenanzeige *f <Syn→* **Kontraindikation → Gegenindikation>** *(in der Pharmakologie: ein Umstand, der die Anwendung eines therapeutischen Verfahrens verbietet)* kontrendikasyon

Gegend *f <Syn→* **Region>** *(Lat: regio)* bölge³

Gegengift *nt (in der Toxikologie)* panzehir; *<Syn→* **Antidot>** antidot

Gegenindikation *f <Syn→* **Kontraindikation → Gegenanzeige>** *(in der Pharmakologie: ein Umstand, der die Anwendung eines therapeutischen Verfahrens verbietet)* kontrendikasyon

Gehgestell *nt* yürüme sehpası

Gehhilfe *f* yürüteç

Gehirn *nt* <*Syn*→ **Hirn**> *(Lat: cerebrum)* beyin

Gehirnabszess *m* <*Syn*→ **Hirnabszess**> beyin apsesi

Gehirnareal *nt anat* beyin bölgesi

Gehirnblutung *f* <*Syn*→ **Hirnblutung**> *(Lat: Haemorrhagia cerebri)* beyin kanaması

Gehirnentzündung *f* beyin iltihabı; <*Syn*→ **Enzephalitis**> ensefalit

Gehirnerschütterung *f* *(Lat: Commotio cerebri)* beyin sarsıntısı

Gehirnfunktionen *pl* beyin fonksiyonları

Gehirnleistung *f* *(Eng: brain performance)* beyin performansı

Gehirn-Rückenmark(s)-Flüssigkeit *f* <*Syn*→ **Zerebrospinalflüssigkeit** → **Liquor cerebrospinalis**> *(Körperflüssigkeiten)* beyin-omurilik-sıvısı; serebrospinal sıvı; nörolenf

Gehirnschädel *m* <*Syn*→ **Hirnschädel**> *(Lat: Neurocranium/Cranium cerebrale) anat* nörokranyum

Gehirnschlagader *f* <*Syn*→ **Hirnarterie**> *(Lat: Arteria cerebri)* beyin atardamarı; serebral arter; **hintere** ~ *(Lat: Arteria cerebri posterior)* arka beyin atardamarı

Gehirntraining *nt (in der Neuropsychologie)* beyin eğitimi

Gehirntumor *m* <*Syn*→ **Hirntumor**> beyin tümörü

Gehirnwäsche *f psych* beyin yıkama

Gehirnwasser→ **Liquor cerebrospinalis**

Gehörgang *m* kulak kanalı; kulak yolu; **äußerer** ~ *(Lat: Meatus acusticus externus)* dış kulak yolu

Gehörknöchelchen *pl (Lat: Ossicula auditus) anat* kulak kemikçikleri; **der Hammer, der Amboss und der Steigbügel sind** ~ çekiç kemiği, örs kemiği ve üzengi kemiği, kulak kemikçiklerindendir

gehörlos *Adj* <*Syn*→ **taub**> sağır

Gehörlosigkeit *f* <*Syn*→ **Taubheit**> *(Lat: Surditas)* sağırlık

Gehörschnecke *f* <*Syn*→ **Hörschnecke**> *(in der Neurobiologie) anat* kulak salyangozu; <*Syn*→ **Cochlea**> koklea

Gehörschutzstöpsel *m* <*Syn*→ **Ohrenstöpsel**> kulak tıkacı

geimpft *Adj* <*Ant*→ **ungeimpft**> aşılı

Geißel *f (in der Zellbiologie)* kamçı; <*Syn*→ **Flagellum**> *(Lat: flagellum)* flagella; flagellum; **die** ~**n der Eukaryoten** ökaryotların kamçıları

Geißelbewegung *f (in der Zellbiologie)* kamçı hareketi

Geistesschwäche *f* akıl zayıflığı

Geisteszustand *m* ruh hâli

geistig *Adj* zihinsel; ~ **behindert** zihinsel engelli; ~**es Gebrechen** zihinsel özür

Gekröse *f* <*Syn*→ **Mesenterium**> *anat* mezenter

Gel *nt* jel; **kühlendes** ~ serinletici jel

Gelantine→ **Gelatine**

Gelatine *f* jelatin

Gelatinekapsel *f (in der Pharmazie)*
jelatin kapsül

Gelierung *f chem* jelleşme

gelb *Adj* sarı; **~es Knochenmark**
(Lat: Medulla ossium flava) sarı
kemik iliği

Gelber Fleck *(Lat: Macula lutea) (in
der Augenanatomie)* sarı benek;
<Syn→ **Makula**> makula

Gelbfieber *nt* sarıhumma

Gelbfieber-Virus *nt* sarıhumma
virüsü

Gelbkörper *m (Lat: Corpus luteum)
(in der Gynäkologie)* sarı cisim

Gelbkörperhormone *m <Syn→*
Gestagene> *(in der Gynäkologie)*
gestojenler

Gelbsucht *f* sarılık; *<Syn→* **Ikterus**>
(Lat: icterus) ikter

Gelelektrophorese *f (in der
Molekularbiologie)* jel elektroforezi

Gelenk *nt (Lat: articulatio) anat*
eklem; **~e der oberen Extremität**
üst ekstremite eklemleri; **~e der
unteren Extremität** alt ekstremite
eklemleri

Gelenkblutungen *pl (bei
Hämophilie)* eklem içi kanamalar

Gelenkempyem *nt <Syn→*
Pyarthrose> *(in der Orthopädie)*
eklem empiyemi; *<Syn→* **septische
Arthritis**> septik artrit

Gelenkentzündung *f* eklem iltihabı;
eklem yangısı; **rheumatische** ~
romatizmal eklem iltihabı

Gelenkerkrankung *f* eklem
hastalığı; **degenerative** ~ dejenere
eklem hastalığı

Gelenkersatz *m* yapay eklem
replasmanı; *<Syn→* **Endoprothese**>
endoprotez

Gelenkflüssigkeit→
Gelenkschmiere

Gelenkkapsel *f (Lat: Capsula
articularis)* eklem kapsülü

Gelenkkontraktur *f (in der
Orthopädie)* eklem kontraktürü

Gelenkschmiere *f <Syn→*
Synovialflüssigkeit → **Synovia**> *(in
der Orthopädie)* sinoviyal sıvı; eklem
sıvısı

Gelenkinnenhaut *f <Syn→*
Membrana synovialis> *(Lat:
Membrana synovialis)* sinoviyal zar

Gelenkknorpel *m anat* eklem
kıkırdağı; **hyaliner** ~ hiyalin eklem
kıkırdağı

Gelenkluxation *f (in der
Orthopädie)* eklem çıkığı

Gelenkprothese *f* eklem protezi

Gelenkschmerzen *pl* eklem ağrıları

Gelenkspiegelung *f <Syn→*
Arthroskopie> artroskopi

Gelenksteife *f (in der Orthopädie)*
eklem sertliği

Gelenkverletzung *f* eklem incinmesi

118

Gel-Permeations-Chromatographie *f* jel filtrasyon kromatografisi

Gemeiner Holzbock *a. (Lat: Ixodes ricinus)* sakırga; **der Gemeine Holzbock ist der Überträger der Lyme-Borreliose** sakırga, Lyme hastalığının taşıyıcısıdır

Gemisch *nt* <*Ant*→ **Reinstoff**> *chem* karışım; **heterogene** ~**e** heterojen karışımlar; **homogene** ~**e** homojen karışımlar; **komplexes** ~ karmaşık karışım

gemischt *Adj* karışık; ~**e Dysarthrie** *(in der Neurologie: motorische Sprechstörung)* karışık dizartri

Gen *nt* gen; **sequenziertes** ~ dizilenmiş gen

Genealogie *f* jenealoji; <*Syn*→ **Ahnenforschung**> soybilim; soy bilimi; **genetische** ~ genetik soybilim

Gendefekt *m* genetik bozukluk

Gender *nt* <*Syn*→ **soziales Geschlecht**> toplumsal cinsiyet

Gendermedizin *f* <*Syn*→ **genderspezifizische Medizin**> toplumsal cinsiyete özgü tıp

gendersensibel *Adj* toplumsal cinsiyete duyarlı

genderspezifizisch *Adj* toplumsal cinsiyete özgü; ~**e Medizin** <*Syn*→ **Gendermedizin**> toplumsal cinsiyete özgü tıp

Gendrift *f (in der Populationsgenetik)* genetik sürüklenme

generalisiert *Adj* genelleştirilmiş; jeneralize; ~**e Angststörung** <*kurz*→

GAS> yaygın anksiyete bozukluğu; ~**e Epilepsie** genelleştirilmiş epilepsi

Generation *f* nesil; kuşak

Generationenwechsel *m* nesillerin değişimi

Generikum *nt* <*pl*→ Generika; *Syn*→ **Nachahmerpräparat;** *Ant*→ **Originalpräparat**> jenerik ilaç

-**genese** *(Suffix)* -genez; -jenez; *(Embryo~)* <*Syn*→ **Entwicklung**> gelişim; *(Karzino~)* <*Syn*→ **Entstehung**> oluşma

Genese *f* <*Syn*→ **Pathogenese**> *(in der Pathologie: Entstehung/Entwicklung einer Krankheit)* patogenez; **kardiale** ~ kalbin gelişimi

Genesung *f* iyileşme

Genesungsphase *f* iyileşme evresi

Genetik *f* genetik; **medizinische** ~ medikal genetik

Genetiker *m* (erkek) genetikçi

Genetikerin *f* (kadın) genetikçi

genetisch *Adj* genetik; ~ **bedingte Krankheit** <*Syn*→ **Erbkrankheit**> genetik hastalık; kalıtsal hastalık; ~**e Information** genetik bilgi; ~**e Variation** genetik varyasyon; ~**er Code** genetik kod; genetik şifre; ~**er Fingerabdruck** genetik parmak izlemesi; DNA profillemesi

Genexpression *f (in der Genetik)* gen ifadesi; gen ekspresyonu

Genexpressionsanalyse *f (in der Genetik)* gen ifadesi analizi

Genforscher *m* (erkek) gen araştırmacı

Genforscherin *f* (kadın) gen araştırmacı

Genforschung *f* gen araştırması

Genfrequenz *f* <*Syn*→ **Genhäufigkeit**> *(in der Genetik)* gen frekansı

Genfusion *f* gen füzyonu

Genhäufigkeit→ **Genfrequenz**

Genick *nt* <*Syn*→ **Nacken**> *(Lat: nucha; Regio nuchae) anat* ense

Genickstarre *f* <*Syn*→ **Nackensteifigkeit**> *(bei Meningismus)* ense sertliği; ~ **ist ein Symptom für Meningismus** ense sertliği, menenjizm için bir belirtidir

Genitale→ **Genitalorgan**

Genitalhöcker *m* <*Syn*→ **Geschlechtshöcker**> *(Lat: Tuberculum genitale)* genital tüberkül

Genitalorgan *nt (Lat: Organum genitale)* genital organ; <*Syn*→ **Fortpflanzungsorgan**> üreme organı; <*Syn*→ **Geschlechtsorgan** → **Sexualorgan**> cinsel organ

Genitalwarze *f* <*Syn*→ **Feigwarze** → **Kondylom**> *(Lat: Condyloma acuminatum) (in der Proktologie)* genital siğil

Genkarte *f* <*Syn*→ **genetische Karte**> genetik harita

Genkopplung *f (Eng: genetic linkage) (in der Genetik)* genetik bağlantı

Genlocus→ **Genlokus**

Genlokus *m* <*Syn*→ **Lokus**> *(Lat: locus) (in der Genetik)* lokus

Genmaterial *nt (in der Genetik)* genetik materyal

Gen-Manifestation *f (in der Genetik)* gen manifestasyonu

Genmutation *f (in der Genetik)* gen mutasyonu; **gestörte ~en der Kupferstoffwechsel in der Leber** *(in der Hepatologie: bei Morbus Wilson)* karaciğerde bakır metabolizmasının bozuk gen mutasyonları

Genom *nt (in der Genetik)* genom; <*Syn*→ **Erbgut**> genetik malzeme

genomisch *Adj* genomik; ~**e Stabilität** genomik kararlılık

Genontologie *f* gen ontolojisi

Genotyp *m (in der Genetik)* genotip; soyyapı; kalıtyapı

Genpool *m (in der Genetik)* gen havuzu

Genprodukt *nt* gen ürünü

Genregulation→ **Genregulierung**

Genregulierung *f* <*Syn*→ **Genregulation**> gen düzenleme; gen düzenlenmesi; gen ifadesinin düzenlenmesi

Gensequenz *f* gen dizisi

gensequenziert *Adj* geni dizilenmiş

Gentechnik *f* genetik mühendisliği; genetik mühendislik teknolojisi

gentechnisch modifizierter Organismus (GMO) *<Syn→* **gentechnisch veränderter Organismus>** *(in der Gentechnik)* genetiği değiştirilmiş organizma (GDO)

gentechnisch veränderter Organismus (GVO) *<Syn→* **gentechnisch modifizierter Organismus>** *(in der Gentechnik)* genetiği değiştirilmiş organizma (GDO)

Gentest *m* gen testi; *~s an* **Embryonen** embriyolar üzerinde gen testleri

Gentransfer *m (in der Genetik und der Mikrobiologie)* gen transferi; **horizontaler** ~ yatay gen transferi

Genus *nt <Syn→* **Gattung>** *(in der Taxonomie)* cins

Genu valgum *nt <Ant→* **Genu varum>** *(in der Orthopädie)* genu valgum; *<Syn→* **X-Bein-Stellung>** parantez bacak

Genu varum *nt <Ant→* **Genu valgum>** *(in der Orthopädie)* genu varum; *<Syn→* **O-Bein-Stellung>** yay bacak

Gerät *nt <Syn→* **Instrument>** alet; **medizinisches** ~ tıbbi alet

Gerätetauchen *nt (in der Tauchmedizin)* aletli dalış; donanımlı dalış

Geriatrie *f* geriatri; *<Syn→* **Altersmedizin>** yaşlılık hekimliği

Gerichtsmedizin→ Rechtsmedizin

gering *Adj* düşük; *~e* **Inzidenz** *(in der Epidemiologie)* düşük insidans; *~es* **Risiko** düşük risk

Gerinnsel *nt (in der Hämatologie)* pıhtı

Gerinnung *f* pıhtılaşma

Gerinnungsfaktoren *pl* pıhtılaşma faktörleri

gerinnungshemmend *Adj (in der Pharmakologie)* pıhtılaşma önleyici; *~e* **Wirkung** pıhtılaşma önleyici etki

Gerinnungshemmer *m (in der Pharmakologie)* pıhtılaşma önleyici ilaç; *<Syn→* **Antikoagulans>** antikoagülan

Gerinnungsprozess *m* pıhtılaşma süreci

Gerinnungssystem *nt* pıhtılaşma sistemi

gerissen *Adj* yırtılmış; rüptüre; *~es* **Aneurysma** rüptüre anevrizma

geronnen *Adj* pıhtılaşmış; *~es* **Exsudat** pıhtılaşmış eksüda

Gerontologie *f* gerontoloji; jerontoloji; *<Syn→* **Alterswissenschaft>** yaşlılık bilimi

Gerstenkorn *nt <Syn→* **Hordeolum>** *(in der Augenheilkunde)* arpacık

Geruchskolben *m (Lat: Bulbus olfactorius; Eng: olfactory bulb)* koku alma ampulü; olfaktör bulbus

Geruchsrezeptor *m* koku reseptörü; *<es→* **olfaktorischer Rezeptor>** *(Eng: olfactory receptor)* olfaktör reseptör

Geruchssinn *m* koku alma duyusu

121

Geruchsverlust *m* koku algısını kaybetme

Geruchswahrnehmung *f* koku algısı

Gesäß *nt* kıç; kaba et; popo; gluteus

Gesäßregion *f* kıç bölgesi; *<Syn→* **Glutealregion>** *(Lat: Regio glutealis; Regio glutea) anat* gluteal bölge

gesättigt *Adj <Ant→* **ungesättigt>** doymuş; ~**e Fettsäuren** doymuş yağ asitleri; ~**e Lösung** *chem* doymuş çözelti

Geschädigte *f* mağdur

Geschädigter *m* mağdur

Geschlecht *nt* cinsiyet; eşey; **biologisches** ~ biyolojik cinsiyet

Geschlechterrolle *f* cinsiyet rolü

geschlechtlich *Adj <Syn→* **sexuell>** eşeyli; ~**e Fortpflanzung** eşeyli üreme

geschlechtsangleichende Operation *<kurz→* **GA-OP>** cinsiyet değiştirme ameliyatı

Geschlechtsbestimmung *f <Syn→* **Geschlechtsdetermination>** cinsiyet belirleme; eşey belirlenmesi

Geschlechtschromosom *nt (in der Genetik)* eşey kromozomu; *<Syn→* **Gonosom>** gonozom

Geschlechtsdetermination→ **Geschlechtsbestimmung**

Geschlechtsdrüse *f <Syn→* **Keimdrüse>** eşeysel bez; *<Syn→* **Gonade>** gonad

Geschlechtsdysphorie *f (in der Psychiatrie)* cinsiyet disforisi

Geschlechtshöcker *m <Syn→* **Genitalhöcker>** *(Lat: Tuberculum genitale)* genital tüberkül

Geschlechtshormon *m* cinsellik hormonu

Geschlechtsidentität *f* cinsiyet kimliği

Geschlechtsorgan *nt (Lat: Organum genitale)* cinsel organ; cinsiyet organı; *<Syn→* **Fortpflanzungsorgan>** üreme organı

Geschlechtsreife *f* cinsel olgunluk

Geschlechtsreifung *f <Syn→* **Pubeszenz>** cinsel olgunluğa ulaşma

Geschlechtsreifungsprozess *m* cinsel olgunluğa ulaşma süreci

Geschlechtsumwandlung *f* cinsiyet değiştirme

Geschlechtsverkehr *m (Lat: coitus)* cinsel ilişki; seks; koitus; **Kondomnutzung beim** ~ cinsel ilişkide prezervatif kullanma

Geschlechtszelle *f <Syn→* **Keimzelle>** *(in der geschlechtlichen Fortpflanzung)* üreme hücresi; *<Syn→* **Gamet>** gamet

geschlossen *Adj* kapalı; ~**es System** kapalı sistem

Geschmack *m* tat; **adstringierender** ~ astrenjan tat

Geschmacksknospen *pl <Syn→* **Schmeckknospen>** *(Lat: Caliculi gustatorii)* tat alma cisimcikleri; tat tomurcukları

Geschmacksporus *m (Lat: Porus gustatorius)* tat gözeneği

Geschmacksrezeptor *m* tat alma reseptörü

Geschmackssinn *m* tat alma duyusu

geschützt *Adj <Ant→* **ungeschützt>** korunmalı; ~er Sex *<Syn→* **Safer Sex>** korunmalı seks; güvenli seks

geschwollen *Adj* şişmiş; ~e **Augenlider** şişmiş göz kapakları; ~e **Lippen** şişmiş dudaklar

Geschwulst *f* ur; *<Syn→* **Tumor>** tümör; tumor

Geschwulstbildung *f* ur oluşumu

Geschwür *nt <Syn→* **Ulkus>** *(Lat: ulcus) (in der Dermatologie)* ülser; **peptisches** ~ peptik ülser

Gesicht *nt (Lat: facies) anat* yüz

Gesichtsausdruck *m* yüz ifadesi

Gesichtsblindheit *f (in der Neuropsychologie)* yüz körlüğü; *<Syn→* **Prosopagnosie>** prozopagnozi

Gesichtsfeld *nt* görme alanı; görüş alanı

Gesichtsfeldausfall *m* görme alanı kaybı; *<Syn→* **Skotom>** skotom

Gesichtsfeldmessung *f* görme alanı ölçümü

Gesichtsfelduntersuchung *f* görme alanı muayenesi

Gesichtslähmung *f <Syn→* **Fazialähmung>** *(in der Neurologie)* yüz felci; *<Syn→* **Fazialisparese>**

fasiyal parezi; **stressbedingte** ~ strese bağlı yüz felci

Gesichtsmaske *f* yüz maskesi

Gesichtsmuskulatur *f* yüz kasları

Gesichtsnerv *m (Lat: Nervus fascialis)* fasiyal sinir; yüz siniri

Gesichtsschmerz *m* yüz ağrısı; fasiyal ağrı

Gesichtsstraffung *f (Eng: facelift)* yüz germe; *<Syn→* **Rhytidektomie>** ritidektomi

Gesichtswahrnehmung *f psych* yüz algısı

Gesprächstherapie *f psych* konuşma terapisi

Gestagen *nt (in der gynäkologischen Endokrinologie)* gestajen

Gestagene *pl <Syn→* **Gelbkörperhormone>** *(in der gynäkologischen Endokrinologie)* gestojenler

Gestation *f <Syn→* **Gravidität>** gestasyon; *<Syn→* **Schwangerschaft>** gebelik; hamilelik

Gestationsalter *nt <Syn→* **Schwangerschaftsdauer>** *(in der Pränatalmedizin und der Gynäkologie)* gebelik süresi

Gestationsdiabetes *m* gestasyonel diyabet; *<Syn→* **Schwangerschaftsdiabetes>** gebelik diyabeti

Gestationsdiabetes mellitus→ Gestationsdiabetes

Gestell *nt* sehpa

gesund *Adj* <*Ant*→ **ungesund**>
sağlıklı; ~e **Ernährung** sağlıklı
beslenme; ~es **Bein** sağlam ayak

Gesundheit *f* sağlık; **psychische** ~
ruh sağlığı

Gesundheitsangelegenheiten *pl*
sağlık işleri

Gesundheitsbehörde *f* sağlık
makamı

Gesundheitsberatung *f* sağlık
danışmanlığı

Gesundheitseinrichtung *f* sağlık
kuruluşu

Gesundheitsexperte *m* (erkek)
sağlık uzmanı

Gesundheitsexpertin *f* (kadın) sağlık
uzmanı

Gesundheitsministerium *nt* sağlık
bakanlığı

Gesundheitspflege *f* sağlık bakımı

Gesundheitspolitik *f* sağlık
politikası

Gesundheitsprobleme *pl* sağlık
sorunları

Gesundheitspsychologe *m* (erkek)
sağlık psikologu

Gesundheitspsychologie *f* sağlık
psikolojisi

Gesundheitspsychologin *f* (kadın)
sağlık psikologu

Gesundheitsrisiken *pl* sağlık riskleri

gesundheitsschädlich *Adj* sağlığa
zararlı

Gesundheitszeugnis *nt* sağlık raporu

Gesundheitszustand *m* sağlık
durumu

Gesundung *f* <*Syn*→ **Heiling**>
iyileşme; şifa

Gesundungsprozess *f* iyileşme
süreci

Gewalt *f* şiddet; ~ **gegenüber
Frauen** kadınlara yönelik şiddet;
häusliche ~ aile içi şiddet; **sexuelle** ~
cinsel şiddet

Gewebe *nt* doku; **organisches** ~
organik doku

Gewebebank *f* doku bankası

Gewebeinkompatibilität *f* doku
uyuşmazlığı

Gewebekultur→ **Gewebezüchtung**

Gewebelehre *f* doku bilimi; <*Syn*→
Histologie> histoloji

Gewebeprobe *f* (in der Biopsie)
doku örneği; ~n **der Bronchoskopie**
bronskoskopinin doku örnekleri

Gewebeschaden *m* doku hasarı

Gewebespende *f* doku bağışı

Gewebetransplantation *f* (in der
plastischen Chirurgie) doku nakli

Gewebetyp *m* doku tipi

Gewebezucht→ **Gewebezüchtung**

Gewebezüchtung *f* <*Syn*→ **Tissue-
Engineering** → **Gewebezucht** →
Gewebskultur → **Gewebekultur**>
(Eng: tissue engineering) doku
mühendisliği

124

Gewebseinschmelzung *f (beim Abszess)* doku erimesi

Gewebsflüssigkeit *f* doku sıvısı; *<Syn→* **Interstitialflüssigkeit>** interstisyel sıvı

Gewebskultur→ Gewebezüchtung

Gewebsmakrophage *f (Lat: Macrophagocytus stabilis) (in der Immunologie und der Histologie)* doku makrofajı; *<Syn→* **Histiozyt>** histiosit

Gewebsschädigung *f* doku hasarı

Gewichtsverlust *m* kilo kaybı

Gewichtszunahme *f* kilo alımı

gewinnen *vt* elde etmek

Gewöhnungseffekt *m* alışma etkisi

gf-cf-Ernährung→ gluten- und kaseinfreie Ernährung

GI→ glykämischer Index

Gicht *f* gut; damla hastalığı

Gichtarthritis *f* gut artriti

Gichtattacke *f* gut atağı

Gießkannenschimmel *m (Lat: Aspergillus)* aspergillus

Gift *nt* zehir

Giftgas *nt* zehirli gaz

giftig *Adj* zehirli

Giftigkeit *f (in der Toxikologie und der Pharmakologie)* zehirlilik; ağılılık; *<Syn→* **Toxizität>** toksisite; toksiklik

Giftsekret *nt* zehir salgısı

Giftstoff *m* zehirli madde

Gigantismus *m <Syn→* **Risenwuchs>** gigantizm

Gingivahyperplasie *f* gingival hiperplazi; *<Syn→* **Zahnfleischwucherung** > diş eti büyümeleri

Gingivarezession *f <Syn→* **Zahnfleischschwund** → **Zahnfleischrückgang>** diş eti çekilmesi

Gips *m* alçı

Gipsschiene *f* alçı ateli

Gipsverband *m* alçılı sargı

Glabella *f (Stelle zwischen den Augenbrauen) anat* glabella

Glandula parotis *f <Syn→* **Parotis>** *(Lat: Glandula parotidea)* parotis bezi; *<Syn→* **Ohrspeicheldrüse>** kulak altı bezi

Glans penis *f anat* glans penis; *<Syn→* **Eichel>** penis başı

Glasauge→ Augenprothese

Glasballon *m (Frz: dame-jeanne; İng: demijohn)* damacana

Glasknorpel *m <Syn→* **hyaliner Knorpel>** *(in der Histologie)* hiyalin kıkırdak

Glaskörper *m (Lat: Corpus vitreum) (im Auge)* vitre; camsı cisim

Glasröhre *f (im Labor)* cam tüp

glatt *Adj* düz; ~e **Muskulatur**
<*Ant*→ **quergestreifte Muskulatur**>
düz kaslar

Glaukom *nt (in der Augenheilkunde)*
glokom; <*Syn*→ **Grüner Star**>
karasu; göz tansiyonu

Gleichbein *nt* <*Syn*→ **Sesambein**>
(Lat: Os sesamoideum) susamsı
kemik

Gleichgewicht *nt* denge; **chemisches**
~ kimyasal denge;
thermodynamisches ~ *chem*
termodinamik denge

Gleichgewichtskonstante *f chem*
denge sabiti

Gleichgewichtsnerv *m (Lat: Nervus
vestibularis)* denge siniri

Gleichgewichtsorgan *m* <*Syn*→
Vestibularapparat> *(Eng:
vestibular system) (in der
Neurobiologie)* vestibüler sistem

Gleichgewichtsreaktion *f chem*
denge tepkimesi

Gleichgewichtssinn *m (in der
Verhaltensbiologie)* denge duyusu

Gleichgewichtsstörungen *pl*
denge bozuklukları

Gleitbeutel *m* <*Syn*→
Schleimbeutel> *(Lat: Bursa
synovialis) anat* bursa; **der** ~ **ist ein
kleines flüssigkeitsgefülltes
Säckchen** bursa, içi sıvı dolu küçük
bir keseciktir

Gleitgel *nt* kayganlaştırıcı jel

Gleitmittel *nt* kayganlaştırıcı;
<*Syn*→ **Gleitgel**> kayganlaştırıcı jel

glial *Adj* glial; ~er **Tumor** *(in der
Onkologie)* glial tümör

Gliazelle *f (im Nervengewebe)* glia
hücresi; gliyal hücre; nörogliyal;
gliya

Glied *nt (in der Neurologie)* uzuv

Gliedmaße *f* <*Syn*→ **Extremität**>
(in der Anatomie) ekstremite

Gliedapraxie *f (in der Neurologie)*
uzuv apraksisi

global *Adj* global; küresel; ~e
Erwärmung küresel ısınma;
hizalama; ~es **Alignment** *nt a. (in
der Bioinformatik)* global hizalama;

Globulin *nt* globulin; globülin

glomerulär *Adj* glomerüler; ~e
Filtrationsrate *(in der Nephrologie
und der Physiologie der Niere)*
glomerüler filtrasyon oranı

Glomerulum *nt* <*Syn*→
Glomerulus> glomerulum.; <*Syn*→
Nierenknäuelchen → **Knäuelchen**>
yumakçık

Glomerulus→ **Glomerulum**

Glossodynie *f* <*Syn*→ **Zungen- und
Mundschleimhautbrennen**> *(Eng:
burning mouth syndrome) (in der
Neurologie)* ağız yanması sendromu

Glottis *f (in der HNO)* glottis

glottisch *Adj (in der HNO)* glottik;
~er **Raum** *(Lat: Rima glottidis)*
glottik bölge

Glottisödem *nt (in der HNO)* glottis
ödemi

Glotzauge *nt* <*Syn*→ **Glubschauge**>
patlak göz; pörtlek göz; <*Syn*→

Exophthalmus → **Protrusio bulbi** → **Opththalmopathie**> ekzoftalmi

Glubschauge→ **Glotzauge**

Glückshormon *m* mutluluk hormonu

Glucocorticoide *pl* glukokortikoidler; ~ **sind Steriodhormone aus der Nebennierenrinde** glukokortikoidler, adrenal korteksten çıkan steriod hormonlardır

Glucose *f* <*Syn*→ **Glukose**> *(Formel: C₆H₁₂O₆)* glukoz; ~ **ist das häufigste Monosaccharid** glukoz en sık görülen monosakkarittir

Glucosesirup *m* glukoz şurubu

Glukose→ **Glucose**

Glukosekonzentration *f* glukoz konsantrasyonu

Glukosemolekül *nt* glukoz molekülü

Glukosespiegel *m* glukoz düzeyi

Glukosestoffwechsel *m* glukoz metabolizması

Glukosetoleranz-Test *m (in der Diabetologie)* glukoz tolerans testi; **oraler** ~ <*Syn*→ **Zuckerbelastungstest**> oral glukoz zorlama testi

Glukosewert *m* glukoz değeri

Glutealregion *f (Lat: Regio glutealis; Regio glutea)* anat gluteal bölge; <*Syn*→ **Gesäßregion**> kıç bölgesi

Glutenallergie *f* gluten alerjisi

Gluten-Enteropathie *f* gluten enteropatisi; <*Syn*→ **Zöliakie**> çölyak hastalığı

glutenfrei *Adj* glutensiz

gluten- und kaseinfreie Ernährung <*Syn*→ **gf-cf-Ernährung**> *(Eng: gluten-free casein-free diet)* glutensiz ve kazeinsiz diyet

Glycämie→ **Glykämie**

Glycerin-Zäpchen *nt (bei Verstopfung)* gliserin fitili

Glycogen→ **Glykogen**

Glycoprotein→ **Glykoprotein**

Glykämie *f* <*Syn*→ **Glycämie**> *(in der Diabetologie)* glisemi

glykämisch *Adj (in der Diabetologie)* glisemik; ~**e Last** glisemik yük; ~**er Index** <*kurz*→ **GI**>glisemik indeks

Glykogen *nt* <*Syn*→ **Glycogen** → **Leberstärke**> *(Formel: C₆H₁₀O₅) (in der Hepatologie)* glikojen

Glykogenmolekül *nt (in der Hepatologie)* glikojen molekülü

Glykogensynthese *f (in der Hepatologie)* glikojen sentezi

Glykolyse *f* glikoliz

Glykoprotein *nt* <*Syn*→ **Glycoprotein**> glikoprotein; **das Fibrinogen ist ein** ~ fibrinojen, bir glikoproteindir

Glykosid *nt chem* glikozit

GMO→ **gentechnisch modifizierter Organismus**

Goblet-Zelle *f (in der Histologie)*
goblet hücresi; *<Syn→* **Becherzelle**>
kadeh hücresi

Goldfüllung *f (in der Zahnmedizin)*
altın dolgu

Goldinlay *nt (in der Zahnmedizin)*
altın inley

Goldstandard *m* altın standart

Gonade *f* gonad; *<Syn→* **Keimdrüse**
→ **Geschlechtsdrüse**> eşeysel bez

Gonokokkeninfektion *f* gonokok
enfeksiyonu

Gonokokkenpharyngitis *f* gonokok
farenjiti

Gonorrhö→ **Gonorrhoe**

Gonorrhoe *f <Syn→* **Gonorrhö**> *(in
der Pathologie: meldepflichtige
Krankheit)* gonore; *<Syn→* **Tripper**>
belsoğukluğu

Gonosom *nt (in der Genetik)*
gonozom; *<Syn→*
Geschlechtschromosom> eşey
kromozomu

G-Protein-gekoppelter Rezeptor *m
(in der Neurochemie)* G protein-
kenetli reseptör

Grabmilbe *f <Syn→* **Krätzenmilbe**
→ **Krätzmilbe**> uyuz akarı

Grad *m* derece

Graft *m <Syn→* **Transplantat**>
(Eng: graft) greft

Graft-versus-Host-Reaktion *f (in
der Immunologie und der
Transplantationsmedizin:
Transplantat-gegen-Wirt-Reaktion)*

(Eng: graft-versus-host-disease)
graft-versus-host-hastalığı

Gramfärbung *f <Syn→* **Gram-
Färbung**> *(in der medizinischen
Mikrobiologie)* gram boyama

Gram-Färbung→ **Gramfärbung**

gramnegativ *Adj <Ant→*
grampositiv> gram-negatif; *~e*
Bakterien gram-negatif bakteriler

grampositiv *Adj <Ant→*
gramnegativ> gram-pozitif; *~e*
Bakterien gram- pozitif bakteriler

Granula *f <pl von→* **Granulum**>
granüller

granulär *Adj <Ant→* **agranulär**>
granüllü; *~es* **endoplasmatisches
Retikulum** granüllü endoplazmik
retikulum

Granulat *nt (in der Pharmazie)* granül;
täglich einen Löffel des *~s* **in ein Glas
Wasser einrühren** günde bir kez bir
kaşık granülü bir bardak suda eritmek

Granulation *f (in der Pathologie)*
granülasyon

Granulationsgewebe *nt (in der
Pathologie)* granülasyon dokusu

Granulationsgewebebildung *f (in der
Pathologie)* granülasyon dokusu oluşumu

Granulom *nt (Lat: granulum) (in der
Pathologie)* granülom; **pyogenes** *~ (Lat:
Granuloma pyogenicum)* piyojenik
granülom

granulomatös *Adj* granülomatöz; *~e*
Läsionen granülomatöz lezyonlar

Granulomatose *f (in der Pathologie)*
granülomatozis

Granulombildung *f* granülom oluşması

Granulozyt *m (in der Immunologie)* granülosit; **basophiler** ~ bazofil granülosit; **eosinophiler** ~ eozinofil granülosit; **neutrophiler** ~ nötrofil granülosit

Granulum *nt (in der Zellbiologie und der Histologie)* granül.; **die Freisetzung von Granula nennt man Degranulation** granüllerin salınmasına degranülasyon denir

grau *Adj* gri; boz; **~e Substanz** *(Lat: Substantia grisea) (im Zentralnervensystem)* boz madde

grauer Star *f* aksu; *<Syn→* **Katarakt/Linsentrübung>** katarakt

Gravidität *f <Syn→* **Gestation>** gestasyon; *<Syn→* **Schwangerschaft>** gebelik; hamilelik

Grimassieren[1] *nt (in der Gynäkologie: zur Bestimmung des Apgar-Scores)) (in der Gynäkologie: zur Bestimmung des Apgar-Scores)* yüz buruşturma

Grimassieren[2] *nt (in der Neurologie)* yüz şekilleri yapma; ~ **gehört zu den einfachen motorischen Tics** *(in der Neurologie)* yüz şekilleri yapma, basit motor tiklerdendir

Grimmdarm *m <Syn→* **Kolon →** **Colon>** *anat* kolon

Grind→ Kruste

Grippe *f* grip; *<Syn→* **Influenza>** enflüanza; **Spanische ~** İspanyol gribi

Grippeimpfung *f* grip aşısı

Grobmotorik *f <Ant→* **Feinmotorik>** kaba motor beceri

Größenwahn *m (in der Psychopathologie)* büyüklük hezeyanı; *<Syn→* **Megalomanie>** megalomani

Größenzunahme *f (in der Pathologie)* irileşim; *<Syn→* **Hypertrophie>** hipertrofi

Großhirn *nt (Lat: cerebrum) <Syn→* **Cerebrum>** serebrum *<Syn→* **Telencephalon → Endhirn>** telensefalon

Großhirnrinde *f (Lat: Cortex cerebri)* serebral korteks

Großwuchssyndrom *nt (in der Orthopädie)* aşırı büyüme sendromu

Großzeh *m <Syn→* **Hallux>** *(Lat: Digitus pedis I)* anat ayak başparmağı

Großzehe→ Großzeh

Großzehengrundgelenk *nt (Lat: Articulatio metatarsophalangea)* ayak başparmağının kökündeki eklem

Grube *f (Lat: fossa)* anat çukur

Grübeln *f <Syn→* **Rumination>** *psych* ruminasyon

Grundbedarf→ Grundumsatz

Grundenergieumsatz→ Grundumsatz

Grundgesamtheit *f <Syn→* **Population → Kollektiv → statistische Masse>** *(in der Statistik)* anakütle; istatistiksel yığın

Grundgewebe *nt (Eng: ground tissue)* temel doku

Grundlage *f* temel;
wissenschaftliche ~ bilimsel temel

Grundlagenforschung *f* temel araştırma

Grundumsatz *m <Syn→*
Grundenergieumsatz → **Ruheenergieumsatz>** *(in der Ernährungsphysiologie)* bazal metabolizma hızı; *<Syn→* **basale Stoffwechselrate>** *(Eng: basal metabolic rate)* bazal metabolizma hızı

Grüner Star *(in der Augenheilkunde)* karasu; göz tansiyonu; *<Syn→* **Glaukom>** glokom

Gruppe *f* grup; **funktionelle** ~ *<Syn→* **charakteristische Gruppe>** *(in der organischen Chemie)* fonksiyonel grup

Guineawurm *m <Syn→* **Medinawurm>** *(Lat: Dracunculus medinensis) (in der Parasitologie)* Medine kurdu

Gumma *nt (in der Pathologie: bei Syphillis)* gom

Gummibonbon *m* jöleli şeker

Gummistrumpf *m* lastik çorap

Gummihandschuh *m* lastik eldiven

Gurgeln *nt* gargara; ~ **mit Mundspüllösung** ağız bakım suyu ile gargara; ~ **mit Wasser** su ile gargara

Gürtelwindung *f <Syn→* **Gyrus cinguli>** *(Eng: cingulate cortex) (Teil des Hirns)* singulat korteks

gustatorisch *Adj* gustatorik; ~**e Halluzination** *(in der Psychopatologie)* gustatorik halüsinasyon; *<Syn→* **olfaktorische Halluzination>** olfaktorik halüsinasyon

gut *Adj* iyi; wohl; **mir geht es** ~ iyiyim; **ich fühle mich nicht** ~ kendimi iyi hissetmiyorum

gutartig *Adj <Ant→* **bösartig>** iyi huylu; selim; benign; ~**e Fehlbildung** iyi huylu malformasyon; ~**er Tumor** iyi huylu tümör; selim tümör

GVO→ **gentechnisch veränderter Organismus**

Gynäkologe *m* (erkek) jinekolog; *<Syn→* **Frauenarzt>** kadın hastalıkları hekimi

Gynäkologie *f <Syn→* **Frauenheilkunde>** jinekoloji

Gynäkologin *f* (kadın) jinekolog; *<Syn→* **Frauenärztin>** kadın hastalıkları hekimi

gynäkologisch *Adj* jinekolojik; ~**e Endokrinologie** jinekolojik endokrinoloji

Gyrus *m <pl→* **Gyri>** girus

Gyrus angularis *m* angular girus

Gyrus cinguli *m <Syn→* **Gürtelwindung>** *(Eng: cingulate cortex) (Teil des Hirns)* singulat korteks

Gyrus fusiformis *m <Syn→* **Spindelwindung>** *(Eng: fusiform gyrus) (Teil des Hirns)* fusiform girus

H

H₂-Rezeptor-Antagonisten *pl* H₂
reseptör antagonistler

Haar *nt (Lat: pilus)* saç; kıl; **dünnes**
~ ince saç; **schütteres** ~ seyrek saç

Haarausfall *m (in der Dermatologie)*
saç dökülmesi; saç kaybı; *<Syn→*
Alopezie → **Alopecia**> alopezi;
androgenetischer ~ androgenetik
alopezi; **kreisrunder** ~ *(Lat:*
Alopecia areata) saçkıran;
stressbedingter ~ strese bağlı saç
dökülmesi

Haarbalg *m <Syn→* **Haarfollikel**>
(Lat: Folliculus pili) saç folikülü

Haareausreißen *nt* saç yolma;
<Syn→ **Trichotillomanie**>
trikotillomani

Haarentfernung *f* saç çıkarma;
<eş→ **Epilation**> epilasyon

Haarfollikel *m <Syn→* **Haarbalg**>
(Lat: Folliculus pili) saç folikülü; kıl
folikülü

Haargefäß *nt (in der Histologie)*
kılcal damar *<Syn→* **Kapillare**>
kapiler

Haartransplantation *f <Syn→*
Haarverpflanzung> *(in der*
plastischen Chirurgie) saç nakli

Haarpflege *f* saç bakımı

Haarschichten *pl* saç katmanları; ~
sind die Cuticula
(Schuppenschicht), der Cortex
(Faserschicht) und die Medulla saç
katmanları, kütikül, korteks ve
medulladır

Haar-Tonikum *nt* saç toniği

Haarverpflanzung→
Haartransplantation

Haarwurzel *f (Lat: Radix pilii)* saç
kökü

Hacke *f <Syn→* **Ferse**> topuk

Hadernkrankheit→Lungenmilzbra
nd

Haftlinse *f <Syn→* **Kontaktlinse** →
Haftschale> kontak lens
Haftschale→ Haftlinse

Hagelkorn *nt <Syn→* **Chalazion**>
(in der Augenheilkunde) şalazyon;
maibomiyan kisti

Halitosis *m (in der*
Gastroenterolojgie) halitozis; *<Syn→*
Mundgeruch> ağız kokusu

Hallux *m <Syn→* **Großzeh**> *(Lat:*
Digitus pedis I) anat ayak
başparmağı

Hallux valgus *m (in der Orthopädie)*
halluks valgus

Halluzination *f (Lat: alucinatio) (in*
der Psychopathologie) halüsinasyon;
varsanı; **akustische** ~ akustik
halüsinasyon; işitsel halüsinasyon;
optische ~ optik halüsinasyon; görsel
halüsinasyon

Halluzinogen *nt (in der Pharmazie)*
halüsinojen

halluzinogen *Adj* halüsinojen;
halüsinojenik; ~**e Pilze** halüsinojen
mantarlar; *<Syn→* **Zauberpilze**>
(Eng: magic mushrooms) sihirli
mantarlar; ~**e Substanzen**
halüsinojenik maddeler

Hals *m* boğaz

Halsbonbon *m* <*Syn*→ **Hustenbonbon**> boğaz pastili

Halsbräune *f* <*Syn*→ **Bräune**> *(Kinderkrankheit)* kuşpalazı, <*Syn*→ **Diphtherie**> difteri

Hals-Nasen-Ohren-Arzt *m* (erkek) kulak burun boğaz hekimi

Hals-Nasen-Ohren-Ärztin *f* (kadın) kulak burun boğaz hekimi

Hals-Nasen-Ohren-Heilkunde *f* kulak burun boğaz (hekimliği); kulak burun boğaz (tıbbı); <*kurz*→ **HNO**> kulak burun boğaz; <*Syn*→ **Oto-Rino-Laryngologie**> otorinolarengoloji; otolarengoloji

Halsschlagader *f* <*Syn*→ **Kopfschlagader**> *(Lat: Arteria carotis communis)* şah damarı; <*Syn*→ **Carotis**> karotis arter; **innere ~** <*Syn*→ **Arteria carotis interna**> internal karotis arter

Halsschlagaderchirurgie *f* karotis arter cerrahisi

Halsschmerz/en *m/pl* boğaz ağrısı

Halsumfang *m* boyun çevresi

Halswirbel *m* *(Lat: Vertebrae cervicales)* anat boyun omuru; servikal omur; boyun vertebrası; **der erste ~ ist der Atlas** ilk servikal omur, atlastır; **der zweite ~ ist der Axis** ikinci servikal omur, eksendir

Halswirbelsäule *f* anat boyun omurgası

Halswirbelsäulenschiene *f* *(in der Orthopädie und der Notfallmedizin)* boyun omurgası ateli

Haltbarkeit *f* dayanıklılık

Haltung *f* *(in der Orthopädie)* duruş; postür

Haltungsstörung *f* *(in der Orthopädie)* postür bozukluğu

Häm *nt* hem

Hämangiom *nt* <*Syn*→ **Blutschwämmchen** → **Erdbeerfleck**> *(Lat: Haemangioma)* *(in der Dermatologie)* hemangioma; angioma; hemanjiyom; **kapilläres ~** *(Lat: Haemangioma capillare)* kapiller hemangioma; **kavernöses ~** *(Lat: Haemangioma cavernosum) (in der Dermatologie)* kavernöz hemangioma

Hämaphobie→ **Hämatophobie**

Hamartom *nt (in der Histologie)* hamartom

Hämatemesis *nt (in der Gastroenterologie)* hematemez; <*Syn*→ **Bluterbrechen**> kan kusma

Hämatogramm→ **Hämogramm**

Hämatokrit *m (in der Hämatologie)* hematokrit

Hämatokritwert *m (in der Hämatologie)* hematokrit değeri

Hämatologe *m* (erkek) hematolog; (erkek) kan bilimci

Hämatologie *f* hematoloji

Hämatologin *f* (kadın) hematolog; (kadın) kan bilimci

Hämatom *nt* <*Syn*→ **Bluterguss**> hematom

Hämatopathologie *f* hematopatoloji

Hämatophobie *f* <*Syn*→ **Blutphobie** → **Hämaphobie**> *(psych: krankhafte Angst vor Blut)* hematofobi

Hämatopoese *f* <*Syn*→ **Blutbildung**> *(in der Hämatologie: Bildung von Blutzellen)* hematopoez

hämatopoetisch *Adj (in der Hämatologie)* hematopoetik; ~e **Stammzellen** hematopoetik kök hücreler

Hämaturie *f (in der inneren Medizin und der Urologie: vermehrtes Vorkommen von roten Blutkörperchen im Urin)* hematüri

Hammer *m (Lat: Malleus) anat* çekiç kemiği; **der ~ ist ein kleiner Knochen im Mittelohr** çekiç kemiği, orta kulakta küçük bir kemiktir

Hammerfinger *m (Eng: mallet finger; hammer finger)* beyzbol paramağı

Hämodialyse *f (in der Nephrologie)* hemodiyaliz

Hämodynamik *f (in der Herz-Kreislauf-Physiologie)* hemodinamik

hämodynamisch *Adj* hemodinamik; ~e **Instabilität** *(in der Notfallmedizin)* hemodinamik instabilite; ~er **Shunt** *(in der Herz-Kreislauf-Physiologie)* hemodinamik şant

Hämoglobin *nt* hemoglobin

Hämoglobinopathie *f (in der Hämatologie und der Onkologie)* hemoglobinopati

Hämogramm *nt* <*Syn*→ **Blutbild** → **Hämatogramm**> *(in der Hämatologie)* hemogram

Hämolyse *f (in der Hämatologie: Auflösung von roten Blutkörperchen)* hemoliz; **osmotische ~** osmotic hemoliz

Hämoprotein *nt* hemoprotein

Hämoptyse *f (in der Pneumologie: Bluthusten)* hemoptizi

Hämorrhagie *f (Lat: haemorrhaghia)* hemoraji; <*Syn*→ **Blutung**> kanama

hämorrhagisch *Adj* hemorajik; kanamalı; ~e **Entzündung** hemorajik yangı; ~e **Kolitis** hemorajik kolit; ~es **Fieber** kanamalı ateş; **virales ~es Fieber** viral kanamalı ateş

Hämorrhoiden *pl* <*Syn*→ **Hämorriden**> hemoroid; basur; *umg* mayasıl

Hämorrhoiden-Behandlung *f* <*Syn*→ **Hämorriden-Behandlung**> hemoroid tedavisi; *umg* mayasıl tedavisi

Hämorrhoiden-Bluten *nt* <*Syn*→ **Hämorriden-Bluten**> hemoroid kanaması; *umg* mayasıl kanaması

Hämorrhoiden-Creme *f* <*Syn*→ **Hämorriden-Creme**> hemoroid kremi; *umg* mayasıl kremi

Hämorrhoiden-Salbe *f* <*Syn*→ **Hämorriden-Salbe**> hemoroid merhemi; *umg* mayasıl merhemi

Hämorrhoiden-Zäpchen *nt* <*Syn*→ **Hämorriden-Zäpchen**> hemoroid fitili; *umg* mayasıl fitili

Hämorriden→ **Hämorrhoiden**

Hämorriden-Creme→
Hämorrhoiden-Creme

Hämosiderin *nt (in der Hämatologie und der Pathologie)* hemosiderin

Hämostase *f (in der Hämatologie)* hemostaz

Hämothorax *m <Syn→* **Hämotothorax>** *(in der Notfallmedizin und der Thoraxchirurgie: Ansammlung von Blut im Pleuraraum)* hemotoraks

Hämotothorax→ **Hämothorax**

Hämotoxin *nt <Syn→* **Blutgift>** *(in der Hämatologie)* hemotoksin

Hand *f (Lat: manus)* el

Handchirurgie *f* el cerrahisi

Händedesinfektionsmittel *nt (cilt bakımında)* el dezenfektanı

Händewaschen *nt* el yıkama

Hand-Fuß-Mund-Krankheit *f (in der Dermatologie)* el, ayak ve ağız hastalığı

Handgelenk *nt anat* el bileği

Handgelenksganglion *nt (in der Dermatologie)* el bileği kisti

Handgelenkverletzung *f* el bileği incinmesi

Handpflege *f* el bakımı

Handrücken *m (Lat: Dorsum manus)* el sırtı

Handteller *m <Syn→* **Hohlhand>** *(Lat: Palma manus) anat* avuç içi

Handwurzelknochen *pl <Syn→* **Karpalknochen>** *(Lat: Ossa carpi)* karpal kemikler

Hanfkultur *f* kenevir kültürü

harmlos *Adj* zararsız;

Harn *m <Syn→* **Urin>** *(Lat: Urina)* idrar; sidik

Harnableitung *f <Syn→* **Harndrainage>** idrar drenajı

Harnblase *f (Lat: Vesica urinaria)* idrar kesesi; sidik torbası; mesane

Harnblasenentzündung *f <Syn→ →* **Blasenkatarrh>** idrar kesesi iltihaplanması; mesane enfeksiyonu: *<Syn→* **Zystitis>** *(Lat: Cystitis)* sistit

Harnblasenschließmuskel *m <Syn→* **Blasensphinkter** *→* **Harnsphinkter>** *(in der Urologie)* üriner sfinkter

Harndiagnostik *f <Syn→* **Urinuntersuchung** *→* **Urognostik>** idrar analizi; idrar tahlili; ürinaliz

Harndrainage *f <Syn→* **Harnableitung>** idrar drenajı

Harninkontinenz *f <Syn→* **Blasenschwäche**; *Ant→* **Harnkontinenz>** *(Lat: Incontinentia urinae)* idrar tutamama; üriner inkontinans

Harnkontinenz *f <Ant→* **Harninkontinenz>** idrar tutma; üriner kontinans

Harnleiter *m anat* idrar borusu; *<Syn→* **Ureter>** *(Lat: Ureter)* üreter

Harnleiterspiegelung *f <Syn→* **Ureteroskopie>** *(in der Urologie)* üreteroskopi

Harnorgan *m* idrar organı

Harnröhre *f* sidik borusu; idrar yolu; siyek; <*Syn*→ **Urethra**> üretra

Harnsediment *nt* <*Syn*→ **Urinsediment**> *(im Labor)* idrarda tortu

Harnsperre→ **Harnverhalt**

Harnsphinkter *m* <*Syn*→ **Blasensphinkter** → **Harnblasenschließmuskel**> *(in der Urologie)* üriner sfinkter

Harnstase→ **Harnstau**

Harnstau *m* <*Syn*→ **Harnstauung** → **Harnstase**> *(in der Urologie)* idrar tutukluğu; <*Syn*→ **obstruktive Uropathie**> obstrüktif üropati

Harnstauung→ **Harnstau**

Harnstein *m* *(in der Urologie)* mesane taşı

Harnstoff *m* <*Syn*→ **Urea**> üre

Harnsystem *nt* <*Syn*→ **Harnwege**> boşaltım sistemi

harntreibend *Adj* idrar söktürücü

Harnverhalt *m* <*Syn*→ **Harnverhaltung** → **Harnsperre**> *(Lat: Retentio urinae) (Lat: Retentio urinae) (in der Urologie)* idrar retansiyonu; idrar tutulması

Harnverhaltung→ **Harnverhalt**

Harnwege *pl* idrar yolu; <*Syn*→ **Harnsystem**> boşaltım sistemi

Harnwegerkrankungen *pl* idrar yolu hastalıkları

Harnweginfekt→ **Harnweginfektion**

Harnweginfektion *f* <*Syn*→ **Harnweginfekt**> idrar yolu enfeksiyonu

hart *Adj* <*Ant*→ **weich**> sert; ~**er Gaumen** <*Ant*→ **weicher Gaumen**> *(Lat: palatum durum) anat* sert damak

Hartgelatinekapsel *f (in der Pharmazie)* sert jelatinli kapsül

Hartkapsel *f* <*Ant*→ **Weichkapsel**> *(in der Pharmazie)* sert kapsül

hartnäckig *Adj* inatçı; ~**er Husten** inatçı öksürük

Haschisch *m/nt* kubar;

Haschischöl *nt* kubar yağı

Haselnussallergie *f* fındık alerjisi

Hasenpest *f* <*Syn*→ **Tularämie**> tularemi

Hasenscharte *f* tavşan dudağı

Haube *f (in der Chirurgie)* bone

Häufigkeit *f* sıklık; <*Syn*→ **Frequenz**> frekans

Hauptgewebeverträglichkeits-komplex→ **Haupthisto-kompatibilitätskomplex**

Haupthistokompatibilitäts-komplex *m* <*Syn*→ **Hauptgewebeverträglichkeits-komplex**> *(in der Immunologie)* ana doku uyumluluk kompleksi

Hauptschlagader *f* ana atardamar; <*Syn*→ **Aorta**> aort

135

Hausbesuch *m* ev ziyareti

Haushaltszucker *m (Formel:*
$C_{12}H_{22}O_{11}$*)* çay şekeri; *<Syn→*
Saccharose> *(Lat: saccharum)*
sakkaroz; sükroz

Hauspflege *f* evde bakım

Hausstaubmilbenallergie *f* toz akarı
alerjisi

Hauswanze *f <Syn →* **Bettwanze>**
(Lat: Cimex lectularius) tahtakurusu

Haut[1] *f (Lat: cutis)* cilt; deri;
empfindliche ~ *(in der Kosmetik)*
hassas cilt; **trockene** ~ hassas cilt

Haut[2] *f (Lat: membrana)* zar

Hautabschürfung *f; <Syn→*
Schürfwunde> sıyrık

Hautallergie *f* cilt alerjisi

Hautausschlag *m* deri döküntüsü;
kurdeşen

Häutchen *nt (Jungfern~)* zar

Hautcreme *f <Syn→* **Creme>**
kozmetik krem

Hautemphysem *nt <Syn→*
Unterhautemphysem →
subkutanes Emphysem> *(in der*
Pneumologie) cilt altı amfizemi

Hautentzündung *f* deri iltihabı

Hauterkrankung *f* cilt hastalığı

Hautfalte *f (in der Dermatologie und*
der Schönheitschirurgie) deri
kırışıklığı

Hautfarbe *f (bei der körperlichen*
Untersuchung) cilt rengi; deri rengi;
ten rengi

Hautflecken *pl* deri lekeleri

Hautgewebe *nt* deri dokusu

Hautirritation *f <Syn→*
Hautreizung> *(in der*
Neuropsychologie) deri iritasyonu

Hautkontakt *m* deri teması

Hautkrebs *m* deri kanseri; cilt
kanseri

Hautkrebs-Screening *nt (in der*
Dermatologie) deri kanseri taraması;
<kurz→ **Haut-Screening>** deri
taraması

Hautkrankheit *f* deri hastalığı

Hautlappen *m <Syn→* **Hautstück>**
(Eng: flap; Frz: lambeau) (in der
Dermatologie: bei
Hauttransplantationen) flep

Hautlappenplastik *f* flep cerrahisi

Hautläsion *f* deri lezyonu

Hautleishmaniose *f <Syn→* **kutane**
Leishmaniose> *(parasitäre*
Krankheiten) kutanöz layşmanyaz.;
<Syn→ **Aleppobeule →**
Bagdadbeule> şark çıbanı

Hautpflege *f* cilt bakımı

Hautpigmentierung *f (in der*
Dermatologie) cilt pigmentasyonu

Hautpilz *f (in der Dermatologie)* cilt
mantarı; deri mantarı; *<Syn→*
Dermatomykose> dermatomikoz;
stressbedingter ~ strese bağlı deri
mantarı

hautreizend *Adj* deriyi tahriş edici;
~**er Stoff** deriyi tahriş edici madde

Hautreizung *f <Syn→*
Hautirritation> *(in der*
Neuropsychologie) deri iritasyonu

Hautriss *m (in der Dermatologie)*
deri çatlağı; deride çatlak

Hautrötung *f* derinin kızarması;
deride kızarıklık

Hautschicht *f* deri katmanı

Hautschwiele *f <Syn→*
Hornschwiele> *(Eng: callus; Frz:*
cal) (in der Dermatologie) kallus;
<umg→ **Hühnerauge>** nasır

Haut-Screening *nt (in der*
Dermatologie) deri taraması; *<Syn→*
Hautkrebs-Screening> deri kanseri
taraması

Hautstraffung *f* cilt germe

Hautstück *nt <Syn→* **Hautlappen>**
(Eng: flap; Frz: lambeau) (in der
Dermatologie: bei
Hauttransplantationen) flep

Hauttest *m (in der Dermatologie)*
cilt testi; deri testi

Hauttransplantation *f* deri nakli;
(Eng: skin grafting) deri greftleme

Hauttrockenheit *f* deri kuruluğu

Hauttuberkulose *f (Lat: Lupus*
vulgaris) (in der Dermatologie) deri
veremi; deri tüberkülozu

Hautveränderungen *pl* derideki
değişiklikler

Hautverjüngung *f* cildin
gençleştirilmesi

Hautwolf *m <Syn→* **Wundsein>** *(in*
der Dermatologie) pişik; *<Syn→*
Intertrigo> intertrigo

Haut-zu-Haut-Kontakt *m* deri deri
teması

Hebamme *f <Syn→* **Obstetrix>** ebe

Hefe *f* maya

Hefeextrakt *nt* maya ekstraktı; maya
özütü

Hefepilz *m* maya mantarı

Heftpflaster *nt <Syn→*
Wundschnellband →
Wundpflaster → Pflaster>
yapışkan bandaj; yara bandı

heftig *Adj* şiddetli; **~er Juckreiz**
şiddetli kaşıntı

Heilanästhesie *f (in der*
Komplementärmedizin) küratif
anestezi; *<Syn→* **Neural-therapie>**
nöral terapi

heilen *vt* sağaltmak; iyileştirmek

Heilkräuter *pl (in der*
Pflanzenheilkunde) şifalı otlar

Heilkunde *f <Syn→* **Medizin>**
hekimlik; tıp

Heilpflanzen *pl <Syn→*
Arzneipflanzen> *(in der*
Pflanzenheilkunde) şifalı bitkiler

Heilsalbe *f <Syn→* **Salbe →**
Wundsalbe> merhem

Heilung *f* iyileşme; şifa;
vollständige ~ tam iyileşme

Heilungschancen *pl* iyileşme şansı

Heilungsdauer *f* iyileşme süresi

Heilungsprozess *m* iyileşme süreci

Heilwasser *nt* şifalı su

Heilwasserquelle *f* şifalı su kaynağı

Heimlich-Handgriff→ **Heimlich-Manöver**

Heimlich-Manöver *nt* <*Syn*→ **Heimlich-Handgriff**> *(in der Notfallmedizin)* Heimlich manevrası; karın itmeleri

heiser *Adj* boğuk sesli; kısık sesli

Heiserkeit *f* boğuk seslilik; ses kısıklığı

Heißhunger *m* aşerme; ~ **in der Schwangerschaft** gebelikte aşerme

Heißluftsterilisation *f (im Labor)* kuru sıcak hava ile sterilizasyon

helfen *vi* yardım etmek; ~ **gegen Kopfschmerzen** baş ağrısına iyi gelmek; **was hilft gegen Bauchschmerzen?** karın ağrısına ne iyi gelir?

Helices *pl* <*sing*→ **Helix**> *(in der Genetik)* sarmallar

Heliotherapie *f* helioterapi; güneş tedavisi

Helix *f* <*pl*→ **Helices**> *(in der Genetik)* sarmal

Helix-Bündel *m (Eng: helix bundle) (in der Genetik)* sarmal demet

Hellsehen *nt (Eng: clairvoyance) (in der Parapsychologie)* durugörü

Helminthen *pl (in der Parasitologie)* helmintler; ~ **sind Parasiten mit wurmförmiger Gestalt** helmintler, solucan şeklinde parazitlerdir

Hemeralopie *f (in der Augenheilkunde)* hemeralopi; <*Syn*→ **Nachtblindheit**> gece körlüğü

Hemicellulose *f (in der Zellbiologie)* hemiselüloz

Hemidesmosom *nt (in der Zellbiologie)* hemidesmosom

Hemiparese *f (in der Neurologie: unvollständige einseitige Lähmung)* hemiparezi; <*Syn*→ **Einseitenlähmung** → **Halbseitenlähmung**> tek taraflı felç

Hemiplegie *f (in der Neurologie: komplette einseitige Lähmung)* hemipleji; ~ **nach Schlaganfall** inmeden sonra hemipleji; **spastische** ~ spastik hemipleji

hemiplegisch *Adj (in der Neurologie)* hemiplejik; ~**e Bewegungsstörung** hemiplejik hareket bozukluğu

Hemisektion *f (in der Zahnmedizin: Entfernung einer oder mehrerer Zahnwurzeln)* hemiseksiyon

Hemisphäre *f* hemisfer; yarım küre

hemmen *vt* inhibe etmek; engellemek; **das Wachstum** ~ büyümeyi engellemek; **Medikamente, die Blutgerinnung** ~ kan pıhtılaşmasını inhibe eden ilaçlar

Hemmstoff *m* <*Syn*→ **Inhibitor**> inhibitör

Hemmung *f* <*Syn*→ **Inhibition**> inhibisyon

Hepatektomie *f (in der Chirurgie)* hepatektomi; ~ **ist die vollständige operative Entfernung der Leber** hepatektomi, karaciğerin ameliyat ile tamamen çıkarılmasıdır

hepatisch *Adj* hepatik; ~e
Enzephalopathie *f (in der
Neurologie)* hepatik ensefalopati; ~e
Porphyrie hepatik porfiria

Hepatitis *f* hepatit; **akute** ~ akut
hepatit; **chronische** ~ kronik hepatit;
toxische ~ toksik hepatit

Hepatitis B *f <früher→*
Serumhepatitis>
(Infektionskrankheiten) hepatit B

Hepatitis C *f (Infektionskrankheiten)*
hepatit C

Hepatitis-C-Virus *nt* hepatit C
virüsü

Hepatitis E *f (Infektionskrankheiten)*
hepatit E

Hepatitis-E-Verlauf *m* hepatit E
seyri

Hepatitis-E-Virus *nt* hepatit E
virüsü

Hepatologie *f* hepatoloji;
interventionelle ~ girişimsel
hepatoloji

hepatologisch *Adj* hepatolojik; ~e
Erkrankungen hepatolojik
hastalıklar

Hepatotoxin *nt <Syn→* **Lebertoxin**
→ **Lebergift>** hepatotoksin

Hepatotoxizität *f <Syn→*
Lebertoxizität> hepatotoksisite

hepatozellulär *Adj* hepatoselüler;
~es **Karzinom** *<Syn→*
Leberzellkarzinom> *(Lat:
Carcinoma hepatocellulare) (in der
Onkologie)* hepatoselüler karsinom

Herabhängen *nt* sarkma[2]; **das ~ des
oberen Augenlids** *(in der
Augenheilkunde: bei Ptosis)* üst göz
kapağının sarkması

Herd *m (in der Pathologie)* odak;
(Eiter~) topluluk

Herdengeschehen→ **Herd**

Herdenimmunität *f (in der
Epidemiologie)* sürü bağışıklığı

Heredität *f <Syn→* **Vererbung>** *(in
der Genetik)* kalıtım; irsiyet;
soyaçekim

hereditär *Adj (in der Genetik)*
kalıtsal; kalıtımsal; ~e
Fruktoseintoleranz *(in der
Gastroenterologie)* kalıtsal fruktoz
intoleransı

Herkunft *f* köken; **Zellen
mesenchymaler** ~ mezenşimal
kökenli hücreler

Hermaphroditismus *m* hermafroditlik;
<Syn→ **Zwittrigkeit>** erdişilik

Herniation *f <Syn→*
Hirneinklemmung> *(Lat: Herniatio
cerebri) (in der Neurochirurgie)*
beyin herniasyonu; beyin fıtığı

Hernie *f* herni; *<Syn→* **Bruch²>** fıtık

Heroin *nt (Formel: $C_{21}H_{23}NO_5$)*
eroin; *<Syn→* **Diamorphin>**
diamorfin; *<Syn→*
Diacetylmorphin> diasetilmorfin

Heroinsucht *f* eroin bağımlılığı

Herpes¹ *m* herpes

Herpes² *m <Syn→* **Lippenherpes>**
uçuk

Herpes simplex *nt* herpes simpleks

Herpes-simplex-Enzephalitis *f*
herpes simpleks ensefalit

Herpes-simplex-Virus *nt* herpes
simpleks virüsü

Herpes Zoster *m* <*Syn*→ **Zoster**>
m; herpes zoster; <*Syn*→
Gürtelrose> zona; kuşak hastalığı

Herz *nt (Lat: Cor)* kalp; yürek

Herzaktivität *f* kardiyak etkinlik

Herzbelastung *f* kalp stresi; kardiyak
stres

Herzbelastungstest *m* kardiyak stres
testi

Herzbeutel *m* <*Syn*→ **Perikard**>
*(Lat: Pericardium) (in der
Kardiologie)* perikard

Herzbeutelerguss *m* <*Syn*→
Perikarderguss> *(Eng: pericardial
effusion)* perikard effüzyonu

Herzbeutelentzündung *f (in der
Kardiologie)* perikard iltihaplanması;
<*Syn*→ **Perikarditis**> perikardit

Herzbeutelhöhle *f* perikard boşluğu

Herzbeuteltamponade *f* <*Syn*→
Herztamponade> kardiyak
tamponad; <*Syn*→
Perikardtamponade> perikardiyal
tamponad

Herzchirurgie *f* kalp cerrahisi;
<*Syn*→ **Kardiochirurgie**> kardiyak
cerrahi; **offene** ~ açık kalp cerrahisi

Herzerkrankung *f* kalp hastalığı;
angeborene ~ doğuştan kalp
hastalığı; **koronare** ~ koroner arter
hastalığı

Herzfehler *m* kalp kusuru

Herzfrequenz *f* kalp frekansı;
langsame ~ yavaş kalp frekansı

Herzfunktion *f* kalp fonksiyonu

Herzgeräusch *nt (in der
Kardiologie)* üfürüm

Herzhypertrophie *f (in der
Kardiologie)* kalp hipertrofisi

Herzinfarkt *m* <*Syn*→
Koronarinfarkt> kalp krizi; kalp
enfarktüsü; <*Syn*→
Myokardinfarkt> akut miyokard
enfarktüsü; **einen** ~ **erleiden** kalp
krizi geçirmek

Herzinnenhaut *f* kalbin iç zarı;
<*Syn*→ **Endocard** →
Endocardium> endokard

Herzinnenhautentzündung *f*
<*Syn*→ **Endocarditis**> *(in der
Kardiologie)* endokardit

Herzinsuffizienz *f* kalp yetmezliği

Herzkammer *f (Lat: Ventriculus
cordis)* kalp karıncığı; <*Syn*→
Ventrikel> ventrikül

Herzkammerflattern *nt* ventriküler
flatter

Herzkammerflimmern *nt* <*Syn*→
ventrikuläre Fibrilation> *(in der
Kardiologie)* ventriküler fibrilasyon

Herzkammerriss *m* <*Syn*→
Ventrikelruptur> ventrikül rüptürü

Herzkasper→ **Herzinfarkt**

Herzkatheterisierung *f* kalp
kateterizasyonu; kardiyak
kateterizasyon

Herzklappe *f* kalp kapağı;
künstliche ~ *<Syn→*
Herzklappenersatz> kalp kapak
protezi

Herzklappenersatz *m* *<Syn→*
künstliche Herzklappe> kalp kapak
protezi

Herzklopfen *nt (Lat: Palpitatio
cordis) (in der Kardiologie)* kalp
çarpıntısı; *<Syn→* **Palpitation>**
palpitasyon

Herzkontusion *f <Syn→*
Herzprellung> kalp kontüzyonu;
kardiyak kontüzyon

Herzkranzarterie *f <Syn→*
Koronararterie> *(Lat: Arteria
corenaria)* koroner arter

Herzkranzgefäß *nt <Syn→*
Koronargefäß> koroner damar

Herz-Kreislauf-Erkrankung *f*
<Syn→ **kardiovaskuläre
Erkrankung>** kardiyovasküler
hastalık

Herz-Kreislauf-Kollaps *m*
kardiyovasküler kollaps

Herz-Kreislauf-Risiko *nt*
kardiyovasküler risk

Herz-Kreislaufsystem *nt* dolaşım
sistemi *<Syn→* **kardiovaskuläres
System>** kardiyovasküler sistem

Herzleiden *nt* kalp rahatsızlığı

Herz-Lungen-Bypass *m <Syn→*
kardiopulmonaler Bypass>
kardiyopulmoner baypas

Herz-Lungen-Wiederbelebung *f*
kalp-akciğer canlandırması; *<Syn→*
kardiopulmonale Reanimation>
(Eng: cardiopulmonary

resuscitation) kardiyopulmoner
resüsitasyon; *<kurz→* **CPR>** CPR

Herzmassage *f* kalp masajı

Herzmuskel *m* kalp kası; *<Syn→*
Myokard> *(Lat: myocardium)*
miyokard

Herzmuskel-Anspannungsphase *f*
kalp kası kasılma evresi

Herzmuskelentzündung *f* kalp kası
yamgısı; *<Syn→* **Myokarditis>**
miyokardit

Herzpatient *m* (erkek) kalp hastası

Herzpatientin *f* (kadın) kalp hastası

Herzphysiologie *f* kalp fizyolojisi

Herzprellung *f <Syn→*
Herzkontusion> kalp kontüzyonu;
kardiyak kontüzyon

Herzrasen *nt <Syn→* **Tachykardie>**
(in der Kardiologie) taşikardi

Herzrhythmusstörung *f (in der
Kardiologie)* kalp ritmi bozukluğu;
kardiyak aritmi; aritmi

Herzriss *m <Syn→* **Herzruptur>**
kardiyak rüptür; kalp rüptürü

Herzruptur *f <Syn→* **Herzriss>**
kardiyak rüptür; kalp rüptürü

Herzschlag *m* kalp atışı; kardiyak
atım

Herzschlagfrequenz *f (in der
Kardiologie)* sinüs ritmi; **die ~ in
Ruhe** dinlenme halinde sinüs ritmi

Herzschlagvolumen *nt* kalbin atım
hacmi; *<Syn→* **Schlagvolumen>**
atım hacmi

Herzschrittmacher *m <Syn→*
Pacemaker> *(in der Kardiologie)*
kalp pili

Herzstillstand *m* kardiyak arrest;
kalp durması; kalp sektesi

Herztamponade *f <Syn→*
Herzbeuteltamponade> kardiyak
tamponad; *<Syn→*
Perikardtamponade> perikardiyal
tamponad

Herztransplantation *f <kurz→*
HTX> kalp nakli

Herzzeitvolumen *nt (Eng: cardiac
output) (in der Kardiologie)* kalp
debisi; **erhöhtes** ~ yüksek kalp
debisi; **verringertes** ~ düşük kalp
debisi

heterogen *Adj <Ant→* **homogen>**
heterojen; ayrışık
~e Gemische heterojen karışımlar

Heterogenität *f* heterojenlik;
allelische ~ *(in der Genetik)* alelik
heterojenlik

Heuschnupfen *m* saman nezlesi

Hexan *nt (Formel: C_6H_{14})* heksan

Hexenschuss *m <Syn→* **Lumbago**
→ **Lumbalgie>** *(in der Neurologie
und der Orthopädie)* lumbago

Hiebwunde *f (in der Notfallmedizin)*
ezici âlet yarası

Hilfe *f* yardım

Hilferuf *m* imdaat çağrısı

Hilflosigkeit *f* çaresizlik; **erlernte** ~
psych kazanılmış çaresizlik;
öğrenilmiş çaresizlik

Hilfsstoff *m* yardımcı madde

Hinken *nt* topallama; *(Lat:
Claudicatio) (in der Orthopädie)*
kladikasyo; **intermittierendes** ~
(Lat: Claudicatio intermittens)
intermittan kladikasyo; aralıklı
topallama

hinter *Adj <Ant→* **vorder>** *(Lat:
posterius)* arka; **~e**
Gehirnschlagader *f (Lat: Arteria
cerebri posterior)* arka beyin
atardamarı; **~es Kreuzband** *(Lat:
Ligamentum cruciatum posterius)*
arka çapraz bağ

Hinterhaupt *nt <Syn→* **Occiput>**
anat oksipital kemik; oksiput

Hinterhauptbein *nt <Syn→*
Hinterhaupthöcker> *(Lat: Os
occipitale)* oksipital kemik; *<kurz→*
Occiput> oksiput

Hinterhaupthöcker→
Hinterhauptbein

Hinterhauptlappen *m <Syn→*
Occipitallappen> *(Lat: Lobus
occipitalis)* oksipital lob

Hinterhauptsbein→
Hinterhauptbein

Hinterhirn *nt <Syn→*
Metencephalon> metensefalon; **das
~ ist ein Teil des Rautenhirns (des
Rhombencephalons) und besteht
aus der Brücke (Pons) und dem
Kleinhirn** metensefalon, artbeynin
bir parçasıdır ve pons ile beyincikten
oluşur

Hinterhorn *nt (Lat: Cornu
posterius/Cornu occipitale) (im
Großhirn)* artkafa boynuzu

Hinterkopf *m <Syn→* **Occiput>**
artkafa; art kafa

Hinterkopfknochen→
Hinterhauptbein

Hippocampus m *(in der*
Neurobiologie) hipokampus

Hippokrates Hipokrat; **Eid des** ~
Hipokrat andı; Hipokrat yemini;
Schwur des ~ Hipokrat andı;
Hipokrat yemini

Hippokratischer Eid Hipokrat andı;
Hipokrat yemini

Hirn nt *<Syn→* **Gehirn>** *(Lat:*
cerebrum) beyin

Hirnabszess m *<Syn→*
Gehirnabszess> beyin apsesi

Hirnanhangdrüse f *(Lat: Glandula*
pituitaria) pituiter bez

Hirnarterie f *<Syn→*
Gehirnschlagader> *(Lat: Arteria*
cerebri) beyin atardamarı

Hirnatrophie f *(in der Neurologie:*
Gehirnschwund) beyin atrofisi

Hirnbalken m *<Syn→* **Corpus**
callosum → **Commissura magna>**
(in der Neuroanatomie: im
Telencephalon) korpus kallozum; sert
cisim; nasırlı cisim

Hirnbasis f beyin tabanı

Hirnblutung f *<Syn→*
Gehirnblutung> *(Lat:*
Haemorrhagia cerebri) beyin
kanaması

Hirnbruch m *<Syn→*
Enzephalozele> *(Lat: Hernia*
cerebri) ensefalosel

Hirnchirurg m (erkek) beyin
cerrahı; *(kadın)* Hirnchirurgin f

Hirnchirurgie f beyin cerrahisi

Hirnchirurgin f (kadın) beyin
cerrahı

Hirndruck m *<Syn→*
intrakranieller Druck> *(Lat:*
Compressio cerebri; İng:
inintracranial pressure) (in der
Neurochirurgie) kafa içi basıncı;
intrakraniyal basınç

Hirnflüssigkeit f*<Syn→* **Gehirn-**
Rückenmark(s)-Flüssigkeit →
Zerebrospinalflüssigkeit> *(Lat:*
Liquor cerebrospinalis)
(Körperflüssigkeiten) beyin-omurilik-
sıvısı; serebrospinal sıvı; nörolenf

Hirnhaut f beyin zarı; *<Syn→*
Meninx> *(Lat: meninx)* meninks

Hirneinklemmung f *<Syn→*
Herniation> *(Lat: Herniatio cerebri)*
(in der Neurochirurgie) beyin
herniasyonu; beyin fıtığı

Hirnhäute pl beyin zarları; *<Syn→*
Meningen> *(Lat: meninges)*
meninksler

Hirnhautentzündung f beyin zarı
iltihabı; *<Syn→* **Meningitis>** *(Lat:*
Meningitis cerebrospinalis) menenjit

Hirnhautschicht f meninks katmanı

Hirnhemisphäre f beyin yarım
küresi a.

Hirninfarkt m beyin enfarktüsü;
<Syn→ **ischämischer Schlaganfall>**
iskemik inme

Hirnmantel f *<Syn→* → **Pallium>**
palyum; *<Syn→* **Hirnrinde** →
Kortex → **Cortex>** *(Lat: cortex)*
korteks

Hirnnerv *m (Lat: Nervus cranialus)*
kraniyal sinir; **der elfte ~ ist der
Nervus accessorius** on birinci
kraniyal sinir, aksesuar sinirdir; **der
fünfte ~ ist der Trigeminus** beşinci
kraniyal sinir, trigeminal sinirdir

Hirnnervenkern *m* kraniyal sinir
çekirdeği

Hirnödem *nt (in der Neurologie)*
beyin ödemi; **traumatisches ~**
travmatik beyin ödemi

Hirnrinde *f* beyin korteksi; *<Syn→*
Kortex → Cortex> *(Lat: cortex)*
korteks; *<Syn→* **Hirnmantel →
Pallium>** palyum

Hirnschädel *m <Syn→*
Gehirnschädel> *(Lat:
Neurocranium/Cranium cerebrale)*
anat nörokranyum

Hirnschaden *m <Syn→*
Hirnschädigung> beyin hasarı

Hirnschädigung→ Hirnschaden

Hirnstamm *m (Lat: Truncus cerebri;
Truncus encephali) (in der
Neurobiologie)* beyin sapı

Hirnstammaura *f (in der
Neurologie)* beyin sapı aurası;
Migräne mit ~ *<Syn→*
Basilarismigräne > beyin sapı auralı
migren

Hirnstammtumor *m (in der
Onkologie)* beyin sapı tümörü

Hirntod *m* beyin ölümü

Hirntumor *m <Syn→*
Gehirntumor> beyin tümörü

Hirnventrikel *m (im
Ventrikelsystem)* beyin ventrikülü

hirnversorgend *Adj* beyni besleyen;
~e Schlagadern beyni besleyen
arterler

**Hirnwasser→ Liquor
cerebrospinalis**

Histamin *nt (Formel; $C_5H_9N_3$) (in
der Pharmakologie)* histamin

Histamin-Rezeptor *m (in der
Pharmakologie)* histamin reseptörü

Histamin-Rezeptorblocker *m*;
<Syn→ **Antihistaminikum>** *(in der
Pharmakologie)* antihistaminik

Histiozyt *m (in der Immunologie und
der Histologie)* histiosit; *<Syn→*
Gewebsmakrophage> *(Lat:
Macrophagocytus stabilis)* doku
makrofajı

Histiozytose *f (in der Immunologie
und der Histologie: Überschuss an
Histiozyten)* histiositoz

Histogenese *f* histogenez

Histologe *m* (erkek) histolog; (erkek)
doku bilimci (kadın) Histologin *f*

Histologie *f* histoloji; *<Syn→*
Gewebelehre> doku bilimi;
allgemeine ~ genel histoloji

Histologin *f* (kadın) histolog; (kadın)
doku bilimci

histologisch *Adj* histolojik; **~e
Untersuchung** histolojik inceleme

Histopathologie *f* histopatoloji;
patolojik histoloji

His-Winkel *m (Lat: Incisura
cardiaca)* His açısı; **der ~ befindet
sich zwischen Speiseröhre und
Magenfundus** His açısı, yemek

borusu ile mide fundusu arasında bulunur

Hitzepickel *m* <*Syn*→ **Schweißbläschen** → **Schwitzbläschen**> isilik

Hitzewallung *f (in der Gynäkologie: in der Menopause)* âni ateş basması; sıcak basması

Hitzschlag *m* sıcak çarpması

HIV *nt* <*Syn*→ **HI-Virus**> HIV; <*Syn*→ **Menschliches Immunschwäche-Virus**> *(İng; human immunodeficiency virus)* insan bağışıklık yetmezliği virüsü

HIV-Infektion *f* HIV enfeksiyonu

HI-Virus→ **HIV**

HNO *f* kulak burun boğaz; <*Syn*→ **Hals-Nasen-Ohren-Heilkunde**> kulak burun boğaz (hekimliği); kulak burun boğaz (tıbbı)

HNO-Arzt *m* (erkek) kulak burun boğaz hekimi

HNO-Ärztin *f* (kadın) kulak burun boğaz hekimi

hoch *Adj* yüksek; <*Syn*→ **hochgradig**> son derece; ~ **ansteckend** son derece bulaşıcı

hochdosiert *Adj* yüksek doz; dozu yüksek; ~**e Antibiotika** yüksek doz antibiyotikler

Hochfrequenzablation *f* <*Syn*→ **Radiofrequenzablation** → **Thermoablation**> *(in der Kardiologie, Hämatologie und der Onkologie)* radyofrekans ablasyon

hochgradig *Adj* aşırı derecede; son derece; ~ **toxisch** aşırı derecede toksik

hochkonzentriert *Adj* <*Ant*→ **niedrig konzentriert**> *chem* derişimi yüksek; ~**e Lösungen** derişimi yüksek çözeltiler

höchst *Adj* en yüksek; azami; ~ **zugelassene Dosis** *(in der Pharmazie)* izin verilen en yüksek doz

Höchstbelastungsgrenze *f* azami maruz kalma limiti

Hocken *nt* çömelme

Höckernase *f* kemerli burun

Hocktoilette *f* alaturka tuvalet

Hode→ **Hoden**

Hoden *m* er bezi; <*Syn*→ **Testis** → **Testikel**> *(Lat: Testiculus)* testis

Hodenatropie *f (in der Urologie)* testiküler atropi; testis atropisi

Hodenentzündung *f* <*Syn*→ **Orchitis**> *(in der Urologie)* orkit

Hodenläppchen *nt* testis lobülü

Hodensack *m* testis torbası; <*Syn*→ **Skrotum**> skrotum

Hodentorsion *f (in der Urologie)* testis torsiyonu; **die ~ ist ein medizinischer Notfall** testis torsiyonu, tıbbi acil bir durumdur

Höhenangst *f* *pysch* yükseklik korkusu; <*Syn*→ **Akrophobie**> akrofobi

Höhenkrankheit *f* irtifa hastalığı; <*Syn*→ **Bergkrankheit**> akut dağ hastalığı

Höhle[1] *f* <*Syn*→ **Hohlraum**> *(im Körper) (Lat: cavum/cavitas) anat* boşluk; kavite

Höhle[2] *f (Keilbein~)* girit; temel kemik giriti

Hohlhand *f* <*Syn*→ **Palma manus**> *anat* avuç içi

Hohlhandsehne *f* <*Syn*→ **Palmaraponeurose**> *(Lat: Aponeurosis palmaris)* palmar aponöroz

Hohlorgan *m anat* tübüler organ

Hohlraum→ **Höhle**

Hohlspiegel *m* çukur ayna; <*Syn*→ **Konkavspiegel**> içbükey ayna

Hohlvene *f (Lat: Vena cava)* ana toplardamar; **obere** ~ *(Lat: Vena cava superior)* üst ana toplardamar; **untere** ~ *(Lat: Vena cava inferior)* alt ana toplardamar

holokrin *Adj (in der Zellbiologie: den ganzen Zellinhalt als Sekret abgebend)* holokrin; ~**e Drüsen** holokrin bezler; ~**e Sekretion** holokrin salgılama

homogen *Adj* <*Ant*→ **heterogen**> homojen; ~**e Gemische** homojen karışımlar

Homogenität *f* homojenlik

homolog *Adj* <*Ant*→ **nicht-homolog**> *(in der Genetik)* homolog; ~**e Chromosome** homolog kromozomlar; ~**e Gene** homolog genler; ~**e Proteine** homolog

proteinler; ~**e Rekombination** homolog rekombinasyon

Homologie *f (in der Genetik)* homoloji

Homöopathie *f (in der Alternativmedizin)* homeopati

homöopathisch *Adj (in der Alternativmedizin)* homeopatik

Homöostase *f (in der Neurophysiologie: Gleichgewichtszustand eines offenen dynamischen Systems)* homeostaz; dengeleşim

homöostatisch *Adj* homeostatik; ~**e synaptische Plastizität** *(in der Neurophysiologie)* homeostatik sinaptik plastisite

Homosexualität *f* homoseksüellik; <*Syn*→ **Gleichgeschlechtlichkeit**> eşcinsellik

Honigbonbon *nt* bal pastili

Hordeolum *nt* <*Syn*→ **Gerstenkorn**> *(in der Augenheilkunde)* arpacık

Hordeolum externum *nt (in der Augenheilkunde)* dış arpacık

Hordeolum internum *nt (in der Augenheilkunde)* iç arpacık

Hörgerät *nt* işitme cihazı

horizontal *Adj* <*Ant*→ **vertikal**> yatay; ~**e Übertragung** *(in der Epidemiologie)* yatay bulaş; ~**er Gentransfer** <*Syn*→ **lateraler Gentransfer**> *(in der Genetik und der Mikrobiologie)* yatay gen transferi

Hormon *nt* hormon;
adrenocorticotropes ~ *<Syn→*
Adrenocorticotropin>
adrenokortikotropik hormon;
follikelstimulierendes ~ *(Eng:*
follicle stimulating hormone) folikül
uyarıcı hormon

hormonell *Adj* hormonal

Hormonersatztherapie *f (Eng:*
hormone replacement therapy)
hormon replasman terapisi

Hormonhaushalt *m* hormon
dengesi; hormonal denge

Hormonrezeptor *m* hormon
reseptörü

hormonsensitiv *Adj* hormona
duyarlı; **~e Lipase** hormona duyarlı
lipaz

Hormonspiegel *m* hormon seviyesi

Hormonspirale *m (in der*
Gynäkologie) hormonlu spiral

Hormontherapie *f* hormon tedavisi;
hormonal tedavi

Hornauge→ Hühnerauge

hornbildende Zelle *<Syn→*
Keratinozyt> *(in der Histologie der*
Haut) keratinosit

Hörnerv *m (Lat: Nervus cochlearis)*
işitme siniri

Hornhaut *f <Syn→* **Kornea>** *(Lat:*
Cornea) (in der Anatomie des Auges)
kornea; saydam tabaka

Hornhautentzündung *f* kornea
yangısı; *<Syn→* **Keratitis>** keratit

Hornhautgeschwür *f* kornea ülseri

Hornhautverkrümmung *f <Syn→*
Astigmatismus → Stabsichtigkeit>
(in der Augenheilkunde)
astigmatizma

Hornschwiele *f <Syn→*
Hautschwiele> *(Eng: callus; Frz:*
cal) (in der Dermatologie) kallus;
<umg→ **Hühnerauge>** nasır

Hörschnecke *f <Syn→*
Gehörschnecke> *(in der*
Neurobiologie) anat kulak
salyangozu; *<Syn→* **Cochlea>**
koklea

Hörsturz *m* ani işitme kaybı

Hörtest *m* işitme testi

Hörverlust *m* işitme kaybı

Hörvermögen *nt* işitme yetisi

Hospital *nt <Syn→* **Krankenhaus>**
hastane

Hospitalinfektion *f <Syn→*
nosokomiale Infektion> hastane
kaynaklı enfeksiyon

Hospitalismus *m* hospitalizm; yuva
hastalığı

Hospiz *f* hospis; **ambulante** ~
ayakta hospis

HPA-Achse→ Hypothalamus-
Hypophysen-Nebennierenrinden-
Achse

HPV-Infektion *f (in der*
Immunologie und der Onkologie)
HPV enfeksiyonu

HTX→ Herztransplantation

Hüfte *f anat* kalça

Hüftbein *nt (Lat: Os coxae)* kalça kemiği

Hüftdarm→ **Krummdarm**

Hüftdysplasie *f <Syn*→ **Hüftgelenkdysplasie** → **angeborene Hüftgelenksverrenkung>** *(in der Orthopädie)* doğuştan kalça çıkığı; DKÇ

Hüftfraktur *f* kalça kırığı

Hüftgelenk *nt (Lat: Articulatio coxae)* kalça eklemi; **künstliches ~** yapay kalça eklemi

Hüftgelenkarthrose *f <Syn*→ **Coxarthrose** → **Koxarthrose>** *(Lat: Arthrosis deformans coxae) (in der Orthopädie)* kalça ekleminde artrit

Hüftgelenkdysplasie→ **Hüftdysplasie**

Hüftgelenkskopf *m (Lat: Caput femoris)* femur başı

Hüftgelenkpfanne *f <Syn*→ **Acetabulum** → **Beckenpfanne >** *anat* asetabulum

Hüftpfanne→ **Hüftgelenkpfanne**

Hüftfprotektor *m* kalça koruyucu

Hüftprothese *f* kalça protezi

Hühnerauge *nt <Syn*→ **Hornauge** → **Krähenauge** → **Klavus>** *(Lat: Clavus pedis) (in der Dermatologie)* nasır

Hühnerbrust *f <Syn*→ **Kielbrust>** *(Lat: Pectus carinatum) (in der Orthopädie)* güvercin göğsü

Hülle *f (Protein~)* kılıf

Hülsenfrüchteallergie *f* baklagiller alerjisi

Humanexperimente *pl <Syn*→ **Menschenversuche>** insan deneyleri

Humangenetik *f* insan genetiği

Humanmedizin *f* beşeri hekimlik

Humerus *m (Lat: Os humeri) anat* humerus; *<Syn*→ **Oberarmknochen>** pazu kemiği

humoral *Adj* humoral; sıvısal; **~e Immunantwort** *(Eng: humoral immunity)* humoral bağışıklık; sıvısal bağışıklık

Humoralpathologie *f (in der Medizingeschichte)* humoral patoloji; hümoral patoloji

Hundeallergie *f* köpek alerjisi

Hundebandwurm *m (Lat: Echinococcus granulosus)* köpek tenyası

Hundebiss *m* köpek ısırması; köpek ısırığı

Hundekot *m* köpek dışkısı

Hungertod *m* açlıktan ölüm

Husten *m* öksürük; **~ mit Auswurf** balgamlı öksürük; **hartnäckiger ~** inatçı öksürük; **trockener ~** kuru öksürük

husten *vi* öksürmek

Hustenbonbon *m <Syn*→ **Halsbonbon>** boğaz pastili

Hustenreflex *m* öksürük refleksi

Hustensynkope *f (in der Neurologie)* öksürük senkopu

hyaliner Knorpel <*Syn*→ **Glasknorpel**> *(in der Histologie)* hiyalin kıkırdak

Hyaluronsäure *f (Formel: $C_{14}H_{21}O_{11}N$) chem* hyalüronik asit

Hybridisierung *f (in der Molekularbiologie)* hibridizasyon; hibritleşme; ~ **von Nukleinsäuren** nükleik asit hibritleşmesi

Hybridisierungsverfahren *nt (in der Molekularbiologie)* hibridizasyon yöntemi

Hydrocephalus *m* <*Syn*→ **Hydrozephalus** → **Wasserkopf**> *(in der Neurologie)* hidrosefali; ~ **ist eine Wasseransammlung im Ventrikelsystem** hidrosefali, ventriküler sistemde su toplanmasıdır

Hydrolyse *f* hidroliz

Hydrolysereaktion *f (beim Stoffwechsel)* hidroliz reaksiyonu

Hydrometer *nt* <*Syn*→ **Aräometer**> *(im Labor: Laborgerät)* hidrometre

Hydronephrose *f* <*Syn*→ **Uronephrose**> *(in der Urologie und der Nephrologie:Wassersackniere oder Harnstauungsniere)* hidronefroz

hydrophil *Adj* <*Ant*→ **hydrophob**> *chem* hidrofil; ~ **bedeutet 'wasserliebend'** hidrofob, 'suyu seven' demektir

hydrophob *Adj* <*Ant*→ **hydrophil**> *chem* hidrofob; hidrofobik; ~ **bedeutet 'wasserweisend'** hidrofob(ik), 'sudan kaçınan' demektir; ~**er Effekt** *(in der Biophysik)* hidrofobi etki

Hydrophobie *f (psych: Angst vor Wasser)* hidrofobi

Hydrotherapie *f* hidroterapi

Hydroxybenzol *nt* <*Syn*→ **Phenol**> *(in der organischen Chemie)* Fenol; <*Syn*→ **Karbolsäure**> karbolik asit

Hydrozephalus→ **Hydrocephalus**

Hygiene *f* hijyen

Hygienemangel *m* hijyen eksikliği

Hymen *m/nt anat* himen; <*Syn*→ **Jungfernhäutchen**> kızlık zarı

Hymenalrekonstruktion *f (in der Gynäkologie und der plastischen Chirurgie)* kızlık zarının yenilenmesi; <*Syn*→ **Hymenoplastik**> himenoplasti

Hymenoplastik *f (in der Gynäkologie und der plastischen Chirurgie)* himenoplasti; <*Syn*→ **Hymenalrekonstruktion**> kızlık zarının yenilenmesi

Hyperaktivität *f in der Psychiatrie und der Pädiatrie)* hiperaktivite; aşırı aktivite; aşırı hareketlilik

Hyperaktivitätsstörung *f in der Psychiatrie und der Pädiatrie)* hiperaktivite bozukluğu

hyperakut *Adj* hiperakut; ~**e Abstoßung** *(in der Chirurgie: bei Transplantationen)* hiperakut rejeksiyon

Hyperalimentation *f* <*Syn*→ **Überernährung**> aşırı beslenme

Hyperdontie *f* <*Syn*→ **Hyperodontie** → **Polyodontie** → **Polydontie**> *(in der Zahnmedizin: Zahnüberzahl)* hiperdonti

Hyperfunktion *f* <*Syn*→ **Überfunktion**> hiperfonksiyon

149

Hyperglykämie *f <Ant→*
Hypoglykämie> *(bei Diabetes)*
hiperglisemi; *<Syn→*
Überzuckerung> yüksek kan şekeri

Hyperhidrose *f (in der*
Dermatologie) hiperhidrozis;
<Syn→ **übermäßiges Schwitzen>**
aşırı terleme

Hyperinfektion *f <Syn→*
Superinfektion> *(in der Virologie)*
süper enfeksiyon

Hyperkaliämie *f <Ant→*
Hypokaliämie> *(Kaliumüberschuss*
im Blut) hiperkalemi; **die ~ ist eine**
Elektrolytstörung hiperkalemi, bir
elektrolit bozukluğudur

Hypermetropie *f <Syn→* **Hyperopie**
→ Weitsichtigkeit →
Übersichtigkeit> *(in der*
Augenheilkunde) hipermetropi

Hypermutation *f* hipermutasyon;
somatische ~ *(in der Immunologie)*
somatik hipermutasyon

Hyperodontie *f <Syn→*
Hyperdontie → Polyodontie →
Polydontie> *(in der Zahnmedizin:*
Zahnüberzahl) hiperdonti

Hyperopie→ Hypermetropie

Hyperparathyreoidismus *m (in der*
Endokrinologie: Regulationsstörung
der Epithelkörperchen)
hiperparatiroidizm

Hyperpigmentierung *f (in der*
Dermatologie) hiperpigmentasyon

Hyperplasie *f <Ant→* **Hypoplasie>**
(Lat: hyperplasia) (in der
Pathologie) hiperplazi;
pathologische ~ patolojik hiperplazi;

physiologische ~ fizyolojik
hiperplazi

Hyperthermie *f <Syn→*
Überwärmung> hipertermi

hyperthymestisch *Adj* hipertimestik;
~es sendrom *(in der*
Neuropsychologie und der
Kognitionswissenschaft)
hipertimestik sendrom; hipertimezi

Hyperthyreose *f (in der*
Endokrinologie: Überfunktion der
Schilddrüse) hipertiroit

Hypertonie *f* hipertansiyon; yüksek
tansiyon: **pulmonale ~** pulmoner
hipertansiyon; pulmoner yüksek
tansiyon; *<kurz→* **PH → PHT>** PH

hypertonisch *Adj* hipertonik: **~es**
Medium *(in der Zellbiologie)*
hipertonik ortam

hypertroph *Adj <Syn→*
hypertrophisch> hipertrofik

Hypertrophie *f (in der Pathologie)*
hipertrofi; *<Syn→*
Größenzunahme> irileşim

hypertrophisch *Adj <Syn→*
hypertroph> hipertrofik; **~e**
Kardiomyopathie *(in der*
Kardiologie) hipertrofik
kardiyomyopati; **~e Pylorusstenose**
(in der Gastroenterologie) hipertrofik
pilor stenozu

Hyperventilation *f (in der*
Pulmonologie: gesteigerte Belüftung
der Lungen) hiperventilasyon

Hypervigilanz *f psych* hipervijilans

Hypnotikum *nt* hipnotik; *<Syn→*
Schlafmittel> uyku ilacı

Hypochondrie *f psych* hipokondriya

Hypoglycämie→ **Hypoglykämie**

Hypoglykämie *f* *<Syn*→
Hypoglycämie> *(bei Diabetes)*
hipoglisemi; *<umg*→
Unterzuckerung>
düşük kan şekeri; **postprandiale** ~
postprandiyal hipoglisemi; *<umg*→
Suppenkoma → **Fresskoma>** tatlı
krizi

Hypokalämie→ **Hypokaliämie**

Hypokaliämie *f* *<Syn*→
Hypokalämie; *Ant*→
Hyperkaliämie> *(Kaliummangel im
Blut)* hipokalemi; **die ~ ist eine
Elektrolytstörung** hipokalemi, bir
elektrolit bozukluğudur

Hyphe *f* *(in der Morphologie der
Pilze)* hif

Hyponatriämie *f* *(in der
Nephrologie und in der
Intensivpflege: Elektrolytstörung)*
hiponatremi

Hypophyse *f* *(Lat: Hypophysis
cerebri)* hipofiz; *<Syn*→
Hirnanhangdrüse> *(Lat: Glandula
pituitaria)* pitüiter bez

Hypophysenmittellappen *m* *<Syn*→
Hypophysenzwischenlappen >
hipofizin ara lobu

Hypophysenvorderlappen *m*
hipofizin ön lobu

Hypophysenzwischenlappen *m*
<Syn→ **Hypophysenmittellappen** >
hipofizin ara lobu

Hypophysis→ **Hypophyse**

Hypoplasie *f* *(in der Pathologie)*
hipoplazi

Hypotension→ **Hypotonie**

Hypothalamus *m* *(in der
Endokrinologie)* hipotalamus

**Hypothalamus-Hypophysen-
Nebennierenmark** *nt* *(Lat: Medulla
glandulae suprarenalis)* adrenal
medulla

**Hypothalamus-Hypophysen-
Nebennierenrinden-Achse** *f* *<Syn*→
Stressachse> *(in der
Endokrinologie)* hipotalamus-
hipofiz-adrenal aks

Hypothermie *f* *(in der
Pathophysiologie)* hipotermi; **milde**
~ hafif hipotermi; **mittelgradige** ~
orta derecede hipotermi; **schwere** ~
şiddetli hipotermi

Hypothyreose *f* *(in der
Endokrinologie)* hipotiroidi

Hypotonie *f* *(in der Pädiatrie)*
hipotoni; *<Syn*→ **Hypotension>**
hipotansiyon; **orthostatische** ~
ortostatik hipotansiyon

hypotonisch *Adj* hipotonik; ~**e
Lösung** *(in der Zellbiologie)*
hipotonik çözelti

Hypovolämie *f* *(in der
Notfallmedizin)* hipovolemi

Hypoxidose→ **Hypoxie**

Hypoxie *f* hipoksi; *<Syn*→
Sauerstoffmangel> oksijen
yetersizliği; **arterielle** ~ arteriyel
hipoksi

Hysterektomie *f* *<Syn*→
Uterusextirpation> *(in der
Gynäkologie)* histerektomi; ~ **ist die
operative Entfernung der**

Gebärmutter histerektomi, rahmin ameliyatla (vücuttan) çıkarılmasıdır

Hysterie *f (in der Psychoanalyse)* isteri; histeri

hysterisch *Adj* isterik; histerik

I

iatrogen *Adj (vom Arzt erzeugt)* iyatrojenik; ~e **Komplikationen** iyatrojenik komplikasyonlar

Ich *nt (in der Psychoanalyse)* ego

Identifikation *f psych* özdeşleşme

Identität *f* kimlik; **sexuelle** ~ cinsel kimlik

Identitätsstörung *f psych* kimlik bozukluğu

idiopathisch *Adj (in der Nosologie: die Ursache unbekannte)* idiyopatik; idiyopatik; nedeni bilinmeyen; ~e **Epilepsie** idiyopatik epilepsi; ~e **Skoliose** *f (in der Orthopädie)* idiyopatik skolyoz; ~es **Nasenbluten** idiyopatik burun kanaması

IFN *nt (in der Pharmazie)* IFN; *<Syn→* **Interferon>** interferon

IFN-a *nt* IFN alfa; *<Syn→* **Alpha-Interferon>** *(in der Pharmazie)* alfa interferon

Ikterus *m (Lat: icterus)* ikter; < *Syn→* **Gelbsucht>** sarılık

Ileozäkalklappe *f (Lat: Valva ileocaecalis; İng: ileocecal valve) (im Verdauungsapparat)* ileoçekal valf; ileoçekal kapak

Ileum *nt <Syn→* **Krummdarm>** *(im Verdauungsapparat)* ileum

Ileostomie *f (in der Chirurgie: Ausleitung des Dünndarms an die Hautoberfläche)* ileostomi

Ileus *m (in der Gastroenterologie)* ileus; *<Syn→* **Darmverschluss>** bağırsak tıkanması; **paralytischer** ~ paralitik ileus

Iliosakralgelenk *nt <Syn→* **Sakroiliakalgelenk** → **Kreuzbein-Darmbein-Gelenk>** *(Lat: Articulatio sacroiliaca) anat* sakroiliak eklem

Imaging *nt* görüntüleme; *<Syn→* **Bildgebendes Verfahren>** *(Eng: medical imaging)* tıbbi görüntüleme

Immobilisation *f <Syn→* **Ruhigstellung>** *(in der Orthopädie und der Unfallchirurgie)* immobilizasyon

immun *Adj* bağışık; immün; immun

Immunantwort *f (Eng: immune response)* bağışıklık yanıtı; immün cevap; immun yanıt; **auf die** ~ **negativ auswirken** immun yanıtı olumsuz etkilemek; **erworbene** ~ edinilmiş bağışıklık yanıtı; **humorale** ~ *(Eng: humoral immunity)* humoral bağışıklık; sıvısal bağışıklık

Immundefekt *m <Syn→* **Immundefizienz>** *(Eng: immunodeficiency)* bağışıklık eksikliği; *<Syn→* **Immuninsuffienz** → **Immuninkompetenz** → **Immunschwäche>** bağışıklık yetmezliği

Immundefizienz→ Immundefekt

Immuninkompetenz→ Immuninsuffienz

152

Immuninsuffienz *f* <*Syn*→
Immuninkompetenz →
Immunschwäche> bağışıklık
yetmezliği; <*Syn*→ **Immundefekt** →
Immundefizienz> *(Eng:*
immunodeficiency) bağışıklık
eksikliği

Immunisierung *f (in der*
Epidemiologie) bağışıklanma;
bağışıklama

Immunität *f* bağışıklık; **angeborene**
~ doğuştan gelen bağışıklık

Immunkomplex *m* <*Syn*→ **Antigen-**
Antikörper-Komplex> *(in der*
Immunologie) antijen antikor
kompleksi

Immuno-Chirurgie *f* immünocerrahi

Immunogen *nt* immünojen; **jede**
Substanz, die eine Immunantwort
auslösen kann, ist ein ~ immün
yanıt oluşturabilen her madde bir
immünojendir

Immunogenität *f* immünojenlik

Immunologe *m* (erkek) immünolojist

Immunologie *f* immünoloji;
bağışıklık bilimi

Immunologin *f* (kadın) immünolojist

Immunosuppression *f* <*Syn*→
Immunsuppression> bağışıklık
baskılama

immunosuppressiv *Adj* <*Syn*→
immunsuppressiv> bağışıklık
baskılayıcı; ~**e Therapie** bağışıklık
baskılayıcı terapi

Immunreaktion→ **Immunantwort**

Immunschwäche→
Immuninsuffienz

Immunstimulanzien *pl* bağışıklık
uyarıcılar

immunstimulierend *Adj* bağışıklık
uyarıcı; ~**e Substanzen** bağışıklık
uyarıcı maddeler

Immunsuppression *f* <*Syn*→
Immunosuppression> bağışıklık
baskılama

immunsuppressiv *Adj* <*Syn*→
immunosuppressiv> bağışıklık
baskılayıcı; ~**e Therapie** bağışıklık
baskılayıcı terapi

Immunsuppressivum *nt* bağışıklık
baskılayıcı (ilaç)

Immunsystem *nt* bağışıklık sistemi;
das ~ **stärken** bağışıklık sistemini
güçlendirmek

Immuntherapie *f* immünoterapi;
immunoterapi; bağışıklık terapisi;
bağışıksal sağaltım

Immunthrombozytopenie *f* <*Syn*→
immunthrombozytopenische
Purpura> *(in der Hematologie und*
der Onkologie) immün
trombositopenik purpura; <*Syn*→
idiopathische thrombozytopenische
Purpura> idiyopatik
trombositopenik purpura

Immuntoleranz *f* immün tolerans

Impedanzaudiometrie *f (in der*
HNO) impedans odyometrisi

Impfausweis *m* <*Syn*→ **Impfpass**>
aşı karnesi

Impfbescheinigung *f* aşı belgesi

impfen *vt* aşılamak

Impfkampagne *f* aşı kampanyası

Impföse *f (in der Mikrobiologie: ein Werkzeug)* öze; yayma halkası

Impfpass *m <Syn→* **Impfausweis>** aşı karnesi

Impfprogramm *nt* aşı programı

Impfschein *m* aşı belgesi

Impfstoff *m* aşı maddesi; *<Syn→* **Vakzin>** aşı[2]; **proteinbasierter ~** protein bazlı aşı

Impfstoffentwicklung *f* aşı geliştirme

Impfung *f* aşı; aşılama; *<Syn→* **Schutzimpfung>** koruyucu aşı

Impfzwang *f* aşı zorunluluğu

Implantat *nt (Lat: implantare)* implant

implantieren *vt* implante etmek

implantiert *Adj* implante edilmiş; **~e Prothese** implante edilmiş protez

impotent *f* iktidarsız

Impotenz *f* iktidarsızlık

Impuls *m* itki; impuls; uyartı

impulsiv *Adj* impulsif; fevri; **~es Verhalten** fevri davranış

Impulsivität *f* fevrilik

Impulskontrolle *f* itki denetimi

Impulskontrollstörung *f Psych* dürtü kontrol bozukluğu

Inaktivitätsatrophie *f (in der Pathologie)* inaktivite atrofisi

Inappetenz *f <Syn→* **Anorexie>** *f* anoreksi

Index *m* indeks; **glykämischer ~** *(in der Diabetologie)* glisemik indeks

Indigestion *f* hazımsızlık

Indikator *m* belirteç; endikatör

Individualpsychologie *f* bireysel psikoloji

induzierbar *Adj* indüklenebilir

induziert *Adj* indüklenmiş; **~e pluripotente Stammzelle** *(in der Entwicklungsbiologie)* indüklenmiş pluripotent kök hücre

Inertgas *nt chem* inert gaz; atıl gaz

Inertgasnarkose *f (in der Tauchmedizin)* inert gaz narkozu; *<Syn→* **Tiefenrausch>** derinlik sarhoşluğu; *<Syn→* **Stickstoffnarkose>** azot narkozu

infantil *Adj* infantil; **~er Spasmus** *(in der Kinderheilkunde)* infantil spazm

Infarkt *m* infarkt; enfarktüs; **anämischer ~** *(in der Angiologie)* anemik infarkt

Infarzierung *f (Eng: infarction)* infarksiyon

Infekt *m* enfeksiyon

Infektiologe *m* (erkek) enfeksiyon hastalıkları uzmanı

Infektiologie *f <Syn→* **Infektologie>** enfeksiyon hastalıkları; bulaşıcı hastalıklar; intaniye

Infektiologin *f* (kadın) enfeksiyon hastalıkları uzmanı

Infektion *f* <*Syn*→ **Ansteckung**> enfeksiyon; ~ **der Schleimhaut** mukoza enfeksiyonu; **bakterielle** ~ bakteriyel enfeksiyon; **nosokomiale** ~ <*Syn*→ **Krankenhausinfektion**> hastane kaynaklı enfeksiyon

Infektionsallergie *f* enfeksiyon alerjisi

Infektionsdosis *f* <*Syn*→ **Belastungsdosis**> *(in der Infektiologie)* enfeksiyon dozu

Infektionserreger *m* <*Syn*→ **Keim**> mikrop

Infektionsherd *m* enfeksiyon odağı

Infektionskette *f* enfeksiyon zinciri

Infektionskrankheit *f* enfeksiyon hastalığı

Infektionsmedizin→ **Infektiologie**

Infektionsquelle *f* enfeksiyon kaynağı

Infektionsrisiko *nt* enfeksiyon riski

Infektionsverdacht *m* enfeksiyon şüphesi

Infektionswege *pl* bulaşma yolları

infektiös *Adj* enfeksiyöz; infektif; <*Syn*→ **ansteckend**> bulaşıcı; ~**e** **Mononukleose** <*Syn*→ **Pfeiffer-Drüsenfieber**> *(Lat: Mononucleosis infectiosa)* enfeksiyöz mononükleoz a. infektiös; ~**e Endokarditis** *(in der Kardiologie)* infektif endokardit

Infektiösität *f (in der Epidemiologie)* enfektivite; bulaşıcılık

Infektologe *m* (erkek) enfeksiyon hastalıkları uzmanı

Infektologie *f* <*Syn*→ **Infektiologie**> enfeksiyon hastalıkları; bulaşıcı hastalıklar; intaniye

Infektologin *f* (kadın) enfeksiyon hastalıkları uzmanı

Infestation *f* <*Syn*→ **Befall**> *(in der Parasitologie)* enfestasyon

Infibulation *f* infubilasyon

Infiltrat *nt (in der Pathologie)* infiltrat

Infiltration *f (in der Pathologie: das Eindringen fester oder flüssiger Substanz in biologisches Gewebe)* infiltrasyon

infizieren *vt* enfekte etmek

infizieren *vrefl (sich)* yakalanmak; **sich mit Pocken** ~ çiçek hastalığına yakalanmak

infiziert *Adj* enfekte (edilmiş); enfekte (olan); enfekte (olmuş); ~**e** **Menschen** enfekte olan insanlar; ~**e** **Zahnpulpa** *(in der Zahnmedizin)* enfekte diş pulpası; ~**es Blut** enfekte kan

Inflammation *f (Lat: inflammatio)* inflamasyon; enflamasyon; <*Syn*→ **Entzündung**> iltihaplanma; yangı

inflammatorisch *Adj* inflamatuvar; <*Syn*→ **entzündlich**> iltihabi; yangısal

Influenza *f* enflüanza; influenza; <*Syn*→ **Grippe**> grip

Influenza-A-Viren *pl* influenza A
virüsleri

Influenza-B-Viren *pl* influenza B
virüsleri

Influenza-Virus *nt* enflüanza virüsü;
influenza virüsü

Information *f* bilgi; **genetische** ~
genetik bilgi

infusieren *vt* infüze etmek

Infusion *f* infüzyon; enfüzyon;
intravenöz drip; **intraarterielle** ~
damar içine enfüzyon

Infusionsgeschwindigkeit *f* infüzyon
hızı

Infusionslösung *f* infüzyon çözeltisi;
infüzyon solüsyonu

Infusionsreaktion *f (in der
Onkologie: unerwünschte Wirkung
der Chemotherapie)* infüzyon
reaksiyonu

Infusionsständer *m (in der
Intensivmedizin)* serum askısı

Infusionstherapie *f* enfüzyon
terapisi; intravenöz tedavi; damar içi
tedavi

Inguinalbruch *m <Syn→*
Inguinalhernie> *(Lat: Hernia
inguinalis)*; inguinal herni; *<Syn→*
Leistenbruch> kasık fıtığı

Inhalation *f* inhalasyon; *<eş→*
Einatmung> soluk alma; nefes alma

Inhalationsanästhesie *f* inhalasyon
anestezisi

Inhalationsanästhetika *f <Ant→*
Injektionsanästhetika> *(in der
Anästhesie)* uçucu anestetikler

Inhalator *m (Eng: inhaler)* inhaler;
der ~ ist ein medizinisches Gerät
inhaler, tıbbi bir alettir

Inhalt *m* içerik; ~ **der Packung** *(auf
dem Beipackzettel)* ambalajın içeriği

Inhibition *f <Syn→* **Hemmung>**
inhibisyon

Inhibitor *m <Syn→* **Hemmstoff>**
inhibitör

Initiation *f (in der Biochemie: erste
Phase der Transkription)* başlama

Injektion *f* enjeksiyon; iğne yapma;
zerk etme; zerk edilme;
intramuskuläre ~ kas içine zerk
edilme; **intravenöse** ~ damar yolu
üzerinden enjeksiyon

Injektionsanästhetika *f <Ant→*
Inhalationsanästhetika> *(in der
Anästhesie)* uçucu olmayan
anestetikler

Injektionslösung *f* enjeksiyon
çözeltisi; enjeksiyon solüsyonu

Injektionsspritze *f <Syn→* **Spritze>**
iğne; şırınga

injizieren *vt* enjekte etmek; zerk
etmek

Inkompatibilität *f* uyuşmazlık

Inkontinenz *f* inkontinans

Inkubationszeit *f (in der
Epidemiologie)* kuluçka süresi

Inkubator *m <Syn→* **Brutkasten>**
kuvöz; yaşanak

Inlay *nt (in der Zahnmedizin)* inley

156

Inlayfüllung *f* <*Syn*→
Einlagefüllung> *(in der Zahnmedizin)* inley dolgu

Innenmeniskus *m* <*Ant*→
Außenmeniskus> *(Lat: Meniscus medialis)* anat iç menisküs

Innenohr *nt (Lat: Auris interna)* iç kulak

Innenrotation *f* iç rotasyon

Innenseite *f* <*Ant*→ **Außenseite**> iç yüzey

inner *Adj* iç; ~**e Blutung** iç kanama; ~**e Halsschlagader** <*Syn*→ **Arteria carotis interna**> internal karotis arter; ~**e Medizin** iç hastalıkları; dahiliye; ~**es Organ** iç organ

Innervation *f* innervasyon; **sensible** ~ duyusal innervasyon; **somatische** ~ somatik innervasyon

innervieren *vt* innerve etmek; **die Muskulatur** ~ kasları innerve etmek

inoperabel *Adj* ameliyat edilemez

Insektenbiss *m* böcek ısırması

Insektengift *nt* böcek zehiri

Insektengiftallergie *f* böcek zehiri alerjisi

Insektenstich *f* böcek sokması

Insektenvertilgungsmittel→
Insektizid

Insektenvernichtungsmittel→
Insektizid

Insektizid *nt* insektisit; <*Syn*→
Insektenvertilgungsmittel →
Insektenvernichtungsmittel> böcek ilacı; böcek öldürücüler

Insel *f* ada; <*Syn*→ **Insula**> insula

Inselkortex→ **Inselrinde**

Inselrinde *f* <*Syn*→ **Inselkortex**>
(Lat: Cortex insularis; Lobus insularis) (in der Anatomie des Gehirns) insular lob; adası dilmik;
<*kurz*→ **Insula**> insula

Inselzellen→ **Langerhans-Inseln**

Insertion *f (in der Genetik)* insersiyon

Insertionssequenz *f (in der Genetik)* insersiyon dizisi; ekleme dizisi

In-situ-Hybridisierung *f (in der Molekularbiologie)* in situ hibridizasyon

In-situ-Mikroskopie *f* in situ mikroskopisi

Inspektion *f (bei der körperlichen Untersuchung)* inspeksiyon; **die** ~
folgt die Anamnese inspeksiyon, anamnezden sonra gelir

Inspiration *f* <*Ant*→ **Expiration**>
(Lat: inspiratio) inspirasyon; <*Syn*→
Einatmen> soluk alma

Instabilität *Adj* <*Ant*→ **Stabilität**>
kararsızlık; instabilite; **genomische** ~ genomik kararsızlık;
hämodynamische ~ *(in der Notfallmedizin)* hemodinamik instabilite

Instrument *nt* alet; cihaz; araç; *nt* **chirurgische** ~**e** <*Syn*→
Operationsbesteck> ameliyathane cihazları; **chirurgisches** ~ cerrahi alet

Insuffizienz *f* yetmezlik;
respiratorische ~ respiratuar yetmezlik; <*Syn*→ **Ateminsuffizienz**

→ **Atmungsinsuffizienz**> solunum yetmezliği

Insuffizienzgefühl *nt (in der Psychopathologie)* yetmezlik hissi

Insufflation *f* insüflasyon

Insula *f* <*Syn*→ **Insel**> insula

Insulin *nt (in der Diabetologie)* insülin; ~ **aus Zellen der Bauchspeicheldrüse** pankreas hücrelerinden insülin; **endogenes** ~ endojen insülin; **exogenes** ~ eksojen insülin

Insulinabbau *m* insülin yıkımı

insulinähnlich *Adj* insülin benzeri; ~**e Wachstumsfaktoren** *(Eng: insulin-like growth factors)* insülin benzeri büyüme faktörleri; <*Syn*→ **Somatomedine**> somatomedinler

Insulinallergie *f (in der Diabetologie)* insülin alerjisi

Insulindosis *f (in der Diabetologie)* insülin dozu

Insulinmangel *m* insülin eksikliği

Insulinom *nt (in der Endokrinologie und der Gastroenterologie: Tumor im Pankreas)* insülinoma

Insulin-Pen *m (in der Diabetologie bei der Insulintherapie)* insülin kalemi

insulinproduzierend *Adj* insülin üreten; ~**e Zellen** insülin üreten hücreler

Insulinpumpe *f (in der Diabetologie)* insülin pompası

Insulinresistenz *f (in der Diabetologie)* insülin direnci

Insulin-Sekretion *f* insülin salgılanması

Insulintherapie *f (in der Diabetologie)* insülin terapisi; ~ **bei Diabetes mellitus** diabetes mellitusta insülin terapisi

integral *Adj* integral; ~**e Membranproteine** <*Ant*→ **periphere Membranproteine**> *(in der Zellbiologie)* integral zar proteinleri

Integraseinhibitor *m* integraz inhibitörü

integrativ *Adj* entegratif; ~**e Medizin** entegratif tıp

Intelligenz *f* zekâ; **emotionale** ~ *psych* duygusal zekâ

Intelligenzquotient *m (in der Psychometrie)* zekâ katsayısı; <*Syn*→ **IQ**> IQ

Intensivmedizin *f* yoğun bakım tıbbı

Intensivpatient *m* (erkek) yoğun bakım hastası

Intensivpatientin *f* (kadın) yoğun bakım hastası

Intensivpflege *f* yoğun bakım

Intensivpflegestation→ **Intensivstation**

Intensivstation *f* <*Syn*→ **Intensivpflegestation**> yoğun bakım ünitesi; yoğun bakım servisi

Interaktion *f* <*Syn*→ **Wechselwirkung**> etkileşim

intercostal *Adj (Lat: intercostal)* *anat* interkostal; kaburgalar arası

Intercostalraum *m (Lat: Spatium intercostale) anat* interkostal boşluk; <*Syn*→ **Zwischenrippenraum**> kaburgalar arası bölge

Interdentalbürste *f (in der Zahnmedizin)* arayüz fırçası

Interdentalräume *pl* <*Syn*→ **Zahnzwischenräume**> *(in der Zahnmedizin)* diş araları

interdisziplinär *Adj* disiplinlerarası; ~es **Gebiet** disiplinlerarası alan

Interdisziplinarität *f* disiplinlerarasılık

Interesselosigkeit *f* ilgisizlik

Interferon *nt (in der Pharmazie)* interferon; <*kurz*→ **IFN**> IFN

Interferontherapie *f (psych: bei Depressionen)* interferon tedavisi

Intergeschlechtlichkeit *f* <*Syn*→ **Intersexualität**> *(in der Humangenetik)* interseks; interseksüellik

interhuman *Adj* insanlar arası; insandan insana; ~ **übertragene Krankheiten** insandan insana bulaşan hastalıklar

Intermediärfilamente *pl (in der Zellbiologie)* ara filamentler

Intermediat *nt* <*Syn*→ **Zwischenprodukt**> ara ürün

Intermembranraum *m (in der Zellbiologie und der Histologie)* zarlar arası boşluk

intermolekular *Adj* moleküllerarası; ~e **Wechselwirkung** moleküllerarası etkileşim

intern *Adj* iç; ~er **Defibrillator** *(in der Kardiologie)* iç defibrilatör

Internist *m* (erkek) dahiliyeci

Internistin *f* (kadın) dahiliyeci

internistisch *Adj* dahili; ~e **Onkologie** dahili onkoloji

Intersexualität *f* <*Syn*→ **Intergeschlechtlichkeit**> *(in der Humangenetik)* interseks; interseksüellik

Interstitialflüssigkeit *f* <*Syn*→ **Gewebsflüssigkeit**> interstisyel sıvı

interstitiell *Adj* interstisyel; ~e **Pneumonie** interstisyel pnömoni

Interstitium *nt* <*Syn*→ **Stroma**> *(in der Histologie und der Zellbiologie)* stroma

Intertrigo *f (in der Dermatologie)* intertrigo; <*eş*→ **Wundsein** → **Hautwolf**> pişik

intertriginös *Adj* intertriginöz

interventionell *Adj* girişimsel; ~e **Hepatologie** girişimsel hepatoloji; ~e **Kardiologie** girişimsel kardiyoloji

interzellulär *Adj* interselüler; hücrelerarası; hücreler arası

Interzellularraum *m* <*Syn*→ **Zellzwischenraum**> *(Lat: Spatium intercellulare) (in der Histologie und der Zellbiologie)* hücrelerarası boşluk

Interzellularsubstanz *f* <*Syn*→ **Zwischenzellsubstanz**> *(in der Histologie)* hücrelerarası madde; <*Syn*→ **Extrazellularmatrix**> *(Eng: extracellular matrix)* ekstrasellüler matriks

159

Intestinalflora *f* <*Syn*→
Darmflora> bağırsak florası

Intimpiercing *nt* intim pirsing

Intoleranz *f* <*Syn*→ **Unverträglichkeit**>
intolerans

Intoxikation *f* intoksikasyon;
<*Syn*→ **Vergiftung**> zehirlenme

intraabdominell *Adj* karın içi; ~er
Druck <*Syn*→ **Bauchinnendruck**>
karın içi basıncı

intraarteriell *Adj* damar içine: ~e
Infusion damar içine enfüzyon; ~e
Injektion damar içine enjeksiyon

intradermal→ **intrakutan**

intrakutan *Adj* <*Syn*→ **intradermal**>
intradermal; ~e **Injektion** intradermal
enjeksiyon

intradermal *Adj* <*Syn*→ **intrakutan**>
intradermal; ~e **Injektion** intradermal
enjeksiyon

intraepithelial *Adj* <*Ant*→
extraepithelial> *(in der Histologie)*
intraepiteliyal; ~e **Drüsen**
intraepiteliyal bezler

intragluteal *Adj (bei*
Applikationsformen: im Gesäß)
intragluteal; ~e **Injektion** intragluteal
enjeksiyon

intrahepatisch *Adj* <*Ant*→
extrahepatisch> *(in der*
Gastroenterelogie: innerhalb der
Leber gelegen) intrahepatik; ~e
Cholestase intrahepatik kolestaz; ~er
Gallengang intrahepatik safra yolu

intrakardial *Adj (in der*
Kardiologie: in das Herz)

intrakardiyal; kalp içine; ~e
Injektion intrakardiyal enjeksiyon

intrakraniell *Adj* intrakraniyal; ~er
Druck <*Syn*→ **Hirndruck**> *(Lat:*
Compressio cerebri; İng:
inintracranial pressure) (in der
Neurochirurgie) kafa içi basıncı;
intrakraniyal basınç

intramuskulär *Adj* intramüsküler;
kas içi(ne); ~e **Injektion**
intramüsküler enjeksiyon; kas içi
enjeksiyon; kas içine zerk edilme

intraoperativ *Adj (in der Chirurgie:*
während einer OP auftretend)
intraoperatif; ~e **Pflege** intraoperatif
bakım

intraoral *Adj (in der HNO:*
innerhalb der Mundhöhle) intraoral;
~e **Untersuchung** intraoral muayene

intrauterin *Adj (in der Gynäkologie:*
innerhalb der Gebärmutter)
intrauterin; rahim içi; ~e
Wachstumsretardierung intrauterin
gelişme geriliği

Intrauterinpessare *f (bei der*
Empfängnisverhütung) rahim içi
araç; rahim içi kontraseptif cihaz;
<*Syn*→ **Spirale**> spiral

intravasal *Adj (Eng: intravascular)*
intravasküler; damar içi; ~e
Gerinnung *(in der Hämatologie und*
der Onkologie) damar içi pıhtılaşma

intravenös *Adj* intravenöz; damar
yolu üzerinden; damar yolundan; ~e
Injektion intravenöz enjeksiyon;
damar yolu üzerinden enjeksiyon; ~
verabreichen intravenöz vermek;
~er **Katheter** intravenöz kateter

Intrauterinpessar *m (in der*
Gynäkologie) rahim içi araç; rahim

içi kontraseptif cihaz; <*Syn*→
Spirale> spiral

intrazellulär *Adj* <*Ant*→
extrazellulär> intraselüler; hücre içi;
~**es Adhäsionsmolekül** intraselüler
adhezyon molekülü

intrazerebral *Adj* intraserebral; ~**e**
Blutung *(in der Neurochirurgie)*
intraserebral kanama

intrazystisch *Adj* intrakistik; ~**e**
Blutung intrakistik kanama

intrinsisch *Adj* <*Ant*→ **extrinsisch>**
intrinsik;
~**e Zungenmuskulatur** <*Syn*→
innere Zungenmuskulatur; →
Binnenmuskulatur> intrinsik dil
kasları; ~**er Faktor** *(in der
Hämatologie)* intrinsik faktör

Introjektion *f (in der
Psychoanalyse)* introjeksiyon;
içyansıtım

Introspektion *f psych* içebakış;
<*eş*→ **Selbstbeobachtung>**
içgözlem

Intubation *f (im
Atemwegsmanagement)* entübasyon;
endotracheale ~ endotrakeal
entübasyon; **nasotracheale** ~
nazotrakeal entübasyon;
orotracheale ~ orotrakeal
entübasyon

intubieren *vi* entübe etmek

intubiert *Adj* entübe

in utero *(in der Gynäkologie: im
Mutterleib)* in utero; **Therapie** ~
<*Syn*→ **Behandlung im
Mutterleib>** in utero terapi

Invagination *f (in der
Gastroenterologie)* invaginasyon; ~

des Darmes bağırsağın
invaginasyonu

Invasion *f (in der Epidemiologie)*
invazyon; istila; **virale** ~ viral istila;
die Fähigkeit eines Pathogens zur ~
eines Wirtes bir patojenin konakçıda
invazyon yeteneği

invasiv[1] *Adj* invazif; girişimsel; ~**e**
Kardiologie girişimsel kardiyoloji;
~**e Revaskularisierung** girişimsel
revaskülarizasyon; ~**es Karzinom**
invazif karsinom

invasiv[2] *Adj* invazif; istilacı; ~**e Art**
(in der Epidemiologie) invazif tür;
istilacı tür

Inversion *f (in der Genetik und der
Zellbiologie)* inversiyon;
parazentrische ~ parasentrik
inversiyon; **perizentrische** ~
perisentrik inversiyon

in vitro *Adj* <*Ant*→ **in vivo>**
*(außerhalb eines lebenden
Organismus stattfindend)* in vitro

In-vitro-Fertilisation *f (in der
Reproduktionsmedizin: Befruchtung
der Eizelle im Reagenzglas)* in vitro
fertilizasyon; in vitro döllenme

In-vitro-Maturation *f (im Labor:
Reifung von Eizellen in der
Petrischale)* in vitro matürasyon

in vivo *Adj* <*Ant*→ **in vitro>**
*(innerhalb eines lebenden
Organismus stattfindend)* in vivo

Inzest *m (Lat: incestus)* ensest

Inzidenz *f (Lat: incidere) (in der
Epidemiologie)* insidans; **geringe** ~
düşük insidans; **hohe** ~ yüksek
insidans

Inzision *f (Lat: incisio) (in der Chirurgie)* insizyon; *<Syn→* **Einschnitt>** kesi

Inzisionsbiopsie *f (in der Chirurgie)* insizyon biyopsisi

Inzucht *f (in der Genetik)* soy içi üreme

Iod *nt <Syn→* **Jod>** *(Symbol: I)* iyot

Iod-Kalimiodid-Lösung *f <Syn→* **Lugol-Lösung → Lugolsche Lösung>** lugol çözeltisi

Iodtinktur *f (Lat: Tinctura Iodi) (in der Pharmazie)* tentürdiyot

Ion *nt (in der Elektrochemie)* iyon

Ionenaustausch-chromatographie *f* iyon değiştirme kromatografisi

Ionenbindung *f <Syn→* **ionische Bindung>** iyonik bağ

ionisch *Adj* iyonik; ~**e Bindung** *<Syn→* **Ionenbindung>** iyonik bağ; ~**e Verbindungen** iyonik bileşikler

IQ→ Intelligenzquotient

Iris *f <Syn→* **Regenbogenhaut>** *(in der Anatomie des Auges)* iris

Irismuskulatur *f (in der Augenanatomie)* iris kasları

Iritis *f <Syn→* **Regenbogenhautentzün-dung>** iritis

irrational *Adj <Ant→* **rational>** irrasyonel; akılcı olmayan; ~**e Angst** *psych* irrasyonel korku

irreversibel *Adj <Ant→* **reversibel>** tersinmez; geri dönüşsüz; geri

dönüşemez; **der Hirntod ist** ~ beyin ölümü geri dönüşsüzdür

Irritation *f (in der Neuropsychologie)* iritasyon; irritasyon; *<Syn→* **Reizung>** tahriş; ~ **der Hirnhaut** meninks irritasyonu

Ischämie *f (in der Angiologie und der Pathologie)* iskemi

ischämisch *Adj* iskemik; ~**e Colitis** *(in der Gastroenterologie und der Angiologie)* iskemik kolit; kolon iskemisi; ~**e Nekrose** iskemik nekroz

Ischialgie *f (in der Neurologie)* siyatik hastalığı; *<kurz→* **Ischias>** siyatik

Ischias→ Ischialgie

Ischiasnerv *m (Lat: Nervus ischiadicus)(in der Neurologie)* siyatik sinir

Ischiasschmerz *m (in der Neurologie)* siyatik ağrısı

Isocortex *m (im* Telencephalon*)* izokorteks

Isolierung[1] *f <Syn→* **Absonderung>** *(in der Psychiatrie)* tecrit

Isolierung[2] *f <Schweiz→* **Absonderung>** *(in der Epidemiologie)* yalıtım

isotone Kochsalzlösung→ isotonische Kochsalzlösung

isotonische Kochsalzlösung serum fizyolojik

Isotopenverdünnung *f (Eng: isotope dilution)* izotop seyreltme *a.*

Isotopenverdünnungs-analyse *f* izotop seyreltme analizi

Isthmus *m anat* istmus; *<Syn→* **Engstelle>** kıstak

J

Javelwasser *nt chem* javel suyu; *<Syn→* **Kaliumhypochlorit>** potasyum hipoklorit

Jejunum *nt <Syn→* **Leerdarm>** jejunum

Jochbein *nt <Syn→* **Wangenbein** → **Backenknochen>** *(Lat: Os zygomaticum) anat* elmacık kemiği; zigomatik kemik

Jochbogen *m (Lat: Arcus zycomaticus)* zigomatik ark

Jochbeinfraktur *f* elmacık kemiği kırığı

Jochfortsatz *m (Lat: Processus zygomaticus)* elmacık çıkıntısı

Jod *nt <Syn→* **Iod>** *(Symbol: I)* iyot

Jodallergie *f* iyot alerjisi

jodhaltig *Adj* iyotlu; ~es **Kontrastmittel** *(in der Radiologie)* iyotlu kontrast madde

Jodmangel *m* iyot eksikliği

Jodtinktur *f (Lat: Tinctura Iodi) (in der Pharmazie)* tentürdiyot

Johanniskraut *nt (Lat: Hypericum)* sarı kantaron; **echtes** ~ *(Lat: Hypericum perforatum)* sarı kantaron; ~ **wird als Heilpflanze verwendet** sarı kantaron, şifalı bitki olarak kullanılır

Jojo-Effekt *m (bei Diäten)* yoyo etkisi

Juckempfindung *f (Lat: Pruritus)* kaşıntı *(hissi)*

Jucken *nt (Lat: Pruritus)* kaşıntı

Juckflechte *f <Syn→* **Ekzem>** egzama

Juckreiz *m (Lat: Pruritus)* kaşıntı *(hissi)*; **analer** ~ *<Syn→* **Pruritus ani>** anüs kaşıntısı; **Antihistaminika gegen** ~ kaşıntıya karşı antihistaminler; **chronischer** ~ kronik kaşıntı; **heftiger** ~ şiddetli kaşıntı; **starker** ~ şiddetli kaşıntı

Jungfernhäutchen *m/nt anat* kızlık zarı; *<Syn→* **Hymen>** himen

Junk-Food *nt* abur cubur

juvenil *Adj* juvenil; ~e **Arthritis** *(in der Rheumatologie)* juvenil artrit; ~ **idiopathische Arthritis** juvenil idiopatik artrit

K

Kachexie *f* kaşeksi

Kaiserschnitt *m <Syn→* **Schnittentbindung>** *(Lat: Sectio caesarea) (in der Gynäkologie)* sezaryen

Kalium *nt (Formel: K) chem* potasyum

Kaliumhypochlorit *nt (Formel: KCIO) chem* potasyum hipoklorit; *<Syn→* **Javelwasser>** javel suyu

Kaliumiodid *nt (Formel: KI)* potasyum iyodür

Kalkaneus *nt (Lat: Calcaneus) anat*
kalkaneus; *<Syn→* **Fersenbein>**
topuk kemiği

Kalkaneussporn *m <Syn→*
Fersensporn> *anat* topuk dikeni

Kalkschulter *f (Lat: Tendinosis
calcarea)* omuz bölgesinde
kireçlenme

Kallus *m (Lat: callus) (in der
Orthopädie)* kallus; kalus

Kallusbildung *f (in der Orthopädie:
bei der Knochenheilung)* kallus/kalus
oluşumu

Kalorie *f* kalori

Kaloriemeter *nt* kalorimetre

Kalorienbedarf *m* kalori ihtiyacı

Kalotte *f <Syn→* **Schädeldecke →
Schädeldach → Schädelkalotte>**
(Lat: Calvaria) kafatası çatısı

Kältekammer *f (in der
Kryotherapie)* soğuk oda

Kälteverbrennung *f (in der
Notfallmedizin)* soğuk yanması

Kalt-Kompresse *f <Syn→* **Warm-
Kompresse>** soğuk kompres

Kalzifizierung *f (in der
Nephrologie)* kalsifikasyon;
metastatische *~ (Eng: metastatic
calcification) (in der
Histopathologie)* metastatik
kalsifikasyon

Kalzium *nt <Syn→* **Calcium>**
*(Formel: Ca; Ordnungszahl: 20)
chem* kalsiyum

Kammer *f (Lat: Ventriculus cordis)*
karıncık; *<Syn→* **Herzkammer>**

kalp karıncığı; *<Syn→* **Ventrikel>**
ventrikül

Kammerscheidewand *f (Lat:
Septum interventriculare)* karıncıklar
arası bölme; interventriküler bölme

Kammertachykardie *f <Syn→*
ventrikuläre Tachykardie>
ventriküler taşikardi

Kammerwasser *nt (Lat: Humor
aquosus)* göziçi sıvısı

Kampf *m* mücadele; *~* **gegen Krebs**
kanserle mücadele

Kanälchen *pl (Lat: Canaliculi) (in
der Osteologie)* kanalcıklar

Kandidatengen *nt (in der
Molekularbiologie)* aday gen

Kanüle *f <Syn→* **Hohlnadel →
Injektionsnadel>** iğne; hipodermik
iğne; *~* **aufsetzen** (ucuna) iğne
takmak; **Spritze mit aufgesetzter** *~*
ucuna takılmış şırınga

Kanzerogen *nt <Syn→*
Karzinogen> kanserojen

kanzerogen *Adj <Syn→* **karzinogen
→ krebserzeugend →
krebserregend>** *(in der Onkologie)*
kanserojenik

Kanzerophobie *f (psych: Krebsangt)*
kanserofobi

Kapazität *f* kapasite; sığa

Kapillarblut *nt (in der Diabetologie)*
kapiller kan

Kapillare *f (in der Histologie)*
kapiler; *(Haargefäß)* kılcal damar

Kapillarität *f (in der Oberflächenphysik)* kapilarite; kılcallık

Kapsel *f (in der Pharmazie)* kapsül

Kapselendoskopie *f (in der Gastroenterologie)* kapsül endoskopi; ~ **der Speiseröhre** yemek borusunun kapsül endoskopisi; ~ **des Magens** midenin kapsül endoskopisi

Kapselhülle *f (in der Pharmazie)* kapsül kılıfı; kapsül kabı

Kapsid *nt (Lat: capsula) (in der Virologie)* kapsid; protein kılıf

Karbolsäure *f (in der organischen Chemie)* karbolik asit; *<Syn→* **Phenol>** fenol

Karbunkel *m <Syn→* **Eiterbeule>** karbonkül[1]; karakabarcık; habis çıban

Kardia *f <Syn→* **Cardia>** *(Lat: Pars cardiaca) anat* kardia; *<Syn→* **Mageneingang>** mide kapısı

kardial *Adj (in der Kardiologie)* kardiyak; ~**e Arrhythmie** *<Syn→* **kardiale Rhythmusstörung →** **Herzrhythmusstörung>** kardiyak aritmi; aritmi; ~**e Rhythmusstörung** kardiyak aritmi; aritmi

Kardiaspasmus *m <Syn→* **Cardiaspasmus>** kardiyospazm

Kardinalsymptom *nt <Syn→* **Leitsymptom>** *(in der Psychopathologie)* kardinal semptom

Kardiochirurgie *f* kardiyak cerrahi; *<Syn→* **Herzchirurgie>** kalp cerrahisi

kardiogen *Adj* kardiyojen; ~**er Schock** *(in der Notfallmedizin)* kardiyojen şok

Kardiologe *m* (erkek) kardiyolog

Kardiologie *f* kardiyoloji

Kardiologin *f* (kadın) kardiyolog

Kardiomegalie *f (in der Kardiologie: Vergrößerung des Herzens)* kardiyomegali

Kardiomyopathie *f <Syn→* **Myokardiopathie>** *(in der Kardiologie: heterogene Gruppe von Krankheiten des Herzmuskels)* kardiyomiyopati

kardiopulmonale Reanimation *(Eng: cardiopulmonary resuscitation)* kardiyopulmoner resüsitasyon; *<Syn→* **Herz-Lungen-Wiederbelebung>** kalp-akciğer canlandırması; *<kurz→* **CPR>** CPR

kardiopulmonaler Bypass *<Syn→* **Herz-Lungen-Bypass>** kardiyopulmoner baypas

Kardiospasmus *m <Syn→* **Cardiospasmus>** kardiyospazm

kardiovaskulär *Adj* kardiyovasküler; ~**e Erkrankung** *<Syn→* **Herz-Kreislauf-Erkrankung>** kardiyovasküler hastalık; ~**es System;** kardiyovasküler sistem; *<Syn→* **Herz-Kreislaufsystem>** dolaşım sistemi

Kardioversion *f (in der Kardiologie)* kardiyoversiyon

Karies *f (Lat: caries) (in der Zahnmedizin)* çürük; *<Syn→* **Zahnkaries>** *(Lat: Caries dentium)* diş çürüğü

Karieshöhle *f (in der Zahnmedizin)* çürük boşluğu; çürük kavitesi

Kariesläsion *f (in der Zahnmedizin)* çürük lezyonu

Kariesrisiko *nt (in der Zahnmedizin)* çürük riski; **das ~ steigt** çürük riski artar

Karotissinus *m <Syn→* **Sinus caroticus → Bulbus>** *(Lat: Sinus caroticus) (in der Kardiologie)* karotis sinüs

Karpalknochen *pl <Syn→* **Handwurzelknochen>** *(Lat: Ossa carpi)* karpal kemikler

Karpaltunnel *m (Lat: Canalis carpi) anat* karpal kanal; karpal tünel; **der ~ ist der Kanal des Handgelenks** karpal tünel, bileğin kanalıdır; **der Mittelarmnerv zieht durch den ~** medyan sinir, karpal tünelden geçer

Karpaltunnelsyndrom *nt <Syn→* **Carpaltunnelsyndrom →** **Medianuskompressions-syndrom>** *(Lat: Brachialgia paraesthetica nocturna)* karpal tünel sendromu; *<kurz→* **KTS>** KTS

Karte *f* harita; **genetische ~** *<Syn→* **Genkarte>** genetik harita

Karyoplasma *nt <Syn→* **Nukleoplasma → Kernplasma>** nükleoplazma

Karyotyp *m (in der Zytogenetik)* karyotip

Karyotypisierung *f (in der Zytogenetik)* karyotipleme

Karzinogen *nt <Syn→* **Kanzerogen>** kanserojen

karzinogen *Adj <Syn→* **kanzerogen → krebserzeugend>** *(in der Onkologie)* kanserojenik

Karzinogenese *f (in der Onkologie)* karsinogenez; tümör oluşması

Karzinom *nt <Syn→* **Carcinom>** *(Lat: Carcinoma) (in der Onkologie)* karsinom; karsinoma; *<Syn→* **Krebs>** kanser; **invasiv ~** invazif karsinom; **kolorektales ~** kolorektal kanser

Karzinom in situ *nt (in der Onkologie)* kanser in situ

Kaskade *f (in der Biochemie)* kaskad

Kastration *f* iğdiş; hadım etme; kastrasyon

Kastrationskomplex *m (in der analytischen Psychologie)* iğdiş kompleksi; iğdiş edilme karmaşası

Katabolismus *m* katabolizma; yadımlama

Katalase *f* katalaz; **die ~ ist ein Enzym, das das Wasserstoffperoxid zu Sauerstoff und Wasser umsetzt** katalaz, hidrojen peroksidi su ve oksijene ayıran bir enzimdir

Katalepsie *f <Syn→* **Starrsucht>** *(Lat: Stupor vigilans) (in der Psychiatrie)* katalepsi; **die ~ ist eine neurologische Störung** katalepsi, nörolojik bozukluktur

Katalyse *f chem* kataliz; **heterogene ~** heterojen kataliz; **homogene ~** homojen kataliz

katalysieren *vt chem* katalizlemek *vt*

katalytisch *Adj* katalitik; **~er Antikörper** *(in der Immunologie)* katalitik antikor; *<Syn→* **Abzym>** abzim

Kataplasma *nt (in der Naturheilkunde)* kataplazma

Kataplexie *f (in der Neurologie)* katapleksi

Katarakt *f* katarakt; *<Syn→* **grauer Star/Linsentrübung>** aksu; **angeborene ~** doğumsal katarakt

Kataraktchirurgie *f* katarakt cerrahisi

Kataraktoperation *f* katarakt ameliyatı

Katastrophe *f* afet; facia; felaket

Katastrophenmedizin *f* afet tıbbı

kataton *Adj <Syn→* **katatonisch>** katatonik; **~e Schizophrenie** katatonik şizofreni

Katatonie *f (in der Neurologie)* katatoni; **die ~ ist ein psychomotorisches Syndrom** katatoni, bir psikomotor sendromdur

katatonisch *Adj <Syn→* **kataton>** katatonik

Katecholamin *nt (in der Biochemie)* katekolamin; **Noradrenalin ist ein ~** noradrenalin, katekolamindir

Kater *m <Syn→* **Katzenjammer>** *(nach Alkoholkonsum)* akşamdan kalmalık; mahmurluk

Katheter *m* kateter; **intravenöser ~** intravenöz kateter

Katheterablation *f (in der Kardiologie)* kateter ablasyonu

Katheterisierung *f* kateterizasyon

Katheterismus *m* kateterizasyon

Kathode *f <Ant→* **Anode>** *chem* katot

Katzenallergie *f* kedi alerjisi

Katzenfloh *m (Lat: Ctenocephalides felis)* kedi piresi

Katzenjammer *m <Syn→* **Kater>** *(nach Alkoholkonsum)* akşamdan kalmalık; mahmurluk

Katzenkot *m* kedi dışkısı

Katzenkratzkrankheit *f* kedi tırmığı hastalığı

Kauen *nt* çiğneme; *<Syn→* **Mastikation>** mastikasyon

Kaufläche *f (in der Zahnmedizin)* çiğneme yüzeyi

Kaumuskulatur *f (Lat: Musculi masticatorii)* çiğneme kasları

Kautabak *m* çiğneme tütünü; çiğnemelik tütün

Kautablette *f* çiğneme tableti; çiğnenebilir tablet

Kauter *m* koter

Kauterisation *f <Syn→* **Kauterisierung>** koterizasyon

Kauterisierung→ Kauterisation

Kavernom *nt (Lat: Cavernoma) (in der Neurochirurgie: Fehlbildungen)* kavernom; *<Syn→* **zerebrale kavernöse Felhbildung>** *(Eng: cerebral cavernous malformation)* serebral kavernöz malformasyon

kavernös *Adj* kavernöz; **~e Fehlbildungen** *(in der Neurochirurgie)* kavernöz malformasyonlar; **~es Hämangiom**

(Lat: Haemangioma cavernosum) (in der Dermatologie) kavernöz hemangioma

Kegelübung *f* Kegel egzersizi; *<Syn→* **Beckenbodentraining>** pelvik taban egzersizi

Kehldeckel *m <Syn→* **Epiglottis>** epiglottis

Kehle→ Kehlkopf

Kehlkopf *m* gırtlak; *<Syn→* **Larynx>** larinks; larenks

Kehlkopfarterie *f (Lat: Arteria laryngea)* laringeal arter; **obere ~** *(Lat: Arteria laryngea superior)* superior laringeal arter

Kehlkopfentzündung *f (in der HNO)* gırtlak iltihabı; *<Syn→* **Laryngitis>** larenjit

Kehlkopfknorpel *m* gırtlak kıkırdağı

Kehlkopfkrebs *m* gırtlak kanseri; *<Syn→* **Larynxkarzinom>** larenks kanseri

Kehlkopfmaske *f <Syn→* **Larynxmaske → Laryngealmaske>** *(im Atemwegsmanagement)* laringeal maske

Kehlkopfmuskulatur *f* larinks kasları

Kehlkopfskelett *nt* larinks iskeleti

Kehlkopfspiegel *m <Syn→* **Laryngoskop>** laringoskop

Keilbein *nt (Lat: Os sphenoidale/Os sphenoides)* sfenoid kemik; temel kemik; **das ~ ist einer Knochen des Hirnschädels** sfenoid kemik, kafatası kemiklerinden biridir

Keilbeinhöhle *f (Lat: Sinus sphenoidalis)* temel kemik giriti

Keim *m <Syn→* **Krankheitserreger>** *(Eng: germ)* germ; mikrop

Keimbahn *f (in der Genetik)* germ hattı

Keimblätter *pl (Eng: germ layers) (in der Embyologie)* germ tabakaları

Keimdrüse *f <Syn→* **Geschlechtsdrüse>** eşeysel bez; *<Syn→* **Gonade>** gonad

Keimeliminierung *f <Syn→* **Eradikation>** *(in der Mikrobiologie: vollständige Vertilgung des Krankheitserregers)* eradikasyon

keimfrei *Adj <Syn→* **entkeimt>** mikroptan arındırılmış; *<Syn→* **steril>** steril

Keimtheorie *f* mikrop teorisi

Keimtötung *f* mikrop öldürme

Keimzelle *f* germ hücresi; *<Syn→* **Geschlechtszelle>** *(in der geschlechtlichen Fortpflanzung)* üreme hücresi; *<Syn→* **Gamet>** gamet

Kephalea *f <Syn→* **Kopfschmerz>** baş ağrısı

Kephalgie *f <Syn→* **Kopfschmerz>** baş ağrısı

Keramikfüllung *f (in der Zahnmedizin)* seramik dolgu

Keratin *nt* keratin

Keratinisierung *f <Syn→* **Verhornung>** *(in der Dermatologie)* keratinleşme

Keratinozyt *m* <*Syn*→
hornbildende Zelle> *(in der
Histologie der Haut)* keratinosit

Keratitis *f* keratit; <*Syn*→
Hornhautentzündung> kornea
yangısı

Keratoconjunctivitis epidemica *f*
<*umg*→ **Augengrippe** *kurz*→
Epidemica> *(in der Augenheilkunde)*
epidemik keratokonjonktivit;
adenoviral keratokonjonktivit

Keratose *f (in der Dermatologie)*
keratoz; **aktinische** ~ aktinik keratoz;
seborrhoische ~ <*Syn*→
seborrhoische Warze →
Alterswarze> seboreik keratoz

Kern *m* çekirdek

Kernhülle *f* <*Syn*→
Kernmembran> çekirdek zarı

Kernkörperchen *nt* <*Syn*→
Nukleolus> *(Lat: nucleolus) (in der
Zellbiologie und der Genetik)*
çekirdekçik

kernlos *Adj* çekirdeksiz

Kernmembran *f* <*Syn*→
Kernhülle> çekirdek zarı

Kernplasma *nt* <*Syn*→
Nukleoplasma → **Karyoplasma**>
nükleoplazma

Kernpore *f (Eng: nuclear pore)*
çekirdek gözeneği; por

Kernrezeptor *m (in der Biochemie)*
çekirdek reseptör

Kernsymptom→ **Leitsymptom**

Kernteilung *f* çekirdek bölünmesi

Ketamin *nt (Formel: $C_{13}H_{16}ClNO$)
(in der Anästhesie)* ketamin; ~ **ist ein
Anästhetikum** ketamin, bir
anesteziktir

Kettenreaktion *f* zincir tepkimesi;
zincirleme tepkime; zincirleme
reaksiyon

Keuchhusten *m (Kinderkrankheit)*
boğmaca; <*Syn*→ **Pertussis**>
pertussis

KI *f* <*Syn*→ **Künstliche Intelligenz**>
yapay zekâ

Kiefer *m anat* çene

Kieferchirurg *m* (erkek) çene
cerrahı

Kieferchirurgie *f* çene cerrahisi

Kieferchirurgin *f* (kadın) çene
cerrahı

Kiefergelenk *nt (Lat: Articulatio
temporomandibularis) anat* çene
eklemi

Kieferklemme *f (in der HNO)* çene
kilitlenmesi; <*Syn*→ **Trismus**>
trismus

Kieferknochen *m anat* çene kemiği

Kieferkorrektur *f* çene düzelme

Kieferluxation *f* çene çıkığı

Kieferorthopädie *f* <*Syn*→
Orthodontie> ortodonti

kieferorthopädisch *Adj* <*Syn*→
orthodontisch> ortodontik; ~**e
Behandlung** ortodontik tedavi

Kieferspreizer *m* çene retraktörü

Kielbrust *f* *<Syn→* **Hühnerbrust>**
(Lat: Pectus carinatum) (in der Orthopädie) güvercin göğsü

Kiemenbogen *m (Lat: Arcus branchiales) (in der Embyologie) <Syn→* **Branchialbogen>** brankiyal ark *<Syn→* **Pharyngealbogen>** farengiyal ark

Kiemenspalte *f (in der Pädiatrie)* brankiyal yarık

Killerzelle *f (Eng: killer cell) (in der Immunologie)* katil hücre; öldürücü hücre

kinästhetisch *Adj* kinestetik; ~**es Lernen** kinestetik öğrenme

Kindbett *nt <Syn→* **Wochenbett>** *(Lat: Puerperium) (in der Gynäkologie)* loğusalık.

Kinderchirurgie *f* çocuk cerrahisi

Kindergarten *m <kurz→* **Kita>** anaokulu

Kinderheilkunde *f <Syn→* **Pädiatrie>** pediyatri; pediatri

Kinder-Kardiologie *f* çocuk kardiyolojisi; *<Syn→* **pädiatrische Kardiologie>** pediatrik kardiyoloji

Kinderkrankheiten *f* çocuk hastalıkları

Kinderlähmung *f (Kinderkrankheit)* çocuk felci; *<Syn→* **Poliomyelitis>** poliomyelit; *<kurz→* **Polio>** polio

Kinderrotlauf *f <Syn→* **Ringelröteln>** *(Lat: Erythema infectiosum)* eritema; *<Syn→* **fünfte Krankheit>** beşinci hastalık

Kinderwunsch *m* çocuk arzusu; çocuk sahibi olma arzusu;

unerfüllter ~ gerçekleşmeyen çocuk arzusu

Kindesmisshandlung *f* çocuk istismarı

Kindheit *f* çocukluk

Kindheitstrauma *nt* çocukluk travması

Kindspech *nt <Syn→* **Mekonium>** *(in der Neonatologie: erster Stuhl des Neugeborenen)* mekonyum

Kinesiologie *f <Syn→* **Bewegungswissenschaft>** kinesiyoloji

Kinetik *f* kinetik

Kinetose *f (in der Neurologie)* kinetozis; *<Syn→* **Reisekrankheit>** yol tutması

Kita→ **Kindergarten**

Kittel *m* önlük

Kitzler *m* bızır; *<Syn→* **Klitoris>** *(Lat: clitoris)* anat klitoris

Kitzlervorhaut *f <Syn→* **Klitorisvorhaut>** *(Lat: Praeputium clitoridis)* anat klitoral kaput

Klammer *f* zımba teli; **chirurgische** ~ *<Syn→* **Wundklammer>** *(Eng: surgical staple)* cerrahi zımba teli

Klammerentferner *m* zımba teli sökücü; tel sökücü

Klammernaht *f* zımba dikişi

Klammernahtgerät *nt <Syn→* **Hautklammergerät>** *(Eng: stapler) (in der Chirurgie)* cerrahi zımba; cilt zımbası

Klappe *f (Lat: valva)* kapak[3]

Klassifikation *f* sınıflama; **~ der Krankheiten** hastalıkları sınıflama; **internationale ~ der Krankheiten** hastalıkların uluslararası sınıflaması

Klauenhand *f <Syn→* **Krallenhand>** *(Eng: claw hand) (bei Erkrankungen des Nervensystems)* pençe el

Klavikula *f (Lat: Clavicula)* anat klavikula; *<Syn→* **Schlüsselbein>** köprücük kemiği

Klavikulafraktur *f* klavikula kırığı; *<Syn→* **Schlüsselbeinbruch>** köprücük kemiğinin kırılması

Klavus *m <Syn→* **Hühnerauge →** **Krähenauge → Hornauge>** *(Lat: Clavus pedis) (in der Dermatologie)* nasır

klebrig *Adj* yapışkan; **~e Zunge** yapışkan dil

Kleiderlaus *f <Syn→* **Körperlaus>** *(Lat: Pediculus humanus humanus)* vücut biti

kleidokranial *Adj* kleidokraniyal; **~e Dysplasie** *(Lat: Dysplasia cleidocranialis) (in der Kinderheilkunde und der Zahnmedizin)* kleidokraniyal displazi

klein *Adj* küçük; **~er Kreislauf** küçük kan dolaşımı; *<Syn→* **Lungenkreislauf >** pulmoner dolaşım

Kleinfinger *m (Lat: Digitus minimus)* küçük parmak

Kleinhirn *nt (Lat: cerebellum)* beyincik; *<Syn→* **Cerebellum>** serebellum

Kleinkind *nt* küçük çocuk

Kleinwuchs *m <Syn→* **Kleinwüchsigkeit → Mikrosomie>** *(in der Endokrinologie)* cücelik

kleinwüchsig *Adj* cüce

Kleinwüchsigkeit→ Kleinwuchs

kleinzellig *Adj* küçük hücreli; **~es Karzinom** küçük hücreli karsinom

Kleptomanie *f Psych* kleptomani

Klemme *f (Instrument in der Chirurgie: Arterien~)* klemp; pens; **hämostatische ~** hemostatik pens

Klett-Manschette *f (beim Blutdruckmessgerät)* cırt cırtlı manşon

Klima *nt* iklim

Klimakterium *nt <Syn→* **Wechseljahre>** *(Lat: climacterium) (in der Gynäkologie)* yaş dönümü

Klimakterium virile *nt <Syn→* **Andropause>** *(in der Andrologie: rasche Abnahme des Testosteronspiegels des Mannes)* andropoz

Klinik *f* klinik

Klinikbett→ Krankenhausbett

klinisch *Adj* klinik[2]; **~e Diagnose** klinik tanı; **~e Ernährung** klinik beslenme; **~e Forschung** klinik araştırma; **~e Psychologie** klinik psikoloji; **~er Tod** *(in der Notfallmedizin)* klinik ölüm; **~er Verdacht** klinik şüphe; **~es Bild** klinik tablo

Klitoris f (Lat: clitoris) anat klitoris; bızır

Klitoriserektion f klitoral ereksiyon

Klitorismantelstraffung→ Klitorisvorhautreduktion

Klitorisvorhaut f (Lat: Praeputium clitoridis) anat klitoral kaput

Klitorisvorhautreduktion f <Syn→ **Klitorismantelstraffung**> klitoral kaput indirgemesi; klitoral kaputektomi

Klonen nt klonlama; **reproduktives** ~ (in der Genetik) çoğaltımsal klonlama; **therapeutisches** ~ terapi amaçlı klonlama

Klonieren→ Klonierung

Klonierung f <Syn→ **Klonieren**> (Eng: molecular cloning) (in der Genetik und der Molekularbiologie) moleküler klonlama; gen klonlaması; gen çoğaltımı

Klumpfuß m (Lat: Pes equinovaris) (in der Orthopädie) yumru ayak; çarpık ayak; **angeborener** ~ (Lat: Pes equinovaris et plantiflexus adductus congenitus) doğuştan çarpık ayak

Klumpfußbehandlung f (in der Orthopädie) çarpık ayak tedavisi; pes ekinovaris tedavisi

Klumpfußgips m (in der Orthopädie) çarpık ayak alçısı

knacken vt çıtlatmak; **die Finger** ~ (in der Orthopädie) parmakları çıtlatmak

Knalltrauma nt (in der HNO) akustik travma

Knäuel m (Lat: glomerulum) yumak

Knie nt (Lat: genus) anat diz

Kniearthroskopie f diz artroskopisi

Kniebänder pl diz bağları

Kniegelenk nt (Lat: Articulatio genus) diz eklemi

Kniekehle f (Lat: Fossa poplitea) anat dizin arkasındaki çukur

Knieprothese f diz protezi

Kniescheibe f (Lat: Patella) diz kapağı

Kniescheibenband nt (Lat: Ligamentum patellae) diz kapağı bağı

Kniessehnenreflex m <Syn→ **Patellarsehnenreflex**> patella refleksi; diz kapağı refleksi

Knieverstauchung f (in der Orthopädie) diz burkulması

Knöchel m <Syn→ **Malleolus**> ayak bileği

Knöchelgelenk nt (Lat: Articulatio talocruralis) ayak bileği eklemi; <Syn→ **Sprunggelenk**> talocrural eklem

Knochen m kemik; **platter** ~ (Lat: Os planum) yassı kemik

Knochenabbau m kemik yıkımı

Knochenabszess m kemik apsesi

Knochenbau m kemik yapısı; <Syn→ **Skelett**> iskelet

Knochenbruch m <Syn→ **Fraktur**> kemik kırığı

172

Knochenbruchbehandlung *f*
<Syn→ **Frakturenbehandlung***> (in
der Orthopädie)* kemik kırığı tedavisi

Knochendichte *f <Syn→*
Knochenmineraldichte> kemiğin
birim hacmindeki mineral yoğunluğu

Knochenerosion *f (in der
Rheumatologie und der Radiologie)*
kemik erozyonu

Knochenfortsatz *m* kemik çıkıntısı

Knochengerüst *nt* kemik çatısı

Knochengewebe *nt* kemik dokusu

Knochenhaut *f <Syn→* **Beinhaut>**
kemik zarı; *<Syn→* **Periost>** periost

Knochenheilung *f <Syn→*
Bruchheilung → **Frakturheilung>**
(in der Orthopädie) kemik iyileşmesi

Knochenlehre *f* kemikbilim; *<Syn→*
Osteologie> osteoloji

Knochenleitung *f (in der Hals-
Nasen-Ohren-Heilkunde)* kemik
iletim; kemik yoluyla iletim

Knochenmark *nt (Lat: Medulla
ossium)* kemik iliği; **gelbes** ~ *(Lat:
Medulla ossium flava)* sarı kemik
iliği

Knochenmarkaspiration *f (in der
Orthopädie: Gewinnung von Zellen
aus dem Knochenmark)* kemik iliği
aspirasyonu; ~ **nach Radiusfraktur**
radıus kırığından sonra kemik iliği
aspirasyonu

Knochenmarkbiopsie *f* kemik iliği
biyopsisi

Knochenmarkentzündung *f* kemik
iliği enfeksiyonu

Knochenmarkspende *f* kemik iliği
bağışı

Knochenmark-transplantation *f*
kemik iliği nakli

Knochenmarkzelle *f* kemik iliği
hücresi
Knochenmetastase *f* kemik
metastazı

Knochenmineraldichte *f <Syn→*
Knochendichte> kemiğin birim
hacmindeki mineral yoğunluğu

Knochennekrose *f <Syn→*
Osteonekrose> *(in der Orthopädie)*
kemik nekrozu

Knochenschwund *m* kemik erimesi;
<Syn→ **Osteoporose>** osteoporoz

Knochenstoffwechsel *m* kemik
metabolizması; **die Osteoporose ist
eine Störung im** ~ osteoporoz,
kemik metabolizmasında bir
bozukluktur

Knochenszintigrafie *f <Syn→*
Skelettszintigrafie> kemik
sintigrafisi

Knochentransplantat *nt (in der
Chirurgie)* kemik grefti

Knochentumor *m (in der
Onkologie)* kemik tümörü

Knochenzement *m (in der
Orthopädie und der Unfallchirurgie)*
kemik çimentosu

Knorpel *m (Lat: cartilago; Eng:
cartilage)* kıkırdak; sentripom

Knorpelgewebe *nt (in der
Histologie)* kıkırdak dokusu

Knorpelhaut *nt (in der Histologie)* kıkırdak zarı; *<Syn→* **Perichondrium>** perikondriyum

knorpelig *Adj* kıkırdaklı; *~e* **Strukturen** kıkırdaklı yapılar

Knorpelläsion *f* kıkırdak lezyonu

Knorpeloberfläche *f* kıkırdak yüzeyi

Knorre *f (Lat: condylus) anat* kondil

Koagulation *f* koagülasyon; *<Syn→* **Gerinnung>** pıhtılaşma

Koagulationskatheter *m* koagülasyon katcteri

Koagulationsnekrose *f* koagülasyon nekrozu; pıhtılaşma nekrozu

Koarktation *f (Lat: Coarctatio)* koarktasyon; *~* **der Aorta** *(Lat: Coarctatio aortae) (in der Kardiologie)* aort koarktasyonu; aort darlığı

Kochpunkt *m <Syn→* **Siedepunkt>** kaynama noktası

Kochsalzlösung *f (Eng: saline solution)* salin solüsyonu; *umg* tuzlu su karışımı; **isotonische/isotone** *~ (Fr: sérum physiologique)* serum fizyolojik

Kodein *nt <Syn→* **Codein>** *(Formel: $C_{18}H_{21}NO_3$) chem* kodein

Kodon *nt <Syn→* **Codon>** *(in der Genetik bei der Proteinbiosynthese)* kodon

Koenzym *nt <Syn→* **Coenzym>** *(in der Biochemie)* koenzim

Kofaktor *m <Syn→* **Cofaktor>** *(in der Biochemie)* kofaktör

Koffein *nt <Syn→* **Coffein>** *(Formel: $C_8H_{10}N_4O_2$) chem* kafein

Kognition *f* bilişsellik

Kognitionspsychologie *f; <Syn→* **kognitive Psychologie>** bilişsel psikoloji

Kognitionswissenschaft *f* bilişsel bilim

kognitiv *Adj* bilişsel; *~e* **Neurowissenschaft** bilişsel sinirbilim; *~e* **Psychologie** *<Syn→* **Kognitionspsychologie>** bilişsel psikoloji; *~e* **Störung** bilişsel bozukluk

Kohäsion *f chem* kohezyon

Kohlendioxid-Vergiftung *f* karbondioksit zehirlenmesi

Kohlenhydrat *nt* karbonhidrat

Kohlenhydratstoffwechsel *m* karbonhidrat metabolizması

Kohlenmonoxid *nt (Formel: CO) chem* karbonmonoksit

Kohlenmonoxid-Vergiftung *f* karbonmonoksit zehirlenmesi

Kohlenstaub *m* kömür tozu

Kohlenstoffmonooxid→ Kohlenmonoxid

Kohlenstoffmonoxid→ Kohlenmonoxid

Kohletablette *f* karbon tableti

Kohorte *f (in der evidenzbasierten Medizin und der Epidemiologie)* kohort

Kohortenstudie *f (in der evidenzbasierten Medizin und der Epidemiologie)* kohort araştırması; **prospektive** ~ prospektif kohort araştırması; **retrospektive** ~ retrospektif kohort araştırması

Kokain *nt <Syn→* **Cocain>** *(Formel: $C_{17}H_{21}NO_4$)* kokain; *<Syn→* **Benzoylecgoninmethyl-ester>** benzoylemetil ekgonin

Kolibakterium *nt (Lat: Bacterium coli) (in der Lebensmittelmikrobiologie)* coli bakterisi; koli bakterisi; *<Syn→* **Eschericia coli → E. coli>** Eschericia coli; *<Syn→* **E. coli>** E. coli

Kolik *f (Lat: colica)* kolik

Kolitis *f <Syn→* **Colitis>** kolit; **hämorrhagische** ~ hemorajik kolit; **ischämische** ~ *(in der Gastroenterologie und der Angiologie)* iskemik kolit; kolon iskemisi; **ülserative** ~ *(Lat: Colitis ulcerose)* ülseratif kolit

Kollagen *nt <Syn→* **Collagen>** kolajen; kolojen

Kollagenfaser→ Kollagenfibrille

Kollagenfibrille *f <Syn→* **Kollagenfaser>** kolajen fibril

Kollagenmolekül *nt.* kolajen molekülü

Kollaps *m <Syn→* **Zusammenbruch>** *(in der Neurologie)* kollaps; **orthostatischer** ~ ortostatik kollaps

Kollateralschaden *m <Syn→* **Begleitschaden → Randschaden>** tali hasar; ikincil hasar

kolligativ *Adj* koligatif; ~e **Eigenschaften** *(in der physikalischen Chemie)* koligatif özellikler

Kolloidchemie *f* koloid kimya

Kollumkarzinom *m <Syn→* **Zervixkarzinom>** *(Lat: Carcinoma cervicis uteri)* serviks kanseri; servikal kanser; *<Syn→* **Gebärmutterhalskrebs>** rahim ağzı kanseri

Kolon *nt <Syn→* **Grimmdarm →** **Colon>** *anat* kolon

Kolonialisierung *f (in der Mikrobiologie: Besiedlung von Körperteilen mit Krankheitskeimen)* kolonizasyon; kolonileşme; kolonileştirme

Kolonie *f (in der Mikrobiologie: Anhäufung von Mikroorganismen auf festen Nährböden)* koloni

kolorektal *Adj* kolorektal; ~es **Karzinom** kolorektal kanser; *<Syn→* **Dickdarmkarzinom>** kalın bağırsak kanseri

Koloskopie *f <Syn→* **Colonoskopie → Darmspiegelung>** kolonoskopi

Kolostrum *nt (Lat: colostrum)* *<Syn→* **Erstmilch → Vormilch → Kolostralmilch>** *(in der Biotechnologie)* kolostrum sütü

Koma *nt (Lat: Coma)* koma; **diabetisches** ~ *(Lat: Coma diabeticum)* diyabetik koma

Kombinationstherapie *f* kombinasyon terapisi

kombiniert *Adj* kombine; ~e **vokale und multiple motorische Tics** *(in der Neurologie: bei Tourette-*

Syndrom) kombine vokal ve çoklu motor tikler

Kombitubus *m <Syn→* **Combitubus>** *(im Atemwegsmanagement)* kombi tüp

Komedo *m <Syn→* **Mitesser>** *(Lat: comedo) (in der Dermatologie)* komedon; **geschlossene ~nen** kapalı komedonlar; **offene ~nen** açık komedonlar

Komissurenfasern *pl (in der Neurophysiologie und der Neuroanatomie)* komissüral lifler

Kommensalismus *m (in der Ökologie: Interaktion zwischen Individuen verschiedener Arten)* kommensalizm

Kommunikationskontakte *pl <Syn→* **kommunizierende Verbindungen>** *(Eng: communicating junctions; bei Zellkontakten)* iletişim bağlantıları

Kommunikationsstörung *f* iletişim bozukluğu; **Mutismus ist eine ~** *(in der Psychopathologie)* mutizm, bir iletişim bozukluğudur

Komorbidität *f <Syn→* **Co-Morbidität>** komorbidite; ek hastalık; *<Syn→* **Begleiterkrankung>** eşlik eden hastalık

Kompartiment *nt* kompartman

Kompartment *nt* kompartman

Kompartmentsyndrom *nt <Syn→* **Muskelkompressions-syndrom>** *(in der Chirurgie)* kompartman sendromu

Kompatibilität *f* uyumluluk

kompetitiv *Adj <Ant→* **nichtkompetitiv>** yarışmalı; **~e Hemmung** *(in der Biochemie)* yarışmalı inhibisyon; **~er Antagonist** *(in der Pharmakologie)* yarışmalı antagonist

komplementär *Adj* komplementer; tamamlayıcı; **~e Medizin** *<Syn→* **Komplementärmedizin>** tamamlayıcı tıp

Komplementärmedizin *f <Syn→* **komplementäre Medizin>** tamamlayıcı tıp

Komplementsystem *nt (in der Immunologie)* kompleman sistem; komplement sistemi; tamamlayıcı sistem

komplett *Adj <Syn→* **vollständig;** *Ant→* **partiell>;** komplet; **~e Blasenmole** *(in der Gynäkologie und der Onkologie)* komplet mol hidatiform

Komplex *m psych* kompleks; karmaşa; **synaptonemaler ~** *(in der Zellbiologie)* sinaptonemal kompleks

komplex *Adj* kompleks; karmaşık; **~e Anfälle mit Bewusstseinsverlust** *(bei Epilepsien)* bilinç kayıplı kompleks nöbetler; **~e physikalische Entstauungstherapie** *f (in Herz-Kreislauf-Erkrankungen)* kompleks boşaltıcı fizyoterapi; **~es Gemisch** karmaşık karışım

Komplexchemie *f* koordinasyon kimyası

Kompliaz *f <Syn→* **Compliance →** **Therapietreue>** *(in der Gesundheitspsychologie: kooperatives Verhalten von Patienten*

im Rahmen einer Therapie) tıbbi tedaviye uyum

Komplikation *f (in der Pathophysiologie: die unerwünschte Folge einer Krankheit, eines Unfalls, eines Eingriffs oder eines Medikaments)* komplikasyon; **die Mastoiditis ist eine ~ der Mittelohrentzündung** *(in der HNO)* mastoidit, akut orta kulak iltihabı komplikasyonudur

Komplikationsrisiko *nt* komplikasyon riski

Komponente *f chem* bileşen

Kompositmaterialien *pl (in der Zahnmedizin)* kompozit malzeme

Kompositfüllung *f (in der Zahnmedizin)* kompozit dolgu

Kompresse *f* kompres

Kompression *f* kompresyon; *(Nervenwurzel~)* sıkışma

Kompressionsstrumpf *m (in der Orthopädie)* kompresyon çorabı; varis çorabı

Kondensmilch *f* kondanse süt; yoğunlaştırılmış süt; **gezuckerte ~** şekerli kondanse süt

Kondom *nt* kondom; *<Syn→* **Präservativ>** prezervatif; **das ~ ist ein Empfängnis-verhütungsmittel** prezervatif, doğum kontrol aracıdır

Kondomnutzung *f* prezervatif kullanma; **~ beim Geschlechtsverkehr** cinsel ilişkide prezervatif kullanma

Konduktion *f* kondüksiyon; *<eş→* **Wärmeleitung >** ısı iletimi

Kondylom *nt* kondilom; *<Syn→* **Genitalwarze** → **Feigwarze>** *(Lat: Condyloma acuminatum) (in der Proktologie)* genital siğil

Konfabulation *f (in der Psychopathologie: die Produktion objektiv falscher Erinnerungen)* konfabulasyon; **provozierte ~n** uyarılmış konfabulasyonlar

kongenital *Adj* konjenital; *<Syn→* **angeboren>** doğuştan; **~e adrenale Hyperplasie** *<Syn→* **Nebennierenhyperplasie>** konjenital adrenal hiperplazi; **~er Plattfuß** *(Lat: Pes planus congenitus)* doğuştan düztabanlık

Kongestion *f (in der Hämatologie)* konjesyon; *<Syn→* **Blutandrang>** kan toplanması

konjugiert *Adj* konjuge; **~e Base** konjuge baz; **~es Bilirubin** konjuge bilirübin

Konkavspiegel *m* içbükey ayna; *<Syn→* **Hohlspiegel>** çukur ayna

Konkrement *nt (Eng: calculus) (in der Pathologie und der Parodontologie)* kalkül; *(Fr: lithiase)* litiyazis

Konsens *m* konsensüs; **wissenschaftlicher ~** *<Syn→* **Stand der Wissenschaft>** bilimsel konsensüs

Konsolidierung *f (in der Pneumologie)* konsolidasyon

Konsultation *f* konsültasyon; *<Syn→* **Beratung>** danışma

konsultieren *vt* danışmak *vi*; **einen Arzt ~** hekime danışmak; *umg* doktora danışmak

Kontaktekzem *f* temas egzaması

Kontaktfläche *f* temas yüzeyi

Kontaktinfektion *f* temas yoluyla bulaşma

Kontaktlinse *f* <*Syn*→ **Haftlinse** → **Haftschale**> kontak lens

Kontaktwinkel *m* temas açısı

Kontamination[1] *f* kontaminasyon; bulaşma

Kontamination[2] *f (im Strahlenschutz: die Verunreinigung von Personen und Umwelt mit radioaktiven Stoffen)* radyoaktif kirlilik; radyoaktif kirlenme

kontaminiert *Adj* kontamine; ~e **Wunde** kontamine yara

kontinuierlich *Adj* devamlı; ~e **Verabreichung von flüssigen Medikamenten** sıvı ilaçların devamlı verilmesi

Kontraindikation *f* <*Syn*→ **Gegenanzeige** → **Gegenindikation**> *(in der Pharmakologie: ein Umstand, der die Anwendung eines therapeutischen Verfahrens verbietet)* kontrendikasyon; **absolute** ~ mutlak kontrendikasyon; **relative** ~ göreceli kontrendikasyon

Kontraktion *f* <*Ant*→ **Relaxation**> kasılma; kontraksiyon; ~ **der glatten Muskulatur** *(in der Verdauungsphysiologie)* düz kasların kasılması; **tonische** ~ tonik kasılma

Kontraktur *f (in der Orthopädie)* kontraktür

Kontrakturprophylaxe *f (in der Orthopädie)* kontraktür profilaksisi

Kontrazeption *f* <*Syn*→ **Antikonzeption**> kontrasepsiyon; <*Syn*→ **Empfängnisverhütung**> *(Eng: birth controle)* doğum kontrolü

Kontrazeptivum *nt* <*Syn*→ **Verhütungsmittel**> kontraseptif

Kontrastmittel *nt (in der Radiologie)* kontrast madde

Kontrastmittelallergie *f* kontrast madde alerjisi

Kontrastmittel-Nephropathie *f* kontrast madde nefropatisi

Kontrastmittelverabreichung *f* kontrast madde verilmesi

Kontrazeption *f* <*Syn*→ **Empfängnisverhütung** → **Antikonzeption**> *(in der Gynäkologie: Schwangerschaftsverhütung)* kontrasepsiyon

Kontrollüberzeugung *f* psych *(Eng: locus of control)* kontrol odağı

Kontrollverlust *m* kontrol kaybı

Kontusion *f (Lat: contusio)* kontüzyon; <*Syn*→ **Prellung** → **Quetschung**> bere; ezik

Konzentrat *nt* konsantre[2]

Konzentration[1] *f* chem konsantrasyon[1]; derişim; **hohe** ~ yüksek derişim; **letale** ~ *(in der Toxikologie)* ölümcül konsantrasyon; **mittlere effektive** ~ <*kurz*→ **EC**$_{50}$> *(Eng: half maximal effective concentration) (in der Pharmakologie und der Toxikologie)* yarım maksimal etkili konsantrasyon; **niedrige** ~ düşük derişim

Konzentration² *f psych*
konsantrasyon; dikkat toplaşımı

Konzentrationsstörung *f psych*
konsantrasyon bozukluğu

konzentriert *Adj* konsantre; derişik; ~e
Lösungen *chem* konsantre çözeltiler

Koordinationsstörungen *pl*
koordinasyon bozuklukları

Kopf¹ *m (Lat: Cephalon)* baş; kafa

Kopf² *m (Lat: caput)* baş; ~ **des**
Oberschenkelknochens uyluk
kemiğinin başı; *<Syn→* **Femurkopf>**
(Lat: Caput femoris) femur başı

Kopf-Hals-Karzinom *nt* baş ve
boyun kanseri

Kopfhaut *f* kafa derisi; **schuppige** ~
kepekli kafa derisi

Kopfhaut-Tonikum *nt* kafa derisi
toniği

Kopflaus *f (Lat: Pediculus humanus*
capitis) baş biti

Kopfschlagader *f <Syn→*
Halsschlagader> *(Lat: Arteria*
carotis communis) şah damarı;
<Syn→ **Carotis>** karotis arter

Kopfschmerz *m <Syn→* **Kopfweh>**
baş ağrısı

Kopfschwarte *f <Syn→* **Skalp>**
(Lat: scalpus) kafa derisi; saç derisi

Kopfumfang *m* baş çevresi

Kopfverletzung *f* kafa yaralanması;
kafa zedelenmesi

Kopfweh *m <Syn→* **Kopfschmerz>**
baş ağrısı

Kopplung *f (Gen~)* bağlantı²

Kornea *f <Syn→* **Hornhaut>** *(Lat:*
Cornea) (in der Anatomie des Auges)
kornea

koronar *Adj* koroner; ~e
Herzkrankheit *(in der Kardiologie)*
koroner arter hastalığı

Koronarangiographie *f* koroner
anjiyografi

Koronararterie *f <Syn→*
Herzkranzarterie> *(Lat: Arteria*
corenaria) koroner arter

Koronargefäß *nt <Syn→*
Herzkranzgefäß> koroner damar

Koronarkreislauf *m* koroner
dolaşım

Körper¹ *m <Ant→* **Geist>** *(Lat:*
Soma) vücut; beden; **der**
menschliche ~ *anat* insan vücudu

Körper² *m (Zell~)* gövde

Körper³ *m (Fremd~)* cisim

Körperabwehr *f* vücut savunması

Körperaktivität *f* vücut aktivitesi

Körper-Balsam *m* vücut balsamı

körperdysmorph *Adj* beden
dismorfik; ~e **Störung** *<Syn→*
Dysmorphophobie> *(in der*
Psychiatrie) beden dismorfik
bozukluğu

Körperfett *nt* vücut yağı

Körperflüssigkeit *f* vücut sıvısı;
bedensel sıvı

Körperfunktion *f* vücut işlevi

Körpergewebe *nt* vücut dokusu

Körpergewicht *nt* vücut ağırlığı

Körperhaltung *f (in der Orthopädie und der Ergonomie)* postür

Körperhöhle *f (Lat: Cavitas)* vücut boşluğu

Körperhygiene *f* vücut hijyeni

Körperintegrität *f <Syn→ körperliche Unverzehrtheit>* vücut bütünlüğü

Körperkontakt *m* vücut teması

körperlich *Adj* bedensel; fizik; fiziksel; ~e **Abhängigkeit** fiziksel bağımlılık; ~e **Entwicklung** bedensel gelişim; ~e **Misshandlung** fiziksel istismar; ~e **Untersuchung** fizik muayene; ~e **Unverzehrtheit** *<Syn→* **Körperintegrität**> vücut bütünlüğü

Körperlotion *f <Syn→* **Bodylotion**> vücut losyonu

Körpermaße *pl (in der Anthropometrie)* vücut ölçüleri

Körpermasseindex *m <Syn→* **Body-Mass-Index**> vücut kitle indeksi

Körpermodifikation *f* vücut modifikasyonu

Körperpflege *f* vücut bakımı

Körperregion *f* vücut bölgesi

Körpersaft *m* vücut suyu

Körperscanner *m* vücut tarayıcısı

Körpersekret *nt* vücut salgısı

Körperspende *f* kadavra bağışı

Körpersymptomstörung *f (Eng: somatic symptom disorder)* somatik semptom bozukluğu

Körperteile *pl* vücut kısımları

Körpertemperatur *f* vücut sıcaklığı; **die ~ senken** vücut sıcaklığını düşürmek

Körperzelle *f* vücut hücresi

Korpuskarzinom *nt <Syn→* **Endometriumkarzinom** → **Uteruskarzinom**> *(Lat: Carcinoma corporis uteri)* endometriyum kanseri; endometriyal kanser; rahim kanseri

Korrekturosteotomie *f <Syn→* **Osteoklasie** → **Umstellungs-Osteotomie**> *(in der Orthopädie und der Chirurgie: Durchtrennen eines (z.B. fehlverheilten) Knochens, um die normale Knochenanatomie herzustellen)* osteoklazi

Korrekturübungen *pl (in der Orthopädie)* düzeltme egzersizleri

korrigieren *vt* düzeltmek; **O-Beine ~** *(in der Orthopädie)* yay bacak düzeltmek; **X-Beine ~** *(in der Orthopädie)* parantez bacak düzeltmek

Korsett *nt (in der Orthopädie)* korse

Korsetttherapie *f (in der Orthopädie)* korse terapisi; **~ bei der Skoliose** skolyozda korse terapisi

Kortex *m <Syn→* **Cortex** → **Hirnrinde** > *(Lat: cortex)* korteks; *<Syn→* **Hirnmantel** → **Pallium**> palyum

Kortikoid *nt <Syn→* **Cortikoid**> kortikoid

Kortikosteroid *nt* <*Syn*→
Cortikosteroid> kortikosteroid

Kortisol *nt* <*Syn*→ **Cortisol**>
(Formel: $C_{21}H_{30}O_5$) kortizol

Kortisolkonzentration *f* <*Syn*→
Cortisolkonzentration>
kortizol derişimi

Kortison *a.* <*Syn*→ **Cortison**>
(Formel: $C_{21}H_{28}O_5$) kortizon

Kortisontablette *f* <*Syn*→
Cortisontablette> kortizon hapı

Kortisontherapie *f* <*Syn*→
Cortisontherapie> kortizon terapisi

Koryza *f (Lat; Coryza)* koriza;
<*Syn*→ **Schnupfen**> nezle

Kosmetik *f* kozmetik

Kosmetikprodukt *nt* kozmetik
ürünü

Kost *f* yemek; **proteinarme** ~ düşük
proteinli yemek

kovalent *Adj* kovalent; **~e Bindung**
(bei chemischen Bindungen) kovalent
bağ; **~er Radius** *(bei chemischen
Bindungen)* kovalent yarıçap

Koxarthrose *f* <*Syn*→ **Coxarthrose**
→ **Hüftgelenkarthrose** > *(Lat:
Arthrosis deformans coxae) (in der
Orthopädie)* kalça ekleminde artrit

Krabbeln *nt* emekleme

Krafttraining *nt (in der
Sportmedizin)* kuvvet antrenmanı;
güç antrenmanı; ağırlık antrenmanı

Krähenauge→ **Hühnerauge**

Krähenfüße *pl (in der
Dermatologie)* göz kenarı
kırışıklıkları

Krallenhand *f* <*Syn*→
Klauenhand> *(Eng: claw hand) (bei
Erkrankungen des Nervensystems)*
pençe el

Krampf *m* <*Syn*→ **Muskelkrampf**>
kramp

Krampfader *f* <*Syn*→ **Varize**> *(Lat:
varix) (in der Angiologie)* varis

krampfartig *Adj* kramp şeklinde;
~er Schmerz kramp şeklinde ağrı

kraniofazial *Adj (zum Schädel und
zum Gesicht gehörend)* anat
kraniyofasiyal; **~e Fehlbildung**
kraniyofasiyal malformasyon

Kranio-Maxillo-Faziale Chirurgie *f*
<*Syn*→ **Mund-, Kiefer- und
Gesichtschirurgie**> oral ve
maksillofasiyel cerrahi

Kraniotomie *f* <*Syn*→
Schädelöffnung> *(in der
Neurochirurgie)* kraniyotomi

krank *Adj (Lat: morbidus)* hasta; ~
machen hasta etmek

Kranke *f* (kadın) hasta

Krankenbeförderung *f* <*Syn*→
Krankentransport> hasta taşıma

Krankenbeobachtung *f* tıbbi gözlem

Krankenbett *nt* hasta yatağı; <*Syn*→
Krankenhausbett> hastane
karyolası

Krankengeschichte *f* <*Syn*→
Patientenhistorie> hastanın öyküsü;
hasta geçmişi

**Krankengymnastik→
Physiotherapie**

Krankenhaus *nt* hastane

Krankenhausapotheke *f* hastane
eczanesi

Krankenhausaufenthalt *m* hastane
yatışı

Krankenhausaufnahme *f* hastaneye
kayıt (işlemi)

Krankenhausbehandlung *f*
hastanede tedavi

Krankenhausbesuch *m* hastane
ziyareti

Krankenhausbett *nt* hastane
karyolası; *<Syn→* **Krankenbett>**
hasta yatağı

Krankenhauseinweisung *f*
hastaneye sevk; hastaneye yatırılma

Krankenhauserreger *m* *<Syn→*
Krankenhauskeim> hastane
mikrobu

Krankenhausinfektion *f* *<Syn→*
nosokomiale Infektion> hastane
kaynaklı enfeksiyon

Krankenhauskeim *m* *<Syn→*
Krankenhauserreger> hastane
mikrobu

Krankenhauskost *f* hastane yemeği

Krankenpfleger *m* (erkek)
hastabakıcı

Krankenpflegerin *f* (kadın)
hastabakıcı

Krankenschein *m* rapor

Krankenschwester *f* hemşire

Krankenstation *f* revir

Krankentransport *m* *<Syn→*
Krankenbeförderung> hasta taşıma

Krankentransportwagen *m* hasta
taşıma aracı

Krankenversicherung *f* sağlık
sigortası

Krankenversicherungs-daten *pl*
sağlık sigortası verileri

Krankenwagen *m* *<Syn→*
Rettungswagen> ambulans;
cankurtaran[2]

Kranker *m* (erkek) hasta

krankgeschrieben *Adj* raporlu

krankhaft *Adj* hastalıklı; marazi;
sayrıl; *<Syn→* **pathologisch>**
patolojik

Krankheit *f* hastalık;
anzeigepflichtige ~ ihbarı mecburi
hastalık; bildirimi zorunlu hastalık;
genetisch bedingte ~ genetik
hastalık

krankheitsanfällig *Adj* hastalığa
yatkınlık

Krankheitsanfälligkeit *f* *<Syn→*
Krankheitsdisposition> hastalığa
yatkınlık

Krankheitsanzeichen *nt* hastalık
belirtisi

Krankheitsbeginn *m* hastalık
başlangıcı
Krankheitsbild *nt* *<Syn→*
Krankheitsentität> *(Fr: tableau
clinique)* hastalık tablosu; klinik
görünüm

182

Krankheitsdisposition *f <Syn→* **Krankheitsanfälligkeit>** hastalığa yatkınlık

Krankheitsentität→ **Krankheitsbild**

Krankheitsentstehung *f* hastalığın oluşumu

Krankheitserfindung *f Eng: disease mongering)* hastalık çığırtkanlığı

Krankheitserreger *m* hastalık etkeni; *<Syn→* **Keim>** mikrop

Krankheitsgeschichte *f <Syn→* **medizinische Vorgeschichte>** epikriz

Krankheitshäufigkeit *f* hastalık sıklığı

Krankheitskeim→ **Krankheitserreger**

Krankheitslehre *f <Syn→* **Nosologie>** nozoloji

Krankheitsmechanismen *pl* hastalık mekanizmaları

Krankheitsphasen *pl* hastalık evreleri; hastalık aşamaları

Krankheitsprävention *f <Syn→* **Prophylaxe>** profilaksi

Krankheitssymptom *nt* hastalık belirtisi

Krankheitsübertragung *f* hastalık nakli

Krankheitsursache *f* hastalık nedeni

Krankheitsverlauf *m* hastalık seyri; hastalığın seyri; hastalığın gidişatı; **ein schwerer** ~ hastalığın ağır bir

seyri; **fulminanter** ~ fulminan(t) hastalığın seyri

Kranznaht *f <Syn→* **Kronennaht** → **Scheitelnaht>** *(Lat: Sutura coronalis)* koronal sütür; taçsı dikiş

Krätze *f <Syn→* **Skabies** → **Scabies** → **Acarodermatitis>** *(in der Dermatologie)* uyuz

Krätzenmilbe *f <Syn→* **Grabmilbe** → **Krätzmilbe>** uyuz akarı

Krätzmilbe→ **Krätzenmilbe**

Kraurose *f (Lat: Craurosis) (in der Urologie)* kraurosis

Kräutermedizin *f <Syn→* **Pflanzenheilkunde>** herboloji; otsu bitki bilimi; *<Syn→* **Phytotherapie>** *(in der Naturheilkunde)* fitoterapi

Kreatin *nt <Syn→* **Creatin>** *(Formel: $C_4H_9N_3O_2$)* kreatin

Kreatin-Kinase *f <Syn→* **Creatin-Kinase>** kreatin kinaz

Krebs *m (in der Onkologie)* kanser

Krebsarten *pl (in der Onkologie)* kanser türleri

krebserregend→ **krebserzeugend**

krebserzeugend *Adj <Syn→* **krebserregend** → **karzinogen** → **kanzerogen>** *(in der Onkologie)* kanserojenik; **~e Substanzen** kanserojenik maddeler

Krebsforschung *f* kanser araştırması

Krebsforschungszentrum *nt* kanser araştırma merkezi

Krebsimmuntherapie *f* kanser immünoterapisi

Krebsmedikament *nt* kanser ilacı

Krebspatient *m* (erkek) kanser hastası

Krebspatientin *f* (kadın) kanser hastası

Krebstherapie *f* kanser tedavisi

Krebsvorsorge *f* kanser profilaksisi

Krebszelle *f (in der Onkologie)* kanser hücresi

Kreis *m* çevre; **akademische ~e** akademik çevreler

Kreislauf *m* <*Syn*→ **Zirkulation**> dolaşım; sirkülasyon; <*Syn*→ **Blutkreislauf**> kan dolaşımı; **enterohepatischer ~** <*Syn*→ **Darm-Leber-Kreislauf**> enterohepatik dolaşım enterohepatik sirkülasyon; **kleiner ~** küçük kan dolaşımı; <*Syn*→ **Lungenkreislauf** > pulmoner dolaşım

Kreislaufkollaps *m* dolaşım kollapsı

Kreislauforgane *pl* dolaşım organları

Kreislaufstillstand *m (in der Notfallmedizin)* dolaşım durması; kardiyak arrest

Kreislaufstörung *f* dolaşım bozukluğu

Kreislaufsystem *m* dolaşım sistemi

Kreißsaal *m* doğumhane

Kremation *f* <*Syn*→ **Feuerbestattung** → **Einäscherung**> kremasyon

Krematorium *nt* <*Österreich*→ **Feuerhalle**> krematoryum

Kreuz[1] *nt* haç; **das Rote ~** Kızıl Haç

Kreuz[2] *nt* çapraz

Kreuz[3] *nt (anat: Bereich des Kreuzbeins)* bel; **jemandem tut das ~ weh** birinin beli ağrımak

Kreuzallergie *f* çapraz alerji

Kreuzband *nt* çapraz bağ; **hinteres ~ (Lat: Ligamentum cruciatum posterius)** arka çapraz bağ; **vorderes ~ (Lat: Ligamentum cruciatum anterius)** ön çapraz bağ

Kreuzbänder *pl (Lat: Ligamenta cruciata genus)* anat çapraz bağlar

Kreuzbandriss *m* <*Syn*→ **Kreuzbandruptur**> çapraz bağ yırtılması; çapraz bağ kopması

Kreuzbandruptur *m* <*Syn*→ **Kreuzbandriss**> çapraz bağ yırtılması; çapraz bağ kopması

Kreuzbein *nt (Lat: Os sacrum)* anat sağrı kemiği; sakrum

Kreuzbein-Darmbein-Gelenk *nt* <*Syn*→ **Sakroiliakalgelenk** → **Iliosakralgelenk** > *(Lat: Articulatio sacroiliaca)* anat sakroiliak eklem

Kreuzbeinwirbel *m anat* sakral omur

Kreuzbiss *m (in der Kieferorthopädie)* çapraz kapanış

Kreuz-Darmbein-Gelenk→ **Kreuzbein-Darmbein-Gelenk**

Kreuzschmerz *m* bel ağrısı

Kreuzung *f (in der Genetik)* çaprazlama; melez; **dihybride** ~ dihibrit çaprazlama; **monohybride** ~ monohibrit çaprazlama

Kribbeln *nt (in der Neurologie bei Parästhesie)* karıncalanma; ~ **in den Füßen** ayaklarda karıncalanma; **ein** ~ **in den Beinen** bacaklarda karıncalanma

Krippentod→ **plötzlicher Kindstod**

Kristallurie *f (in der Urologie: Ausscheidung von Harnsäure-Kristallen)* kristalüri

Kromatographie *f* kromatografi

Krone *f <Syn*→ **Zahnkrone>** taç; kuron

Kronennaht *f <Syn*→ **Kranznaht** → **Scheitelnaht>** *(Lat: Sutura coronalis)* koronal sütür; taçsı dikiş

Kropf *m* guatr; *<Syn*→ **Struma>** struma; **endemischer** ~ *(in der Endokrinologie)* endemik guatr

Kropfoperation *f* guatr ameliyatı

Krücke *f <Syn*→ **Unterarmgehstütze>** koltuk değneği

krumm *Adj* çarpık; eğri; ~**e Beine** *(in der Orthopädie)* çarpık bacaklar

Krummdarm *m <Syn*→ **Hüftdarm** → **Ileum>** *(im Verdauungsapparat)* ileum

Krümmung *f* eğrilik; ~ **der Brustwirbelsäule** torasik omurganın eğriliği

Kruste *f* kabuk

Krustenbildung *f* kabuk bağlama

Kryobiologie *f* kriyobiyoloji

Kryoelektronenmikroskopie *f* kriyojenik electron mikroskopisi

Kryonik *f (in der Medizintechnik)* kriyonik

KTS→ **Karpaltunnelsyndrom**

kugelförmig *Adj* küre biçimli

Kugelhantel *f <Syn*→ **Rundgewicht>** *(Eng: kettlebell) (in der Sportmedizin)* girya

Kühlfalle *f (Eng: cold trap) (im Labor)* soğuk tuzak; soğuk kapan

Kühlungsmittel *nt* soğutucu madde

Kuhmilch *f* inek sütü

Kuhmilchallergie *f* inek sütü alerjisi

Kulturmedium *nt <Syn*→ **Nährmedium>** besiortamı; besiyeri; **flüssiges** ~ *<Syn*→ **Nährlösung>** sıvı olan besiyeri; **geliertes** ~ *<Syn*→ **Nährboden>** jel olan besiyeri

kultuvieren *vt* kültüre etmek; **Kulturmedien** ~ besiortamı kültüre etmek; **Zellen** ~ hücreler kültüre etmek

Kultuvierung *f* kültüre etme

Kunstfehler *m <Syn*→ **Behandlungsfehler>** tıbbi hata

Kunstharz *nt* sentetik reçine

künstlich *Adj* yapay; ~**e Atmung** yapay solunum; ~**e Ernährung** yapay beslenme; ~**e Herzklappe** *<Syn*→ **Herzklappenersatz>** kalp kapak protezi; ~**e Niere** yapay böbrek; ~**es Leben** yapay yaşam

Künstliche Intelligenz *f <kurz→*
KI> yapay zekâ

Kunststoffkanüle *f* plastik kanül

Kunststoffprothese *f* plastik protez

Kunsttherapie *f* sanat terapisi

Kupferspirale *m (in der
Gynäkologie)* bakır spiral

Kupferstoffwechsel *m (in der
Hepatologie)* bakır metabolizması

Kupferstoffwechselstörung *f (in der
Hepatologie)* bakır metabolizması
bozukluğu

Kur *f* kür

Kürettage *f <Syn→* **Curetage>** *(Lat:
abrasio) (in der Chirurgie)* küretaj

Kürette *f (chirurgisches Instrument)*
küret; **mit der ~ abschaben** küret ile
kazımak

Kurort *m* termal tesis

Kurpfuscher *m <Syn→*
Scharlatan> şarlatan

Kurpfuscherei *f <Syn→*
Scharlatanerie> şarlatanlık

Kurzatmigkeit *f <Syn→* **Atemnot>**
nefes darlığı; *<Syn→* **Dyspnoe>**
dispne
kurzsichtig *Adj <Syn→* **myop;**
Ant→ **weitsichtig>** *(in der
Augenheilkunde)* miyop

Kurzsichtigkeit *f <Syn→* **Myopie;**
Ant→ **Weitsichtigkeit>** *(in der
Augenheilkunde)* miyopi; miyopluk

Kurtose *f <Syn→* **Wölbung>** *(in der
deskriptiven Statistik)* basıklık

Kurzzeitgedächtnis *nt <Ant→*
Langzeitgedächtnis> *psych* kısa
süreli bellek; kısa süreli hafıza;
<Syn→ **Arbeitsgedächtnis>** *(Eng:
working memory)* çalışma belleği;
çalışan hafıza

Kybernetik *f* sibernetik

Kyphoplastie *f (in der Orthopädie
und der Radiologie)* kifoplasti; **~ ist
ein minimal-invasives Verfahren
zur Behandlung von
Wirbelbrüchen** kifoplasti, omur
kırıklarının tedavisi için minimal
invazif yöntemdir

Kyphose *f (in der Orthopädie)* kifoz;
posturale
~ postüral kifoz

Kyphoskoliose *f (in der Orthopädie)*
kifoskolyoz

L

Labor *nt <Syn→* **Laboratorium>**
laboratuvar; labratuvar

Laborant *m* (erkek) laborant

Laborantin *f* (kadın) laborant

Laboratorium *nt <Syn→* **Labor>**
laboratuvar; labratuvar

**Laboratoriumsmedizin→
Labormedizin**

Laborausrüstung *f* laboratuvar
donanımı; laboratuvar ekipmanı

Laborbefunde *pl* laboratuvar
bulguları

Labordaten *pl* laboratuvar verileri

Laborgerät *nt* laboratuvar cihazı

Labormedizin *f* <*Syn*→ **Laboratoriumsmedizin**> laboratuvar tıbbı

Laborpraxis *f* laboratuvar uygulamaları

Laboruntersuchung *f* laboratuvar incelemesi

Labyrinth *nt anat* labirent

Labyrinthfistel *f* labirent fistülü

Lachgas *nt (Formel: N₂O) chem* güldürücü gaz; kahkaha gazı; <*Syn*→ **Distickstoffmonoxid**> nitröz oksit

Lackmus *m chem* turnusol

Lactase *f* <*Syn*→ **Laktase**> laktaz

Lactose *f* <*Syn*→ **Laktose**> *(Formel: C₁₂H₂₂O₁₁)* laktoz; <*Syn*→ **Milchzucker**> süt şekeri

Lactose-Intoleranz *f* <*Syn*→ **Milchzucker-unverträglichkeit**> laktoz intoleransı

Lage *f* <*Syn*→ **Situation**> durum; **epidemische** ~ epidemik durum

Lähmung *f* felç; <*Syn*→ **Plegie**> pleji; <*Syn*→ **Paralyse**> paraliz; **spastische** ~ spastik felç

Lähmungsschielen *nt (Lat: Strabismus paralyticus) (in der Augenheilkunde)* felç şaşılığı

Laktase→ **Lactase**

Laktation *f* laktasyon; süt verme; **erotische** ~ erotik emme

Laktationsamenorrhö *f (in der Gynäkologie)* laktasyonel amenore

Laktose→ **Lactose**

laktosefrei *Adj* laktozsuz; ~**e Milch** laktozsuz süt

Lamina *f (Lat: Lamina) anat* lamina

Langerhans-Inseln *pl* <*Syn*→ **Pankreasinseln**> *(in der Bauchspeicheldrüse)* Langerhans adacıkları

Langeweile *f psych* sıkıntı; can sıkıntısı

Langknochen *m* <*Syn*→ **Röhrenknochen**> *(Lat: Os longum; pl= Ossa longa)* uzun kemik

Langzeitfolgen *pl* uzun vadeli sonuçlar

Langzeitgedächtnis *nt* <*Ant*→ **Kurzzeitgedächtnis**> *psych* uzun süreli bellek

Langzeitzuckerwert *m (in der Diabetologie)* uzun vadeli kan şekeri değeri; <*Syn*→ **Langzeit-Blutzucker**> *(in der Diabetologie)* uzun vadeli kan şekeri; <*Syn*→ **HbA1c**> HbA₁c; <*Syn*→ **Hämoglobin A₁c**> hemoglobin A₁c

Laparoskopie *f* laparoskopi

laparoskopisch *Adj* laparoskopik; ~**e Chirurgie** laparoskopik cerrahi

Laparotomie *f* laparotomi; ~ **ist das chirurgische Eröffnen der Bauchhöhle** laparotomi, karın boşluğunun cerrahi yöntemlerle açılmasıdır

Lappen¹ *m (Lat: lobus) anat* lob

Lappen² *m* <*Syn*→ **Hautlappen**> *(Eng: flap; Frz: lambeau) (in der*

Dermatologie: bei
Hauttransplantationen) flep

Lappenplastik *f <Syn→*
Hautlappenplastik> flep cerrahisi

Lärm *m* gürültü; **ohrenbetäubender**
~ kulakları sağır edici gürültü

Larvenstadium *nt (in der*
Entwicklungsbiologie) larva evresi

Larventherapie *f <Syn→*
Madentherapie> larva ile tedavi;
maggot terapi; kurtçuk tedavisi

Laryngealmaske→ Larynxmaske

Laryngitis *f* larenjit; *<Syn→*
Kehlkopfentzündung> gırtlak
iltihabı

Laryngopharynx *m <Syn→*
Schlundrachen> *(Lat:*
Laryngopharynx; Hypopharynx;
Pars laryngea pharyngis) (im
Verdauungsapparat) hipofarinks;
laringofarinks

Laryngoskop *m <Syn→*
Kehlkopfspiegel> laringoskop

Larynx *m* larinks; larenks; *<Syn→*
Kehlkopf> gırtlak

Larynx-Endoskop *nt* larinks
endoskopu

Larynxkarzinom *nt <Syn→*
Kehlkopfkrebs> gırtlak kanseri

Larynxmaske *f <Syn→*
Laryngealmaske *→*
Kehlkopfmaske> *(im*
Atemwegsmanagement) laringeal
maske

Larynxödem *nt* gırtlak ödemi

Larynxtubus *m (im*
Atemwegsmanagement) laringeal tüp

Laser *m* lazer

Laserablation *f <Syn→*
Laserverdampfen> lazer ablasyon;
endovenöse ~ *(in der*
Gefäßchirurgie: Methode zur
Behandlung von Krampfadern)
endovenöz lazer ablasyon

Laserbehandlung *f* lazer tedavisi

Laserchirurgie *f* lazer cerrahisi

laserinduziert *Adj* lazer
indüklenmiş; **~e**
Plasmaspektroskopie lazer
indüklenmiş plazma spektroskopisi

Laserkoagulation *f (in der*
Augenheilkunde: chirurgisches
Therapieverfahren bei bestimmten
Erkrankungen der Netzhaut) lazer
koagülasyon

Laserskalpell *nt* lazer neşter

Lasertherapie *f* lazer terapisi;
endovenöse ~ *<Syn→* **endovenöse**
Laserablation> *(in der*
Gefäßchirurgie: Methode zur
Behandlung von Krampfadern)
endovenöz lazer ablasyon

Laserverdampfen→ Laserablation

Läsion *f (Lat: laesio) (in der*
Nosologie) lezyon; örsenti; doku
bozukluğu; **die ~ ist eine**
Schädigung oder Störung einer
anatomischen Struktur oder einer
physiologischen Funktion lezyon,
anatomik yapı veya fizyolojik işlevde
hasar veya bozukluktur; **populäre**
~en papüler lezyonlar

Last *f* yük; **glykämische** ~ *(in der*
Diabetologie) glisemik yük

latent *Adj* latent; ~ **verlaufend** latent seyirli; seyri latent olan; ~**e Syphilis** latent frengi

Latenzphase *f <Syn→* **Anlaufphase>** *(Eng: lag phase) (in der Bakteriologie: Phasen des bakteriellen Wachstums)* lag faz; latent dönem

lateral *Adj* lateral; yanal; ~**er Gentransfer** lateral gen transferi; ~**er Ventrikel** *(im Ventrikelsystem)* lateral ventrikül; *<Syn→* **Seitenventrikel>** yanal ventrikül

Latexallergie *nt* lateks alerjisi

Laufband *nt* koşu bandı

laufen *vi* koşmak; yürümek; *(fließen)* akmak; **mir läuft die Nase** burnum akıyor

Laus *f* bit

Lavage *f <Syn→* **Spülung>** lavaj

Laxativa *pl* laksatifler; purgatifler; *<Syn→* **Abführmittel>** müshiller

Leben *nt* yaşam; hayat; ömür; can

lebendig *Adj* canlı

Lebendimpfstoff *m <Syn→* **Lebendvakzine;** *Ant~* **Totimpfstoff>** canlı zayıflatılmış aşı; zayıflatılmış aşı

Lebendvakzine→ Lebendimpfstoff

lebensbedrohlich *Adj* yaşamı tehdit edici; yaşamı tehdit eden; ~**e Krankheiten** yaşamı tehdit eden hastalıklar; **Schock als ~er Zustand** *(bei der ersten Hilfe)* yaşamı tehdit edici durum olarak şok

Lebensende *nt* ömür sonu

Lebenserwartung *f* yaşam beklentisi

Lebensfähigkeit *f <Syn→* **Viabilität>** *(Eng: viability) (in der Mikrobiologie)* yaşayabilirlik

Lebensfunktionen *pl* yaşam fonksiyonları

Lebensgefahr *f* hayati tehlike

lebenslang *Adj* ömür boyu; yaşam boyu

Lebensmittelallergie *f* gıda alerjisi

Lebensmittelbestrahlung *f* gıda ışınlaması

Lebensmittelmikrobiologie *f* gıda mikrobiyolojisi

Lebensmittelreste *pl* gıda artıkları

Lebensmittelsicherheit *f* gıda güvenliği

Lebensmittelvergiftung *f* gıda zehirlenmesi

Lebensmittelzusatzstoff *m (bei Lebensmitteln)* gıda katkı maddesi

Lebensmüdigkeit→ Suizidialität

Lebensqualität *f* yaşam kalitesi; **Abnahme der ~** yaşam kalitesinin azalması

lebensrettend *Adj* yaşam kurtarıcı; hayat kurtarıcı

Lebensrettung *f* hayat kurtarma; yaşam kurtarma; can kurtarma

Lebensstandard *m* yaşam standardı; hayat standardı

Lebensstil *m <Syn→* **Lifestyle>**
yaşam tarzı; **ein gesunder** ~ sağlıklı
bir yaşam tarzı

lebensverlängernd *Adj* ömür uzatıcı

lebenswichtig *Adj* hayati önem
taşıyan

Lebenszeichen *nt* yaşam belirtisi

Lebenszeitprävalenz *f (in der
Epidemiologie)* yaşam süresi
prevalansı

Leber *f (Lat: lecur)* karaciğer

Leberabszess *m* karaciğer apsesi

Leberarterie *f (Lat: Arteria hepatica
propria) anat* hepatik arter

Leberbiopsie *f* karaciğer biyopsisi

Leberchirurgie *f* karaciğer cerrahisi;
robotisch assistierte ~ robotik
yardımlı karaciğer cerrahisi

Leberdialyse *f* karaciğer diyalizi

Leberentzündung *f* karaciğer
iltihabı

Leberenzym *nt* karaciğer enzimi

Lebererkrankung *f* karaciğer
hastalığı

Leberfleck *m <Syn→* **Muttermal>**
umg ben

Lebergift→ Lebertoxin

Leberkarzinom *nt* karaciğer
karsinomu

Leberkoma *nt (Lat: Coma
hepaticum)* karaciğer koması

Lebernekrebs *m* karaciğer kanseri

Lebernekrose *f* karaciğer nekrozu

Leberoperation *f* karaciğer ameliyatı

Leberresektion *f (in der
Hepatologie)* karaciğer rezeksiyonu

Leberschaden *m* karaciğer hasarı

Lebershunt *m (in der
Gefäßchirurgie und der
Neurochirurgie)* karaciğer şantı

Lebersklerose *f* karaciğer sklerozu

Leberstärke *f <Syn→* **Glykogen** →
Glycogen> *(Formel: $C_6H_{10}O_5$) (in
der Hepatologie)* glikojen

Lebertoxin *nt <Syn→* **Hepatotoxin**
→ **Lebergift>** hepatotoksin

Lebertoxizität *f <Syn→*
Hepatotoxizität> hepatotoksisite

Lebertran *m* balık yağı

Lebertransplantation *f* karaciğer
aktarımı

Lebertumoren *pl (in der
Hepatologie)* karaciğer tümörleri;
benigne ~ benign karaciğer
tümörleri; **bösartige** ~ kötü huylu
karaciğer tümörleri; **gutartige** ~ iyi
huylu karaciğer tümörleri; **maligne** ~
malign karaciğer tümörleri

Leberversagen *nt* karaciğer
yetmezliği; **postoperatives** ~ *(in der
Chirurgie)* ameliyat sonrası karaciğer
yetmezliği

Lebervolumen *nt* karaciğer hacmi

Leberwerte *pl* karaciğer değerleri

Leberzelle *f* karaciğer hücresi

Leberzellkarzinom *nt* *<Syn→* **hepatozelluläres Karzinom>** *(Lat: Carcinoma hepatocellulare) (in der Onkologie)* hepatoselüler karsinom

Leberzirrhose *f* karaciğer sirozu

Leberzyste *f* karaciğer kisti

Lebewesen *nt* canlı

Lederhaut[1] *f (in der Augenheilkunde)* gözakı; sert tabaka; *<Syn→* **Sklera>** sklera

Lederhaut[2] *f (Lat: corium) <Syn→* **Dermis>** *(in der Dermatologie) f* dermis

Leerdarm *m <Syn→* **Jejunum>** jejunum

Leeregefühl *nt psych* boşluk duygusu; boşluk hissi

Legasthenie *f* legasteni; *<eş→* **Lese- und Schreibstörung >** okuma yazma bozukluğu

Legierung *f chem* alaşım

Lehrmaterial *nt* eğitim materyali

Leichdorn→ **Hühnerauge**

Leiche *f* ceset; ölü

Leichenblässe *f (Lat: Pallor mortis) (in der Pathologie)* ölüm solgunluğu

Leichenkälte *f (Lat: Algor mortis) (in der Pathologie)* ölüm soğukluğu

Leichenöffnung *f (in der Pathologie)* ölü açımı; *<Syn→* **Autopsie>** otopsi

Leichensack *m* cenaze torbası

leicht *Adj <Ant→* **schwer>** hafif; *~e* **Blutung** hafif kanama; *~e* **depressive Störung** hafif depresif bozukluk; *~e* **kognitive Beeinträchtigung** hafif bilişsel bozukluk; *~er* **Husten** hafif öksürük

Leichtschlaf *m* hafif uyku

Leid *nt* ıstırap; azap; acı

leiden *vi* ıstırap çekmek; mustarip olmak; maruz kalmak; *~ an* **Kopfschmerzen** baş ağrısından mustarip olmak; **Personen, die an Niereninsuffizienz** *~* böbrek yetmezliğinden mustarip kişiler

Leiden *nt* ıstırap; maruziyet; rahatsızlık

Leihmutter *f* taşıyıcı anne

Leihmutterschaft *f* taşıyıcı annelik

Leishmaniose *f <Syn→* **Leishmaniase>** *(Lat: Leishmaniosis)* layşmanyaz; **Überträger der** *~* **sind die Sandmücken** layşmanyaz taşıyıcıları, tatarcıklardır

Leiste *f (Lat: Inguen) anat* kasık

Leistenbruch *m (Lat: Hernia inguinalis)* kasık fıtığı; *<Syn→* **Inguinalbruch** *→* **Inguinalhernie>** inguinal herni

Leistenflechte *f <Syn→* **Tinea inguinalis>** *(in der Dermatologie)* kasık mantarı; kasık kaşıntısı; **die** *~* **ist eine Dermatophytose der Leistengegend** kasık mantarı, kasık bölgesi dermatofitozudur

Leistengegend *f <Syn→* **Leistenregion>** *(Lat: Regio inguinalis) anat* kasık bölgesi

Leistenhernie→ **Leistenbruch**

Leistenregion f <Syn→
Leistengegend> (Lat: Regio
inguinalis) anat kasık bölgesi

Leistung f performans

Leitgewebe nt (in der Histologie)
iletim doku

Leitsymptom nt <Syn→
Kardinalsymptom> (in der
Psychopathologie) kardinal semptom

Leitungswasser nt musluk suyu

Lende f (Lat: lumbus) anat lumbar

Lendenarterie f a. <Syn→ **Arteria
lumbalis**> (Lat: Arteria lumbalis)
lumbal arter

Lendenbereich m <Syn→
Lendengegend; → **Lumbalregion**>
(Lat: Regio lumbalis) anat lumbar
bölge

Lendengegend→ **Lendenbereich**

Lendenwirbel f (Lat: Vertebrae
lumbales) bel omuru; lumbar omur;
lumbar vertebra

Lendenwirbelsäule f anat bel
omurgası

Leptospirose f <Syn→
Leptospirosis> leptospiroz; ~ ist
eine bakterielle
Infektionskrankheit leptospiroz, bir
bakteriyel enfeksiyon hastalığıdır

Leptospirosis→ **Leptospirose**

Lepra f lepra; <Syn→ **Aussatz**>
cüzzam

Lesebrille f okuma gözlüğü

Leserasterverschiebung f <Syn→
Frameshift → **Rasterschub**> (Eng:
frameshift mutation) (in der Genetik)
çerçeve kayması mutasyonu

Lesestörung f okuma bozukluğu;
<Syn→ **Dyslexie**> disleksi[1]

Lese- und Schreibstörung f okuma
yazma bozukluğu; <eş→
Legasthenie> legasteni

letal Adj <Syn→ **tödlich**> ölümcül;
~e **Dosis** ölümcül doz; (in der
Toxikologie) öldürücü doz

Letalität f ölümcüllük; öldürücülük

Letalitätsrate f ölümcüllük oranı

Letalkonzentration f (in der
Toxikologie) ölümcül derişim;
minimale ~ en düşük ölümcül
derişim

Lethargie f letarji

Leucin nt (Formel: $C_6H_{13}NO_2$) lösin

Leucoderma→ **Leukoderma**

Leukämie f <Syn→
Weißblutigkeit> lösemi; <Syn→
Blutkrebs> kan kanseri; **akute** ~
akut lösemi; **akute myeloische** ~
akut miyeloid lösemi; **chronische** ~
kronik lösemi; **chronische
lymphatische** ~ kronik lenfositik
lösemi

Leukoderma nt <Syn→
Leucoderma> (in der Dermatologie:
weiße Flecken in der Haut durch
Pigmentschwund) lökoderma

Leukopenie f (in der Hämatologie)
lökopeni; <Syn→ **Leukozytopenie**>
lökositopeni

Leukoplakie *f (in der Oralpathologie)* lökoplaki

Leukotomie *f (in der Neurochirurgie)* lökotomi; *<Syn→* **Lobotomie>** lobotomi

Leukotriene *pl* lökotrienler

Leukozyt *m <Syn→* **Eritrozyt>** *(in der Immunologie)* lökosit; *<Syn→* **weißes Blutkörperchen>** akyuvar

Leukozytenzahl *f (in der Immunologie)* lökosit sayısı

Leukozytopenie *f (in der Hämatologie)* lökositopeni; *<Syn→* **Leukopenie>** lökopeni

Leukozytose *f* lökositöz; ~ **ist eine Vermehrung der Leukozyten (weiße Blutkörperchen) im Blut** lökositöz, kandaki lökosit (akyuvar) sayısının çoğalmasıdır

Libido *f (in der Psychoanalyse)* libido

Lichtdermatose *f <Syn→* **Photodermatose>** *(in der Dermatologie)* fotodermatoz

Lichtempfindlichkeit[1] *f* ışığa duyarlılık; *<Syn→* **Photosensibilität → Photosensitivität>** *(in der Dermatologie)* fotosensitivite

Lichtempfindlichkeit[2] *f <Syn→* **Lichtscheu>** *(in der Neurologie)* ışık hassasiyeti[2]; *<Syn→* **Photophobie>** fotofobi

Lichtmikroskop *nt (in der Pathologie)* optik mikroskop; ışık mikroskobu

Lichtscheu *f <Syn→* **Lichtempfindlichkeit**[2]> *(in der*

Neurologie) ışık hassasiyeti[2]; *<Syn→* **Photophobie>** fotofobi

Lichttherapie *f* ışık tedavisi

Lid *nt <Syn→* **Augenlid>** göz kapağı

Lidentzündung *f (in der Augenheilkunde)* göz kapağı iltihaplanması; *<Syn→* **Blepharitis>** blefarit

Lieferengpass *m* tedarik darboğazı; ~ **bei Medikamenten** ilaçlarda tedarik darboğazı

Liegestütz *m (Eng: push-up) (bei Krafttraining)* şınav

Lifestyle *m <Syn→* **Lebensstil>** yaşam tarzı

Lifestyle-Medizin *f* yaşam tarzı tıbbı

Lifestyle-Produkte *pl* yaşam tarzı ürünleri

Ligament *nt (Lat: Ligamentum)* ligament; ligaman; *<Syn→* **Band>** bağ[2,] **periodontales** ~ *(Lat: Fibra periodontalis) (in der Zahnmedizin)* periodontal ligament

Ligand *m (in der Biochemie und der Pharmakologie)* ligand

Ligase *f (in der Biochemie)* ligaz

Ligation *f (in der Molekularbiologie)* ligasyon

Ligatur *f <Syn→* **Unterbindung>** *(Lat: ligatura; Eng: ligature) (in der Chirurgie: Verschließen eines Blutgefäßes)* ligatür

limbisch *Adj* limbik; ~**es System** *(in der Neuropsychologie)* limbik sistem

Lindentee *m* ıhlamur çayı

lindern *vt* dindirmek; yatıştırmak; **Schmerzen** ~ ağrı dindirmek

linear *Adj* lineer; doğrusal

Linearbeschleuniger *m (in der Strahlentherapie)* doğrusal parçacık hızlandırıcı

Linguistik *f* dilbilim; **klinische** ~ klinik dilbilim

Linksherzinsuffizienz *f <Ant→ Rechtsherzinsuffizienz> (in der Kardiologie)* sol kalp yetmezliği

Linse¹ *f* mercek; lens

Linse² *f* mercimek
Linsenbeinchen *nt (Lat: Os lenticulare) anat* mercimek kemiği

Linsenektopie *f (in der Augenheilkunde)* ektopia lentis; *<Syn→* **Linsenluxation>** lens çıkığı

Linsenluxation *f (Lat: Luxatio lentis) (in der Augenheilkunde)* lens çıkığı; *<Syn→* **Linsenektopie>** ektopia lentis

Linsentrübung *f (in der Augenheilkunde)* mercek bulanıklığı

Lipase *f* lipaz; **hormonsensitive** ~ hormona duyarlı lipaz

Lipiddoppelschicht *f <Syn→ Doppellipidschicht> (in der Zellbiologie)* çift katlı lipit katmanı

Lipidschicht *f (in der Zellbiologie)* lipit katmanı

Lipidsenker *m* lipit düşürücü ilaç

Lipidstoffwechsel *m* lipit metabolizması

Lipodystrophie *f (in der Dermatologie)* lipodistrofi

Lipom *nt (in der Dermatologie und der Onkologie: gutartiger Fettgeschwulst)* lipom; lipoma

lipophil *Adj* lipofilik

Lipophilie *f* lipofili

Lippe *f (Lat: labium)* dudak; **spröde** ~n çatlamış dudaklar; **trockene** ~n kuru dudaklar

Lippenbalsam *m* dudak balsamı

Lippenhalter *m (in der Zahnmedizin)* dudak retraktörü

Lippenhaut *f* dudak derisi

Lippenherpes *m <Syn→* **Herpes²>** uçuk

Lippenkarzinom *nt* dudak kanseri

Lippen-Lifting *nt <Syn→ Lippenstraffung> (in der plastischen Chirurgie)* dudak germe

Lippenpflege *f* dudak bakımı

Lippenpflegeprodukte *pl* dudak bakım ürünleri

Lippenpflegestift *m* dudak kremi çubuğu

Lippenspalte *f* dudak yarığı

Lippenstraffung *f <Syn→* **Lippen-Lifting>** *(in der plastischen Chirurgie)* dudak germe

Lippenvergrößerung *f (in der plastischen Chirurgie)* dudak büyütme

Liquor→ Liquor cerebrospinalis

Liquor cerebrospinalis *m* <*Syn*→
Gehirn-Rückenmark(s)-Flüssigkeit
→ **Zerebrospinalflüssigkeit**>
(Körperflüssigkeiten) beyin-omurilik-
sıvısı; serebrospinal sıvı; nörolenf

Liquorentnahme *f* beyin-omurilik-
sıvısı alınması

Liquorshunt *m* <*Syn*→
Zerebralshunt> *(in der
Neurochirurgie beim Hydrocephalus)*
serebral şant

Lispeln *nt (in der Logopädie)*
pelteklik; peltek konuşma

Lithiumtherapie *f (in der
Psychiatrie: um eine bipolare
Störung zu behandeln)* lityum terapisi

Loa loa *f* <*Syn*→ **Augenwurm** →
Wanderfilarie> *(in der
Parasitologie)* Afrika göz solucanı

Lobotomie *f (in der Neurochirurgie)*
lobotomi; <*Syn*→ **Leukotomie**>
lökotomi

locker *Adj* <*Ant*→ **straff**> gevşek;
~**es Bindegewebe** *(in der Histologie)*
gevşek bağ doku

Lockerung *f* gevşeme[2]; ~ **des Zahns**
dişin gevşemesi

Locus→ **Lokus**

Logopäde *m* (erkek) logoped

Logopädie *f* logopedi; dil ve
konuşma patolojisi

Logopädin *f* (kadın) logoped

Logophobie *f (Eng: glossophobia)*
psych glossofobi; <*Syn*→
Sprechangst> konuşma kaygısı

lokal *Adj* lokal; <*Syn*→ **örtlich**>
yerel; ~**e Peritonitis** *(in der
Gastroenterelogie)* yerel peritonit; ~**e
Wirkung** lokal etki

Lokalanästhesie *f* <*Syn*→ **örtliche
Betäubung**> lokal anestezi

Lokalanästhetikum *nt* <*Syn*→
Lokalanästhetika> lokal anestezik

Lokus *m (Lat: locus)* <*Syn*→
Genlokus> *(in der Genetik)* lokus; ~
**ist die physische Position eines
Gens im Genom** lokus, bir genin
genomda fiziksel konumudur

Long-COVID <*Syn*→ **Long-Covid**>
uzun COVID

Long-Covid→ **Long-COVID**

Loslassschmerz *m* <*Ant*→
Druckschmerz> *(in der Chirurgie)*
bırakınca ağrı

Löslichkeit *f* *chem* çözünürlük

Löslichkeitsgleichgewicht *nt*
<*Syn*→ **Lösungsgleichgewicht**>
chem çözünürlük dengesi

Lösung *f* *chem* çözelti; *(Eng:
solution)* solüsyon; **gesättigte** ~
doymuş çözelti; **hypotonische** ~ *(in
der Zellbiologie)* hipotonik çözelti;
konzentrierte ~ **en** konsantre
çözeltiler; **übersättigte** ~ aşırı
doymuş çözelti; **wässrige** ~ sulu
çözelti

Lösungsgleichgewicht *nt* <*Syn*→
Löslichkeitsgleichgewicht> *chem*
çözünürlük dengesi

Lösungsmittel *nt* *chem* çözücü

Lotion *f* losyon

LSD *nt (Formel: $C_{20}H_{25}N_3O$)* LSD; <*Syn*→ **Lysergsäurediäthylamid**> liserjik asit dietilamid

Lubrikation *f* lubrikasyon; ıslanma; **vaginale** ~ *(in der Gynäkologie)* vajinal lubrikasyon; vajinal ıslanma

Lues (venerea) *f* <*Syn*→ **Syphilis** → **harter Schanker** → **Morbus Schaudinn**> sifilis; sifiliz; frengi

Luft[1] *f* hava; **frische** ~ açık hava

Luft[2] *f (Atem~)* nefes; **bitte, die ~ anhalten** lütfen, nefesinizi tutun

Luftblase *f* hava kabarcığı

Luftembolie *f (in der Notfallmedizin)* hava embolisi

lüften *vi* havalandırmak

Lufthunger *m* <*Syn*→ **Atemnot**> nefes darlığı; <*Syn*→ **Dyspnoe**> dispne

Luftleitung *f (in der Hals-Nasen-Ohren-Heilkunde)* hava iletim; hava yoluyla iletim

Luftröhre *f (Lat: Trachea)* soluk borusu; nefes borusu; <*Syn*→ **Trachea**> trakea

Luftröhrenpunktion *f* <*Syn*→ **Trachealpunktion**> soluk borusu ponksiyonu

Luftröhrenschnitt[1] *m* <*Syn*→ **Tracheotomie**> trakeostomi

Luftröhrenschnitt[2] *m (in der Notfallmedizin als lebensrettende Maßnahme)* nefes borusuna delik açılması

Luftröhrenzugang *m* <*Syn*→ **Tracheostoma**> trakeostomi tüpü

Luftschlucken *nt (in der Gastroenterologie)* hava yutma; <*Syn*→ **Aerophagie**> aerofaji

Luftverschmutzung *f (in der Ökologie)* hava kirliliği

Lügen *nt* yalan söyleme; **pathologisches** ~ *(in der Psychiatrie)* patolojik yalan söyleme

Lugol-Lösung *f* <*Syn*→ **Lugolsche Lösung** → **Iod-Kalimiodid-Lösung**> *f*; lugol çözeltisi

Lugolsche Lösung→ **Lugol-Lösung**

Lumbago *f* <*Syn*→ **Lumbalgie**> *(in der Neurologie und der Orthopädie)* lumbago; <*Syn*→ **Hexenschuss**> bel tutulması

Lumbalgie→ **Lumbago**

Lumbalpunktion *f (Eng: lumbar puncture; Fr: Ponction lombaire) (in der Neurologie:* Rückenmarkspunktion*)* lomber ponksiyon

Lumbalregion *f* <*Syn*→ **Lendengegend**; → **Lendenbereich**> *(Lat: Regio lumbalis) anat* lumbar bölge

Lumen[1] *nt (in der Physik: Einheit des Lichtstroms)* lumen; lümen

Lumen[2] *nt (in der Anatomie: innerer Hohlraum von Hohlorganen)* lumen; ~ **der Harnblase** mesane lumeni; ~ **des Darms** bağırsak lumeni; ~ **des Magens** mide lumeni

Lumeneinengung *f* <*Ant*→ **Lumenerweiterung**> lümen daralması

196

Lumenerweiterung *f* <*Ant*→
Lumeneinengung> lümen
genişlemesi

Lunge *f* (*Lat: Pulmo*) *anat* akciğer

Lungenabszess *m* akciğer apsesi; ~e
werden meist mit Abszessdrainage
behandelt akciğer apseleri, apse
drenajı ile tedavi edilirler

Lungenadenomatose *f* pulmoner
adenomatozis

Lungenarterie *f* <*Syn*→
Pulmonalarterie> (*Lat: Arteria*
pulmonalis) pulmoner arter

Lungenarterienembolie→
Lungenembolie

Lungenbeatmung *f* akciğer
havalandırması

Lungenbläschen *nt* (*in der*
Pneumologie) hava keseciği;
<*Syn*→ **Alveole**> (*Lat: alveolus*)
alveol

Lungenchirurgie *f* akciğer cerrahisi

Lungenembolie *f* <*Syn*→
Lungenarterienembolie> akciğer
embolisi; pulmoner embolizm

Lungenemphysem *nt* <*kurz*→
Emphysem> (*in der Pneumologie*)
amfizem

Lungenentzündung *f* (*Lat:*
Pneumonia) akciğer yangısı; zatürre;
<*Syn*→ **Pneumonie**> pnömoni

Lungenheilkunde *f* <*Syn*→
Pneumologie> pnömoloji

Lungeninfiltrat *nt* (*in der*
Pathologie) pulmoner infiltrat

Lungenkarzinom *nt* <*Syn*→
Bronchialkarzinom →
Lungenkrebs> (*in der Onkologie*)
akciğer kanseri

Lungenkollaps *m* pulmoner kollaps;
<*Syn*→ **Pneumothorax**> (*in der*
Notfallmedizin) pnömotoraks

Lungenkontusion *f* <*Syn*→
Lungenprellung> (*in der*
Notfallmedıyın) akciğer kontüzyonu;
pulmoner kontüzyon

Lungenkrebs *m* <*Syn*→
Lungenkarzinom →
Bronchialkarzinom> akciğer
kanseri

Lungenkrebsrisiko *nt* akciğer
kanseri riski

Lungenkreislauf *m* pulmoner
dolaşım; <*eş*→ **kleiner Kreislauf**>
küçük kan dolaşımı

Lungenlappen *m* akciğer lobu

Lungenmilzbrand *m* akciğer şarbonu

Lungenödem *nt* <*umg*→
Wasserlunge> (*in der Pneumologie*
und der Notfallmedizin) akciğer
ödemi; <*Syn*→ **pulmonales Ödem**>
pulmoner ödem

Lungenpest *f* pnömatik veba

Lungenprellung *f* <*Syn*→
Lungenkontusion> (*ın der*
Notfallmedıyın) akciğer kontüzyonu;
pulmoner kontüzyon

Lungenschlagader→
Lungenarterie

Lungenspiegelung *f* <*Syn*→
Bronchoskopie> bronkoskopi

197

Lungentransplantation *f* akciğer nakli; akciğer transplantasyonu

Lungenventilation *f* *<kurz→* **Ventilation>** ventilasyon; soluma

Lungenversagen *nt* solunum yetmezliği; *<Syn→* **Atemnotsyndrom>** *(Eng: respiratory distress syndrome)* respiratuar distres sendromu; **akutes** ~ akut solunum yetmezliği; *<Syn→* **ARDS>** ARDS

Lupus erythematodes *m (in der Dermatologie)* lupus eritematozus; *<Syn→* **systemischer Lupus erythematodes>** sistemik lupus eritematozus; *<Syn→* **Schmetterlingskrankheit>** kelebek hastalığı

Lupuspatient *m* (erkek) lupus hastası

Lupuspatientin *f* (kadın) lupus hastası

Lustlosigkeit *f* hevessizlik

Lustprinzip *nt (in der Psychoanalyse)* haz ilkesi

Lusttropfen *m <Syn→* **Sehnsuchtstropfen** → Vorsaft> zevk suyu; *<Syn→* **Präjakulat>** boşalma öncesi sıvı; mezi

Lutealphase *f (beim Menstruationszyklus)* luteal faz: *<Syn→* **Sekretionsphase>** sekretuvar dönem; **die ~ ist die Phase zwischen Eisprung und menstruation** luteal faz, ovülasyon ile menstruasyon arasındaki dönemdir

Luteinisierungshormon *nt (in der gynäkolischen Endokrinologie)* luteinleştirici hormon; *<Syn→*

Lutropin> lutropin; **gebildet wird das ~ im Hypophysenvorderlappen** luteinleştirici hormon, hipofizin ön lobunda üretilir

Lutropin *nt (in der gynäkolischen Endokrinologie)* lutropin; *<Syn→* **Luteinisierungshormon>** luteinleştirici hormon

Lutschpastille *f* pastil

Lutschtablette *f* pastil

Luxation *f (Lat: luxatio)* luksasyon; *<Syn→* **Ausrenkung** → **Verrenkung>** çıkık; **subtalare ~** subtalar çıkık

Lyase *f (in der Biochemie)* liyaz

Lyme-Borreliose *f <Syn→* **Lymekrenkheit>** *(Aussprache: la:m)* Lyme hastalığı; **der Gemeine Holzbock ist der Überträger der ~** sakırga, Lyme hastalığının taşıyıcısıdır

Lymekrenkheit→ Lyme-Borreliose

Lymphadenektomie *f (in der Chirurgie)* lenfadenektomi; *<Syn→* **Lymphknotendissektion** > lenf node diseksiyonu

Lymphadenitis *f* lenf adeniti

Lymphadenopathie *f (in der Hämatologie und der Onkologie)* lenfadenopati; adenopati; **~ ist eine krankhafte Schwellung der Lymphknoten** lenfadenopati, lenf düğümlerinin patolojik şişmesidir

Lymphangiektasie *f* lenfanjiektazi; **~ ist eine krankhafte Erweiterung der Lymphgefäßen** lenfanjiektazi, lenf damarlarının patolojik genişlemesidir

Lymphangiom *nt (in der Angiologie und der Onkologie)* lenfangioma; **kavernöse** ~ **e** *(Lat: Lymphangioma cavernosum)* kavernöz lenfangiomalar; **zystische** ~ **e** *(Lat: Lymphangioma cysticum oder Hygroma cysticum colli) (Eng: cystic hygroma)* kistik higromalar

Lymphadenitis f

lymphatisch *Adj* lenfatik; *(Eng: lymphocitic)* lenfositik; ~**es System** *<Syn→* **Lymphsystem>** lenfatik sistem; lenfoid sistem; **chronische** ~**e Leukämie** kronik lenfositik lösemi

Lymphbahn *f* lenf yolu; *<Syn→* **Lymphgefäß>** lenf damarı

Lymphdrüse *f* lenf bezi; *<Syn→* **Lymphknoten>** lenf düğümü; lenf nodu

Lymphe *f* lenf; akkan

Lymphflüssigkeit *f* lenf sıvısı

Lymphfollikel *m (Lat: Folliculi lymphatici)* lenf folikülü

Lymphgefäß *nt* lenf damarı; *<Syn→* **Lymphbahn>** lenf yolu

Lymphgeschwulst→ Lymphangiom

Lymphgewebe *nt* lenf dokusu; **Metastasen im** ~ lenf dokusunda metastazlar

Lymphknoten *m (Lat: Nodus lymphaticus)* lenf düğümü; lenf nodu; *<veraltet→* **Lymphdrüse>** lenf bezi

Lymphknotendissektion *f (in der Chirurgie)* lenf node diseksiyonu; *<Syn→* **Lymphadenektomie>** lenfadenektomi

Lymphödem *nt* lenf ödemi

Lymphocyt→ Lymphozyt

lymphoid *Adj* lemfoid; ~**er Follikel** *(bei Erkrankung der Schilddrüse)* lemfoid folikül

Lymphom *nt (in der Hämatologie)* lenfoma

Lymphozyt *m <Syn→* **Lymphocyt>** *(in der Zellbiologie)* lenfosit

Lymphsystem *nt* lenfatik sistem; lenfoid sistem

lyophil *Adj* liyofilize

Lyophilisierung *f* liyofilizasyon; *<Syn→* **Gefriertrocknung>** dondurarak kurutna

Lyse *f (Eng: lysis) (in der Pathologie und der Zellbiologie: Zerfall einer Zelle)* lizis

Lysergsäurediäthylamid *nt (Formel: $C_{20}H_{25}N_3O$)* liserjik asit dietilamid; *<kurz→* **LSD>** LSD

Lysetherapie *f <Syn→* **Thrombolyse>** *(in der Kardiologie und der Angiologie)* tromboliz

lysogen *Adj* lizogenik; ~**er Zyklus** *(in der Virologie)* lizogenik döngü

Lysosom *nt (histolojide)* lizozom; ~**en sind Zellorganellen in eukaryotischen Zellen** lizozomlar, ökaryot hücrelerdeki hücre organelleridir

lysosomal *Adj* lizozomal; ~**e Speicherkrankheit** lizozomal depo hastalığı

M

Machtmissbrauch *m* gücün kötüye kullanımı

Macula→ **Makula**

Madentherapie *f* <*Syn*→ **Larventherapie**> larva ile tedavi; maggot terapi; kurtçuk tedavisi

Madenwurm *m* <*Syn*→ **Springwurm** → **Aftermade** → **Pfriemenschwanz**> *(Lat: Enterobius vermicularis) (in der Parasitologie)* kıl kurdu; der ~ ist ein Darmparasit kıl kurdu, bağırsak parazitidir

Madenwurminfektion *f* kıl kurdu enfeksiyonu; <*Syn*→ **Enterobiasis**> enterobiyasiz

Magen[1] *m (Lat: ventriculus) anat* mide

Magen[2] *m* karın; **auf nüchternen** ~ aç karnına; **mit vollem** ~ tok karnına

Magenausgang *m (Lat: Ostium pyloricum) anat* mide çıkışı; <*Syn*→ **Magenpförtner**> mide kapısı; <*Syn*→ **Pylorus**> pilor

Magenausgangsstenose *f* <*Syn*→ **Pförtnerverengerung**> mide çıkışı darlığı; <*Syn*→ **Pylorusstenose**> pilorik stenoz; pilor stenozu

Magenausheberung→ **Magenspülung**

Magenauspumpen→ **Magenspülung**

Magenausspülung→ **Magenspülung**

Magenband *nt (Eng: gastric band) (in der Viszeralchirurgie)* mide kelepçesi

Magenblutung *f* mide kanaması

Magenbrennen *nt* <*Syn*→ **Sodbrennen**> mide yanması

Magenbypass-Operation *f* mide baypas ameliyatı

Magen-Darm-Grippe *f* mide gribi; gastrik grip; <*Syn*→ **Magen-Darm-Entzündung**> mide bağırsak iltihabı; <*Syn*→ **Gastroenteritis**> gastroenterit

Magen-Darm-Entzündung *f* mide bağırsak iltihabı; <*Syn*→ **Gastroenteritis**> gastroenterit; <*umg*→ **Magen-Darm-Grippe**> mide gribi; gastrik grip

Magen-Darm-Trakt *m* <*Syn*→ **Gastrointestinaltrakt**> gastrointestinal sistem

Magendurchbruch→ **Magenperforation**

Magenepithel *nt* mide epiteli

Magenfistel *f* mide fistülü; gastrik fistül

Magengeschwür *nt (Lat: Ulcus ventriculi)* mide ülseri; gastrik ülser

Mageninhalt *m* mide içeriği

Magenkarzinom→ **Magenkrebs**

Magenkrebs *m* <*Syn*→ **Magenkarzinom**> mide kanseri; gastrik kanser

Magenlähmung *f* <*Syn*→ **Gastroparese**> gastroparezi

Magenperforation f *(in der Viszeralchirurgie)* gastrik perforasyon; *<Syn→* **Magendurchbruch>** mide delinmesi

Magenpförtner m *(Lat: Ostium pyloricum) anat* mide kapısı; *<Syn→* **Magenausgang>** mide çıkışı; *<Syn→* **Pylorus>** pilor

Magenregion f *anat* mide bölgesi

Magensaft m *(Lat: Succus gastricus)* mide öz suyu

Magensäure f *(İng: gastric acid)* gastrik asit

Magensäuresekretion f gastrik asit sekresyonu; gastrik asit salınımı

Magenschleimhaut f *(Lat: Tunica mucosa gastrica) (in der Gastroenterologie)* mide zarı; gastrik mukoza

Magenschleimhaut-entzündung f *(in der Gastroenterologie)* mide zarının iltihaplanması

Magensekret nt mide salgısı

Magensekretion f mide sekresyonu; gastrik sekresyon

mide sondası a. *<eş→* **gastrik sonda>** Magensonde f

Magensonde f mide sondası; gastrik sonda; nazogastrik tüp

Magenspülung f *<Syn→* **Magenausspülung** → **Magenausheberung**; *umg→* **Magenauspumpen>** *(in der Gastroenterologie)* mide yıkama; mide yıkanması; gastrik lavaj

Magenübersäuerung f mide ekşimesi

Magenulcus→ Magengeschwür

Magensonde f *(in der Intensivmedizin)* nazogastrik sonda

Magenvene f gastrik ven

Magersucht f *<Syn→* **Anorexia nervosa>** anoreksiya nervoza

magistral *Adj (in der Pharmazie)* majistral *sf*; *~e* **Zubereitung** *<Syn→* **Rezeptur>** majistral ilaç formülü

Magnetresonanzangiographie f *<kurz→* **MRA>** manyetik rezonans anjiyografi

Magnetresonanztomogra-phie f manyetik rezonans tomografi; manyetik rezonans görüntüleme; *<kurz→* **MRT>** MR

Magnetstimulation f *(in der Neurologie)* manyetik uyarım; **transkranielle** ~ transkraniyal manyetik uyarım

Mahlzeit f öğün; **eine ~ am Tag** günde bir öğün

Maisallergie f mısır alerjisi

Maismehlallergie f mısır unu alerjisi

Maissirup m mısır şurubu; **~ wird aus Maisstärke gewonnen** mısır şurubu, mısır nişastasından elde edilir

Maisstärke f mısır nişastası

Maisstärkeallergie f mısır nişastası alerjisi

Majoramputation f *<Syn→* **Makroamputation**; *Ant→* **Minoramputation>** major ampütasyon

Mahlzahn *m* <*Syn*→ **Molar**> *(Lat: Dens molaris)* azı dişi

Makroamputation *f* <*Syn*→ **Majoramputation**; *Ant*→ **Mikroamputation**> major ampütasyon

Makroangiopathie *f* <*Ant*→ **Mikroangiopathie** > makroanjiyopati; büyük damar hastalığı

Makroautophagie *f* *(in der Zellbiologie)* makrootofaji

Makrocephalie→ **Makrozephalie**

Makroevolution *f* <*Ant*→ **Mikroevolution**> makro evrim

Makrohämaturie *f* <*Ant*→ **Mikrohämaturie**> *(in der inneren Medizin und der Urologie: Blut im Urin ist bloßem Auge sichtbar)* makrohematüri

makromolekulare Chemie *f* <*Syn*→ **Polymerchemie**> polimer kimyası

Makrophage *f* *(in der Immunologie)* makrofaj; ~**n sind ein Teil des Immunsystems** makrofajlar, bağışıklık sisteminin bir bölümüdürler

Makromolekül *nt* makromolekül

makroskopisch *Adj* <*Ant*→ **mikroskopisch**> makroskopik; ~**e Anatomie** makroskopik anatomi; ~**e Pathologie** makroskopik patoloji

Makrosomie *f* *(in der Pränatalmedizin und der Gynäkologie)* makrosomi

Makrozephalie *f* <*Syn*→ **Makrocephalie**> *(in der Neurologie)* makrosefali; ~ **bezeichnet eine**

überdurchschnittliche Größe des Schädels makrosefali, kafatasının aşırı büyüklüğünü nitelendirir

Makula *f* <*Syn*→ **Macula**> *(Lat: Macula lutea) (in der Augenanatomie)* makula; <*Syn*→ **Gelber Fleck**> *(Lat: Macula lutea)* sarı benek

Makuladegeneration *f* <*Syn*→ **Makulapathie**> *(Augenkrankheit)* makula dejenerasyonu; sarı nokta hastalığı

Makulapathie→ **Makuladegeneration**

Makulaödem *nt* *(in der Diabetologie)* makula ödemi; <*Syn*→ **zystoides Makulaödem**> *(Eng: cystic macular edema)* kistoid makula ödemi

Malabsorption *f* <*Syn*→ **Absorptionsstörung**> emilim bozukluğu

Malaria *f* malarya; <*Syn*→ **Sumpffieber**> sıtma; ~ **ist eine meldepflichtige Krankheit** sıtma, ihbarı mecburi hastalıktır

Malariaerreger *m* sıtma etkeni

Malariaimpfung *f* sıtma aşısı

Malariamücke *f* <*Syn*→ **Anopheles**> *(Lat: Anopheles maculipennis)* anofel

Malariatherapie *f* sıtma terapisi

Malariaüberträger *m* sıtma taşıyıcısı

Malformation *f* malformasyon; <*Syn*→ **Fehlbindung**→ **Deformität**> deformite;

arteriovenöse ~ *(in der Neurochirurgie: Fehlbildung der Blutgefäße)* arteriovenöz malformasyon

maligne *Adj* malign; habis; ~ **Aphthose** *<Syn→* **Behçet-Krankheit** → **Morbus Behçet>** Behçet hastalığı; **~r Tumor** *<Syn→* **Malignom>** malign tümör; habis tümör

malignes Melanom *(in der Onkologie)* malign melanom; *<kurz→* **Melanom>** melanom; **superfiziell spreitendes** ~ yüzeysel yayılan malign melanom

malignes Ödem→ **Gasbrand**

Malignität *f (Lat: malignitas) (in der Pathologie)* malignite; habislik; *<Syn→* **Bösartigkeit>** kötü huyluluk

Malignom *nt <Syn→* **maligner Tumor>** malign tümör; habis tümör

Malleolus *m <Syn→* **Knöchel>** ayak bileği

Malokklusion *f <Syn→* **Zahnfehlstellung** → **Fehlbiss>** *(Eng: malocclusion) (in der Zahnmedizin)* maloklüzyon

Malpighi-Körperchen *nt <Syn→* **Nierenkörperchen>** *(Lat: Corpusculum renale)* Malpighi cisimciği

Maltafieber *nt* Malta humması; *<Syn→* **Brucellose>** bruselloz; *<Syn→* **Mittelmeerfieber>** Akdeniz humması

Maltose *f (Formel: $C_{12}H_{22}O_{11}$)* maltoz; *<Syn→* **Malzzucker>** malt şekeri

Malzzucker→ **Maltose**

Mamille *f <Syn→* **Brustwarze>** *(Lat: mamilla)* anat meme başı

Mammaaugmentation *f <Syn→* **Brustvergrößerung>** *(in der plastischen Chirurgie)* meme büyütme

Mammakarzinom *nt <Syn→* **Brustkrebs>** *(in der Onkologie)* meme kanseri

Mammalverkehr *m <Syn→* **Busen-Sex>** *(Lat: Coitus intermammarius; Coitus inter mammas)* meme ilişkisi

Mammareduktion *f <Syn→* **Brustverkleinerung>** *(in der plastischen Chirurgie)* meme küçültme

Mammografie→ **Mammographie**

Mammographie *f <Syn→* **Mammografie>** *(in der Onkologie)* mamografi

Management *nt* yönetim

Mandelentzündung *f* bademcik iltihabı; *(Lat: Angina tonsillaris)* anjin; *<Syn→* **Tonsillitis>** tonsilit

Mandelkern *m <Syn→* **Amygdala>** *(Lat: Corpus amygdaloideum) (in der Neuroanatomie)* amigdala

Mandelkernöl *nt <Syn→* **Mandelöl>** *(Lat: Prunus amygdalus dulcis)* bağdem yağı

Mandeln *pl <Syn→* **Tonsillen>** bademcikler

Mandelöl *nt <Syn→* **Mandelkernöl>** *(Lat: Prunus amygdalus dulcis)* bağdem yağı

Mandel-OP→ **Mandeloperation**

Mandeloperation *f* <*Syn*→ **Mandel-OP**> bademcik ameliyatı

Mandibularbogen *m* mandibular ark

Mangel *m* eksiklik; ~ **an Vitamin D** D vitamini eksikliği

Mangelernährung *f* yetersiz beslenme; *(Eng: malnutrition)* malnütrisyon

mangelnd *Adj* eksik; ~**er Schlaf** eksik uyku

Manie *f* mani; **die** ~ **ist eine affektive Störung** mani, duygudurum bozukluğudur

manifest *Adj* <*Ant*→ **latent**> manifest; <*Syn*→ **ausgeprägt**> belirgin

Manifestation *f (Zutagetreten)* manifestasyon; ortaya çıkma; ~ **der Krankheit** hastalığın manifestasyonu

manisch *Adj* manik

manisch-depressiv *Adj* manik depresif

Maniküre *f* manikür

männlich *Adj* eril

Manometrie *f* manometri; ~ **der Speiseröhre** yemek borusu manometrisi

Manschette *f (Frz: manchon) (beim Blutdruckmessgerät)* manşon; *(Rotatoren~)* manşet; *(Eng: cuff)* kaf

manuell *Adj* manuel; ~**e Lymphdrainage** *(in Herz-Kreislauf-Erkrankungen)* manuel lenf drenajı; ~**e Therapie** manuel terapi

Margo interalveolaris *f* <*Syn*→ **Diastema mediale**> *(in der Zahnmedizin: Lücke zwischen den mittleren Schneidezähnen)* diastema; aralık diş

Mariske *f (Fr: marisque) (in der Proktologie)* marisk; ~**n am After behandeln** anüsteki mariskleri tedavi etmek

Mark *nt (Lat: medulla)* ilik; **das verlängerte** ~ <*Syn*→ **Markhirn**> *(Lat: Medulla oblongata) anat* omurilik soğanı

Markhirn *nt* <*Syn*→ **das verlängerte Mark** → **Myelencephalon**> *(Lat: Medulla oblongata) anat* omurilik soğanı

Markhöhle *f (Lat: Cavitas medullaris)* ilik boşluğu

Markscheide *f* <*Syn*→ **Myelinscheide**> *(im Nervengewebe)* miyelinli kılıf

MAS→ **Mekoniumaspiration**

Maseration *f (in der Pharmazie: Aufweichung eines Gewebes bei Durchtränkung mit einer Flüssigkeit)* maserasyon

Masern *pl (Kinderkrankheit)* kızamık

Masernimpfstoff *m* kızamık aşısı

Masernviren *pl* kızamık virüsü

Maske *f* maske; **chirurgische** ~ <*Syn*→ **OP-Maske**> cerrahi maske

Massage *f* masaj; **medizinische** ~ tıbbi masaj; medikal masaj

Massagesessel *m* masaj koltuğu

Maßanalyse *f* <*Syn*→ **Volumetrie**> *chem* hacimsel analiz; <*Syn*→ **Titration** → **Titrimetrie**> titrasyon

Masse *f* kütle; **molekulare** ~ <*Syn*→ **Molekülmasse**> *(Eng: molecular mass)* molekül kütlesi

Massenselbstmord→ **Massenselbsttötung**

Massenselbsttötung *f*, <*Syn*→ **Massenselbstmord**> toplu intihar

Massenspektrometrie *f* *(in der analytischen Chemie)* kütle spektrometrisi

Masseur *m* masör

Maßkolben *m* <*Syn*→ **Messkolben**> *(Frz: fiole jaugée) (im Labor)* balon joje

Mastadenitis→ **Mastitis**

Mastdarm *m* <*Syn*→ **Rektum** → **Schlackdarm**> *(Lat: Intestinum rectum)* rektum; göden bağırsağı

Mastdarmkrebs *m* <*Syn*→ **Rektumkarzinom**> rektum kanseri

Mastdarmspiegelung *f* <*Syn*→ **Rektoskopie**> *(in der Gastroenterologie)* rektoskopi

Mastektomie *f* *(Lat: Ablatio mammae) (in der Chirurgie)* mastektomi; **einfache** ~ basit mastektomi; **modifizierte** ~ modifiye mastektomi; **radikale** ~ radikal mastektomi

Mastikation *f* mastikasyon; <*Syn*→ **Kauen**> çiğneme

Mastitis *f* <*Syn*→ **Mastadenitis** → **Brustdrüsenentzundung**> *(in der Gynäkologie)* mastit

Mastoid *nt (Lat: Processus mastoideus) (in der HNO)* mastoid; <*Syn*→ **Warzenfortsatz**> mastoid çıkıntı

Mastoidhöhle *f* <*Syn*→ **Radikalhöhle**> *(in der HNO)* mastoid boşluk

Mastoiditis *f (in der HNO)* mastoidit; **die** ~ **ist eine Komplikation der Mittelohrentzündung** mastoidit, akut orta kulak iltihabı komplikasyonudur

Mastopexie *f* mastopeksi; <*Syn*→ **Bruststraffung**> meme dikleştirme

Mastozyt *m (in der Histologie)* mastosit; <*Syn*→ **Mastzelle**> mast hücresi

Masturbation *f* mastürbasyon; <*Syn*→ **Onanie** → **Selbstbefriedigung**> otuz bir çekme

masturbieren *vi* mastürbasyon yapmak; <*Syn*→ **onanieren**> otuz bir çekmek

Mastzelle *f (in der Histologie)* mast hücresi; <*Syn*→ **Mastozyt**> mastosit

Materialermüdung *f* malzeme yorgunluğu

Materie *f* madde^2; **exotische** ~ egzotik madde; **seltsame** ~ garip madde

maternal *Adj (zur Mutter gehörend)* maternal; ~**e Tachykardie** *(in der Gynäkologie)* maternal taşikardi

Maturation *f* matürasyon; <*Syn*→ **Reifung**> olgunlaşma

Maturations-Inhibitor *m (bei AIDS: Reifungshemmer)* matürasyon inhibitörü

Matrix *f* matriks; *<Syn→* **Zwischenzellsubstanz>** hücrelerarası madde; **extrazelluläre** ~ hücre dışı matriks

Maul- und Klauenseuche *f* şap (hastalığı)

maximal *Adj* maksimum; **~e Dosis** maksimum doz; **~e Tagesdosis** maksimum günlük doz

mechanisch *Adj* mekanik; **~e Störung** mekanik bozukluk; **~e Übertragung** *<Syn→* **passive Übertragung**; *Ant→* **biologische Übertragung>** *(in der Epidemiologie)* mekanik nakil

Mechanorezeptor *m* mekanoreseptör; **epithelialer** ~ ciltsel mekanoreseptör

Medianebene *f anat* orta hat; ~ **des Körpers** vücudun orta hattı

Mediannerv *m <Syn→* **Mittelarmnerv** → **Nervus medianus>** *(Lat: Nervus medianus)* medyan sinir

Medianschnitt *m* medyan kesit

Medianuskompressions-syndrom *nt nt <Syn→* **Karpaltunnelsyndrom** → **Carpaltunnelsyndrom>** *(Lat: Brachialgia paraesthetica nocturna)* karpal tünel sendromu

Mediastinitis *f <Syn→* **Mittelfellentzündung>** mediastinit

Mediastinoskop *m* mediastinoskop

Mediastinoskopie *f* mediastinoskopi

Mediastinum *nt <Syn→* **Mittelfellraum>** *(Körperhöhlen)* *anat* mediastinum; mediasten; ~ **anterius** *nt* ön mediasten; ~ **posterius** *nt* arka mediasten

Medikalisierung *f* ilaca bağımlı kılma

Medikament *nt <Syn→* **Arzneimittel>** ilaç; **harntreibendes** ~ idrar söktürücü ilaç

Medikamentenabhängigkeit *f* ilaç bağımlılığı

Medikamenteneinnahme *f* ilaç alma

medikamentenfreisetzend *Adj* ilaç salınımlı; **~e Stents** *(Eng: drug eluting stents) (in der Kardiologie)* ilaç salınımlı stentler

Medikamenten-konzentration *f* ilaç konsantrasyonu

Medikamentenmissbrauch *m* ilaçların kötüye kullanımı

Medikamentenschrank *m* ilaç dolabı

Medikamentenspiegel *m* ilaç düzeyi

Mediastinum *nt <Syn→* **Mittelfellraum>** *(Körperhöhlen)* *anat* mediastinum; mediasten; ~ **anterius** *nt* ön mediasten; ~ **posterius** *nt* arka mediasten

Medikalisierung *f* ilaca bağımlı kılma

Medikament *nt <Syn→* **Arzneimittel>** ilaç; **harntreibendes** ~ idrar söktürücü ilaç

Medikamentenabhängigkeit *f* ilaç bağımlılığı

Medikamenteneinnahme *f* ilaç alma

medikamentenfreisetzend *Adj* ilaç salınımlı; ~**e Stents** *(Eng: drug eluting stents) (in der Kardiologie)* ilaç salınımlı stentler

Medikamenten-konzentration *f* ilaç konsantrasyonu

Medikamentenmangel *m* ilaç eksikliği

Medikamentenmissbrauch *m* ilaçların kötüye kullanımı

Medikamentenschrank *m* ilaç dolabı

Medikamentenspiegel *m* ilaç düzeyi

Medikamentenspiegel-bestimmung *f* <*Syn*→ **Therapeutisches Drug-Monitoring**> *(in der Pharmakologie)* terapötik ilaç düzey izlemi

Medikamentenstoffwechsel *m* <*Syn*→ **Arzneimittel-metabolismus**> *(Eng: drug metabolism) (in der Pharmakologie)* ilaç metabolizması

medikamentös *Adj* <*Ant*→ **nicht-medikamentös**> ilaç ile; ilaçla; ~**e Behandlung** ilaç ile tedavi; ilaç tedavisi

Medikation *f* medikasyon; <*Syn*→ **Arzneitherapie** → **medikamentöse Behandlung**> ilaç tedavisi; ilaçla tedavi

Medikationsfehler *m* medikasyon hatası; ilaç uygulama hatası

Medikationsmangement *nt* medikasyon yönetimi

Medikationsplan *m* medikasyon planı

Medinawurm *m* <*Syn*→ **Guineawurm**> *(Lat: Dracunculus medinensis) (in der Parasitologie)* Medine kurdu

Meditation *f (in der Kognitionswissenschaft)* meditasyon

Medium *nt* ortam; **hypertonisches** ~ *(in der Zellbiologie)* hipertonik ortam

Medizin[1] *f* tıp; **alternative** ~ <*Syn*→ **Alternativmedizin**> alternatif tıp; **evidenzbasierte** ~ kanıta dayalı tıp; **innere** ~ iç hastalıkları; dahiliye; **integrative** ~ entegratif tıp; **komplementäre** ~ tamamlayıcı tıp; **personalisierte** ~ <*Syn*→ **individualisierte Medizin**> kişiselleştirilmiş tıp; <*Syn*→ **Präzisionsmedizin**> hassas tıp; **regenerative** ~ rejeneratif tıp; **traditionelle** ~ geleneksel tıp

Medizin[2] *f (Sport~)* hekimlik

Medizin[3] *f* <*Syn*→ **Medikament**> ilaç

Medizinanthropologie *f* <*Syn*→ **medizinische Anthropologie** → **Medizinethnologie**> tıbbî antropoloji

Mediziner *m* (erkek) tıpçı; **operativ tätiger** ~ <*Syn*→ **Chirurg**> cerrah; <*Syn*→ **Operateur**> operatör

Medizinerin *f* (kadın) tıpçı; **operativ tätige** ~ <*Syn*→ **Chirurgin**> cerrah; <*Syn*→ **Operateurin**> operatör

Medizinethik *f* tıp etiği; <*Syn*→ **medizinische Ethik**> tıbbî etik

Medizinethnologie→ **Medizinanthropologie**

Medizingeschichte *f* tıp tarihi

medizinisch¹ *Adj* tıbbî; medikal; ~e **Anthropologie** *<Syn→* **Medizinanthropologie>** tıbbî antropoloji; ~e **Ethik** tıbbî etik; *<Syn→* **Medizinethik>** tıp etiği; ~e **Genetik** medikal genetik; ~es **Gerät** tıbbî alet

medizinisch² *Adj* medikal; ~e **Physik** medikal fizik

Medizinischer Blutegel *(Lat: Hirudo medicinalis)* tıbbi sülük

Medizinstudium *nt* tıp eğitimi

Medizinrecht *nt* tıp hukuku

Medizintechnik *f* tıbbî teknoloji; tıp teknolojisi

Medulla *f* medüla; **die ~ ist eine Haarschicht** medüla, saç katmanıdır

Megacolon→ Megakolon

Megakolon *nt <Syn→* **Megacolon>** *(in der Gastroenterologie)* megakolon; **toxisches ~** toksik megakolon

Megalomanie *f (in der Psychopathologie)* megalomani; *<Syn→* **Größenwahn>** büyüklük hezeyanı

mehrkernig *Adj* çok çekirdekli; ~e **Riesenzelle** *(in der Histologie)* çok çekirdekli dev hücre

Mehlstauballergie *f* un tozu alerjisi

mehrphasig *Adj <Syn→* **polyphasisch>** çok fazlı; ~er **Schlaf** *<Syn→* **polyphasischer Schlaf>** çok fazlı uyku

mehrzellig *Adj <Ant→* **einzellig>** çok hücreli; ~e **Parasiten** çok hücreli parazitler; ~er **Organismus** çok hücreli organizma

meiden *vt* uzak durmak; **Zucker ~** şekerden uzak durmak

Meiose *f <Syn→* **Reifeteilung>** *(in der Genetik)* mayoz (bölünme)

meiotisch *Adj (in der Genetik)* mayotik; ~e **Kernteilung** mayotik çekirdek bölünmesi; ~e **Teilung** mayotik bölünme

Mekonium *nt <Syn→* **Kindspech>** *(in der Neonatologie: erster Stuhl des Neugeborenen)* mekonyum

Mekoniumaspiration *f (in der Gynäkologie: Eindringen von Mekonium in die Lunge des Neugeborenen)* mekonyum aspirasyonu; *<Syn→* **Mekoniumaspirationsyndrom>** mekonyum aspirasyon sendromu; *<kurz→* **MAS>** MAS

Mekoniumaspirationsyndrom→ Mekoniumaspiration

Mekoniumileus *m (in der Kinderheilkunde: Darmverschluss beim Neugeborenen durch Mekonium)* mekonyum ileusu

Mekoniumperitonitis *f (in der Kinderheilkunde: Darmperforation beim Neugeborenen durch Mekonium)* mekonyum peritoniti

Melancholie *f (Lat: melancholia/melancolia)* melankoli; kara sevda

Melanin *nt (in der Dermatologie)* melanin

Melanom *nt (in der Onkologie)* melanom; *<Syn→* **malignes**

Melanom> malign melanom; kötü huylu melanom

Melanotropin→ **Melanozytenstimulierendes Hormon**

Melanozyt *m* melanosit

Melanozytennävus *m* <*Syn*→ **Pigmentnävus** → **melanozytärer Nävus**> *(in der Dermatologie)* pigmentli nevus; melanosit nevus

Melanozyten-stimulierendes Hormon *nt* <*Syn*→ **Melanotropin**> melanosit uyarıcı hormon

Melatonin *f (Formel: $C_{13}H_{16}N_2O_2$)* melatonin; ~ **ist ein Hormon, das in der Zirbeldrüse (Epiphyse) produziert wird** melatonin, pineal bezde (epifizde) salgılanan bir hormondur

Meldepflicht *f* ihbar mecburiyeti; bildirim zorunluluğu

meldepflichtig *Adj* <*Syn*→ **anzeigepflichtig**> ihbarı mecburi; bildirimi zorunlu; ~**e Krankheit** ihbarı mecburi hastalık; bildirimi zorunlu hastalık

Membran *f* <*Syn*→ **Haut²**> *(Lat: membrana)* membran; zar; diyafram; **permeable** ~**e** geçirgen membranlar; geçirgen zarlar

Membrana synovialis *f* <*Syn*→ **Gelenkinnenhaut**> *(Lat: Membrana synovialis)* sinoviyal zar

Membranbiologie *f* membran biyolojisi

Membrane→ **Membran**

Membranfusion *f (in der Neurophysiologie)* membran füzyonu; zar kaynaşması

Membranphysiologie *f* membran fizyolojisi

Membranporen *pl* membran gözenekleri

Membranpotential *nt (in der Physiologie)* membran potansiyeli; zar potansiyeli; zar voltajı

Membranprotein *nt (in der Zellbiologie)* membran proteini; zar proteini; **integrale** ~**e** integral zar proteinleri; **periphere** ~**e** çevresel zar proteinleri

Membranpumpe *f* diyaframlı pompa

Membrantechnik *f (in der Zellbiologie)* membran teknolojisi

Menarche *f (in der Endokrinologie: die erste Menstruation)* menarş

Meningen *pl (Lat: meninges)* meninksler; <*Syn*→ **Hirnhäute**> beyin zarları

Meningismus *f* menenjizm

Meningitis *f (Lat: Meningitis cerebrospinalis)* menenjit; <*Syn*→ **Hirnhautentzündung**> beyin zarı iltihabı; **bakterielle** ~ bakteriyel menenjit; **eitrige** ~ *(Lat: Meningitis purulenta) (in der Neurologie)* irinli menenjit

Meningoenzephalitis *f* meningoensefalit

Meningokokken *pl (Lat: Neisseria meningiditis)* meningokoklar; ~ **sind gramnegative intrazelluläre Bakterien** meningokoklar, gram-negatif hücre içi bakterilerdir

209

Meninx *f (Lat: meninx)* meninks; <*Syn*→ **Hirnhaut**> beyin zarı

Meniskus *m anat* menisküs

Meniskusgewebe *nt* menisküs dokusu; **gerissenes** ~ yırtılmış menisküs dokusu; yırtık menisküs dokusu

Meniskusriss *m* menisküs yırtığı

Meniskusverletzung *f* menisküs yaralanması

Menopause *f* menopoz

Menorrhagie *f (in der Gynäkologie)* menoraji; aşırı âdet kanaması

Menschenkot *m* insan dışkısı

Menschenversuche *pl* <*Syn*→ **Humanexperimente**> insan deneyleri

Menstasse→ **Menstruationstasse**

Menstruation *f (Lat: menstruatio) (in der Gynäkologie)* âdet; menstrüasyon; hayız; regl; <*Syn*→ **Monatsblutung**> aybaşı kanaması

Menstruationsbecher→ **Menstruationstasse**

Menstruationstasse *f* <*Syn*→ **Menstasse** → **Menstruationsglocke** → **Menstruationsbecher** → **Periodenbecher**> *(Hygieneartikel in der Gynäkologie)* regl kabı; *(Eng: menstrual cup)* menstrual bardak

Menstruationszyklus *m (in der Gynäkologie)* âdet döngüsü

Mensur *f (im Labor)* mezür; <*Syn*→ **Messzylinder**> ölçü silindiri; dereceli silindir

mental *Adj* mental; zihinsel; ~**e Bilder** *(in der Neuropsychologie)* zihinsel görüntüler; ~**e Retardierung** *(in der Psychiatrie)* mental retardasyon; ~**e Rotation** *psych* zihinsel rotasyon

Merkelzelle *f (in der Histologie)* Merkel hücresi

Merkmal *nt* <*Syn*→ **Eigenschaft**> özellik

merokrin *Adj (in der Zellbiologie: einen Teil des Zellinhaltes als Sekret abgebend)* merokrin; ~**e Sekretion** merokrin salgılama

Mesencephalon *nt* mesensefalon; <*Syn*→ **Mittelhirn**> orta beyin

Mesenchym *nt (in der Histologie)* mezenşim; **das** ~ **besteht aus pluripotenten Stammzellen** mezenşim, pluripotent kök hücrelerden oluşur

mesenchymal *Adj* mezenşimal; mezenkimal; ~**e Stammzelle** mezenşimal kök hücre; ~**es Bindegewebe** mezenşimal bağ doku; **bösartige Tumoren von Geweben** ~**en Ursprungs werden als Sarkome bezeichnet** mezenşimal kökenli dokulardan oluşan kötü huylu tümörlere sarkom denir

Mesenchymzelle *f* mezenşim hücre

mesenterial *Adj* mezenterik *sf.*; ~**e Ischämie** <*Syn*→ **Mesenterialischämie**> mezenterik iskemi

Mesenterialarterie *f* <*Syn*→ **Eingeweidearterie**> *(Lat: Arteria mesenterica)* mezenterik arter

Mesenterialischämie *f* mezenterik iskemi

Mesenterium *nt anat* mezenter

Mesiodens *m* <*Syn→* **Odontoid**> *(in der Zahnmedizin: überzähliger Zahn zwischen den Frontzähnen)* meziodens

Mesoderm *m.* mezoderm; ~ **ist ein ontogenetischer Begriff, Mesenchym dagegen ein histologischer** mezoderm, ontojenik, mezenşim ise histolojik bir kavramdır

Mesotheliom *nt (in der Onkologie und der Pulmonologie)* mezotelyoma

Mesotherapie *f (in der Pseudowissenschaft)* mezoterapi

messen *vt* ölçmek; **Blutdruck** ~ tansiyon ölçmek

messenger-RNA *f* <*Syn→* **Boten-RNA → Boten-Ribonukleinsäure**> *(in der Genetik)* mesajcı RNA; <*kurz→* **mRNA**> mRNA

Messer *nt* bıçak; **sich unters** ~ **legen** bıçak altına yatmak; **unters** ~ **kommen** bıçak altına yatmak; <*eş→* **operiert werden**> ameliyat olmak

Messgerät *nt* <*Syn→* **Messinstrument**> ölçü aleti

Messinstrument→ Messgerät

Messkolben *m (Frz: fiole jaugée) (im Labor)* balon joje

Messung *f* ölçüm; ~ **des Lebervolumens** karaciğer hacminin ölçümü; **anthropometrische** ~**en** antropometrik ölçümler

Messzylinder *m (im Labor)* ölçü silindiri; dereceli silindir; <*Syn→* **Mensur**> mezür

Metaanalyse *f (in der evidenzbasierten Medizin)* meta analiz

metabolisieren *vt* <*Syn→* **verstoffwechseln**> metabolize etmek

Metabolisierung *f* <*Syn→* **Verstoffwechselung**> metabolizasyon

Metabolismus *m* <*Syn→* **Stoffwechsel**> metabolizma

Metabolit *m* metabolit; <*Syn→* **Stoffwechselprodukt**>; metabolizma ürünü

Metabolyt→ Metabolit

metabotrop *Adj (in der Biochemie)* metabotropik; ~**er Rezeptor** *(in der Neurophysiologie)* metabotropik reseptör

Metacarpophalangealgelenk *nt* <*Syn→* **Fingergrundgelenk**> metakarpofalangeal eklem

metallorganisch *Adj (Frz: organométallique)* organometalik; ~**e Chemie** *(Frz: chimie organométallique)* organometalik kimya

Metallstent *m (in der Chirurgie)* metal stent

Metaphase *f (in der Genetik bei der Meiose)* metafaz

Metaplasie *f (in der Onkologie und der Pathologie)* metaplazi; ~ **ist die Umwandlung einer differenzierten Gewebeart oder Zellart in eine andere** metaplazi, farklılaşmış bir doku veya hücre türünün başka türden bir doku veya hücreye dönüşmesidir

211

Metastase *f (in der Onkologie)* metastaz; *nt* renal karsinom; ~ **eines Nierenkarzinoms im Knie** dizde bir renal karsinom metastazı; ~**n im Lymphgewebe** lenf dokusunda metastazlar

Metastasen-Behandlung *f (in der Onkologie)* metastaz tedavisi

metastasiert *Adj (in der Onkologie)* metastazlı; ~**er Lungenkrebs** metastazlı akciğer kanseri

metastatisch *Adj* metastatik; ~**e Kalzifizierung** *(Eng: metastatic calcification) (in der Histopathologie)* metastatik kalsifikasyon

Metastasierung *f (in der Onkologie)* metastaz yapma

Metencephalon *nt <Syn→* **Hinterhirn>** metensefalon; ~ **ist ein Teil des Rhombencephalons (des Rautenhirns) und besteht aus der Brücke (Pons) und dem Kleinhirn** metensefalon, artbeynin bir parçasıdır ve pons ile beyincikten oluşur

Methotrexat *nt* metotreksat

Methylierung *f (in der Epigenetik)* metilasyon; metilenme

Methylrot *nt (Formel: $C_{15}H_{15}N_3O_2$) (in der analytischen Chemie und der Mikrobiologie)* metil kırmızısı

Methylrotlösung *f (in der analytischen Chemie und der Mikrobiologie)* metil kırmızısı çözeltisi

Migräne *f (in der Neurologie: bei neurologischen Störungen)* migren; ~ **mit Aura** auralı migren; *<Syn→*

klassische Migräne> klasik migren;; ~ **ohne Aura** aurasız migren; *<Syn→* **gewöhnliche Migräne>** yaygın migren; **hemiplegische** ~ hemiplejik migren

Migräneanfall *m (bei neurologischen Störungen)* migren atağı

Migräneattacke *f (bei neurologischen Störungen)* migren atağı

Migräneaura *f (in der Neurologie)* migren aurası

Migräneleiden *nt* migren rahatsızlığı

Migränepatient *m (in der Neurologie)* migren hastası

Migränepatientin *f* (kadın) migren hastası

Mikroamputation *f <Syn→* **Minoramputation;** *Ant→* **Makroamputation>** minör ampütasyon

Mikroangiopathie *f <Ant→* **Makroangiopathie >** mikroanjiyopati; küçük damar hastalığı

Mikrobe *f (in der Mikrobiologie)* mikrop; *<Syn→* **Mikroorganismus>** mikroorganizma

mikrobiell *Adj (in der Mikrobiologie)* mikrobiyal; ~**es Toxin** mikrobiyal toksin

Mikrobiologie *f* mikrobiyoloji; **medizinische** ~ tıbbi mikrobiyoloji

Mikrocephalie *f <Syn→* **Mikrozephalie>** mikrosefali

Mikrochirurgie *f* mikrocerrahi

212

Mikroelement *nt* mikro element; <*Syn*→ **Spurenelement**> eser element

Mikroevolution *f* <*Ant*→ **Makroevolution**> mikro evrim

Mikrofilamente *pl (in der Zellbiologie)* mikrofilamentler; <*eş*→ **Aktinfilamente**> aktin filamentleri

Mikrofiltration *f (in der Membrantechnik)* mikrofiltrasyon

Mikroflora *f* mikroflora; ~ **des Dickdarms** kalın bağırsağın mikroflorası

Mikrognathie *f (in der Zahnmedizin: zu kleiner Unterkiefer)* mikrognati

Mikrohämaturie *f* <*Ant*→ **Makrohämaturie**> *(in der inneren Medizin)* mikrohematuri

Mikroläsion *f* mikrolezyon

Mikrometastase *f (in der Onkologie)* mikrometastaz

Mikroorganismenkultur *f (in der Mikrobiologie)* mikroorganizma kültürü

Mikroorganismus *m (in der Mikrobiologie)* mikroorganizma; <*Syn*→ **Mikrobe**> mikrop; **einen ~ kann man mit dem bloßen Auge nicht sehen** mikroorganizma çıplak gözle görülemez

Mikroskop *nt* mikroskop

mikroskopisch *Adj* <*Ant*→ **makroskopisch**> mikroskopik; ~**e Anatomie** mikroskopik anatomi; ~**e Pathologie** mikroskopik patoloji

Mikrosomie *f* <*Syn*→ **Kleinwuchs** → **Kleinwüchsigkeit**> *(in der Endokrinologie)* cücelik

Mikrosphäre *f (in der Zellbiologie)* mikro küre; <*Syn*→ **Protein-Protozelle**> protein proto hücresi

Mikroautophagie *f (in der Zellbiologie)* mikrootofaji

Mikrotubuli <*pl von*→ **Mikrotubulus**> *(in der Zellbiologie)* mikrotübüller; **die ~ bilden das Cytoskelett** mikrotübüller, hücre iskeletini oluştururlar

Mikrotubulus *m (in der Zellbiologie)* mikrotübül

Mikrozephalie *f* <*Syn*→ **Mikrocephalie**> mikrosefali

mikrozytär *Adj (Eng: microcytic)* mikrositik; ~**e Anämie** *(Eng: microcytic anemia) (in der klinischen Pathologie)* mikrositik anemi

Miktion *f (Lat: mictio)* miksiyon; miktürisyon; <*Syn*→ **Urinieren**> işeme; ürinasyon; çiş yapma; <*Syn*→ **Harnlassen** → **Wasserlassen**> idrara çıkma

Milbe *f (Lat: acarus)* akar

Milbenallergie *f* akarlar alerjisi

Milbenkunde *f* <*Syn*→ **Acarologie**> akaroloji

Milchabsonderung *f* <*Syn*→ **Milchsekretion**> süt salgılama

Milchallergie *f* süt alerjisi

Milchbildungszellen *pl (Eng: alveolar glands) (jinekolojide)* alveolar bezler

Milchbrei *m* sütlü lapa

Milchdrüse *f <Syn→* **Brustdrüse>** *(Lat: Glandula mammaria)* meme bezi

Milcheiweiß *nt kim* süt proteini

Milchersatz *m* süt ikamesi

Milcherzeugnis→ **Milchprodukt**

Milchfett *nt* süt yağı

Milchgebiss *nt <Ant→* **Erwachsenengebiss → bleibendes Gebiss>** süt dişleri; bebek dişleri

Milchprodukt *nt <Syn→* **Milcherzeugnis>** süt ürünü; *<Syn→* **Molkereiprodukt>** mandıra ürünü

Milchsäure *f (Lat: acidum lacticum)* laktik asit

Milchsekretion *f <Syn→* **Milchabsonderung>** süt salgılama

Milchzahn *m* süt dişi; bebek dişi

Milchzähne *nt* süt dişleri; bebek dişleri

Milchzucker *m (Formel: $C_{12}H_{22}O_{11}$)* süt şekeri; *<Syn→* **Lactose>** laktoz

mild *Adj* hafif

Militärmedizin *f <Syn→* **Wehrmedizin>** askerî tıp

Milz *f (Lat: lien) (im Lymphatischen System)* dalak

Milzbrand *m* şarbon; *<Syn→* **Anthrax>** antraks

Milzbrandimpfung *f* şarbon aşısı

Milzbrandsporen *pl* şarbon arbon sporları

Milzexstirpation *f <Syn→* **Splenektomie>** *(in der Viszeralchirurgie)* splenektomi

Milzriss *f (in der Orthopädie und der Viszeralchirurgie)* dalak yırtılması; *<Syn→* **Milzruptur>** dalak rüptürü

Milzruptur *f (in der Orthopädie und der Viszeralchirurgie)* dalak rüptürü; *<Syn→* **Milzriss>** dalak yırtılması

Milztrauma *nt* dalak travması; **stumpfes ~** künt dalak travması

mimische Muskulatur *f (Lat: Musculi faciei)* mimik kasları

Minderdurchblutung *f, <Syn→* **Minderperfusion>** kanlanma eksikliği

Minderperfusion→ **Minderdurchblutung**

Mineraldichte *f* mineral yoğunluğu

Mineralisierung *f* mineralleşme

minimal *Adj* minimal; en düşük; **~e Letalkonzentration** *(in der Toxikologie)* en düşük ölümcül derişim

minimalinvasiv *Adj* minimal invazif; **~e Chirurgie** minimal invazif cerrahi; **~e Therapie** minimal invazif tedavi

minimal-invasiv→ **minimalinvasiv**

Minoramputation *f <Syn→* **Mikroamputation**; *Ant→* **Majoramputation>** minör ampütasyon

Minze *f* nane

Mischzylinder *m (im Labor)* karıştırma mezürü

214

Misogynie *f* mizojini; *<Syn→* **Frauenfeindlichkeit>** kadın düşmanlığı

Missbildung *f <Syn→* **Fehlbildung → Deformität>** deformite; *<Syn→* **Malformation>** malformasyon; **angeborene ~** doğumsal deformite

Missbrauch[1] *m <Syn→* **Misshandlung>** *(Lat: abusus)* istismar; **sexueller ~** cinsel istismar

Missbrauch[2] *m (Macht~) (Lat: abusus)* kötüye kullanım; kötüye kullanma; **~ von Medikamenten** ilaçların kötüye kullanımı

Misshandlung *f <Syn→* **Missbrauch**[1]**>** *(Lat: abusus)* istismar

Mitesser *m <Syn→* **Komedo>** *(Lat: comedo)* komedon

mitochondrial *Adj* mitokondriyal; **~es Ribosom** *<Syn→* **Mitoribosom>** *(in der Zellbiologie)* mitokondriyal ribozom

Mitochondrion→ Mitichondrium

Mitichondrium *nt <Syn→* **Mitochondrion>** mitokondri

Mitoribosom *nt* mitoribozom; *<Syn→* **mitochondriales Ribosom>** *(in der Zellbiologie)* mitokondriyal ribozom

Mitose *f <Syn→* **Karyokinese>** *(in der Genetik)* mitoz; mitoz bölünme; **~ wird die Teilung des Zellkerns bezeichnet, bei der zwei Tochterkerne entstehen** hücre çekirdeğinin bölünmesiyle iki yavru çekirdeğin oluşmasına mitoz denir

Mitralinsuffizienz *f (in der Kardiologie)* mitral yetmezlik; mitral yetersizlik

Mitralklappe *f <Syn→* **Bikuspidalklappe>** *(Lat: Valva mitralis/Valva atrioventricularis sinistra)* mitral kapak

Mitralklappenprolaps *m* mitral kapak prolapsusu

Mitralklappenstenose *f <Syn→* **Mitralstenose>** *(in der Kardiologie)* mitral kapak stenozu; **angeborene ~** doğuştan mitral kapak stenozu

Mitralstenose→ Mitralklappenstenose

Mittel[1] *nt (Arznei~)* ilaç; **ein ~ gegen Schmerzen** ağrıya karşı bir ilaç; **harntreibendes ~** idrar söktürücü ilaç

Mittel[2] *nt (Kontrast~)* madde

Mittelarmnerv *m <Syn→* **Mediannerv → Nervus medianus>** *(Lat: Nervus medianus)* medyan sinir

Mittel der ersten Wahl → Erstlinientherapie

Mittelfell *nt <Syn→* **Mediastinum>** mediastinum; mediasten

Mittelfellentzündung *f <Syn→* **Mediastinitis>** mediastinit

Mittelfellraum *m (Körperhöhlen)* mediasten boşluğu

Mittelfinger *m* orta parmak

Mittelfleisch *nt <Syn→* **Damm → Perineum>** perine

Mittelfuß *m <Syn→* **Metatarsus>** *(Lat: Metatarsus) anat* metatarsus

Mittelfußknochen *pl (Lat: Ossa metatarsalia) anat* metatarsal kemikler

mittelgradig *Adj* orta derecede; ~e **Hypothermie** *(in der Pathophysiologie)* orta derecede hipotermi

Mittelhand *f* el tarağı; *<Syn→* **Metacarpus>** *(Lat: Metacarpus)* metakarp

Mittelhandknochen *pl (Lat: Ossa metacarpi) anat* metakarpal kemikler

Mittelhirn *nt (Lat: Tectum mesencephali)* orta beyin; *<Syn→* **Mesencephalon>** mesensefalon

Mittelhirndach *nt (Lat: Tectum mesencephali)* orta beyin çatısı; tektum

Mittellappensyndrom *nt (in der Pulmonologie)* orta lob sendromu

Mittelmeeranämie *nt (in der Hämatologie und der Onkologie)* Akdeniz anemisi; Akdeniz kansızlığı; *<Syn→* **Thalassämie>** talasemi

Mittelmeerfieber *nt* Akdeniz humması; *<Syn→* **Brucellose>** bruselloz; *<Syn→* **Maltafieber>** Malta humması

Mittelohr *nt (Lat: Auris media) anat* orta kulak

Mittelohrentzündung *f (Lat: Otitis media)* orta kulak iltihabı; **akute ~** *(Lat: Otitis media acuta)* akut orta kulak iltihabı; **chronische ~** kronik orta kulak iltihabı

mittlere Augenhaut *f <Syn→* **Uvea → Traubenhaut>** *(Lat: Tunica media bulbi) (in der Augenheilkunde:*

pigmentierte Mittelschicht des Augapfels) uvea

Mixer *m <Syn→* **Standmixer>** *(im Labor: Laborgerät) (Eng: blender)* blender

Mobben→ Mobbıng

Mobbing *nt <Syn→* **Mobben>** *psych* mobbing; bezdiri

mobil *Adj <Syn→* **beweglich>** hareketli; ~es **genetisches Element** hareketli genetik eleman

Modifikation *f* modifikasyon; değişim[2]

modifiziert *Adj* modifiye; ~e **radikale Mastektomie** *(in der Gynäkologie und der Chirurgie)* modifiye radikal mastektomi; ~es **Insulin** *(in der Diabetologie)* modifiye insülin

Mohn *m <Syn→* **Schlafmohn>** *(Lat: Papaver somniferum)* haşhaş

Mohnsaft *m <Syn→* **Opium>** afyon

Molar *m <Syn→* **Mahlzahn>** *(Lat: Dens molaris)* azı dişi

Molekül *nt* molekül

molekular *Adj* moleküler; ~e **Masse** *<Syn→* **Molekülmasse>** *(İng: molecular mass)* molekül kütlesi

Molekularbiologie *f* moleküler biyoloji

Molekularpathologie *f* moleküler patoloji

Molekülmasse *f <Syn→* **molekulare Masse>** *Eng: molecular mass)* molekül kütlesi

216

Molkereiprodukt *nt* mandıra ürünü; <*Syn*→ **Milchprodukt** → **Milcherzeugnis**> süt ürünü

Monatsbinde *f (in der Gynäkologie)* âdet bezi

Monatsblutung *f* aybaşı kanaması; <*Syn*→ **Menstruation**> *(Lat: menstruatio) (in der Gynäkologie)* âdet; menstrüasyon; hayız; regl

Mondbein *nt (Lat: Os lunatum) anat* aysı kemik; ay kemik

Mongolenfleck *m* <*Syn*→ **Asiatenfleck** → **Sakralfleck** → **Steißfleck**> *(in der Dermatologie)* Moğol lekesi; Moğol beneği

Monitor *m* monitör

Mononeuropathie *f* mononöropati; **diabetische** ~ diyabetik mononöropati

mononukleär *Adj* mononükleer; tek çekirdekli

monophyletisch *Adj (in der Biologie)* monofiletik; tek soylu

Monoplegie *f (in der Neurologie: die vollständige Lähmung einer Gliedmaße)* monopleji

Monosaccharid *nt (in der Biochemie)* monosakkarit; <*Syn*→ **Einfachzucker**> basit şeker; monoz; **das häufigste** ~ **ist Glucose** glukoz en sık görülen monosakkarittir

monosynaptisch *Adj* monosinaptik; ~**er Reflex** monosinaptik refleks

Monozyt *m (in der Immunologie)* monosit; ~**en verlassen das Knochenmark und gehen in den Blutkreislauf über** monositler,

kemik iliğini terk ederek kan dolaşımına geçerler

Morbidität *f (in der Epidemiologie)* morbidite

Morbiditätsrate *f (in der Epidemiologie)* morbidite oranı

Morbus Behçet *m* <*Syn*→ **Behçet-Krankheit** → **maligne Aphthose**> Behçet hastalığı

Morbus Chron *m* <*Syn*→ **Chron-Krankheit**> *(Lat: Ileitis terminalis; Enteritis regionalis Chron; Enterocolitis regionalis) (in der Gastroenterologie)* Chron hastalığı

Morbus Menière *m* Menière hastalığı

Morbus Pick *m* <*Syn*→ **Pick-Krankheit**> *(in neurodegenerativen Erkrankungen)* Pick hastalığı; <*Syn*→ **frontotemporale Demenz**> frontotemporal demans

Morbus Schaudinn *m* <*Syn*→ **Syphilis** → **harter Schanker** → **Lues (venerea)**> sifilis; sifiliz; frengi

Morgensteifigkeit *f* sabah tutukluğu

Morgenurin *m (im Labor)* sabah idrarı

Morphin *nt* <*Syn*→ **Morphium**> *(Formel: $C_{17}H_{19}NO_3$)* morfin; ~ **ist ein Opiat** morfin bir opiattır

Morphium→ **Morphin**

Morphologie *f (in der Biologie)* morfoloji; biçimbilim

morphologisch *Adj (in der Biologie)* morfolojik; biçimbilimsel

Mörser *m (in der Pharmazie)* havan; **im ~ zerstoßen** havanda dövmek

Mörserstößel *m (in der Pharmazie)* havan tokmağı

Mortalität *f <Syn→* **Sterblichkeit>** mortalite

mortalitätsdeterminierend *Adj* mortalite düzeyini belirleyen; **~e Ereignisse** mortalite düzeyini belirleyen olaylar

Morula *f (in der Embryologie)* morula

Motocortex *m <Syn→* **Motorcordex → motorische Rinde>** *(in der Neurophysiologie)* motor korteks

Motolität *f* motolite

Motoneuron *nt <Syn→* **motorisches Neuron>** *(in der Anatomie und der Physiologie)* motor nöron

Motoneuron-Krankheit *f* motor nöron hastalığı

Motorcordex→ Motocortex

Motorik¹ *f (Eng: motor skill)* motor beceri

Motorik² *f (Eng: motor control)* motor kontrol

motorisch *Adj* motor; **~e Einheit** *(in der Neurophysiologie)* motor birim; **~e Rinde** *<Syn→* **Motocordex>** motor korteks; **~e Störungen** motor bozukluklar; **~e Unruhe** motor huzursuzluk

motorisches Neuron→ Motoneuron

Mpox *f <umg→* **Affenpocken>** *(Infektionskrankheit)* maymun çiçeği

MR→ Magnetresonanztomographie

MRA→ Magnetresonanzangiographie

mRNA *f (in der Genetik)* mRNA; *<Syn→* **messenger-RNA → Boten-RNA → Boten-Ribonukleinsäure>** mesajcı RNA

MRT→ Magnetresonanztomographie

Mucositis→ Mukositis

müde *Adj* yorgun

Müdigkeit *f* yorgunluk

mukopurulent *Adj* mukopurulent; *<Syn→* **schleimig-eitrig>** sümüksü cerahatli

mukös *Adj* muköz; **~e Drüse** *(Lat: Glandula mucosa)* muköz bez

Mukosa *f (Lat: Tunica mucosa) (in der Histologie)* mukoza; *<Syn→* **Schleimhaut>** sümükdoku

Mukositis *f <Syn→* **Mucositis>** *(in der Chemotherapie: Schleimhautentzündung)* mukozit; ilaç stomatiti

Mukoviszidose *f* mukovisidoz; *<Syn→* **zystische Fibrose>** kistik fibrozis

Mull *m <Syn→* **Gaze>** *(in der Medizintechnik)* gazlı bez

multifaktoriell *Adj* multifaktöriyel; **~e Krankheiten** multifaktöriyel hastalıklar

multifokal *Adj* multifokal; **~e motorische Neuropathie** *(im*

218

peripheren Nervensystem) multifokal motor nöropati; ~e **Tumore** multifokal tümörler

multipel→ multiple

multiple *Adj* çoklu; **kombinierte vokale und ~ motorische Tics** *(in der Neurologie: bei Tourette-Syndrom)* kombine vokal ve çoklu motor tikler

Multiple Sklerose *f (Autoimmunerkrankung)* multiple skleroz

multipolar *Adj* çok kutuplu; ~**e Nervenzelle** çok kutuplu sinir hücresi

Mumps *m* <*Syn*→ **Ziegenpeter**> *(Kinderkrankheit)* kabakulak

Mumpsimpfstoff *m* kabakulak aşısı

Mumpsvirus nt/*m* kabakulak virüsü

Münchhausen-Stellvertretersyndrom *nt (in der Psychiatrie)* Münchausen by proxy sendromu

Münchhausen-Syndrom *nt (in der Psychiatrie)* Münchausen sendromu

Mund *m (Lat: Os) anat* ağız

Mundatmung *f* ağız solunumu

Mundboden *f (Lat: Diaphragma oris)* ağız tabanı

Munddusche *f* ağız duşu

Mundfäule *f* <*Syn*→ **aphthöse Stomatitis** > *(Lat: Stomatitis aphthosa; Eng: aphthous stomatitis)* aftöz stomatit

Mundgeruch *m (in der Gastroenterolojgie)* ağız kokusu; <*eş*→ **Halitosis**> halitozis

Mundhöhle *f (Lat: Cavum oris) anat* ağız boşluğu

Mundhöhlenkarzinom *nt* ağız kanseri

Mundhygiene *f* ağız hijyeni

Mund-, Kiefer- und Gesichtschirurgie *f* <*Syn*→ **Kranio-Maxillo-Faziale Chirurgie**> oral ve maksillofasiyel cerrahi

Mundrachen *m* <*Syn*→ **Oropharynx**> *(Lat: Oropharynx; Mesopharynx; Pars oralis pharyngis) (im Verdauungsapparat)* orofarinks; orofarenks

Mundrachenkrebs *m* <*Syn*→ **Oropharynxkarzinom**> orofarinks kanseri

Mundschleimhaut *f (Lat: Tunica mucosa oris) (in der Histologie)* ağız mukozası

Mundsoor *m (in der HNO)* ağız pamukçuğu

Mundspatel *m* <*Syn*→ **Mund- und Zungenspatel** → **Abstrichspatel**> *(Frz: abaisse-langue)* abeslang

Mundspiegel *m* ağız aynası; <*Syn*→ **Dentalspiegel**> diş aynası

Mundspüllösung→ Mundspülung

Mundspülung *f* <*Syn*→ **Mundspüllösung**> *(in der Mundhygiene)* ağız bakım suyu; ağız gagarası

Mundtrockenheit *f* ağız kuruluğu; <*Syn*→ **Xerostomie**> kserostomi

Mund- und Zungenspatel *m*
<Syn→ **Mundspatel** *→*
Abstrichspatel> *(Frz: abaisse-langue)* abeslang

Mundwinkel *m* ağız kenarı

Mundwinkelentzündung *f (Lat: Cheilitis angularis) (in der Dermatologie)* açısal cheilitis; açısal keilitis; *umg* ağız kenarının iltihaplanması

Mund-zu-Mund-Beatmung *f* ağızdan ağza solunum (desteği)

Musculus gracilis *m <Syn→* **Schlankmuskel** *→* **schlanker Muskel>** *anat* gracilis kası

Musculus sartorius *m <Syn→* **Schneidermuskel>** *anat* terzi kası; sartorius kası

Musculus soleus *m <Syn→* **Schollenmuskel>** *anat* soleus kası

Musculus supinator *m (Auswärtsdreher) anat* supinator kası

Musculus temporalis *m <Syn→* **Schläfenmuskel>** *anat* temporal kas

Muskel *m (Lat: musculus)* kas

Muskelabbau *m* kas yıkımı

Muskelatrophie *f* kas atrofisi

Muskelaufbau *m* kas geliştirme

Muskelbewegung *f* kas hareketi

Muskelbiopsie *f (in der Pathologie)* kas biyopsisi

Muskeldysmorphie *f* kas dismorfisi; *<Syn→* **Muskelsucht>** ters anoreksiya; *<Syn→* **Bigorexie>** bigoreksiya

Muskelerkrankung *f* kas hastalığı

Muskelfaser *f* kas lifi; *<Syn→* **Muskelfaserzelle>** kas hücresi; *<Syn→* **Myozyt>** miyosit

Muskelfaserbündeln *pl* kas lifi demetleri

Muskelfaserriss *m* kas lifi yırtılması

Muskelfaserzelle *f* kas hücresi; *<Syn→* **Muskelfaser>** kas lifi; *<Syn→* **Myozyt>** miyosit

Muskelfaszikel *m anat* kas demeti

Muskelgewebe *nt* kas dokusu

Muskelgewebeabbau *m* kas dokusu yıkımı

Muskelhypertrophie *f* kas hipertrofisi

Muskelkater *m (in der Sportmedizin)* kas tutukluğu; gecikmeli kas ağrısı; geciken kas ağrısı

Muskelkompressions-syndrom *nt <Syn→* **Kompartmentsyndrom>** *(in der Chirurgie)* kompartman sendromu

Muskelkontraktion *f <Ant→* **Muskelrelaxation>** kas kasılması; kontraksiyon

Muskelkraft *f* kas gücü

Muskelkrampf *m <Syn→* **Krampf>** kramp

Muskellähmung *f* kas felci

Muskellockerung *f* kas gevşetme

Muskelloge *f (Eng: fascial compartment)* fasiyal kompartman

Muskelparese *f (in der Neurologie)* kas parezisi

Muskelrelaxation *f <Ant→* **Muskelkontraktion** > kas gevşemesi

Muskelrheuma *nt (Lat: Polymyalgia rheumatica)* kas romatizması

Muskelriss *m* kas yırtılması

Muskelschmerz *m (in der Neurologie)* kas ağrısı; *<Syn→* **Myalgie**> miyalji

Muskelschwäche *f* kas zayıflığı; kas güçsüzlüğü; kaslarda zayıflık

Muskelspannung *f* kas gerginliği

Muskelspasmus *m* kas spazmı

Muskelstrang *m (Eng: muscle strain)* kas suşu

Muskelsucht *f* ters anoreksiya; *<Syn→* **Muskeldysmorphie**> kas dismorfisi; *<Syn→* **Bigorexie**> bigoreksiya

Muskeltonus *m (in der Neonatologie: Spannungszustand der Muskulatur)* kas tonusu; **niedriger** ~ düşük kas tonusu; **schlaffer** ~ gevşek kas tonusu

Muskelverhärtung *f* kas sertleşmesi

Muskelzuckung *f* kas seğirmesi

Muskulatur *f (Lat: musculi)* kas sistemi; kaslar; **glatte** ~ düz kaslar; **quergestreifte** ~ çizgili kaslar; **mimische** ~ *(Lat: Musculi faciei)* mimik kasları

muskulös *Adj* kaslı; adaleli

Mutagen *nt (chem: Stoff, der eine Mutation auslöst)* mutajen

Mutagenese *f (in der Molekularbiologie)* mutajenez; **ortsgerichtete** ~ *(İng: site-directed mutagenesis)* alan hedefli mutajenez

Mutation *f (Lat: mutare) (in der Genetik)* mutasyon; değişinim; form değişmesi; **dominante negative** ~ baskın negatif mutasyon; **dynamische** ~ dinamik mutasyon; **somatische** ~ somatik mutasyon

mutieren *vi (in der Genetik)* mutasyon geçirmek

Mutismus *m <Syn→* **psychogenes Schweigen**> *(in der Psychopathologie)* mutizm; suskunluk; ~ **ist eine Kommunikationsstörung** mutizm, bir iletişim bozukluğudur

Mutter-Kind-Beziehung *f* anne çocuk ilişkisi

Mutterkornpilz *m (Lat: Claviceps purpurea)* çavdar mahmuzu

Mutterkuchen *m* döleşi; *<Syn→* **Plazenta**> plasenta

Mutterleib *nt* ana rahmi

Muttermal *nt <Syn→* **Leberfleck**> *umg* ben

Muttermilch *f (Körperflüssigkeiten)* anne sütü

Mutterzelle *f <Ant→* **Tochterzelle**> *(in der Genetik)* ana hücre

Mutualismus *m <Syn→* **mutualistische Symbiose**> *(in der Ökologie)* mutualizm

mutualistisch *Adj* mutualistik; ~e
Beziehung mutualistik ilişki; ~e
Symbiose <*Syn*→ **Mutualismus**> *(in der Ökologie)* mutualizm

Myalgie *f (in der Neurologie)*
miyalji; <*umg*→ **Muskelschmerz**>
kas ağrısı

myalgisch *Adj* miyaljik; ~
Enzephalomyelitis *(in der Neurologie)* miyaljik ensefalomiyelit;
<*Syn*→ **chronisches Erschöpfungssyndrom**> kronik yorgunluk sendromu

Mycel *nt* <*Syn*→ **Myzel**> miselyum

Myelin *nt (im Nervengewebe)*
miyelin

Myelinisation *f (im Nervengewebe)*
miyelinizasyon; <*Syn*→
Myelinisierung> miyelinleşme

myelinisiert *Adj* miyelinli; ~e **Axone**
miyelinli aksonlar

Myelinisierung *f (im Nervengewebe)*
miyelinleşme; <*Syn*→
Myelinisation> miyelinizasyon

Myelinscheide *f* <*Syn*→
Markscheide> *(im Nervengewebe)*
miyelinli kılıf

myelodisplastisch *Adj*
miyelodisplastik; ~es **Syndrom** *(in der Hämatologie)* miyelodisplastik
sendrom

myeloisch *Adj* miyeloid *sf.* **akute** ~e
Leukämie akut miyeloid lösemi

Myelom *nt* miyelom

Mykologie *f* mikoloji; mantar bilimi

Mykovirus *nt* mikovirüs

Myoblast *m (in der Embyologie und der Histologie)* miyoblast

Myoepithel *nt* miyoepitel; kassal
epitel

Myokard *nt (Lat: myocardium)*
miyokard; <*Syn*→ **Herzmuskel**>
kalp kası

Myokardiopathie *f* <*Syn*→
Kardiomyopathie> *(in der Kardiologie: heterogene Gruppe von Krankheiten des Herzmuskels)*
kardiyomiyopati

Myokarditis *f* miyokardit; <*Syn*→
Herzmuskelentzündung> kalp kası
yamgısı

Myokardszintigrafie *f* <*Syn*→
Myokardperfusions-szintigrafie>
miyokard perfüzyon sintigrafisi

Myokardperfusions-szintigrafie→
Myokardszintigrafie

Myoklonie *f (rasche und unwillkürliche Muskelzuckungen)*
miyoklonus *(ani ve istemsiz seğirmeler)*; <*Syn*→ **Zuckung**>
seğirme

myoklonisch *Adj* miyoklonik; ~e
Absencen *(bei epileptischen Anfällen)* miyoklonik absanslar

Myom *nt (in der Onkologie)* miyom

myop *Adj* <*Syn*→ **kurzsichtig**> *(in der Augenheilkunde)* miyop

Myopie *f* <*Syn*→ **Kurzsichtigkeit**>
(in der Augenheilkunde) miyopi;
miyopluk

Myozyt *m* miyosit; <*Syn*→
Muskelfaser> kas lifi; <*Syn*→
Muskelfaserzelle> kas hücresi

Mythomanie *f* <*Syn*→ **Pseudologie**>
*(in der Psychiatrie: pathologisches
Lügen)* mitomani

Myzel *nt* <*Syn*→ **Mycel**> miselyum

N

Nabel *m* <*Syn*→ **Bauchnabel**> *(Lat:
Umbillicus)* göbek

Nabelregion *f (Lat: Regio
umbillicalis) anat* göbek bölgesi

Nabelschnur *f (Lat: Funiculus
umbillicalis) anat* göbek bağı; göbek
kordonu

Nabelschnurblut *nt (bei der
Stammzelltherapie)* göbek kordonu
kanı

Nabelschnurpunktion *f (in der
Pränatalmedizin)* göbek kordonu
ponksiyonu; <*Syn*→
Chordozentese> kordosentez

Nabelschnurriss *m (in der
Gynäkologie)* kordon kopması

Nabelschnurumschlingung *f (in der
Gynäkologie)* kordon dolanması

Nachahmerpräparat *m* <*Syn*→
Generikum; *Ant*→
Originalpräparat> jenerik ilaç

Nachbild *nt (Eng: afterimage)*
ardışık görüntü

nachgeburtlich *Adj* <*Syn*→
postnatal; *Ant*→ **vorgeburtlich**>
doğum sonrası

nachhaltig *Adj* sürdürülebilir

Nachhaltigkeit *f* sürdürülebilirlik

Nachtblindheit *f (in der
Augenheilkunde)* gece körlüğü;
<*Syn*→ **Hemeralopie**> hemeralopi

Nachtdienst *m* gece nöbeti

Nachtessersyndrom *nt* gece yeme
sendromu

Nachtpflege *f* <*Ant*→ **Tagespflege**>
gece bakımı

Nachtruhe *f* gece huzuru

Nachtschwester *f* gece hemşiresi

Nachtsehen *nt* gece görme

Nachtstuhl *m* <*Syn*→
Toilettenstuhl> tuvalet sandalyesi

Nachtwandeln *nt* <*Syn*→
Schlafwandeln →
Somnambulismus> uyurgezerlik

Nacken *m* <*Syn*→ **Genick**> *(Lat:
nucha; Regio nuchae) anat* ense

Nackenhernie *f* boyun fıtığı

Nackenmuskeln *pl* <*Syn*→
Nackenmuskulatur> *anat* ense
kasları

Nackenmuskulatur *f* <*Syn*→
Nackenmuskeln> *anat* ense kasları

Nackensteifigkeit *f* <*Syn*→
Genickstarre> *(bei Meningismus)*
ense sertliği

Nadel *f* iğne[1]

Nadelbiopsie *f (in der Chirurgie und
der Pathologie)* iğne biyopsisi

Nadelhalter *m (Frz: chirurgie du
porte-aiguille) (in der Chirurgie)*
portegü

Nadelspitze *f* iğne ucu

Nagel *m (Lat: Unguis) anat* tırnak

Nagelbett *nt (Lat: Matrix unguis)*
tırnak yatağı

Nagelbettentzündung→
Nagelgeschwür

Nagelgeschwür *f* <*Syn*→ **Umlauf**>
dolama; <*Syn*→ **Paronychie**>
paronişi

Nagellack *m* tırnak cilası; oje

Nagelpflege *f* tırnak bakımı

Nagelpilz *m* <*Syn*→ **Nagelmykose**>
tırnak mantarı; <*Syn*→
Onychomykose>
onikomikoz

Nagelwurzel *f (Lat: Radix unguis)*
tırnak kökü

Nagerpest→ **Hasenpest**

Nährboden *m (im Labor)*
besiortamı; <*Syn*→ **geliertes
Nährmedium**> jel olan besiyeri; jel
olan besiortamı; ~ **in der Petrischale**
petri kabında jel olan besiortamı

Nahreiz *m* <*Syn*→ **proximaler Reiz**
→ **proximaler Stimulus**; *Ant*→
Fernreiz> *(in der
Wahrnehmungspsychologie)*
proksimal uyaran

Nährmedium *nt* <*Syn*→
Kulturmedium> besiortamı;
besiyeri; **flüssiges** ~ <*Syn*→
Nährlösung> sıvı olan besiyeri;
geliertes ~ <*Syn*→ **Nährboden**> jel
olan besiyeri

Nahrung *f* besin; gıda; *(Baby~)*
mama

Nahrungsergänzungsmittel *nt* besin
takviyesi

Nahrungskette *f* besin zinciri

Nahrungsmittelallergie *f* <*Syn*→
Lebensmittelallergie> gıda alerjisi

Nahrungsstoffe *pl* besin maddeleri

Nahrungsvakuole *f* <*Syn*→
Gastriole> *(in der Zellanatomie)*
besin kofulu

Naht *f* dikiş; <*Syn*→ **Wundnaht**>
(in der Chirurgie) (Fr: souture) sütür

Nanomedizin *f* nano tıp

Nanopartikel *nt (in der
physikalischen Chemie)* nanopartikül;
<*Syn*→ **Nanoteilchen**> nanoparçacık

Nanotechnik→ **Nanotechnologie**

Nanotechnologie *f* <*Syn*→
Nanotechnik> nano teknoloji

Nanoteilchen *nt (in der
physikalischen Chemie)*
nanoparçacık; <*Syn*→
Nanopartikel> nanopartikül

Narbe *f* skar; nedbe; *(Lat: Cicatrix)*
sikatris

Narbenbildung *f* nedbeleşme

Narbencreme *f* nedbe kremi

Narbengel *nt* nedbe jeli

Narbengewebe *nt* nedbe dokusu

Narkolepsie *f (in Schlafstörungen:
exzessive Tagesschläfrigkeit)*
narkolepsi

Narkose *f (in der Anästhesie)*
narkoz; anestezi; **aufwachen aus der**
~ narkozdan uyanmak

Narkosearzt *m <Syn→*
Anästhesist> *(in der Chirurgie und
der Anästhesie)* (erkek) anestezist

Narkoseärztin *f <Syn→*
Anästhesistin> *(in der Chirurgie
und der Anästhesie)* (kadın)
anestezist

narzisstisch *Adj* narsistik;
bensevisel; ~**e Neurose** *(in der
Psychoanalyse)* narsistik nevroz;
bensevisel nevroz

nasal *Adj* nazal; ~**e Sonde** *<Syn→*
Nasensonde *> (in der Intensivpflege)*
nazal kanül

Nase *f (Lat: nasus) anat* burun

Nasenabstrich *m* burundan alınan
örnek

Nasenatmung *f* burundan solunum

Nasenausfluss *m (Lat: Rhinorrhoe)*
burun akıntısı

Nasenbein *nt (Lat: Os nasale) anat*
burun kemiği; os nasale

Nasenbeinfraktur *m <Syn→*
Nasenbruch> burun kırığı

Nasenbluten *nt* burun kanaması;
<Syn→ **Epistaxis>** epistaksis;
idiopathisches ~ idiopatik burun
kanaması

Nasenbruch *m <Syn→*
Nasenbeinfraktur> burun kırığı

Nasendusche→ Nasenspülung

Nasenhöhle *f (Lat: Cavitas nasi)*
burun boşluğu; nazal kavite

Nasenkanüle *f* burun kanülü

Nasenkorrektur→ Nasenplastik

Nasenlaufen *nt* burun akması; burun
akıntısı

Nasennebenhöhlen *f (Lat: Sinus
paranasales)* paranazal sinüs;
Infektion der ~ paranazal sinüs
enfeksiyonu

Nasennebenhöhlen- entzündung *f
<Syn→* **Sinusitis>** *(Lat: Sinus
paranasalis)* sinüzit

Nasenplastik *f <Syn→* **Rhinoplastik**
→ **Nasenkorrektur>** *(in der HNO)*
rinoplasti

Nasenrachen *m <Syn→*
Nasopharynx> *(Lat: Nasopharynx;
Epipharynx; Pars nasalis pharyngis)
(im Verdauungsapparat)* nazofarinks

Nasenrachenraum→ Nasenrachen

Nasensalbe *f* burun merhemi

Nasenscheidewand *f (Lat: Septum
nasi)* burun bölmesi; *<Syn→*
Nasenseptum> nazal septum

Nasenscheidewandchirurgie *f* nazal
septum cerrahisi

Nasenscheidewand-verbiegung *f
<Syn→* **Septumdeviation>** septum
deviasyonu

Nasenschleimhaut *f (in der
Histologie)* burun mukozası

Nasensekret *nt* burun salgısı

Nasenseptum *nt (Lat: Septum nasi)*
nazal septum; *<Syn→*
Nasenscheidewand> burun bölmesi

Nasensonde *f* <*Syn*→ **nasale Sonde**> *(in der Intensivpflege)* nazal kanül

Nasenspitze *f (Lat: Apex nasi) anat* burun ucu

Nasenspray *nt* burun spreyi

Nasenspülung *f (Eng: nasal irrigation)* nazal irrigasyon

Nasentropfen *m* burun damlası

Nasenverstopfung *f* burun tıkanıklığı

nasogastral *Adj* nazogastrik; ~e **Sonde** nazogastrik tüp; nazogastrik kanül

Nasopharynx *m* <*Syn*→ **Nasenrachenraum**> *(Lat: Nasopharynx; Epipharynx; Pars nasalis pharyngis) (im Verdauungsapparat)* nazofarinks

nasotracheal *Adj (durch die Nase in die Luftröhre)* nazotrakeal; ~e **Intubation** nazotrakeal entübasyon

Natrium *nt (Symbol: Na) chem* sodyum

Naturheilkunde *f* naturopati; natural tıp; naturopatik tıp

natürlich *Adj* doğal; ~e **Killerzelle** <*Syn*→ **NK-Zelle**> *(Eng: natural killer cell) (in der Immunologie)* doğal öldürücü hücre; doğal katil hücre; ~e **Selektion** *(in der Evolution)* doğal seçilim; ~e **Umwelt** *(in der Biogeografie)* doğal çevre; ~er **Tod** doğal ölüm

Nävus *m* <*pl*→ **Nävi**> *(Lat: naevus)* nevus; ~ **heißt lateinisch Muttermal** nevus Latincede ben demektir; ~ **ist eine gutartige Fehlbildung der**

Haut oder Schleimhaut nevus, deri veya mukozanın iyi huylu malformasyonudur; **kongenitaler** ~ konjenital nevus

ncRNA *f* <*Syn*→ **nichtcodierende RNA**> kodlamayan RNA

Nebenhoden *m (Lat: epididymis) anat* epididimis

Nebenhöhle *f (Nasen~) anat* sinüs

Nebenniere *f (Lat: Glandula adrenalis/Glandula suprarenalis)* böbrek üstü bezleri

Nebennierenhyperplasie *f* adrenal hiperplazı; <*Syn*→ **kongenitale adrenale Hyperplasie**> konjenital adrenal hiperplazi

Nebenniereninsuffienz *f* adrenal yetersizlik; **chronische** ~ kronik adrenal yetersizlik

Nebennierenrinde *f* <*Syn*→ **Cortex der Nebenniere**> böbrek üstü bezlerinin korteksi; *(Eng: adrenal cortex)* adrenal korteks

Nebenschilddrüse *f* <*Syn*→ **Epithelkörperchen**> *(Lat: Glandula parathyroidea)* paratiroid bezi

Nebenschilddrüsenhormon *nt* <*Syn*→ **Parathyrin**> *(Eng: parathyroid hormone)* paratiroid hormon; <*Syn*→ **Parathormon**> parathormon; <*kurz*→ **PTH**> PTH

Nebenwirkung *f* yan etki; ~ **des Medikaments** ilacın yan etkisi; **mögliche ~en** *(auf dem Beipackzettel)* olası yan etkiler

negativ *Adj* <*Syn*→ **positiv**> negatif; olumsuz; geri besleme; ~e **Rückkopplung** *(in der Kybernetik)* negatif geri besleme

Neidnagel→ **Niednagel**

Neigung *f* eğilim

Nekrobiose→ **Nekrose**

Nekrophilie *f psych* nekrofili

Nekroptose *f (in der Pathologie)* nekroptoz

Nekrose *f* <*Syn*→ **Nekrobiose**> nekroz; doku ölümü; ~ **der Gefäßwand** damar çeperi nekrozu; **die ~ ist pathologisch** nekroz, patolojiktir; **avaskuläre** ~ *(in der Orthopädie)* avasküler nekroz; **ischämische** ~ iskemik nekroz

nekrotisch *Adj* nekrotik; ~**es Gewebe** nekrotik doku

nekrotisierend *Adj* nekrotizan; ~**e Fasziitis** *(in der Dermatologie)* nekrotizan fasiit; et yiyen böcek hastalığı; et yiyen bakteri hastalığı; ~**e Pankreatitis** nekrotizan pankreatit

Nematoden *pl (Lat: Nematoda) (in der Parasitologie)* nematodlar; <*eş*→ **Fadenwürmer**> yuvarlak solucanlar

Neocortex *m* <*Syn*→ **Neokortex**> *(im* Telencephalon*)* neokorteks

Neokortex→ **Neocortex**

neonatal *Adj (das Neugeborene betreffend)* neonatal; ~**er Tetanus** *(in der Gynäkologie)* neonatal tetanos

Neonatologie *f* neonatoloji; yenidoğan sağlığı ve hastalıkları

Neopallium *nt (im* Telencephalon*)* neopalyum

Neoplasie *f (endokrinolojide)* neoplazi; **multiple endokrine** ~ multipl endokrin neoplazi

Nephrologie *f* nefroloji; ~ **ist die Wissenschaft von den Nierenkrankheiten** nefroloji, böbrek hastalıklarını ele alan bilim dalıdır

Nephron *nt (in der Anatomie der Niere: die kleinste Funktionseinheit)* nefron

nephrotisch *Adj* nefrotik; ~**es Syndrom** *(in der Nephrologie)* nefrotik sendrom

Nephropathie *f* nefropati; <*Syn*→ **Nierenerkrankung**> böbrek hastalığı; **diabetische** ~ *(Lat: Nephropathia diabetica)* diyabetik nefropati; **vaskuläre** ~ vasküler nefropati

Nephrotoxiin *nt (in der Nephrologie: körpereigenes Nierengift)* nefrotoksin

Nephrotoxizität *f* nefrotoksisite

Nephrozirrhose *f* <*Syn*→ **Nierencirrhose**> böbrek sirozu

Nerv *m (Lat: nervus)* sinir

Nervenendung *f* sinir ucu

Nervenentzündung *f* sinir iltihabı; <*Syn*→ **Neuritis**> nörit

Nervenfaser *f* sinir lifi; **afferente** ~**n** *(in der Neurophysiologie)* getiren sinir lifleri; **motorische** ~**n** motor sinir lifleri; **sensible** ~**n** duyusal sinir lifleri

Nervenfaserbündel *m* sinir lifi demeti; sinir fasikülü

Nervengewebe *nt (in der Neurobiologie)* sinir dokusu

Nervengift *nt <Syn→* **Neurotoxin>** *(in der Toxikologie und der Pharmakologie)* nörotoksin

Nervengiftigkeit *f <Syn→* **Neurotoxizität>** *(in der Toxikologie und der Pharmakologie)* nörotoksisite

Nervenkrankheit *f* sinir hastalığı; *<Syn→* **Neuropathie>** nöropati

Nervenkrise *f* sinir krizi

Nervennetz *nt (im Nervensystem)* sinir ağı

Nervenquetschung *f* sinir sıkışması

Nervenschaden *m* sinir hasarı

Nervenschwäche *f* sinir zafiyeti; *<Syn→* **Neurasthenie>** nevrasteni

Nervenschmerz *m* sinir ağrısı; *<Syn→* **neuropathischer Schmerz>** nöropatik ağrı

Nervensystem *nt (Lat: Systema nervosum) (in der Neurobiologie)* sinir sistemi; **autonomes** ~ otonom sinir sistemi; özerk sinir sistemi; **peripheres** ~ çevresel sinir sistemi; **somatisches** ~ somatik sinir sistemi; **vegetatives** ~ vejetatif sinir sistemi; **viszerales** ~ visseral sinir sistemi; **zentrales** ~ merkezi sinir sistemi

Nervenwurzel *f* sinir kökü

Nervenwurzelkompression *f* sinir kökü sıkışması

Nervenwasser→ **Liquor cerebrospinalis**

Nervenzelle *f* sinir hücresi; *<Syn→* **Neuron>** nöron; **multipolare** ~ çok kutuplu sinir hücresi

nervös *Adj* sinirli; asabi

Nervosität *f* sinirlilik; asabiyet

Nervus abducens *m* abdusens siniri

Nervus accessorius *m* aksesuar sinir; **der** ~ **ist der elfte Hirnnerv** aksesuar sinir, on birinci kraniyal sinirdir
Nervus cranialus→ **Hirnnerv**

Nervus glossopharyngeus *m <Syn→* **Zungen-Rachen-Nerv>** *(in der Neuroanatomie; 9. Hirnnerv)* glossofaringeal sinir

Nervus hypoglossus *m <Syn→* **Zungenmuskelnerv>** *(Lat: Nervus hypoglossus) (in der Neuroanatomie; 12. Hirnnerv)* hipoglossal sinir

Nervus maxillaris *m <Syn→* **Oberkiefernerv>** *(Lat: Nervus maxillaris)* maksiller siniri

Nervus medianus *m <Syn→* **Mittelarmnerv** → **Mediannerv>** *(Lat: Nervus medianus)* medyan sinir

Nervus oculomotorius *m <Syn→* **Augenbewegungsnerv>** okülomotor sinir; **der** ~ **ist der dritte Hirnnerv** okülomotor sinir, üçüncü kraniyal sinirdir

Nervus ophthalmicus *m (Augapfelnerv)* oftalmik sinir

Nervus phrenicus *m <Syn→* **Zwerchfellnerv>** *(im peripheren Nervensystem)* frenik sinir

228

Nervus radialis *m* <*Syn→* **Speichennerv**> radial sinir; radyal sinir

Nervus terminalis *m* <*Syn→* **Terminalnerv**> *(in der Neuroanatomie)* terminal sinir

Nervus trigeminus *m* <*Syn→* **Trigeminus**> *(Lat: Nervus trigeminus) (in der Neuroanatomie)* trigeminal sinir; **der ~ ist der fünfte Hirnnerv** trigeminal sinir, beşinci kraniyal sinirdir

Nervus trochlearis *m (Lat: Nervus trochlearis)* troklear sinir; **der ~ ist der vierte Hirnnerv** troklear sinir, dördüncü kraniyal sinirdir

Nervus vagus *m* <*Syn→* **Vagus**> *(Lat: Nervus vagus) (in der Neuroanatomie)* vagus siniri; **der ~ ist der zehnte Hirnnerv** vagus siniri, onuncu kraniyal sinirdir

Nesselfieber→ Nesselsucht

Nesselsucht *f* <*Syn→* **Nesselfieber →* Urtikaria**> *(Lat: urtica)(in der Dermatologie)* ürtiker; *umg* kurdeşen; **chronische idiopathische ~** kronik idiyopatik ürtiker; **stressbedingter ~** strese bağlı ürtiker

Netzhaut *f (im Auge) anat* ağkatman; ağ tabaka; <*Syn→* **Retina**> retina

Netzhautablösung *f (Lat: Ablatio retinae)* ablasyon retina

Neugeborenengelbsucht *f (Lat: Icterus neonatorum)* yenidoğan sarılığı; bebek sarılığı

Neugeborenenikterus→ Neugeborenengelbsucht

Neugeborene(s) *nt* yenidoğan

neural *Adj* nöral; **~e Plastizität** <*Syn→* **Neuroplastizität**> nöral plastisite; **~es System** <*Syn→* **Nervensystem**> *(Lat: Systema nervosum)* sinir sistemi; sinir ağı

Neuralgie *f* nevralji

Neuralleiste *f (Eng: neural crest) (in der Entwicklungsbiologie)* nöral krest

Neuralrohr *nt (in der Neurologie)* nöral tüp

Neuralrohrdefekt *m* <*Syn→* **Neuralrohrfehlbildung**> *(in der Neurologie)* nöral tüp defekti

Neuralrohrfehlbildung→ Neuralrohrdefekt

Neuraltherapie *f (in der Komplementärmedizin)* nöral terapi; <*Syn→* **Heilanästhesie**> küratif anestezi

Neurasthenie *f* nevrasteni; <*Syn→* **Nervenschwäche**> sinir zafiyeti

Neuritis *f* nörit; <*Syn→* **Nervenentzündung**> sinir iltihabı

Neuroanatomie *f* nöroanatomi

Neurobiologie *f* nörobiyoloji; <*Syn→* **Neurowissenschaft**> nörobilim; sinirbilim

Neurochemie *f* nörokimya

Neurochirurg *m* (erkek) nörocerrah

Neurochirurgie *f* nörocerrahi; nöroşirurji; beyin ve sinir cerrahisi

Neurochirurgin *f* (kadın) nörocerrah

neurodegenerativ *Adj* nörodejeneratif; **~e Erkrankungen** nörodejeneratif hastalıklar; **eine**

unheilbare ~e Krankheit tedavisi olmayan nörodejeneratif bir hastalık

Neurodiversität *f (in der Medizinethik)* nöroçeşitlilik; nörodiversite

neuroendokrin *Adj (in der Endokrinologie)* nöroendokrin; ~er Tumor nöroendokrin tümör; ~es System nöroendokrin sistem

Neuroepithel *nt (im Nervensystem)* nöroepitel; <*Syn*→ Sinnesepithel> duyu epiteli

Neurofibromatose *f (in der Neurologie und der Onkologie)* nörofibromatoz

Neurogenetik *f* nörogenetik

Neurohypophyse *f* nörohipofiz

Neurohistologie *f* nörohistoloji

Neuroimaging *nt* nörogörüntüleme

Neuroinformatik *f* nöroinformatik; nörobilişim

neurokognitiv *Adj* nörokognitif; ~e Störung nörokognitif bozukluk

Neuroleptikum *nt (in der Pharmakologie)* nöroleptik; <*eş*→ Antipsychotikum> antipsikotik

Neurolinguist *m* (erkek) sinir dil bilimcisi

Neurolinguistik *f* nörolinguistik; sinirdilbilim; sinir dil bilimi

Neurolinguistin *f* (kadın) sinir dil bilimcisi

Neurologe *m* (erkek) nörolog; sinirbilimci; sinir hastalıkları uzmanı

Neurologie *f* nöroloji; sinirbilim

Neurologin *f* (kadın) nörolog; sinirbilimci; sinir hastalıkları uzmanı

Neurolues *f* <*Syn*→ Neurosyphylis> nörosifilis

neurologisch *Adj* nörolojik; ~e Erkrankung nörolojik hastalık; ~e Störung nörolojik bozukluk

Neuromodulation *f (in der Neurochemie und der Neurophysiologie)* nöromodülasyon

Neuromodulator *m (in der Neurochemie und der Neurophysiologie)* nöromodülatör

neuromuskulär *Adj* nöromusküler; ~es System nöromusküler sistem

Neuron *m* nöron; <*Syn*→ Nervenzelle> sinir hücresi

neuronal *Adj* nöronal; ~e Aktivität nöronal aktivite; ~e Plastizität→ Neuroplastizität

Neuropathie *f* nöropati; <*Syn*→ Nervenkrankheit> sinir hastalığı; ataktische ~ ataksik nöropati; diabetische ~ diyabetik nöropati; multifokale motorische ~ *(im peripheren Nervensystem)* multifokal motor nöropati; periphere ~ periferik nöropati

neuropathisch *Adj (in der Neurologie)* nöropatik; ~er Schmerz *(in der Schmerzmedizin)* nöropatik ağrı; periphere ~e Schmerzen periferik nöropatik ağrılar

Neuropathologe *m* (erkek) nöropatolog

Neuropathologie *f* nöropatoloji

230

Neuropathologin *f* (kadın)
nöropatolog

Neuropeptid *nt* nöropeptit

Neuropharmakologie *f*
nörofarmakoloji

Neurophysiologie *f* nörofizyoloji

Neuroplastizität *f (in der
Neurophysiologie)* nöroplastisite;
beyin plastisitesi; nöral plastisite

Neuropsychiatrie *f* nöropsikiyatri

Neuropsychologie *f* nöropsikoloji

neuropsychologisch *Adj*
nöropsikolojik; ~**es Syndrom**
nöropsikolojik sendrom

Neurose *f* nevroz; sinir hastalığı;
experimentelle ~ deneysel nevroz

neurotisch *Adj* nevrotik

Neurotismus *m Psych* nörotisizm

Neurotmesis *f (in der
Neurophysiologie)* nörotemezis

Neurotoxin *nt <Syn→* **Nervengift>**
*(in der Toxikologie und der
Pharmakologie)* nörotoksin

neurotoxisch *Adj* nörotoksik; ~**e
Substanzen** nörotoksik maddeler

Neurotoxizität *f <Syn→*
Nervengiftigkeit> *(in der
Toxikologie und der Pharmakologie)*
nörotoksisite

Neurotransmission *f (in der
Molekularbiologie)*
nörotransmisyon

Neurotransmitter *m (in der
Molekularbiologie)* nörotransmitter

neurotypisch *Adj (bei Autismus)*
nörotipik

Neurowissenschaft *f* nörobilim;
sinirbilim; *<Syn→* **Neurobiologie>**
nörobiyoloji

Neurozytom *nt (in der Onkologie)*
nörositom

Neurulation *f (in der Neurobiologie)*
nörulasyon

neutral *Adj (pH-Wert ist 7) chem*
nötr

neutrophil *Adj (in der Immunologie)*
nötrofil; ~**er Granulozyt** nötrofil
granülosit

Niacin *nt (Formel: $C_6H_5NO_2$)*
niyasin; *<Syn→* **Nicotinsäure>**
nikotinik asit; *<Syn→* **Vitamin B₃>**
B_3 vitamini

nichtcodierend *Adj <Ant→*
codierend> kodlamayan; ~**e RNA**
<Syn→ **ncRNA>** kodlamayan RNA

nicht-homolog *Adj <Ant→*
homolog> *(in der Genetik)* homolog
olmayan; ~**e Chromosome** homolog
olmayan kromozomlar

nichtkompetitiv *Adj <Ant→*
kompetitiv> yarışmasız; ~**e
Hemmung** *(in der Biochemie)*
yarışmasız inhibisyon

nicht-medikamentös *Adj <Ant→*
medikamentös> ilaçsız; ~**e
Behandlung** ilaçsız tedavi

Nichtmetall *nt chem* ametal

nichtoperativ *Adj* ameliyatsız; ~**e
Therapie** ameliyatsız tedavi

231

nichtsteroidal *Adj* steroid dışı
sf.;non-steroidal; ~es
Antiphlogistikum; *(Eng: non-steroidal anti-inflammatory drug)*
steroid dışı yangı önleyici ilaç; ~es
Antirheumatikum; *(Eng: non-steroidal anti-inflammatory drug)*
steroid dışı yangı önleyici ilaç

Nicht-Strukturprotein *nt* <*Ant*→
Strukturprotein> *(in der Virologie)*
yapısal olmayan protein

nicht-viral *Adj* viral olmayan; ~e
Erkrankungen viral olmayan
hastalıklar
Nicotin *nt* <*Syn*→ **Nikotin**>
(Formel: $C_{10}H_{14}N_2$) nikotin

Nicotinsäure *f (Formel: $C_6H_5NO_2$)*
nikotinik asit; <*Syn*→ **Niacin**>
niyasin; <*Syn*→ **Vitamin B₃**> B_3
vitamini

Nidation *f (in der Embryologie)*
nidasyon; <*Syn*→ **Implantation**>
implantasyon

Niederkunft→ **Geburt**

Niederschlag *nt chem* çökelti;
<*Syn*→ **Präzipitat**> presipitat

Niednagel *m* şeytan tırnağı

niedrig *Adj* <*Ant*→ **hoch**> düşük; ~e
Konzentration *chem* düşük derişim;
~er **Blutdruck** düşük kan basıncı

niedrig konzentriert *Adj* <*Ant*→
hochkonzentriert> *chem* derişimi
düşük; ~e **Lösungen** derişimi düşük
çözeltiler

Niere *f* <*Syn*→ **Ren**> *(Lat: ren) anat*
böbrek

Nierenabszess *m* böbrek apsesi

Nierenarterie *f* <*Syn*→ **Arteria
renalis**> *(Lat: Arteria renalis) (in
der Urologie)* böbrek atardamarı;
renal arter; **linke** ~ *(Lat: Arteria
renalis sinistra)* sol renal arter;
rechte ~ *(Lat: Arteria renalis dextra)*
sağ renal arter

Nierenbecken *m (Lat: Pelvis
renalis) anat* renal pelvis

Nierendialyse *f (in der Nephrologie)*
böbrek diyalizi

Nierenerkrankung *f* böbrek
hastalığı; <*Syn*→ **Nephropathie**>
nefropati; **autosomal-dominante
polyzystische** ~ otosomal dominant
polikistik böbrek hastalığı;
chronische ~ kronik böbrek hastalığı

Nierenfunktion *f* böbrek fonksiyonu

Nierenfunktionsstörung *f* böbrek
fonksiyon bozukluğu; böbrek
fonksiyonu bozukluğu

Nierengegend *f* böbrek bölgesi

Nierengewebe *nt* böbrek dokusu

Nierenhypoplasie *f (in der Urologie)*
böbrek hipoplazisi

Niereninfarkt *m* böbrek infarktı

Niereninsuffizienz *f* <*Syn*→
Nierenversagen> böbrek yetmezliği;
renal yetmezlik; **Personen, die an** ~
leiden böbrek yetmezliğinden mustarip
kişiler

Nierenkanälchen *nt* <*Syn*→
Nierentubulus → **Nierenröhrchen**>
(Lat: Tubulus renalis) böbrek tübülü;
renal tüp

Nierenkapsel *f* renal kapsül; böbrek
kapsülü

Nierenkarzinom *nt* renal karsinom;
Metastase eines ~s im Knie dizde bir
renal karsinom metastazı

Nierenknäuelchen *nt* yumakçık.;
<Syn→ **Glomerulum>** glomerulum

Nierenkolik *f (in der Urologie)* renal
kolik; böbrek koliği

Nierenkörperchen *nt <Syn→*
Malpighi-Körperchen> *(Lat:*
Corpusculum renale) Malpighi
cisimciği

Nierenkrankheit *f* böbrek hastalığı;
<Syn→ **Nephropathie>** nefropati;
chronische ~ kronik böbrek hastalığı

Nierenkrebs *m* böbrek kanseri

Nierenmark *nt (Lat: Medulla renis;*
Medulla renalis) böbrek medullası;
renal medulla

Nierenrinde *f (Lat: Cortex renalis)*
böbrek korteksi; renal korteks

Nierenröhrchen *nt <Syn→*
Nierenkanälchen *→*
Nierentubulus> *(Lat: Tubulus*
renalis) anat böbrek tübülü; renal tüp

Nierenschädigung *f* böbrek hasarı

Nieren-Sonografie *f* böbrek ultrasonu;
renal ultrasonografi

Nierenstein *m* böbrek taşı

Nierensteinzange *f* böbrek taşı forsepsi

Nierentransplantation *f* böbrek
nakli

Nierentubulus *m <Syn→*
Nierenkanälchen *→*
Nierenröhrchen> *(Lat: Tubulus*
renalis) anat böbrek tübülü; renal tüp

Nierenversagen *nt <Syn→*
Niereninsuffizienz> böbrek yetmezliği;
akutes ~ akut böbrek yetmezliği;
chronisches ~ kronik böbrek yetmezliği

Nierenzellkarzinom *nt (in der*
Onkologie) böbrek hücreli karsinom

Niesen *nt (Lat: sternutio)* hapşırma;
aksırma

niesen *vi* hapşırmak; aksırmak

Niesreflex *m* hapşırık refleksi;
photischer ~ fotik hapşırık refleksi

Nietnagel *→* **Niednagel**

Nikotin *nt <Syn→* **Nicotin>**
(Formel: $C_{10}H_{14}N_2$*)* nikotin

Nikotinersatztherapie *f* nikotin
replasman tedavisi

Nikotinkaugummi *m/nt* nikotin
sakızı

Nikotinlutschpastille *f* nikotin pastili

Nikotinpflaster *nt* nikotin bandı

Nikotinsucht *f* nikotin bağımlılığı

NK-Zelle *f <Syn→* **natürliche**
Killerzelle> *(Eng: natural killer cell)*
(in der Immunologie) doğal öldürücü
hücre; doğal katil hücre; NK hücre

Nobelpreis *m* Nobel ödülü; **~ für**
Physiologie oder Medizin Nobel
Fizyoloji veya Tıp Ödülü

Nocebo-Effekt *m (in der*
Pharmakologie) nosebo etkisi

Nodularität *f (in der Onkologie)*
nodülarite

Nodulus *m (Frz: nodule)* nodül;
<Syn→ **Knoten>** düğüm; **der ~ ist**

eine kleine Erhabenheit, die über das Hautniveau reicht nodül, deri yüzeyinde küçük bir tümsektir

Noma *f* <*Syn*→ **Wangenbrand**> *(Lat: Stomatitis gangraenosa; Cancrum oris) (in der Oralpathologie)* noma; <*Syn*→ **gangränöse Stomatitis**> kangrenli stomatit

Nomenklatur *f* nomenklatür; adlandırma; **binäre** ~ binomial nomenklatür; ikili adlandırma; **zoologische** ~ zooloji nomenklatürü

Nonsense-Mutation *f (in der Genetik)* anlamsız mutasyon

Noradrenalin *nt (Formel: $C_8H_{11}NO_3$)* noradrenalin; <*eş*→ **Norepinephrin**> norepinefrin; ~ **ist ein Botenstoff, der als Stresshormon und Neurotransmitter wirkt** noradrenalin, stres hormonu ve nörotransmitter olarak görev yapan bir habercidir; ~ **ist ein Katecholamin** *(in der Biochemie)* noradrenalin, katekolamindir

Norepinephrin *nt (Formel: $C_8H_{11}NO_3$)* norepinefrin; <*Syn*→ **Noradrenalin**> noradrenalin

Norovirus *nt* norovirüs

nosokomial *Adj* hastane kaynaklı; ~**e Infektion** <*Syn*→ **Krankenhausinfektion**> hastane kaynaklı enfeksiyon

Nosologie *f* <*Syn*→ **Krankheitslehre**> nozoloji

Notarzt *m* (erkek) acil tıp hekimi

Notärztin *f* (kadın) acil tıp hekimi

Notaufnahme *f* acil servis

Notdienst *m* <*Syn*→ **Bereitschaftsdienst**> nöbet[2]

Notevakuierung *f* acil tahliye

Notfall *m* acil durum; **medizinischer** ~ tıbbi acil durum; **neurologischer** ~ nörolojik acil durum

Notfallabulanz→ **Notaufnahme**

Notfallaufnahme→ **Notaufnahme**

Notfallchirurgie *f* acil cerrahi

Notfallmanagement *nt* acil durum yönetimi

Notfallmedizin *f* acil tıp; acil tıp hekimliği

Notfallmediziner *m* (erkek) acil tıp hekimi

Notfallmedizinerin *f* (kadın) acil tıp hekimi

Notfallrettungswagen *m* acil yardım ambulansı

Notfallsanitäter *m* (erkek) acil tıp teknisyeni; *(Eng: paramedic)* paramedik

Notfallsanitäterin *f* (kadın) acil tıp teknisyeni; *(Eng: paramedic)* paramedik

Notfallset *nt* acil durum seti; acil durum kiti

Notfallsituation *f* acil durum

Notfallstation→ **Notaufnahme**

Notfallstelle *f* olay yeri

Notfallzentrum→ **Notaufnahme**

234

Notfunkbake *f* acil durum vericisi

Notgepäck *nt* afet çantası

Nothilfe→ **Notaufnahme**

Notochord *m* <*Syn*→ **Chorda dorsalis** → **Achsenstab**> *(Lat: Chorda dorsalis) (in der Organogenese)* notokorda; notokord

Notruf¹ *m* acil telefon

Notruf² *m* <*Syn*→ **Notsignal**> imdaat çağrısı

Notrufnummer *f* acil telefon numarası

Notsignal *nt* <*Syn*→ **Notruf²**> imdaat çağrısı

Notwendigkeit *f* aciliyet

Nozirezeptor→ **Nozizeptor**

Nozisensor→ **Nozizeptor**
Nozizeption *f (im peripheren Nervensystem: Schmerzempfänger)* nosisepsiyon

Nozizeptor *m* <*Syn*→ **Nozisensor**> *(im peripheren Nervensystem: Schmerzempfänger)* nosiseptör

N-Terminus *m* <*Syn*→ **Aminoterminus**> amino ucu

nüchtern *Adj* aç; **auf ~en Magen** aç karnına

Nüchternblutzucker *m* açlık kan şekeri

Nucleinsäure *f* <*Syn*→ **Nukleinsäure**> nükleik asit

Nucleolus→ **Nukleolus**

Nucleoplasma→ **Nukleoplasma**

Nucleus ruber *m* kırmızı nükleus

Nuklearmedizin *f* nükleer tıp

Nukleinbase *f* <*Syn*→ **Nukleobase**> nükleobaz

Nukleinsäure *f* <*Syn*→ **Nucleinsäure**> nükleik asit

Nukleinsäurestränge *pl (in der Virologie)* nükleik asit suşları

Nukleobase *f* <*Syn*→ **Nukleinbase**> nükleobaz

Nukleolus *m* <*Syn*→ **Kernkörperchen**> *(Lat: nucleolus)* çekirdekçik

Nukleoplasma *nt* <*Syn*→ **Karyoplasma** → **Kernplasma**> nükleoplazma

Nukleotid *m* nükleotit; **ein ~ setzt sich aus einem Basen-, einem Zucker- und einem Phosphatanteil zusammen** nükleotit, bir baz, bir şeker ve bir fosfattan oluşan bir kimyasal bileşiktir

Nukleotidmolekül *nt* nükleotit molekülü

Nukleotidsequenz *f (in der Biochemie)* nükleotit dizisi

Nukleus *m* <*Syn*→ **Zellkern**> *(Lat: nucleus)* hücre çekirdeği; nükleus

numerisch *Adj* nümerik; **~e Atrophie** *(in der Pathologie)* nümerik atrofi

Nutrition *f (Lat: nutritio)* nütrisyon; <*Syn*→ **Ernährung**> beslenme

Nutsche *f (im Labor: für die Saugflasche)* nuçe

Nystagmus *m (in der Augenheilkund)* nistagmus; **pathologischer** ~ patolojik nistagmus; **physiologischer** ~ fizyolojik nistagmus

O

Obduktion *f <Syn→* **Autopsie>** otopsi

O-Bein-Stellung *nt <Ant→* **X-Bein-Stellung>** *(in der Orthopädie)* yay bacak; *<Syn→* **Genu varum>** genu varum

ober *Adj <Ant→* **unter>** üst; **~e Einflussstauung** *<Syn→* **Vena-cava-superior-Syndrom>** *(in der Hämatologie und der Onkologie)* superior vena kava sendromu; **~e Extremität** *anat* üst ekstremite; **~e Hohlvene** *<Syn→* **Vena cava superior>** vena kava superior; üst ana toplardamar; *nt (Lat: Palpebra)* **~es Augenlid** *(Lat: Palpebra superior)* üst göz kapağı

Oberarm *m (Lat: Brachium) anat* üst kol

Oberarmknochen *m (Lat: Os humeri) anat* pazu kemiği; üst kol kemiği; *<Syn→* **Humerus>** humerus

Oberbauch *m <Ant→* **Unterbauch>** *anat* üst karın; **Schmerzen im** ~ üst karın ağrısı

Oberflächenanästhesie *f <Syn→* **topische Anästhesie>** topikal anestezi; ~ **bei Piercing** *nt* pirsingde topikal anestezi

Oberflächenschmerz *m <Ant→* **Tiefenschmerz>** *(in der Schmerzmedizin)* yüzeysel ağrı

Oberflächenspannung *f chem* yüzey gerilimi

Oberflächenstruktur *f* yüzey yapısı; ~ **der Haut** cildin yüzey yapısı; derinin yüzey yapısı

Oberhaut *f* üst deri; *<Syn→* **Epidermis>** *(in der Dermatologie)* epidermis

Oberkiefer *m <Ant→* **Unterkiefer>** *(Lat: Maxilla) anat* üst çene; üst çene kemiği; maksilla; maksiller

Oberkieferfraktur *f <Ant→* **Unterkieferfraktur>** *(Lat: Fractura maxillae)* üst çene kırığı; maksiller kırığı

Oberkiefernerv *m <Syn→* **Nervus maxillaris>** *(Lat: Nervus maxillaris)* maksiller siniri

Oberlappen *m <Ant→* **Unterlappen>** *(Lat: Lobus superior)* üst lob

Oberlid *nt <Ant→* **Unterlid>** *(in der Augenheilkunde)* üst göz kapağı

Oberlippe *f <Ant→* **Unterlippe>** *(Lat: Labius superius)* üst dudak

Oberschenkel *m (Lat: femur)* uyluk; femur

Oberschenkelknochen *m <Syn→* **Femur>** *(Lat: Os femoris)* uyluk kemiği; femur kemiği

Oberschenkelmuskel *m (Lat. Musculus femoris)* uyluk kası; femoris kası

236

Obesitas *f* <*Syn*→ Adipositas →
Fettsucht → Fettleibigkeit> obezite

Objektpermanenz *f psych* nesne
kalıcılığı; nesne devamlılığı

Objektträger *m (im Labor)* lam

obligat *Adj* obligat; zorunlu; ~e
Parasiten zorunlu parazitler

Obsession *f (Lat: obsessio) psych*
obsesyon; takıntı

Obstetrik *f* obstetrik <*Syn*→
Geburtshilfe → Tokologie> ebelik

Obstetrix *f* <*Syn*→ Hebamme> ebe

Obstipation *f (Eng: constipation)*
konstipasyon; <*Syn*→ Verstopfung
→ Stuhlverstopfung> kabızlık

Obstruktion *f (Lat: obstructio)*
obstrüksiyon; <*Syn*→ Verstopfung>
tıkanma

Obstruktionsatelektase *f (in der
Pneumologie)* obstrüktif atelektazi

obstruktiv *Adj* obstrüktif; ~e
Bronchitis *(in der Pädiatrie)*
obstrüktif bronşit; ~e Schlafapnoe
(in der Pneumologie) obstrüktif uyku
apnesi; tıkayıcı uyku apnesi; ~er
Schock *(in der Notfallmedizin)*
obstrüktif şok

obstruktive Uropathie *f (in der
Urologie und der Nephrologie)*
obstrüktif üropati; <*Syn*→ Harnstau
→ Harnstauung → Harnstase>
idrar tutukluğu

Occipitallappen *m* <*Syn*→
Hinterhauptlappen> *(Lat: Lobus
occipitalis)* oksipital lob

Occiput *nt* <*Syn*→ Hinterkopf>
artkafa; art kafa; <*Syn*→

Hinterhauptbein> *(Lat: Os
occipitale)* oksipital kemik

Ödem *nt* ödem; malignes ~ <*Syn*→
Gasbrand> gazlı kangren;
pulmonales ~<*umg*→
Wasserlunge> pulmoner ödem;
<*Syn*→ Lungenödem> akciğer
ödemi

ödematös *Adj* ödemli; ~e
Schwellung ödemli şişlik

Odontoblast *m (in der Zahnmedizin)*
odontoblast; ~en sind
dentinbildende Zellen
odontoblastlar, dentin salgılayan
hücrelerdir

offen *Adj* açık; ~e Fraktur açık
kırık; ~e Wunde açık yara

Offenheit *f (Eng: openness) (in der
Persönlichkeitspsychologie: im Fünf-
Faktoren-Modell)* açıklık

Ohnmacht *f (in der Neurologie)* bayılma;
baygınlık; <*Syn*→ Synkope> senkop

Ohr *nt (Lat: Auris)* kulak

ohrenbetäubend *Adj* kulakları sağır
edici; ~er Lärm kulakları sağır edici
gürültü

Ohrenentzündung *f (Lat: Otitis)*
kulak iltihabı

Ohrenläppchen *nt* kulak memesi

Ohrensausen *nt (in der Neurologie)*
kulak çınlaması; <*Syn*→ Tinnitus →
Tinnitus aurium> tinnitus

Ohrenschmalz *m* kulak kiri; <*Syn*→
Zerumen → Cerumen> serumen

Ohrenstöpsel *m* <*Syn*→
Ohrstöpsel> kulak tıkacı

Ohrentropfen *m* kulak damlası

Ohrmuschel *f anat* kulak kepçesi

Ohrspeicheldrüse *f* kulak altı bezi;
<*Syn*→ **Parotis** → **Glandula
parotis**> *(Lat: Glandula parotidea)*
parotis bezi

Ohrstöpsel→ **Ohrenstöpsel**

Ohrtrompete *f* <*Syn*→
Eustachiröhre> *(Lat: Tuba auditiva
Eustachii) anat* östaki borusu

okklusal *Adj (in der Zahnmedizin:
auf der Kaufläche)* oklüzal; ~e
Füllung oklüzal dolgu

Okklusalkaries *f (in der
Zahnmedizin)* oklüzal çürük

Okklusion *f (in der Zahnmedizin:
Verschließung/Verschluss)* oklüzyon;
~ **ist jeglicher Kontakt zwischen
den Zähnen des Oberkiefers und
des Unterkiefers** oklüzyon, üst çene
ile alt çene dişleri arasında her
temastır; **dynamische** ~ dinamik
oklüzyon; **statische** ~ statik oklüzyon

Ökologie *f* ekoloji

ökologisch *Adj* ekolojik; ~e
Toxikologie ekotoksikoloji

Ökotoxikologie *f* <*Syn*→
Umwelttoxikologie → **ökologische
Toxikologie**> ekotoksikoloji

Ökotrophologie *f* <*Syn*→
Ernährungskunde> ekotrofoloji

Ökozone *f (Eng: biome)* biyom

Okzipitallappen→ **Occipitallappen**

Olekranonfraktur *f (in der
orthopädischen Chirurgie)* olekranon
kırığı

olfaktorisch *Adj* olfaktör; ~er
Rezeptor *(Eng: olfactory receptor)*
olfaktör reseptör; <*Syn*→
Geruchsrezeptor> koku reseptörü;
~e **Wahrnehmung** olfaksiyon;
<*Syn*→ **Riechwahrnehmung**> koku
alma; ~es **Gedächtnis** koku hafızası

Oligoanurie→ **Oligurie**

Oligonukleotid *nt (in der
Molekularbiologie)* oligonükleotit

Oligurie *f* <*Syn*→ **Oligoanurie**> *(in
der Nephrologie: geringe
Harnmenge)* oligüri

Omentum *nt anat* omentum

Omikron-Untervariante *f (in der
Epidemiologie)* omikron alt varyantı

Omphalitis *f (in der
Kinderheilkunde: Entzündung des
Bauchnabels)* omfalit

onanieren *vi* <*Syn*→ **masturbieren**>
mastürbasyon yapmak; otuz bir
çekmek

Oneirologie *f (in der Psychoanalyse)*
oneiroloji; <*Syn*→ **Traumdeutung**>
rüya yorumu

Onkogen *nt (in der Onkologie:
Krebs-Gen)* onkogen

Onkologe *m* (erkek) onkolog *(kadın)*
Onkologin *f*

Onkologie *f* onkoloji; **internistische**
~ dahili onkoloji

Onkologin *f* (kadın) onkolog

onkologisch *Adj* onkolojik; ~e
Behandlung onkolojik tedavi

238

Onkovirus *nt/m* <*Syn*→ **onkogenes Virus**> *(in der Onkologie)* onkovirüs; <*Syn*→ **Tumorvirus**> tümör virüsü

online *Adj* çevrimiçi

Online-Datenbank *f* çevrimiçi veritabanı

Ontogenese *f* ontogenez; <*Syn*→ **Ontogenie**> ontojeni; **unter ~ wird die Entwicklung eines einzelnen Organismus verstanden** ontogenezden bir organizmanın gelişimi anlaşılır

Ontogenie *f* ontojeni; <*Syn*→ **Ontogenese**> ontogenez

ontogenetisch *Adj* ontojenik

Onychohagie *f* onikofaji; <*Syn*→ **Fingernagelkauen**> tırnak yeme

Onychomykose *f* <*Syn*→ **Nagelmykose**> onikomikoz; <*Syn*→ **Nagelpilz**> tırnak mantarı; **~ ist eine Infektion der Zähen- oder Fingernägel durch dermatophyten (Fadenpilze), Hefepilze ((Sprosspilze) oder Schimmelpilze** onikomikoz, ayak ve el tırnaklarına dermatofit yoluyla bulaşan mantar enfeksiyonudur

Oocyt→ **Oozyt**

Oophoritis *f (in der Gynäkologie)* ooforit; <*Syn*→ **Eierstockentzündung**> yumurtalık iltihabı

Oozyt *m* <*Syn*→ **Oocyt** → **Oozyte**> *(in der Embryologie)* oosit; <*Syn*→ **unreife Eizelle**> olgunlaşmamış yumurta hücresi

Oozyte→ **Oozyt**

OP[1]→ **Operation**

OP[2]→ **Operationssaal**

OP-Besteck→ **Operationsbesteck**

Operateur *m (in der Chirurgie)* (erkek) operatör

Operateurin *f (in der Chirurgie)* (kadın) operatör

Operation *f* <*kurz*→ **OP**[1]> ameliyat; operasyon; **~ am offenen Herzen** açık kalp ameliyatı

Operationsbericht *m* ameliyat raporu

Operationsbesteck *nt* <*Syn*→ **chirurgische Instrumente**; *kurz*→ **OP-Besteck**> ameliyathane cihazları

Operationshaube *f* ameliyat bonesi; cerrahi bone

Operationsindikation *f* ameliyat endikasyonu

Operationsinstrument *nt* <*Syn*→ **chirurgisches Instrument**> cerrahi alet

Operationsrisiko *nt* ameliyat riski

Operationssaal *m* <*kurz*→ **OP**[2]> ameliyathane

Operationstechnik *f* ameliyat tekniği

Operationstisch *m* <*kurz*→ **OP-Tisch**> ameliyat masası

Operationswunde *f* ameliyat yarası

operativ *Adj* <*Syn*→ **chirurgisch**> cerrahi; ameliyat ile; ameliyatla; **~er Eingriff** <*Syn*→ **chirurgischer**

Eingriff> cerrahi müdahale; ~ **tätiger Mediziner** operatör; cerrah

Operculum *nt* operkulum

Operculum frontale *nt* frontal operkulum

Operculum temporale *nt* temporal operkulum

Operon *nt (in der Genetik)* operon

Opferbeschuldigung *f* <*Syn*→ **Täter-Opfer-Umkehr** → **Opferschelte**> *(in der Sozialpsychologie)* kurbanı suçlama

Opferschelte→ **Opferbeschuldigung**

OP-Haube→ **Operationshaube**

Opiat *nt (in der Pharmakologie)* opiat

OP-Maske *f* <*Syn*→ **chirurgische Maske**> cerrahi maske

ophthalmisch *Adj* oftalmik

Ophthalmologe *m* (erkek) oftalmolog; <*Syn*→ **Augenarzt**> (erkek) göz hekimi

Ophthalmologie *f* <*Syn*→ **Augenheilkunde**> oftalmoloji

Ophthalmologin *f* (kadın) oftalmolog; <*Syn*→ **Augenärztin**> (kadın) göz hekimi

ophthalmologisch *Adj* oftalmolojik; ~**e Therapie** oftalmolojik terapi

Ophthalmopathie *f* <*Syn*→ **Exophthalmus** → **Protrusio bulbi**> *(in der Augenheilkunde: hervorstehende Augen)* ekzoftalmi; <*umg*→ **Glotzauge** →

Glubschauge> patlak göz; pörtlek göz

Opioid *nt* opioid; **synthetisches** ~ sentetik opioid

Opioidentzug *m* opioid yoksunluğu

Opioidrezeptor *m* opioid reseptörü

Opium *nt* <*Syn*→ **Mohnsaft**> afyon; ~ **wird gewonnen aus den Samenkapseln des Schlafmohns (Papaver somniferum)** afyon, haşhaş (Papaver somniferum) kapsüllerinden elde edilir

OP-Maske *f* ameliyat maskesi

opportunistisch *Adj* fırsatçı; ~**e Infektion** *(in der Epidemiologie)* fırsatçı enfeksiyon; ~**er Parasit** *(in der Epidemiologie)* fırsatçı parazit

Optiker *m* <*Syn*→ **Augenoptiker**> (erkek) optisyen; gözlükçü

Optikerin *f* <*Syn*→ **Augenoptikerin**> (kadın) optisyen; gözlükçü

optimieren *vt* optimize etmek

Optimierung *f* optimizasyon; **die** ~ **von Operationen** *(in der robotischen Chirurgie)* ameliyatların optimizasyonu

OP-Tisch *m* <*Syn*→ **Operationstisch**> ameliyat masası

optisch *Adj* optik; ~**e Halluzination** *(in der Psychopathologie)* optik halüsinasyon; görsel halüsinasyon; ~**e Kohärenztomographie** *(in der Augenheilkunde)* optik koherens tomografi

Oralpathologie *f* oral patoloji

Oralsex *m* <*Syn*→ **Oralverkehr**>
(Sexualpraktiken) oral seks

Oralverkehr *m* <*Syn*→ **Oralsex**>
(Sexualpraktiken) oral seks

Orangenhaut *f* <*Syn*→ **Cellulite** →
Apfelsinenhaut → **Zellulitis**> *(Lat:
Adipositas oedamatosa) (in der
Dermatologie)* selülit

Orbita *f* orbita; <*Syn*→
Augenhöhle> göz çukuru; **die ~
wird von sieben Knochen gebildet**
orbita yedi kemikten oluşur

Orchiektomie *f (in der Urologie)*
orşiektomi

Orchitis *f* <*Syn*→
Hodenentzündung> *(in der
Urologie)* orkit

Organ *nt* organ; **inneres ~** iç organ

Organabstoßung *f* organ reddi

Organbildung *f (in der
Entwicklungsbiologie)* organ
oluşumu; <*Syn*→ **Organogenese**>
organogenez

Organell *nt* organel

Organentwicklung *f (in der
Entwicklungsbiologie)* organ
gelişimi; <*Syn*→ **Organogenese**>
organogenez

organisch *Adj* <*Ant*→ **anorganisch**>
organik; **~e Chemie** organik kimya;
~e Psychiatrie organik psikiyatri; **~e
Verbindungen** organik bileşikler;
~es Gewebe organik doku

Organismus *m* organizma

Organogenese *f (in der
Entwicklungsbiologie)* organogenez;
<*Syn*→ **Organbildung**> organ

oluşumu; <*Syn*→
Organentwicklung> organ gelişimi

Organokatalyse *f (in der
organischen Chemie)* organokataliz

Organspende *f* organ bağışı

Organspender *m* (erkek) organ
bağışlayıcısı; organ bağışçısı; organ
bağışlayıcı; organ donörü

Organspenderin *f* (kadın) organ
bağışlayıcısı; organ bağışçısı; organ
bağışlayıcı; organ donörü

Organtransplantation *f* organ nakli;
organ transplantasyonu

Organversagen *nt* organ yetmezliği;
multiples ~ çoklu organ yetmezliği

Orientierung *f* yönelim;
oryantasyon; **sexuelle ~** <*Syn*→
Sexualorientierung> cinsel yönelim;
die ~ verlieren *(in der Psychiatrie
und der Neurologie)* oryantasyonu
kaybetmek; **räumliche ~** uzaysal
oryantasyon

Orientierungsstörung *f* oryantasyon
bozukluğu

Originalmedikament→
Originalpräparat

Originalpräparat *m* <*Ant*→
Nachahmerpräparat →
Generikum> orijinal ilaç

Oro-fazio-digitales-Syndrom *nt*
ağız-yüz-parmak sendromu; <*Syn*→
Mohr-Syndrom> Mohr sendromu

Oropharynx *m* <*Syn*→
Mundrachen> *(Lat: Oropharynx;
Mesopharynx; Pars oralis pharyngis)
(im Verdauungsapparat)* orofarinks

241

orotracheal *Adj (durch den Mund in die Luftröhre)* orotrakeal; ~e **Intubation** orotrakeal entübasyon

Orphan-Arzneimittel *pl* yetim ilaçlar

Orthese *f* ortez

Orthesenbehandlung *f* ortez tedavisi

Orthodontic *f* <*Syn*→ **Kieferorthopädie**> ortodonti

orthodontisch *Adj* <*Syn*→ **kieferorthopädisch**> ortodontik; ~e **Behandlung** ortodontik tedavi

Orthopäde *m* (erkek) ortoped; (erkek) ortopedi uzmanı

Orthopädietechnikerin *f* (kadın) ortopedi teknisyeni

Orthopädie *f* ortopedi

Orthopädietechniker *m* (erkek) ortopedi teknisyeni

Orthopädietechnikerin *f* (kadın) ortopedi teknisyeni

Orthopädin *m* (kadın) ortoped; (kadın) ortopedi uzmanı

orthopädisch *Adj* ortopedik; ~e **Chirurgie** ortopedik cerrahi; ~e **Einlegesohlen** ortopedik tabanlıklar; ~e **Reha** ortopedik rehabilitasyon

Orthopnoe *f (in der Pulmonologie: Atemnot, in der nur bei aufrichtetem Oberkörper genügend Atemluft in die Lunge gelangt)* ortopne

orthostatisch *Adj* ortostatik; ~e **Hypotonie** ortostatik hipotansiyon; ~e **Synkope** ortostatik senkop; ~er **Kollaps** ortostatik kollaps

örtliche Betäubung <*Syn*→ **Lokalanästhesie**> lokal anestezi

Osmoregulation *f (in der Zellbiologie)* osmoregülasyon

Osmose *f* osmoz

osmotisch *Adj* osmotik; ~e **Hämolyse** osmotik hemoliz; ~er **Druck** osmotik basınç

Ösophagoskopie *f (in der Gastroenterologie: Endoskopie der Speiseröhre)* yemek borusu endoskopisi

Ösophagus *m (Lat: Oesophagus)* özofagus; <*Syn*→ **Speiseröhre**> yemek borusu

Ösophaguskarzinom *nt* özofagus kanseri; <*Syn*→ **Speiseröhrenkrebs**> yemek borusu kanseri

Ösophagusmuskulatur *f* özofagus kasları

Ösophagusobstruktion *f (Lat: Obstructio oesophagi)* özofagus tıkanması

Ösophagussphinkter *m (in der Gastroenterologie)* özofagus sfinkteri

Ösophagusstenose→ **Ösophagus-Stenose**

Ösophagus-Stenose *f (in der Gastroenterologie)* özofagus stenozu; **peptische** ~ peptik özofagus stenozu; **bei einer peptischen** ~ **ist die Speiseröhre verengt, weil Magensäure in die Speiseröhre fließt** peptik özofagus stenozunda, yemek borusuna gastrik asit aktığı için yemek borusu daralmıştır

242

Ösophagusvarizen *pl (in der Gastroenterologie)* özofagus varisleri

Osseointegration *f (in der Kieferchirurgie)* osseointegrasyon

Ossifikation *f (in der Osteologie: Bildung von Knochengewebe)* ossifikasyon; **enchondrale** ~ enkondral ossifikasyon

Osteitis *f <Syn→* **Ostitis**> *(in der Orthopädie und der Zahnmedizin: Knochenentzündung)* ostit

Osteoarthritis *f <Syn→* **Osteoarthrose**> osteoartrit; dejeneratif artrit; *<Syn→* **Arthrose → Arthrosis**> artroz

Osteoarthrose→ **Osteoarthritis**

Osteoarthrosis→ **Osteoarthritis**

Osteoid *nt (in der Histologie)* osteoid

Osteoid-Osteom *nt* osteoid osteoma

Osteoklasie *f <Syn→* **Korrekturosteotomie →** **Umstellungs-Osteotomie**> *(in der Orthopädie und der Chirurgie: Durchtrennen eines (z.B. fehlverheilten) Knochens, um die normale Knochenanatomie herzustellen)* osteoklazi

Osteoklast *m* osteoklast

Osteologie *f* osteoloji; *<Syn→* **Knochenlehre**> kemikbilim

Osteom *nt* osteoma; ~**e sind gutartige Knochentumore** osteomalar, iyi huylu kemik tümörleridir

Osteomalazie *f (in der Orthopädie: Knochenerweichung)* osteomalazi

Osteomyelitis *f (in der Orthopädie und der Zahnmedizin: Knochenmarkentzündung)* osteomiyelit

Osteonekrose *f <Syn→* **Knochennekrose**> *(in der Orthopädie)* kemik nekrozu

Osteopath *m (in der Alternativmedizin)* (erkek) osteopat

Osteopathie *f (in der Alternativmedizin)* osteopati

Osteopathin *f (in der Alternativmedizin)* (kadın) osteopat

osteopathisch *Adj* osteopatik; ~**e Behandlung** osteopatik tedavi; ~**e Medizin** osteopatik tıp

Osteoporose *f* osteoporoz; *<Syn→* **Knochenschwund**> kemik erimesi; ~ **mit pathologischer Fraktur** patolojik kırıklı osteoporoz; **die** ~ **ist eine Störung im Knochenstoffwechsel** osteoporoz, kemik metabolizmasında bir bozukluktur

Osteosarkom *nt <Syn→* **osteogenes Sarkom**> *(in der Onkologie)* osteosarkom

Osteosynthese *f (in der Orthopädie und der Unfallchirurgie: operative Zusammensetzung von Knochen)* osteosentez

Osteotom *nt (in der Chirurgie: Instrument zur Durchtrennung von Knochen)* osteotom

Osteotomie *f (in der Chirurgie: Durchtrennung von Knochen)* osteotomi

Ostitis *f* <*Syn*→ Osteitis> *(in der Orthopädie und der Zahnmedizin: Knochenentzündung)* ostit

Östrogen *nt* östrojen; ~e sind weibliche Geschlechtsorgane östrojen, dişi cinsiyet hormonudur

Östrogen-Ersatztherapie *f* östrojen ikame tedavisi

Östrogenmangel *m* östrojen eksikliği

Östrogenmenge *f* östrojen miktarı

Östrogenrezeptor *m* östrojen reseptörü

Östrogenspiegel *f* östrojen düzeyi

Oto-Rino-Laryngologie *f* otorinolarengoloji; otolarengoloji; <*Syn*→ Hals-Nasen-Ohren-Heilkunde> kulak burun boğaz (hekimliği); kulak burun boğaz (tıbbı)

oval *Adj* oval; ~es Fenster <*Syn*→ Fenestra ovalis → Vorhoffenster> *(Lat: Fenestra vestibuli)* oval pencere

Ovar *nt* <*Syn*→ Eierstock> *(Lat: Ovarium) (in der Gynäkologie)* yumurtalık

Ovarialfollikel *m* <*Syn*→ Eierstockfollikel → Eifollikel → Eibläschen> *(in der Gynäkologie)* yumurtalık folikülü; <*kurz*→ Follikel> folikül

Ovarialkarzinom *nt* <*Syn*→ Eierstockkrebs> yumurtalık kanseri

Ovarialzyste *f* <*Syn*→ Eierstockzyste> *(in der Gynäkologie)* yumurtalık kisti

Ovarreserve→ Eierstockreserve

Ovulation *f* <*Syn*→ Eisprung → Follikelsprung> *(in der Gynäkologie)* ovülasyon

Oxidation→ Oxydation

oxidativ *Adj* oksidatif; ~er Stress *(in der Geriatrie und der Zellbiologie)* oksidatif stres

oxidieren *vt* <*Ant*→ reduzieren> *chem* yükseltgemek; oksitlemek

Oxydation *f* <*Ant*→ Reduktion> oksidasyon; yükseltgenme; ~ ist eine chemische Reaktion, bei der ein Ion oder ein Atom mehrere Elektronen abgibt und seinen Oxidationszustand erhöht yükseltgenme, bir iyon veya bir atomun birden çok elektron verdiği ve yükseltgenme durumunu yükselttiği bir kimyasal tepkimedir

Oxydationsmittel *nt* < *Ant*→ Reduktionsmittel> *chem* oksitleyici madde; yükseltgen madde; <*Syn*→ Oxidans → Oxidator> oksidan; oksitleyen; ~ ist eine Substanz, die andere Substanzen oxidieren kann und dabei selbst reduziert wird yükseltgen madde, başka bir türden madde yükseltgenebilip kendisi indirgenir

Oxydationsreaktion *f* oksidasyon reaksiyonu; yükseltgenme tepkimesi
Oxydationsstufe *f* oksidasyon basamağı; yükseltgenme basamağı

Oxydationszustand *m* oksidasyon durumu; yükseltgenme durumu

Oxidoreduktase *f chem* oksidoredüktaz; ~n katalysieren Redoxreaktionen oksidoredüktazlar, redoks reaksiyonlarını katalize eder

Ozontherapie *f (in der Alternativmedizin)* ozon terapisi

P

Pacemaker *m <Syn→* Herzschlrittmacher> *(in der Kardiologie)* kalp pili

Packungsbeilage *f <Syn→* Beipackzettel → Gebrauchsinformation → Patienteninformation; *umg→* Waschzettel> prospektüs

Pädiater *m* (erkek) pediatrist; (erkek) pediyatrist

Pädiaterin *f* (kadın) pediatrist; (kadın) pediyatrist

Pädiatrie *f <Syn→* Kinderheilkunde> pediyatri; pediatri

Pädiatrik→ Pädiatrie

pädiatrisch *Adj* pediatrik; ~e Kardiologie pediatrik kardiyoloji; ~e Nephrologie pediatrik nefroloji

Pädophilie *f* pedofili; sübyancılık

palatinal *Adj (gaumenseitig) anat* palatinal

palliativ *Adj* palyatif; ~e Behandlung palyatif tedavi

Palliativmedizin *f* palyatif tıp

Palliativoperation *f* palyatif ameliyat

Palliativpflege *f* palyatif bakım

Palliativversorgung *f (Lat: Cura palliativa; Eng: palliative care)* palyatif bakım

Pallium *f <Syn→* Hirnmantel> palyum; *<Syn→* Hirnrinde → Kortex → Cortex> *(Lat: cortex)* korteks

Pallor mortis *m (in der Pathologie)* Pallor mortis; *<Syn→* Leichenblässe> ölüm solgunluğu

Palma manus *f anat* Palma manus;*<Syn→* Hohlhand> avuç içi

Palmaraponeurose *f <Syn→* Hohlhandsehne> *(Lat: Aponeurosis palmaris)* palmar aponöroz

Palmarflexion *f anat* palmar fleksiyon; ~ ist die Beugung der Finger zur Handfläche hin palmar fleksiyon, el parmaklarının avuç içine doğru bükülmesidir

Palmitinsäure *f (Formel: $C_{16}H_{32}O_2$)* palmitik asit

Palpation *f (bei der körperlichen Untersuchung)* palpasyon; *<Syn→* Abtasten> elle dokunma; die ~ folgt die Inspektion palpasyon, inspeksiyondan sonra gelir

palpieren *vt (bei der körperlichen Untersuchung)* palpe etmek; *<Syn→* abtasten> elle dokunmak; elle yoklamak

Palpitation *f (in der Kardiologie)* palpitasyon; *<Syn→* Herzklopfen> *(Lat: Palpitatio cordis)* kalp çarpıntısı

Panaritium *nt <Syn→* Paronychia plegmonosa → Paronychie> *(in der Dermatologie und der Chirurgie)* paronişi; *<Syn→* Nagelgeschwür → Umlauf > dolama

Pandemie *f* pandemi

pandemisch *Adj* pandemik

Panik *f (in der Psychiatrie)* panik; **in ~ geraten** paniğe kapılmak

Panikattacke *f (in der Psychiatrie)* panik atak

Panikstörung *f (in der Psychiatrie)* panik bozukluk

Pankreas *nt <Syn→* **Bauchspeicheldrüse>** *(Lat: pancreas)* pankreas

Pankreas-Amylase *f (in der Verdauungsphysiologie)* pankreas amilazı

Pankreasentzündung→ **Pankreatitis**

Pankreasinseln *pl <Syn→* **Langerhans-Inseln>** *(in der Bauchspeicheldrüse)* Langerhans adacıkları

Pankreasinsuffizienz *f* pankreas yetmezliği; **exokrine ~** ekzokrin pankreas yetmezliği

Pankreaskarzinom *nt* pankreas karsinomu; *<Syn→* **Bauchspeicheldrüsenkrebs>** pankreas kanseri

Pankreaskopf *m (Lat: Caput pancreatis)* pankreas başı *a.*

Pankreaskörper *m (Lat: Corpus pancreatis)* pankreas gövdesi

Pankreaslipase *f* pankreatik lipaz

Pankreaslschwanz *m (Lat: Cauda pancreatis)* pankreas kuyruğu

Pankreatitis *f <Syn→* **Pankreasentzündung** → **Bauchspeicheldrüsen-entzündung>** pankreatit; **idiopathische ~** idiyopatik pankreatit; **nekrotisierende ~** nekrotizan pankreatit

Pantoprazol *nt (Formel: $C_{16}H_{15}F_2N_3O_4S$) (in der Pharmazie: zur Behandlung vom Refluxösophagitis)* pantoprazol

Pansen *m (Lat: pantex)* işkembe; *<Syn→* **Rumen>** rumen

Panzytopenie *f (in der Hämatologie:im Blutbild)* pansitopeni; **~ ist eine Zellzahlabnahme der weißen, der roten Blutkörperchen und der Blutplättchen** pansitopeni, akyuvar, alyuvar ve trombosit hücrelerinin sayısının azalmasıdır

Papillenödem *nt (in der Neurologie)* papil ödem; papiller ödemi

papulär *Adj* papüler; **~e Läsionen** *(in der Nosologie)* papüler lezyonlar; **~er Ausschlag** *(in der Dermatologie)* papüler döküntü

Paralyse *f* paralizi; *<Syn→* **Lähmung>** felç; *<Syn→* **Plegie>** pleji

paralysieren *vt* paralize etmek

paralysiert *Adj* paralize; **~e Organe** paralize organlar

paralytisch *Adj* paralitik; **~er Ileus** *(in der Gastroenterologie)* paralitik ileus

Paramedic *m (in der Notfallmedizin)* paramedik; *(Eng: emergency medical technician)* acil tıp teknisyeni; ambulans ve acil bakım teknikeri;

<Syn→ **Notfallsanitäter**> acil bakım teknikeri; <Syn→ **Rettungssanitäter**> ambulans teknikeri

Parameter *m* parametre; **klinische** ~ klinik parametreler

Parametritis *f (in der Gynäkologie)* parametrit

Parametrium *nt anat* parametriyum

Parametriumscheere *f* parametriyum makası

Paramnesie *f (in der Psychiatrie: Gedächtnisstörung)* paramnezi

Paranoia *f* paranoya

paranoid *f* paranoid; paranoyak; ~e **Persönlichkeitsstörung** paranoid kişilik bozukluğu

Paraparese *f* paraparezi; **tropische spastische** ~ tropikal spastik paraparezi

Paraphasie *f (in der Psychopathologie)* parafazi

Paraphilie *f psych* parafili

Paraplegie *f (in der Neurologie)* parapleji; <Syn→ **Querschnitt(s)lähmung**> belden aşağı felç; omurilik felci

Parapsychologie *f* parapsikoloji

Parasit *m* parazit; <Syn→ **Schmarotzer**> asalak; **obligater** ~ zorunlu parazit; **opportunistischer** ~ *(in der Epidemiologie)* fırsatçı parazit; **stationärer** ~ daimi parazit; **temporärer** ~ geçici parazit

parasitär *Adj* paraziter; <Syn→ **parasitisch**> parazitik; ~e

Krankheit paraziter hastalık; <Syn→ **Parasitose**> parazitoz; ~**er Wurm** parazitik solucan

Parasitismus *m* parazitlik; <Syn→ **Schmarotzertum**> asalaklık

parasitisch *Adj* parazitik; <Syn→ **parasitär**> paraziter

Parasitologe *m* (erkek) parazitolog

Parasitologie *f* parazitoloji; asalak bilimi

Parasitologin *f (kadın)* parazitolog

Parasitose *f* parazitoz; <Syn→ **parasitäre Krankheit**> paraziter hastalık

Parasomnie *f* parasomni

Parasympathikus *m (in der Neurobiologie)* parasempatik sinir sistemi

Parathormon *nt* <Syn→ **Nebenschilddrüsenhor-mon**> parathormon; <Syn→ **Parathyrin**> *(Eng: parathyroid hormone)* paratiroid hormon; <kurz→ **PTH**> PTH

Parathyrin *nt* <Syn→ **Nebenschilddrüsenhor-mon**> *(Eng: parathyroid hormone)* paratiroid hormon; <Syn→ **Parathormon**> parathormon; <kurz→ **PTH**> PTH

Paratyphus *m* paratifo

Paratyphus-Erreger *m* paratifo etkeni

Parenchym *nt (Eng: parenchyma) (in der Histologie und der Zellularpathologie)* parankima

247

Parenchymgewebe *nt (in der Histologie und der Zellularpathologie)* parankima dokusu

Parenchymzelle *f (in der Histologie und der Zellularpathologie)* parankima hücresi

parenteral *Adj (in der Intensivmedizin: unter Umgehung des Magen-Darm-Kanals)* parenteral; **~e Ernährung** parenteral beslenme

Parese *f (in der Neurologie)* parezi; *<Syn→* **Lähmung>** felç; **supranukleäre ~** supranükleer felç

Parietallappen *m <Syn→* **Scheitellappen>** *(Lat: Lobus parietalis) (in der Neuroanatomie)* parietal lob; paryetal lob

Parietalzellen *pl* paryetal hücreler

Parkinsontremor *m (in der Neurologie))* Parkinson tremoru

Parodontose→ Parodontitis

Parodontitis *f (Eng: periodontitis)* periodontitis; piyore

Parodontium *nt <Syn→* **Zahnhalteapparat>** *(Eng: periodontium)* periodonsiyum

Parodontologie *f (Eng: periodontology)* periodontoloji

Paro-Endo-Läsionen *pl (in der Zahnmedizin)* periodontal-endodontal lezyonlar

Paronychia plegmonosa *nt <Syn→* **Paronychie → Panaritium>** *(in der Chirurgie)* paronişi; *<Syn→* **Nagelgeschwür → Umlauf >** dolama

Paronychie *f <Syn→* **Paronychia plegmonosa → Panaritium>** *(in der Chirurgie)* paronişi; *<Syn→* **Nagelgeschwür → Umlauf >** dolama

Parotis *f <Syn→* **Glandula parotis>** *(Lat: Glandula parotidea)* parotis bezi; *<Syn→* **Ohrspeicheldrüse>** kulak altı bezi

Pars cardiaca *f <Syn→* **Cardia → Kardia>** *anat* kardia; *<Syn→* **Mageneingang>** mide kapısı

partiell *Adj <Ant→* **komplett>** kısmen; parsiyel; **~e Blasenmole** *(in der Gynäkologie und der Onkologie)* parsiyel mol hidatiform

passiv *Adj <Ant→* **aktiv>** pasif; **~e Übertragung** *<Syn→* **mechanische Übertragung;** *Ant→* **aktive Übertragung>** *(in der Epidemiologie)* mekanik nakil; **~es Rauchen** pasif tütün içimi

passiv-aggressiv *Adj* pasif agresif; **~e Persönlichkeitsstörung** pasif agresif kişilik bozukluğu

Pasta *f (in der Pharmazie)* macun

Pastille *f* pastil

Patella *f (Lat: patella)* anat patella; *<Syn→* **Kniescheibe>** diz kapağı

Patellaluxation *f (Lat: Luxatio patellae) (in der Orthopädie)* patella çıkığı; diz kapağı çıkması

Patellarreflex→ Patellarsehnenreflex

Patellarsehnenreflex *m <Syn→* **Kniesehnenreflex>** patella refleksi; diz kapağı refleksi

248

Pathogen *nt (in der Mikrobiologie)* patojen; **abgetötete** ~ öldürülen patojenler

pathogen *Adj <Syn→* **krankheitserregend** → **krankheitserzeugend>** *(in der Mikrobiologie: krank machend)* patojen; patojenik; **~e Bakterien** patojenik bakteriler

Pathogenese *f <Syn→* **Genese>** *(in der Pathologie)* patogenez

Pathogenie→ **Pathogenese**

Pathogenität *f* patojenlik; **die ~ eines Krankheitserregers** bir mikrobun patogenliği

Pathologe *m* (erkek) patolog

Pathologie *f* patoloji; **anatomische ~** anatomik patoloji; **digitale ~** dijital patoloji; **klinische ~** klinik patoloji; **makroskopische ~** makroskopik patoloji; **mikroskopische ~** mikroskopik patoloji

Pathologin *f* (kadın) patolog

pathologisch *Adj* patolojik; *<Syn→* **krankhaft>** hastalıklı; **~e Anatomie** patolojik anatomi; **~e Diagnose** patoloji tanısı; **~e Fraktur** *<Syn→* **Spontanfraktur>** *(in der Hämatologie und der Onkologie)* patolojik kırık; **~e Physiologie** patofizyoloji

Pathophysiologie *f* patofizyoloji

pathophysiologisch *Adj* patofizyolojik

Patient *m* (erkek) hasta

Patientenakte *nt* hasta dosyası; **elektronische ~** elektronik hasta dosyası

Patientenblut *nt* hasta kanı

Patientenbrief *m <Syn→* **Befundbericht** → **Arztbericht>** epikriz raporu

Patienteninformation *f <Syn→* **Beipackzettel** → **Packungsbeilage** → **Gebrauchsinformation**; *umg→* **Waschzettel>** prospektüs

Patientenhistorie *f <Syn→* **Krankengeschichte>** hasta geçmişi

Patientenmitarbeit *f* hastanın kooperasyonu

Patientenpflege *f <Syn→* **Krankenpflege>** hasta bakımı

Patientenrechte *pl* hasta hakları

Patientensicherheit *f* hasta güvenliği

Patientensimulation *f* hasta simülasyon

Patientenverfügung *f* hasta tasarrufu

Patientenzimmer *nt* hasta odası

Patientin *f* (kadın) hasta

Paukenerguss *m (Eng: secretory otitis media) (in der HNO: eine Ansammlung von Flüssigkeit im Tympanon)* efüzyonlu otit media

Paukenhöhle *f <Syn→* **Tympanon>** *(Lat: Cavum tympani) (in der HNO: Höhle im Mittelohr)* timpan boşluğu; timpanik boşluk

Paukensaite *f <Syn→* **Chorda tympani>** *(Lat: Chorda tympani)* korda timpani

PCR *f <Syn→* **Polymerase-Kettenreaktion>** *(Eng: polymerase*

*chain reaction) (in der
Molekularbiologie)* polimeraz zincir
tepkimesi (PCR)

Pediküre *f <Syn→* **Fußpflege>**
pedikür

Pen *m (in der Diabetologie bei der
Insulintherapie)* kalem[2]; enjeksiyon
kalemi

penetrierend *Adj* penetran; **~es
Trauma** *<Ant→* **stumpfes Trauma>**
penetran travma

Penicillin *nt (Lat: penicillium)*
penisilin

Penicillinallergie *f* penisilin alerjisi

Penisvorhaut *f <Syn→* **Vorhaut>**
sünnet derisi; *(Lat:
praeputium/preputium)* prepüs

Peptid *nt* peptit

Peptidbindung *f (in der Biochemie)*
peptit bağ

Peptidhormone *pl <Syn→*
Proteohormone> peptit hormonları

Peptidkette *f (in der Bioinformatik)*
peptit zinciri

Peptidsequenzierung *f* peptit
dizilemesi

Peptidsynthese *f* peptit sentezi

peptisch *Adj* peptik; **~e Stenose** *(in
der Gastroenterologie)* peptik darlık;
~es Geschwür peptik ülser

Perforation *f <Syn→* **Perforierung>**
(Lat: perforatio) perforasyon;
<Syn→ **Durchbruch>** delinme

Perfusion *f* perfüzyon

Perfusionslösung *f* perfüzyon
solüsyonu

Perfusor *f (Instrument in der
Intensivmedizin)* perfüzör; perfüzör
cihazı; *<Syn→* **Spritzenpumpe>**
enjektör pompası; perfüzyon
pompası; şırınga pompası;
enjektomat

perianal *Adj (anat: in der Umgebung
des Afters gelegen)* perianal; **~er
Abszess** perianal apse

Perichondrium *nt (in der
Histologie)* perikondriyum; *<Syn→*
Knorpelhaut> kıkırdak zarı

Periduralanästhesie *f <Syn→*
Epiduralanästhesie> epidural
anestezi

Perikard *nt <Syn→* **Perikardium →
Herzbeutel>** *(Lat: Pericardium) (in
der Kardiologie)* perikard;
perikardiyum

Perikarderguss *m <Syn→*
Herzbeutelerguss> *(Eng:
pericardial effusion)* perikard
effüzyonu

Perikardhöhle *f* perikardiyal boşluk

Perikarditis *f (in der Kardiologie)*
perikardit; *<Syn→*
Herzbeutelentzündung> perikard
iltihaplanması; **~ ist die Entzündung
des Herzbeutels** perikardit,
perikardın iltihaplanmasıdır

Perikardium *nt <Syn→* **Perikard →
Herzbeutel>** *(Lat: Pericardium) (in
der Kardiologie)* perikard;
perikardiyum

Perikardium fibrosum *nt (in der
Kardiologie)* fibröz perikardiyum

Perikardium serosum *nt (in der Kardiologie)* seröz perikardiyum

Perikardtamponade *f* perikardiyal tamponad; *<Syn→* **Herzbeuteltamponade** → **Herztamponade>** kardiyak tamponad

Perikaryon *nt (in der Zellbiologie)* perikaryon

Perimenopause *f* perimenopoz

Perimetrie *f* perimetri

perinatal *Adj* perinatal

Perinatalmedizin *f <Syn→* **Perinatologie>** perinatoloji

Perinatalperiode *f (in der Gynäkologie: der Zeitraum zwischen der 22. Schwangerschaftswoche und dem 7. Tag nach der Geburt)* perinatal dönem

Perineotomie *f <Syn→* **Dammschnitt>** *(in der Gynäkologie und der Geburtshilfe)* perineotomi; *<Syn→* **Episiotomie>** epizyotomi

Perineum *nt <Syn→* **Damm** → **Mittelfleisch>** perine

Perineurium *nt anat* perinöryum

perinukleär *Adj (in der Zellanatomie: den Zellkern umgebend)* perinükleer *sf.*; ~e **Zisterne** perinükleer sarnıç

Periode[1] *f* dönem

Periode[2] *f (in der Gynäkologie)* aybaşı; *<Syn→* **Monatsblutung** aybaşı kanaması; *<Syn→* **Menstruation>** *(Lat: menstruatio) (in der Gynäkologie)* âdet; menstrüasyon; hayız; regl;

Ausbleiben der ~ aybaşı kanamasının yokluğu

Periode[3] *f (des Periodensystems)* periyot

Periodenbecher *m <Syn→* **Menstasse** → **Menstruationsglocke** → **Menstruationsbecher** → **Menstruationstasse>** *(Hygieneartikel in der Gynäkologie)* regl kabı; *(Eng: menstrual cup)* menstrual bardak

Periodensystem *nt* periyodik tablo

periodontal *Adj* periodontal; ~es **Ligament** *(Lat: Fibra periodontalis) (in der Zahnmedizin)* periodontal ligament

Periodontium *nt <Syn→* **Wurzelhaut>** *(Eng: periodontium) (in der Zahnmedizin)* periodonsiyum

perioperativ *Adj* perioperatif

perioral *Adj (in der Dermatologie, um den Mund herum)* perioral; ~e **Dermatitis** perioral dermatit; ~e **Muskulatur** perioral kaslar

Periost *m* periost; *<Syn→* **Knochenhaut>** kemik zarı

peripher *Adj* çevriesel; ~e **Membranproteine** *<Ant→* integrale **Membranproteine>** *(in der Zellbiologie)* çevriesel zar proteinleri; ~e **Sauerstoffsättigung** çevriesel oksijen doyumu; ~es **Nervensystem** *(in der Neurobiologie)* çevriesel sinir sistemi; ~e **Toleranz** *(in der Immunologie)* periferal tolerans; ~es **Sehen** *(in der Augenheilkunde)* çevriesel görme

periradikulär *Adj* periradiküler; ~e **Therapie** *(in der Radiologie)* periradiküler terapi

251

Peristaltik *f (in der Verdauungsphysiologie: bezeichnet die Muskeltätigkeit verschiedener Hohlorgane)* peristaltizm

peristaltisch *Adj* peristaltik; ~er **Reflex** *(in der Verdauungsphysiologie)* peristaltik refleks

Peritonaeum→ **Peritoneum**

Peritonealdialyse *f <Syn→* **Bauchfelldialyse>** *(in der Nephrologie)* periton diyalizi

Peritonealgravidität *f <Syn→* **Abdominalgravidität >** *(in der Gynäkologie)* abdominal gebelik

Peritonealhöhle→ **Peritonealraum**

Peritoneallavage *f <Syn→* **Bauchspülung** → **Abdominallavage** → **abdominale Lavage >** *(in der Gastroenterologie)* periton lavajı; **diagnostische** ~ tanısal periton lavajı

Peritonealraum *m <Syn→* **Peritonealhöhle** → **Bauchfellhöhle>** *(Lat: Cavitas peritonealis/Cavum peritonei)* periton boşluğu; peritoneal boşluk

Peritoneum *nt* peritoneum; periton; *<Syn→* **Bauchfell>** karın zarı; **viszerales** ~ visseral periton

Peritonitis *f (in der Gastroenterologie)* peritonit; *<Syn→* **Bauchfellentzündung>** karın zarı iltihabı: **diffuse** ~ yaygın peritonit; **eitrige** ~ irinli peritonit

periurethral *Adj (in der Urologie und der Geriatrie: um die Harnröhre herum)* periüretral

perivaskulär *Adj (in der Kardiologie: um die Blutgefäße herum (liegend))* perivasküler; ~er **Raum** *(Lat: Spatium perivasculare)* perivasküler boşluk

Perkussion *f (bei der körperlichen Untersuchung)* perküsyon; *<Syn→* **Abklopfen>** vurma; **die** ~ **folgt die Palpation** perküsyon, palpasyondan sonra gelir

Perkussionshammer *m (bei der körperlichen Untersuchung)* perküsyon çekici; *<Syn→* **Reflexhammer>** refleks çekici

perkutan *Adj (in der Dermatologie: über die Haut)* perkütan; ~e **Applikation von Medikamenten** ilaçların deri üzerine uygulanması; ~e **Drainage** perkütan drenaj

permeabel *Adj* geçirgen; **selektiv** ~ *(in der Osmose)* seçici geçirgen; **permeable Membrane** geçirgen membranlar; geçirgen zarlar

Permeabilität *f* permeabilite; geçirgenlik; **selektive** ~ *<Syn→* **Permselektivität>** *(in der Osmose)* seçici geçirgenlik; **vasküläre** ~ vasküler permeabilite; damar geçirgenliği

Permselektivität *f <Syn→* **selektive Permeabilität>** *(in der Osmose)* seçici geçirgenlik

Pernione *f <Syn→* **Frostbeule>** donma şişliği

peroral *Adj (durch den Mund)* ağızdan; ~e **Aufnahme** ağızdan alınma

persistierend *Adj* ısrarcı; ~e **depressive Störung** *f (in der Psychiatrie)* ısrarcı depresif

252

bozukluk; <*Syn*→ **Dysthymie**>
distimi

personalisiert *Adj* kişiselleştirilmiş;
~e Medizin <*Syn*→
individualisierte Medizin>
kişiselleştirilmiş tıp; <*Syn*→
Präzisionsmedizin> hassas tıp

Persönlichkeitseigenschaft *f* <*Syn*→
Persönlichkeitsmerkmal> *psych*
kişilik özelliği

Persönlichkeitsmerkmal→
Persönlichkeitseigenschaft

Persönlichkeitsspaltung *f psych*
kişilik bölünmesi

Persönlichkeitsstörung *f psych*
kişilik bozukluğu; **dissoziative**
~dissosiyatif kişilık bozukluğu;
histrionische ~ histrionik kişilik
bozukluğu; **paranoide** ~ paranoid
kişilik bozukluğu; **passiv-aggressive**
~ pasif agresif kişilik bozukluğu;
schizoide ~ şizoıd kişilik bozukluğu

Pertussis *f (Kinderkrankheit)*
pertussis; <*Syn*→ **Keuchhusten**>
boğmaca

Perücke *f* peruk; peruka

Perzentile *f* persentil

Pes anserinus *m* <*Syn*→ **Gänsefuß**>
(Lat: Pes anserinus) anat kaz ayağı

Pescetarismus *m* pesketaryenlik

Pest *f* veba

Pestbeulen *pl* <*Syn*→ **Bubonen**>
bubolar; hıyarcıklar

Pestizid *nt* pestisit

PET→ **Positronen-Emissions-
Tomographie**

Petechie *f (in der Hämatologie und
der Onkologie)* peteşi

Petrosum *nt* <*Syn*→ **Felsenbein**>
(Lat: Os petrosum) anat petröz
kemik

Pfeiffer-Drüsenfieber *nt* <*Syn*→
infektiöse Mononukleose> *(Lat:
Mononucleosis infectiosa)* enfeksiyöz
mononükleoz

Pfefferminzbonbon *nt (in der
Pharmazie)* naneli pastil

Pfefferminze *f* bahçe nanesi; nane

Pfefferminzöl *nt* nane yağı

Pfortader *f* <*Syn*→ **Pfortvene**>
(Lat: Vena portae) anat portal ven

Pfortaderthrombose *f* vena porta
trombozu; portal tromboz

Pfortvene→ **Pfortader**

Pflanzenheilkunde *f* <*Syn*→
Kräutermedizin> herboloji; otsu
bitki bilimi; <*Syn*→ **Phytotherapie**>
(in der Naturheilkunde) fitoterapi

pflanzlich *Adj* <*Ant*→ **tierisch**>
bitkisel; **~e Arzneimittel** bitkisel
ilaçlar; **~e Fette** bitkisel yağlar

Pflaster *nt* bant; flaster; <*Syn*→
Wundschnellband →
Wundpflaster> yara bandı; <*Syn*→
Heftpflaster> yapışkan bandaj;
transdermales ~ transdermal bant

Pflastertest *m (in der Dermatologie)*
flaster testi

Pflege *f* bakıcılık; bakım

pflegebedürftig *Adj* bakıma muhtaç

Pflegebedürftigkeit *f* bakıma muhtaçlık

Pflegekräfte *pl* bakım elemanları

Pfleger *m* (erkek) bakıcı

Pflegerin *f* (kadın) bakıcı

Pflegeroutine *f* bakım rutini; **tägliche ~** günlük bakım rutini

Pflegezentrum *nt* bakım merkezi

Pflugscharbein *nt anat* sapan kemiği; *<Syn→* **Vomer>** vomer

Pfortader *f <Syn →* **Portalvene>** *(Lat: Vena portae) anat* portal ven; hepatik portal ven

Pförtnerverengerung *f <Syn→* **Magenausgangsstenose>** mide çıkışı darlığı; *<Syn→* **Pylorusstenose>** pilorik stenoz; pilor stenozu

Pfriemenschwanz *m <Syn→* **Madenwurm →** **Aftermade →** **Springwurm>** *(Lat: Enterobius vermicularis) (in der Parasitologie)* kıl kurdu

PH→ pulmonale Hypertonie

Phage *f (in der Virologie)* faj; *<Syn→* **Bakteriophage>** bakteriyofaj

Phagentherapie *f (in der medizinischen Virologie)* faj terapisi

Phagocyt *m <Syn→* **Phagozyt>** *(in der Zellbiologie: Fresszelle)* fagosit

Phagocytose *f <Syn→* **Phagozytose>** *(in der Zellbiologie)* fagositoz

Phagosom *nt (in der Zellbiologie)* fagozom

Phagozyt→ Phagocyt

Phagozytose→ Phagocytose

Phakoemulsifikation *f (in der Augenheilkunde)* fakoemülsifikasyon; fako

Phalanx *f anat* falanks; **distale ~** distal falanks; **mediale ~** medial falanks; **proximale ~** proksimal falanks

Phänotyp *m <Syn→* **Erscheinungsbild>** *(in der Genetik)* fenotip; dışyapı

Phantomgeräusch *nt (Eng: phantom noise) (in der Neurologie bei Tinnitus)* hayalet ses

Phantomglied *nt (in der Neurologie)* hayalet uzuv

Phantomschmerz *m (in der Neurologie)* hayalet uzuv ağrısı; hayalet ağrı

Pharmakodynamik *f* farmakodinami; farmakodinamik, **~ ist Teilgebiet der Pharmakologie** farmakodinami, farmakolojinin alt dalıdır

Pharmakogenetik *f* farmakogenetik

Pharmakognosie *f* farmakognozi

Pharmakokinetik *f (in der Pharmakologie und der Toxikologie)* farmakokinetik

Pharmakologe *m* (erkek) farmakolog

Pharmakologie *f* farmakoloji; eczabilim; **klinische ~** klinik farmakoloji

254

Pharmakologin *f* (kadın) farmakolog

pharmakologisch *Adj* farmakolojik;
~e Behandlung farmakolojik tedavi

Pharmakopöe *f* <*Syn*→
Arzneibuch> farmakope

Pharmakotherapie *f* farmakoterapi

Pharmazeutik→ **Pharmazie**

Pharmazeutikum *nt* farmasötik

pharmazeutisch *Adj* farmasötik; **~e**
Chemie farmasötik kimya; **~er**
Hilfsstoff farmasötik eksipiyan;
<*Syn*→ **Arzneiträgerstoff**>
(Eng/Fr: excipient) eksipiyan

Pharmazie *f* <*Syn*→ **Pharmazeutik**
→ **Arzneikunde**> eczacılık;
klinische ~ klinik eczacılık

Pharyngealbogen *m* <*Syn*→
Kiemenbogen> *(Lat: Arcus*
branchiales) (in der Embyologie)
farengiyal ark; <*Syn*→
Branchialbogen> brankiyal ark

Pharyngitis *f* farenjit; **~ ist die**
Entzündung der
Rachenschleimhaut farenjit, yutak
mukozasının iltihaplanmasıdır

Pharynx *m* farenks; <*Syn*→
Rachen> yutak

Phase[1] *f* evre; aşama; safha;
stationäre ~ *(in der analytischen*
Chemie: bei der Chromatografie)
durağan evre

Phase[2] *f (bei Emulsionen)* faz;
disperse ~ dağılan faz; **latente ~**
<*Syn*→ **Ruhephase**> latent faz

Phasenkontrastmikroskopie *f* faz
contrast mikroskopi

Phasenübergang *m* <*Syn*→
Phasenumwandlung →
Phasentransformation> *(in der*
Thermodynamik) hâl değişimi

Phasentransformation→
Phasenübergang

Phasenumwandlung→
Phasenübergang

Phenol *nt* <*Syn*→ **Hydroxybenzol**>
(Formel: C_6H_6O) (in der organischen
Chemie) fenol; <*Syn*→
Karbolsäure> karbolik asit

Phenylisopropylamin *nt* <*Syn*→
Amphetamin → **Amfetamin**>
(Formel: $C_9H_{13}N$) amfetamin

Phimose *f* <*Syn*→
Vorhautverengung> fimoz; fimosis

pH-Indikatoren *pl chem* pH
belirteçleri

Phlebitis *f (in der Angiologie)* flebit

Phlebologie *f* fleboloji

Phlebotomie *f* flebotomi; <*Syn*→
Aderlass> *(in der*
Medizingeschichte, der Hämatologie
und der Onkologie) hacamat

Phobie *f* fobi

phobisch *Adj* fobik; **~e Störung**
fobik bozukluk

Phosphat *nt chem* fosfat

Phosphatausscheidung *f (Lat:*
Phosphaturie: Ausscheidung von
Phosphaten über den Urin) fosfat
atılımı

Phosphorsäure *f (Formel: H_3PO_4)*
chem fosforik asit

Phosphorsäureester *m chem*
fosforik asit esteri

photisch *Adj* fotik; ~er **Niesreflex**
fotik hapşırık refleksi

Photodermatitis→ **Photodermatose**

Photodermatose *f <Syn*→
Lichtdermatose> *(in der*
Dermatologie) fotodermatoz

Photophobie *f (in der Neurologie)*
fotofobi; *<Syn*→
Lichtempfindlichkeit² →
Lichtscheu> ışık hassasiyeti²

Photorezeptor *m <Syn*→
Fotorezeptor> *(im Auge)*
fotoreseptör

Photorezeptorzelle *f <Syn*→
Fotorezeptorzelle → **Sehzelle**> *(im*
Auge) fotoreseptör hücre

Photosensibilität *f <Syn*→
Photosensitivität> *(in der*
Dermatologie) fotosensitivite
Photosensitivität→
Photosensibilität

Phototaxis *f (in der Zellbiologie)*
fototaksi

PHT→ **pulmonale Hypertonie**

pH-Wert *m (Potential des*
Wasserstoffs) (Lat: Potentia
hydrogenii) chem pH değeri; **hoher** ~
yüksek pH değeri; **niedriger** ~ düşük
pH değeri

phylogenetisch *Adj* filogenetik; ~er
Baum *(in der Taxonomie)* filogenetik
ağaç

Physik *f* fizik; **medizinische** ~
medikal fizik

physikalisch *Adj* fiziksel; ~e **Chemie**
fiziksel kimya

Physiognomie *f anat* fizyonomi

Physiologe *m* (erkek) fizyolog

Physiologie *f* fizyoloji

Physiologin *f* (kadın) fizyolog

physiologisch *Adj* fizyolojik; ~e
Hyperplasie fizyolojik hiperplazi; ~e
Psychologie fizyolojik psikoloji; ~e
Veränderungen fizyolojik
değişiklikler

Physiotherapeut *m* (erkek)
fizyoterapist

Physiotherapeutin *f* (kadın)
fizyoterapist

Physiotherapie *f* fizyoterapi

Phytotherapie *f (in der*
Naturheilkunde) fitoterapi

Pia mater *f (Anatomie des Gehirns:*
zarte Hirnhaut) pia mater; ince zar

Pickel *m umg* sivilce

Pick-Krankheit *f <Syn*→ **Morbus**
Pick> *(in neurodegenerativen*
Erkrankungen) Pick hastalığı;
<Syn→ **frontotemporale Demenz**>
frontotemporal demans

Piebaldismus *m* piebaldizm

Pieper *m <Syn*→
Funkmeldeempfänger> çağrı
cihazı; *<Syn*→ **Pager**> *(Eng: pager)*
pager

Piercing *nt* pirsing; hızma

Pigment *nt (in der Dermatologie)*
pigment

Pigmentierung *f* pigmentasyon

Pigmentschwund *nt (in der Dermatologie)* pigment kaybı

Pigmentnävus *m <Syn→* **Melanozytennävus** *→* **melanozytärer Nävus>** *(in der Dermatologie)* pigmentli nevus; melanosit nevus

Pille *f* hap; **die ~ danach** *(in der Gynäkologie)* ertesi gün hapı

Pilonidalsinus *m (Lat: Sinus pilonidalis)* pilonidal sinüs; *<eş→* **Steißbeinfistel>** kuyruk sokumu fistül

Pilodalzyste *f* pilonidal kist; *<Syn→* **Pilonidalsinus>** *(Lat: Sinus pilonidalis)* pilonidal sinüs

Pilus *m (in der Bakteriologie)* pilus

Pilz *m (Lat: Fungus; pl= Fungi) (in der Mykologie)* mantar

Pilsbefall *m* mantar enfeksiyonu

Pilzinfektion *f* mantar enfeksiyonu

Pilsmycel *nt* mantar miselyumu

Pilzvergiftung *f* mantar zehirlenmesi

Pilzzelle *f* mantar hücresi

Pinealis *f <Syn→* **Zirbeldrüse>** *(Lat: Glandula pinealis)* pineal bez; *<Syn→* **Epiphyse → Epiphysis cerebri>** epifiz

Pinselwarzen *pl (Lat: Verrucae filiformes) (in der Dermatologie)* ipliksi siğiller

Pinzette *f (in der Chirurgie)* penset; **bipolare ~** bipolar penset

Pipette *f* pipet

Placebo *nt <Syn→* **Scheinmedikament>** *(lat: placebo)* plasebo; *umg* şeker hapı

Placeboantwort *f (Eng: placebo response) (in der Psychiatrie)* plasebo yanıtı

Placeboeffekt *m (in der Psychiatrie)* plasebo etkisi

Placebowirkung *f (in der Psychiatrie)* plasebo etkisi

Planta *f <Syn→* **Fußsohle>** *(Lat: Planta pedis) anat* ayak tabanı

Plantaraponeurose *f <Syn→* **Plantarfaszie>** *(Lat: Aponeurosis plantaris) (anat: Sehnenplatte im Bereich der Fußsohle)* plantar aponöroz

Plantarfaszie→ Plantaraponeurose

Plantarfasziitis *f (Entzündung der Plantaraponeurose)* plantar fasiit

Plantarflexion *f* plantar fleksiyon

Plantarwarze *f <Syn→* **Dornwarze>** *(Lat: Verruca plantaris) (in der Dermatologie)* plantar siğil; *<Syn→* **Fußsohlenwarze → Sohlenwarze >** ayak tabanı siğili

Plantarwarzen *pl <Syn→* **Dornwarzen>** *(Lat: Verrucae plantares) (in der Dermatologie)* plantar siğiller; *<Syn→* **Fußsohlenwarzen → Sohlenwarzen>** ayak tabanı siğilleri

Planwarzen *pl <Syn→* **Flachwarzen>** *(Lat: Verrucae*

planae) (in der Dermatologie) düz siğiller

Plaque *f (in der Dermatologie und der Zahnmedizin)* plak

Plaquebakterien *pl (in der Zahnmedizin)* plak bakterileri

Plaque-Typ-Psoriasis *f (in der Dermatologie)* plak tipi psöriazis

Plasma *nt* plazma

Plasmalemma→ **Zellmembran**

Plasmamembran→ **Zellmembran**

Plasmaprotein *nt* plazma proteini

Plasmaspektroskopie *f* plazma spektroskopisi

Plasmavolumen *nt* plazma hacmi

Plasmazelle *f (in der Zellbiologie)* plazma hücresi

Plasmid *nt (in der Molekularbiologie)* plazmid; **konjugierende ~e** konjugatif plazmidler; **nicht-konjugierende ~e** nonkonjugatif plazmidler

Plastizität *f* plastisite; **neuronale ~** *<Syn*→ **Neuroplastizität>** *(in der Neurophysiologie)* nöroplastisite; beyin plastisitesi; **synaptische ~** sinaptik plastisite

platt *Adj* yassı; **~er Knochen** *(Lat: Os planum)* yassı kemik

Plättchen *nt (beim Blutbild: Blut~)* pulcuk

Plattenepithel *nt (in der Histologie)* yassı epitel; **einschichtiges ~** tek katlı yassı epitel; **mehrschichtiges ~** çok katlı yassı epitel

Plattenepithelkarzinom *nt* yassı hücreli karsinom

Plattfuß *m (Lat: Pes planus)* düztabanlık; **kongenitaler ~** *<Syn*→ **angeborener Plattfuß>** *(Lat: Pes planus congenitus)* doğuştan düztabanlık

Platzangst *f* *pysch* açık alan korkusu; *<Syn*→ **Agoraphobie>** agorafobi

platzen *vi (Aneurysma)* patlamak

Platzwunde *f* açık yara

Plazebo→ **Placebo**

Plazenta *m* plasenta; *<Syn*→ **Mutterkuchen>** döleşi

Plegie *f* pleji; *<Syn*→ **Lähmung>** felç; *<Syn*→ **Paralyse>** paraliz

Pleura *f (Lat: pleura)* anat plevra; *<Syn*→ **Brustfell>** akciğer zarı

Pleuraempyem *nt (in der Pneumologie und der Chirurgie)* plevral empiyem

Pleuraentzündung *f* *<Syn*→ **Pleuritis>** *(in der Pneumologie)* plörit; plörezi; plöral efüzyon; plevral effüzyon; *<Syn*→ **Rippenfellentzündung>** zatülcenp

Pleuraerguss *m (Lat: Hydrops pleurae) (in der Pneumologie)* plevral efüzyon

Pleurahöhle *m* *<Syn*→ **Pleuraraum>** *(Lat: Cavum pleurae/Cavitas pleuralis)* plevral boşluk

Pleuraraum *m* *<Syn*→ **Pleurahöhle>** *(Lat: Cavum*

pleurae/Cavitas pleuralis) plevral
boşluk

Pleurareiben *nt* plevral sürtünme

Pleurareibung→ **Pleurareiben**

Pleuraschwarte *f* <*Syn*→
Pleuraschwiele> *(Eng: pleural
fibrosis)*

Pleuraspalt→ **Pleurahöhle**

Pleuritis *f* <*Syn*→
Pleuraentzündung> *(in der
Pneumologie)* plörit; plörezi; plöral
efüzyon; <*Syn*→
Rippenfellentzündung> zatülcenp

Plexus brachialis *m* <*Syn*→
Armgeflecht> *(Lat: Plexus
brachialis) anat* brakial pleksus

Plexus chorioideus→ **Plexus
choroideus**

Plexus chorioideus-Zyste→
Plexuszyste

Plexus choroideus *m (in der
Anatomie der Hirnhäute)* koroid
pleksus; koroid sinir ağı

Plexuszyste *f* <*Syn*→ **Plexus
chorioideus-Zyste**> koroid pleksus
kisti

Plombe *f* <*Syn*→ **Füllung**> *(in der
Zahnmedizin)* dolgu

plötzlich *Adj* ani; ansızın; ~**er
Kindstod** <*Syn*→ **plötzlicher
Säuglingstod**> *(Lat: Mors subita
infantium)* ani bebek ölümü; ~**er
Säuglingstod**→ **plötzlicher
Kindstod**; ~**er Tod** ani ölüm; ansızın
ölüm

pluripotent *Adj (in der Zellbiologie)*
pluripotent; **induzierte** ~**e**

Stammzellen indüklenmiş
pluripotent kök hücreler; ~**e Zellen**
pluripotent hücreler

Pluripotenz *f (in der Zellbiologie)*
pluripotentlik

Pneumokokken *pl* pnömokoklar; ~
**sind grampositive Bakterien der
Art *Streptococcus pneumoniae***
pnömokoklar, *Streptococcus
pneumoniae* türünden olan gram
pozitif bakterilerdir

Pneumokokkenimpfung *f*
pnömokok aşısı

Pneumokokkeninfektion *f*
pnömokok enfeksiyonu

Pneumokokkenmeningitis *f*
pnömokokkal menenjit

Pneumokoniose *f* <*umg*→
Staublunge> pnömokonyoz

Pneumologie *f* <*Syn*→
Lungenheilkunde> pnömoloji;
<*Syn*→ **Pulmologie**> pulmonoloji;
**die ~ beschäftigt sich mit
Lungenerkrankungen**
pnömoloji/pulmonoloji akciğer
hastalıklarıyla ilgilenir

Pneumonie *f (Lat: Pneumonia)*
pnömoni; <*Syn*→
Lungenentzündung> zatürre

Pneumonologie→ **Pneumologie**

Pneumothorax *m* pnömotoraks;
<*Syn*→ **Lungenkollaps**> *(in
Notfällen)* pulmoner kollaps

pochen *vi* zonklamak

Pochen *nt* zonklama; ~ **im Kopf**
kafada zonklama

pochend *Adj* zonklayıcı; **ein ~er
Schmerz** zonklayıcı bir ağrı

Pocken *f <Syn→* **Pockenkrankheit>**
(Lat: variola) (Kinderkrankheit)
çiçek hastalığı; *<Syn→* **Variola>**
variola; **sich mit ~ infizieren** çiçek
hastalığına yakalanmak

Pockenerreger *m* çiçek etkeni

Pockenviren *pl (Lat: Orthopox
variolae)* çiçek virüsü

-poese *f (Suffix: Bildung)* poez

Polarität *f (in der Virologie)*
polarite; **eine einzelsträngige DNA
mit positiver ~** pozitif polariteli tek
iplikli DNA

Poliklinik *f* poliklinik

Polio *f (Kinderkrankheit)* polio;
<Syn→ **Poliomyelitis>** poliomyelit;
<Syn→ **Kinderlähmung>** çocuk
felci

Poliomyelitis *f (Kinderkrankheit)*
poliomyelit; *<kurz→* **Polio>** polio;
<Syn→ **Kinderlähmung>** çocuk
felci

Poliosis *f (in der Dermatologie)*
poliosis

Pollenallergie *f* polen alerjisi

Polydipsie *f (übersteigertes
Durstgefühl)* polidipsi

Polydontie *f <Syn→* **Hyperdontie
→ Hyperodontie → Polyodontie>**
(in der Zahnmedizin: Zahnüberzahl)
hiperdonti

Polykondensation *f (in der
Polymerchemie)* polikondenzasyon

Polymer *nt chem* polimer

Polymerase *f (in der Genetik:
Enzym, das Polymere spaltet)*
polimeraz

Polymerase-Kettenreaktion *f*
<Abk→ **PCR>** *(Eng: polymerase
chain reaction) (in der
Molekularbiologie)* polimeraz zincir
tepkimesi (PCR)

**Polymerbildungsreaktion→
Polymerisation**

Polymerchemie *f <Syn→*
makromolekulare Chemie> polimer
kimyası

Polymerisation *f <Syn→*
Polymerbildungsreaktion> *(in der
organischen Chemie)* polimerizasyon

Polymerisationsgerät *nt (in der
Zahnmedizin)* diş dolgu ışığı

Polymermoleküle *pl* polimer
molekülleri

polymorph *Adj* polimorfik;
(vielgestaltig) çok biçimli; **~e Gene**
(in der Evolutionsbiologie)
polimorfik genler

Polyodontie *f <Syn→* **Hyperdontie
→ Hyperodontie → Polydontie>** *(in
der Zahnmedizin: Zahnüberzahl)*
hiperdonti

Polyp *m (in der Pathologie)* polip

Polypektomie *f (in der
Gastroenterelogie: Verfahren zur
Entfernung von Darmpolypen)*
polipektomi

Polypeptidkette *f* polipeptit zinciri

polyphasisch *Adj <Syn→*
mehrphasig> çok fazlı; **~er Schlaf**

260

<Syn→ **mehrphasiger Schlaf>** çok
fazlı uyku

Polyposis *f (in der Pathologie:*
Auftreten zahlreicher Polypen)
polipozis

Polypsom *nt (in der Genetik)*
polizom

Polysomnographie *f <Syn→*
Polysomnografie> *(in der*
Schlafmedizin, der Pneumologie und
der Neurologie) polisosomnografi

Polysomnographiegerät *nt (in der*
Schlafmedizin) polisosomnografi
cihazı

Polytrauma *nt (in der*
Notfallmedizin und der
Intensivmedizin) politravma

polytraumatisch *Adj* politravmatik;
~er Patient politravmatik hasta

Polyurie *f (in der Urologie:*
krankhaft erhöhte Urinausscheidung)
poliüri

polyzystisch *Adj* polikistik; **~e**
Nierenerkrankung *(in der*
Nephrologie) polikistik böbrek
hastalığı

Pomade *f* pomat

Pons *m (in der Neuroanatomie)*
pons; **der ~ liegt zwischen dem**
Mesencephalon (Mittelhirn) und
dem Myelencephalon (Markhirn)
pons, orta beyin (mesensefalon) ile
omurilik soğanı (miyelensefalon)
arasında yer alır; **das Hinterhirn ist**
ein Teil des Rautenhirns (des
Rhombencephalons) und besteht
aus der Brücke (~) und dem
Kleinhirn metensefalon, artbeynin
bir parçasıdır ve pons ile beyincikten
oluşur

Population *f* popülasyon

Population *f <Syn→*
Grundgesamtheit → Kollektiv →
statistische Masse> *(in der Statistik)*
anakütle; istatistiksel yığın

Populationsgenetik *f* popülasyon
genetiği

Populationsgröße *f* popülasyon
büyüklüğü; **effektive ~** *(in der*
Evolution) etkin popülasyon
büyüklüğü;

Pore *f* gözenek

Porengröße *f* gözenek büyüklüğü

porös *Adj* gözenekli

Porösität *f* porozite; gözeneklilik; ~
des Knochens kemiğin porozitesi

Porphyrie *f* porfiri; porfiria; **~ ist**
eine Stoffwechselerkrankung
porfiria, bir metabolik hastalıktır;
akute ~ akut
porfiria; **akute hepatische ~** akut
hepatik porfiria; **erworbene ~**
kazanılmış porfiria

Portalvene *f <Syn→* **Pfortader>**
(Lat: Vena portae) anat portal ven;
hepatik portal ven

Portioerosion *f <Syn→*
Zervixerosion> *(in der*
Gynäkologie) (Eng: cervical
ectropion) servikal ektropiyon

Portiokappe *f (Eng: cervical cap)*
servikal kapak; **die ~ ist eine**
Barriereverhütungs-methode für
Frauen servikal kapak, kadınlar için
bir bariyer kontrasepsiyon yöntemidir

Porzellankrone *f (in der*
Zahnmedizin) porselen kuron

Porzellantiegel *m (im Labor)*
porselen kroze

Porzine Influenza *f <Syn→*
Schweineinfluenza →
Schweinegrippe> domuz gribi

positiv *Adj <Ant→* **negativ**> pozitif;
olumlu; **~e Psychologie** pozitif
psikoloji; **~e Rückkopplung** *(in der
Kybernetik)* pozitif geri besleme

**Positronen-Emissions-
Tomographie** *f (in der
Nuklearmedizin)* pozitron emisyon
tomografisi; *<kurz→* **PET**> PET

Postexpositionsprophylaxe *f (Eng:
post-exposure prevention) (in der
Epidemiologie)* temas sonrası
profilaksi; maruziyet sonrası
profilaksi; maruziyet sonrası önleme

Postkognition *f <Syn→*
Retrokognition> *(in der
Parapsychologie)* postkognisyon

postkoital *Adj* cinsel ilişki sonrası;
~e Blutung cinsel ilişki sonrası
kanama

Postmenopause *f <Ant→*
Prämenopause> menopoz sonrası

postnatal *Adj < Syn→*
nachgeburtlich; *Ant→* **pränatal**>
doğum sonrası; **~e Depression**
doğum sonrası depresyon

postoperativ *Adj* ameliyat sonrası;
~es Leberversagen *(in der
Chirurgie)* ameliyat sonrası karaciğer
yetmezliği

Postsynapse *f <Ant→* **Präsynapse**>
(in der Neurophysiologie) postsinaps

postsynaptisch *Adj <Ant→*
präsynaptisch> *(in der*

Neurophysiologie) postsinaptik;
sinaps sonrası; **~er Rezeptor**
postsinaptik reseptör

posttraumatisch *Adj* posttravmatik;
travma sonrası; **~e
Belastungsstörung** *(Eng: post-
traumatic stress disorder)* travma
sonrası stres bozukluğu; *<kurz→*
PTBS> TSSB

postural *Adj (in der Orthopädie)*
postüral; **~e Kyphose** postüral kifoz

prächirurgisch *Adj* ameliyat öncesi;
~e Therapie ameliyat öncesi tedavi

Prädiktor m prediktör; **klinischer ~**
klinik prediktör

prädisponierend *Adj <Syn→*
anfällig> yatkın; **Depression ~e
Faktoren** depresyona yatkın
faktörler

Prädisposition *f <Syn→*
Anfälligkeit → **Disposition**>
yatkınlık; **genetische ~** *<Syn→*
genetische Veranlagung →
genetische Disposition> genetik
yatkınlık

Präeklampsie *f (Eng: pre-
eclampsia) (in der Notfallmedizin)*
preeklampsi; *<Syn→*
Schwangerschafts-intoxikation →
Schwangerschafts-vergiftung> *f*
gebelik zehirlenmesi

präfrontal *Adj* prefrontal; **~er
Cortex** *(in der Neurophysiologie)*
prefrontal korteks

Präjakulat *m* boşalma öncesi sıvı;
<Syn→ **Vorsaft**> mezi; *<umg→*
Lusttropfen → **Sehnsuchtstropfen**>
zevk suyu

Präkanzerose *f (in der Hämatologie und der Onkologie)* prekanseröz lezyon

präklinisch *Adj* preklinik; **~e Phase** preklinik evre

Praktik *f* etkinlik; **sexuelle ~** *<Syn→* **Sexualpraktik>** cinsel etkinlik

Präkursor *m (Lat: praecursor; Eng: precursor; Fr: précurseur)* prekürsör; öncül

Präkursor-Protein *nt* prekürsör protein

Prämaxillare *f <Syn→* **Zwischenkieferbein>** *(in der Zahnmedizin)* premaksilla

Prämenopause *f <Ant→* **Postmenopause>** menopoz öncesi

prämenstruell *Adj (in der Gynäkologie)* premenstrüel; **~es Syndrom** premenstrüel sendrom

Prämotorcortex *m (in der Neurophysiologie)* premotor korteks

Prä-mRNA *f (in der Molekularbiologie)* pre-mRNA; prekürsör mRNA

pränatal *Adj <Syn→* **vorgeburtlich;** *Ant→* **postnatal>** prenatal; doğum öncesi; **~e Diagnose** prenatal tanı; doğum öncesi tanı

Präparat *nt* preparat; müstahzar

Präservativ *nt* prezervatif; *<Syn→* **Kondom>** kondom

Präsentation *f* sunum; **klinische ~** klinik sunum

Präsynapse *f <Ant→* **Postsynapse>** *(in der Neurophysiologie)* presinaps

präsynaptisch *Adj <Ant→* **postsynaptisch>** presinaptik; sinaps öncesi

Präsynkope *f (in der Neurologie)* presenkop

Prävalenz *f (in der Epidemiologie: Krankheitshäufigkeit in der Bevölkerung)* prevalans

Prävention *f <Syn→* **Vorbeugung>** önleme; *<Syn→* **Vorsorge →** **Prophylaxe>** profilaksi; önleyici tedavi; önleyici tıp

Praxis[1] *f <Syn→* **Arztpraxis>** muayenehane

Praxis[2] *f <Ant→* **Theorie>** pratik; uygulamalar; **klinische ~** klinik pratik; klinik uygulamaları

Praxisgebühr *f* muayenehane ücreti

Präzipitat *nt chem* presipitat; *<Syn→* **Niederschlag>** çökelti

Präzipitation *f (Lat: praecipitatio) chem* presipitasyon; *<Syn→* **Fällung>** çökelme

Präzisionsmedizin *f* hassas tıp; *<Syn→* **personalisierte Medizin →** **individualisierte Medizin>** kişiselleştirilmiş tıp

PRCA *f (Eng: pure red cell aplasia) (in der Hämatologie und der Onkologie)* saf kırmızı hücre aplazisi; **erworbene ~** kazanılmış kırmızı hücre aplazisi

Prellung *f* bere; *<Syn→* **Kontusion>** kontüzyon

Presbyopie f *<Syn→* **Alterssichtigkeit →**

Altersweitsichtigkeit> *(in der Opththalmologie)* presbiyopi

pressen *vi* ıkınmak

Pressluft→ Druckluft

Prickeln *nt* gıdıklanma

primär *Adj* birincil; primer; ~ **progressive Aphasie** primer progresif afazi; **~e Krankheit** birincil hastalık

Primärbehandlung *f* birincil tedavi

Primärprävention *f (in der Vorsorge)* birincil önleme

primär sklerosierende Cholangitis *(in der Gastroenterologie)* primer sklerozan kolanjit

Primärstruktur *f (in der Proteinstruktur und der Bioinformatik)* birincil yapı; **die ~ eines Proteins** bir proteinin birincil yapısı; **die ~ ist die Aminosäuresequenz der Peptidkette** birincil yapı, peptit zincirin amino asit dizisidir

Primärtuberkulose *f* primer tüberküloz

Primärwand *f (in der Zellbiologie)* birincil duvar

Prion *nt (Protein, der sich in eine abnorme Form verwandelt; gebildet aus Protein und Infektion)* prion; **pathogene ~en** patojen prionlar

Prionenkrankheiten *pl* prion hastalıkları

Prion-Gen *nt* prion geni

Prion-Protein *nt* prion proteini

priorisieren *vt* önceliklendirmek

Priorisierung *f* önceliklendirme

Proband *m (Lat: probantus)* (erkek) proband; *(Versuchsperson)* denek

Probandin *f (Lat: probantus)* (kadın) proband; *(Versuchsperson)* denek

Probe *f <Syn→* **Probematerial**> örnek; numune; **vom Gewebe entnommende ~** dokudan alınan örnek

Probematerial *nt <Syn→* **Probe**> örnek; numune

Probiotikum *nt <pl→* **Problotika**> *(in der Mikrobiyologie: Zubereitung, die Mikrorganismen enthält)* probiyotik

Problemlösung *f <Syn→* **Problemlösen**> *(in der kognitiven Psychologie)* problem çözme

Processus *m <Syn→* **Fortsatz**> *anat* çıkıntı

Prodrom *nt* prodrom

Prodrug *nt/f (in der Pharmakologie)* ön ilaç

Produktsicherheit *f* ürün güvenliği

Prognathismus *m (in der Kieferorthopädie)* prognatizm; **alveolärer ~** alveolar prognatizm

Prognose *f <Syn→* **Vorhersage**> prognoz; tahmin

Programmablaufplan *nt <Syn→* **Flussdiagramm**> *(İng: flow chart)* akış şeması

programmiert *Adj* programlanmış; **~er Zelltod** programlanmış hücre ölümü

Programmstrukturplan→ Programmablaufplan

progredient *Adj* <*Syn*→ **progressiv → fortschreitend**> ilerleyen; **~e Skoliose im Wachstumsalter** *(in der Orthopädie)* büyüme çağında ilerleyen skolyoz; **~er Kontrollverlust bei Alkoholabhängigkeit** alkol bağımlılığında ilerleyen kontrol kaybı

Progredienz *f* <*Syn*→ **progressiver Krankheitsverlauf**; *Ant*→ **Regredienz**> *(in der Pathologie)* ilerleyen hastalık

Progress *m* <*Syn*→ **Fortschreiten**> ilerleme; **der ~ der Krankheit**; hastalığın ilerlemesi

progressiv *Adj* progresif; <*Syn*→ **fortschreitend → progredient**; *Ant*→ **regressiv**> ilerleyen; ilerleyici; **nicht alle Erkrankungen sind ~** tüm hastalıklar ilerleyici değildir; **primär ~e Aphasie** primer progresif afazi; **~e Fibrosis** ilerleyici fibrozis

Progesteron *nt* *(Formel: $C_{21}H_{30}O_2$)* *chem* progesteron

Projektionsfasern *pl* *(in der Neurophysiologie und der Neuroanatomie)* projeksiyon lifleri; uzanım lifleri

Prokaryota→ Prokaryoten

Prokaryoten *pl* <*Ant*→ **Eukaryoten**> *(in der Zellbiologie: Lebewesen ohne Zellkern)* prokaryotlar; <*Syn*→ **Prokaryota**> prokaryota

prokaryotisch *Adj* prokaryotik; **~e Organismen** prokaryotik organizmalar; **~e Zellen** prokaryotik hücreler

Prokrastination *f* *(Lat: procrastinatio) psych* prokrastinasyon; <*umg*→ **Drückebergeritis**> ertelemecilik

Proktologe *m* (erkek) proktolog

Proktologie *f* *(medizinisches Teilgebiet, das sich mit Erkrankungen des Enddarms beschäftigt)* proktoloji

Proktologin *f* (kadın) proktolog

Prolaps *m* <*Syn*→ **Vorfall**> *(Lat: prolapsus)* prolapsus

Proliferation *f* proliferasyon; <*Syn*→ **Vermehrung**> çoğalma; **~ der Zellen** hücrelerin proliferasyonu

Proliferationsmarker *m* *(in der Onkologie)* proliferasyon markeri

Proliferationsphase *f* <*Syn*→ **Desquamationsphase**> *(in der Entwicklungsbiologie)* proliferatif dönem; <*Syn*→ **Follikelphase**> foliküler faz

Proliferationstherapie *f* <*Syn*→ **Prolotherapie**> *(in der Alternativmedizin)* proliferatif terapi; proloterapi

proliferativ *Adj* proliferatif; **~e Phase** <*Syn*→ **Proliferationsphase**> proliferatif dönem

Prolotherapie→ Proliferationstherapie

Promoter→ Promotor

Promotor *m* <*Syn*→ **Promoter**> *(in der Genetik)* promotör; **eukaryotischer** ~ ökaryotik promotör

Pronation *f* <*Ant*→ **Supination**> *(anat: Einwärtsdrehung der Gliedmaßen)* pronasyon

Pronationsbewegung *f* pronasyon hareketi

Prophase *f* *(in der Genetik bei der Meiose)* profaz

Prophezeiung *f* kehanet; **selbsterfüllende** ~ *(in der pädagogischen Psychologie)* kendini gerçekleştiren kehanet

prophylaktisch *Adj* <*Syn*→ **vorbeugend** → **vorsorglich** → **präventiv**> profilaktik; önleyici

Prophylaxe *f* <*Syn*→ **Vorsorge** → **Prävention**> profilaksi; önleyici tedavi; önleyici tıp; **chirurgische** ~ cerrahi profilaksi

Prophylaxeassistent *m* (erkek) profilaksi asistanı

Prophylaxeassistentin *f* (kadın) profilaksi asistanı; **zahnmedizinische** ~ diş profilaksi asistanı

Propriozeption *f* psych propriyosepsiyon; <*Syn*→ **Eigenempfindung**> özduyum

Prosencephalon *nt* *(in der Neuroanatomie)* prosensefalon; <*Syn*→ **Vorderhirn**> ön beyin

Prosopagnosie *f* *(in der Neuropsychologie)* prozopagnozi; <*Syn*→ **Gesichtsblindheit**> yüz körlüğü

Prostata *f* <*Syn*→ **Vorsteherdrüse**> prostat

Prostatahyperplasie *f* prostat hiperplazisi; **benigne** ~ benign prostat hiperplazisi; iyi huylu prostat hiperplazisi

Prostatakarzinom *nt* prostat karsinomu

Prostatakrebs *m* prostat kanseri

Prostatavergrößerung *f* prostat büyümesi

Prostatitis *f* <*Syn*→ **Vorsteherdrüsen-entzündung**> prostatit

prosthetisch *Adj* prostetik; ~e **Gruppe** prostetik grup

Protease *f* proteaz

Proteaseinhibitor *m* *chem* proteaz inhibitörü

Proteasom *nt* proteazom

Protein *nt* <*Syn*→ **Eiweiß**> protein

Proteinabbau *m* *(in der Biochemie)* protein yıkımı

Proteinaggregation *f* protein agregasyonu

proteinarm *Adj* <*Syn*→ **eiweißarm**; *Ant*→ **proteinreich**> düşük proteinli; ~e **Diät** düşük proteinli diyet

Proteinaufreinigung→ **Proteinreinigung**

proteinbasiert *Adj* protein bazlı; ~er **Impfstoff** protein bazlı aşı

Proteinbiosynthese *f* *(in der Biochemie)* protein biyosentezi

266

Proteinfaltung *f* protein katlanması; proteinlerin üç boyutlu hâle gelmesi

Proteinhülle *f* protein kılıf

Proteinkonzentrat *nt* protein konsantresi

Proteinmangel *m* <*Syn*→ **Eiweißmangel**> protein eksikliği

Proteinmolekül *nt* protein molekülü

Protein-Protozelle *f (in der Zellbiologie)* protein proto hücresi; <*Syn*→ **Mikrosphäre**> mikro küre

proteinreich *Adj* <*Syn*→ **eiweißreich**; *Ant*→ **proteinarm**> yüksek proteinli

Proteinreinigung *f* <*Syn*→ **Proteinaufreinigung**> protein saflaştırması

Proteinsequenz *f (in der Bioinformatik)* protein dizisi

Proteinstoffwechsel *m* protein metabolizması

Proteinstruktur *f (in der Biochemie)* protein yapısı

Proteinsynthese *f* protein sentezi

Protein-Untereinheit *f* protein alt birimi

Proteohormone *pl* <*Syn*→ **Peptidhormone**> peptit hormonları

Proteolyse *f* proteoliz

Prothese *f* protez

Protonenpumpenhemmer *m* <*Syn*→ **Protonenpumpen-Inhibitor**> *(in der Gastroenterologie)* proton pompa inhibitörü

Protonenpumpen-Inhibitor→ **Protonenpumpenhemmer**

Protoplasma *nt (in der Zellbiologie)* protoplazma

Protoplasmafortsatz *m (in der Zellbiologie)* protoplazma çıkıntısı

Protoplast *m (in der Zellbiologie)* protoplast

Protowissemschaft *f* önbilim

Protrusio bulbi *f* <*Syn*→ **Exophthalmus** → **Opththalmopathie**> *(in der Augenheilkunde: hervorstehende Augen)* ekzoftalmi; <*umg*→ **Glotzauge** → **Glubschauge**> patlak göz; pörtlek göz

provoziert *Adj* uyarılmış; ~e **Konfabulationen** *(in der Psychopathologie)* uyarılmış konfabulasyonlar

proximal *Adj* <*Ant*→ **distal**> *(zu der Körpermitte gelegen)* anat proksimal; ~er **Reiz** <*Syn*→ **proximaler Stimulus** → **Nahreiz**> *Psych* proksimal uyaran; ~er **Stimulus** <*Syn*→ **proximaler Reiz** → **Nahreiz**> *Psych* proksimal uyaran

Prozedur *f* prosedür

Prozess *m* süreç; **biologischer** ~ biyolojik süreç

Prozessivität *f (in der Biochemie)* ilerleyicilik; **die** ~ **von Enzymen** enzimlerin ilerleyiciliği

Pruritus *m* <*Syn*→ **Jucken**> *(Lat: Pruritus)* kaşıntı

267

Pruritus ani *m <Syn→* **analer Juckreiz>** anüs kaşıntısı; makat kaşınması

Pseudoarthrose *f* psödoartroz

Pseudodivertikel *nt <Syn→* **falsches Divertikel>** *(in der Gastroenterelogie)* yalancı divertikül; sahte divertikül

Pseudohypertrophie *f (Eng: pseudohypertrophy) (in der Pathologie und der Neurologie)* psödohipertrofi; yalancı hipertrofi

Pseudologie *f <Syn→* **Mythomanie>** *(in der Psychiatrie: zwanghaftes Lügen)* mitomani

Pseudowissenschaft *f <Syn→* **Afterwissenschaft → Scheinwissenschaft>** *(Eng: pseudoscience)* sözdebilim; sahte bilim

pseudowissenschaftlich *Adj* sözdebilimsel

Psoriasis *f (Lat: Psoriasis) (in der Dermatologie)* psöriazis; *<Syn→* **Schuppenflechte>** sedef hastalığı; **erythrodermatische** ~ eritrodermik psöriazis

Psychasthenie *f* psikasteni

Psyche *f* psişe

Psychedelikum *nt <pl→* **Psychedelika>** psikedelik; saykodelik

Psychiater *m* (erkek) psikiyatr; (erkek) psikiyatrist

Psychiaterin *f* (kadın) psikiyatr; (kadın) psikiyatrist

Psychiatrie[1] *f* psikiyatri; **organische** ~ organik psikiyatri

Psychiatrie[2] *f <Syn→* **psychiatrische Klinik → Nervenklinik>** akıl hastanesi; **Einweisung in die** ~ akıl hastanesine yatırılma

psychiatrisch *Adj* psikiyatrik; **~e Klinik** *<kurz→* **Psychiatrie**[2]> akıl hastanesi

psychisch *Adj* psişik; *<Syn→* **seelisch>** ruhsal; **~e Gesundheit** ruh sağlığı; **~e Störung** *(in der Psychiatrie)* ruhsal bozukluk; **~er Zustand** ruhsal durum

psychoaktiv *Adj* psikoaktif; **~e Substanzen** *(in der Psychiatrie)* psikoaktif maddeler

Psychoanalyse *f (Sigmund Freud)* psikanaliz

Psychoanalyst *m* (erkek) psikanalist

Psychoanalystin *f* (kadın) psikanalist

psychogen *Adj* psikojenik;

Psycholinguistik *f* psikodilbilim; ruh dil bilimi

Psychologe *m* (erkek) psikolog

Psychologie *f* psikoloji; **angewandte** ~ uygulamalı psikoloji; **physiologische** ~ fizyolojik psikoloji

Psychologin *f* (kadın) psikolog

Psychometrie *f (Eng: psychometrics)* psikometri; psikometrik; psikometrik psikoloji

psychomotorisch *Adj* psikomotor; **~e Störungen** psikomotor bozukluklar

Psychopathologie *f* psikopatoloji

psychopathologisch *Adj*
psikopatolojik; **~es Symptom**
psikopatolojik belirti

Psychopharmaka *pl (Eng:*
psychoactive drugs) psikiyatrik
ilaçlar; *(Eng: psychotropic drugs)*
psikotrop ilaçlar

Psychopharmakologie *f*
psikofarmakoloji

Psychopharmakon *nt <pl→*
Psychopharmaka> *(Eng:*
psychoactive drug) psikiyatrik ilaç;
(Eng: psychotropic drug) psikotrop
ilaç

Psychophysiologie *f* psikofizyoloji

Psychose *f (in der Psychiatrie)*
psikoz; **substanzinduzierte ~**
<Syn→ **Drogenpsychose>** maddeye
bağlı psikoz

psychosomatisch *Adj* psikosomatik;
~e Erkrankung psikosomatik
hastalık

psychosozial *Adj* psikososyal; **~e**
Probleme psikososyal problemler;
psikososyal sorunlar

Psychotherapie *f* psikoterapi

psychotisch *Adj* psikotik; **~e**
Störungen psikotik bozukluklar; **~e**
Symptome psikotik belirtiler

psychotrop *Adj* psikotrop; **~e**
Substanz *(in der Psychiatrie: die*
Psyche beeinflüssend) psikotrop
madde

Psychotropika *pl <Syn→*
psychotrope Substanzen> *(in der*
Psychiatrie) psikotrop maddeler

PTBS→ posttraumatische
Belastungsstörung

PTH→ Parathormon

Ptose→ Ptosis

Ptosis *f <Syn→* **Ptose>** *(in der*
Augenheilkunde:
Lidmuskelschwäche) pitozis

Pubertas praecox *f (in der*
Endokrinologie: vorzeitige
Geschlechtsentwicklung) puberte
prekoks

Pubertät *f* ergenlik

Pubeszenz *f <Syn→*
Geschlechtsreifung> cinsel
olgunluğa ulaşma

Puder *nt* pudra

Puffer *m chem* tampon^2

Pufferlösung *f chem* tampon çözelti

Pulmologie *f <Syn→* **Pneumologie>**
pulmonoloji; **die ~ beschäftigt sich**
mit Lungenerkrankungen
pulmonoloji akciğer hastalıklarıyla
ilgilenir

pulmonal *Adj (in der Pneumologie:*
bei Lungenerkrankungen) pulmoner;
~e Hypertonie pulmoner
hipertansiyon; pulmoner yüksek
tansiyon; *<kurz→* **PH → PHT>** PH;
~e Tularämie pulmoner tularemi;
~es Ödem *<umg→* **Wasserlunge>**
pulmoner ödem; *<Syn→*
Lungenödem> akciğer ödemi

Pulmonalarterie *f <Syn→*
Lungenarterie> *(Lat: Arteria*
pulmonalis) pulmoner arter

Pulmonalinsuffizienz→
Pulmonalklappeinsuffizienz

Pulmonalklappe *f (Lat: Valva trunci pulmonalis) anat* pulmoner kapak

Pulmonalklappeninsuffizienz *f* pulmoner kapak yetersizliği

Pulmonalklappenatresie *f* pulmoner kapak darlığı

Pulmonalklappenstenose *f* pulmoner kapak stenozu

Pulmonalstenose *f* pulmoner stenoz

Pulmonologie → Pulmologie

Pulpa *f <Syn→* Zahnpulpa →
Pulpa dentis> *(in der Zahnmedizin)* pulpa; diş pulpası; diş özü

Pulpa dentis *f <Syn→* Zahnpulpa
→ Zahnmark → Zahnnerv> *(in der Zahnmedizin)* pulpa; diş pulpası; diş özü

Pulpagewebe *nt (in der Zahnmedizin)* pulpa dokusu

Pulpencavum *nt* pulpa odası

Pulpenhöhle→ Pulpencavum

Pulpitis *f (in der Zahnmedizin: Entzündung der Zahnpulpa)* pulpitis

Puls *m (in der Kardiologie)* nabız;
den ~ messen nabız ölçmek;
normaler ~ normal nabız;
regelmäßiger ~ düzenli nabız
schwacher ~ zayıf nabız;
unregelmäßiger ~ *(bei Vorhofflimmern)* düzensiz nabız

Pulsader→ Schlagader

Pulsamplitude *f* nabız genliği

pulslos *Adj (in der Kardiologie)*
nabızsız; ~e elektrische Aktivität
nabızsız elektriksel aktivite; ~e
ventrikuläre Tachykardie nabızsız
ventriküler taşikardi

Pulsoxymeter *nt* nabız oksimetresi

Pulsschlag *m* nabız atışı

Pulver *nt (in der Pharmazie)* toz

Pulverform *f (in der Pharmazie)* toz
hâli; in ~ toz halinde

Pulverinhalator *m* kuru toz inhaleri

Punktion *f (in der Neurologie)*
ponksiyon; eine ~ durchführen
ponksiyon yapmak; *m* trokar; eine ~
mit einem Trokar durchführen
trokarla ponksiyon yapmak

Punktionsstelle *f (in der Neurologie)*
ponksiyon yeri

Punktmutation *f (in der Genetik)*
nokta mutasyonu

Punktprävalenz *f <Syn→*
Stichtagsprävalenz> *(in der Epidemiologie)* nokta prevalansı

Pupille *f (Lat: Pupilla)* pupilla; göz
bebeği

Pupillenerweiterung *f* pupilla
dilatasyonu

Pupillenreflex *m* göz bebeği refleksi

Pupillenweite *f* göz bebeği boyutu

Purpura *f (in der Hematologie und
der Onkologie)* purpura;
idiopathische thrombozytopenische
~ idiyopatik trombositopenik
purpura; *<Syn→*
immunthrombozytopenische
Purpura →

270

Immunthrombozytopenie> immün trombositopenik purpura

purulent *Adj* pürülan; *<Syn→* **eitrig**> irinli; ~**e Meningitis** *(Lat: Meningitis purulenta) (in der Neurologie)* pürülan menenjit; *<Syn→* **eitrige Meningitis**> irinli menenjit

Pus *nt (Lat: pus; Fr: pus)* pü; *<Syn→* **Eiter**> irin

Pustel *f (Lat: pustula)* püstül

Putrefaktion *f <Syn→* **Putreszenz** → **Putrefizierung**> *(in der Pathologie)* kokuşma

Putrefizierung→ **Putrefaktion**

Putreszenz→ **Putrefaktion**

Pyämie *f (in der Intensivmedizin)* piyemi

pyämisch *Adj (in der Intensivmedizin)* piyemik; ~**er Abszess** piyemik apse

Pyarthros *f <Syn→* **Pyarthrose** → **Gelenkempyem**> eklem empiyemi; *<Syn→* **septische Arthritis**> *(in der Orthopädie)* septik artrit

Pyknose *f (in der Histologie)* piknoz

Pylorrektomie *f (in der Chirurgie: operative Entfernung des Magenpförtners)* pilor rektomisi

Pylorus *m (Lat: Ostium pyloricum) anat* pilor; *<Syn→* **Magenpförtner**> mide kapısı

Pylorusstenose *f (in der Gastroenterologie)* pilor stenozu; pilorik stenoz; *<Syn→* **Pförtnerverengung** → **Magenausgangsstenose**> mide çıkışı

darlığı; **hypertrophische** ~ hipertrofik pilor stenozu

pyogen *Adj* piyojenik; ~**es Granulom** *(Lat: Granuloma pyogenicum) (in der Pathologie)* piyojenik granülom

Pyramidenzelle *f (im Telencephalon)* piramidal hücre

Pyrexie *f (Lat: febris)* pireksiya; *<Syn→* **Fieber**> ateş

Pyridoxin *nt (Formel: $C_8H_{11}NO_3$)* piridoksin; *<Syn→* **Vitamin B₆**> B_6 vitamini

Pyridoxin-Mangel *m* piridoksin eksikliği; **die Symptome bei** ~ **sind Durchfall und Erbrechen** piridoksin eksikliğinde belirtiler, ishal ve kusmadır

Pyromane *m psych* (erkek) piroman

Pyromanie *f psych* piromani

Pyromanin *f psych* (kadın) piroman

Pyurie *f (in der Urologie)* piyüri

Q

Quadrizeps *m (Lat. Musculus quadriceps femoris)* kuadriseps femoris kası; **der** ~ **ist der vierköpfige Oberschenkelmuskel** kuadriseps femoris kası, uyluğun dört başlı kasıdır

qualitativ *Adj <Ant→* **quantitativ**> kalitatif; nitel; ~**e Analyse** kalitatif analiz; nitel analiz

Qualster→ **Sputum**

quantitativ *Adj* <*Ant*→ **qualitativ**>
kantitatif; nicel; ~e **Analyse** kantitatif
analiz; nicel analiz

Quarantäne *f (bei
Infektionskrankheiten)* karantina

Quartärprävention *f (in der
Vorsorge)* dördüncül önleme

Quartärstruktur *f (in der
Proteinstruktur und der
Bioinformatik)* dördüncül yapı; **die ~
eines Proteins** bir proteinin
dördüncül yapısı

Quecksilber *nt (Symbol: Hg) (Lat:
Argentum vivum) chem* cıva

Quecksilberdampflampe *f* cıva
buharlı lamba

quecksilberhaltig *Adj* cıva içeren

Quecksilberthermometer *nt* cıvalı
derece

Quecksilbervergiftung *f* cıva
zehirlenmesi

quergestreift *Adj* (enine) çizgili; ~e
Muskulatur <*Ant*→ **glatte
Muskulatur**> çizgili kaslar

Querkolon *nt (Lat: Colon
transversum) (in der
Gastroenterologie)* transvers kolon

Querschnitt *m* enine kesit

querschnittgelähmt *Adj* belden
aşağı felçli

Querschnitt(s)lähmung *f (in der
Neurologie)* omurilik felci; belden
aşağı felç; <*Syn*→ **Paraplegie**>
parapleji

Quetschung *f* ezik; *(Nerven~)*
sıkışrma; **eine ~ des Ischias-Nervs**
siyatik sinir sıkışması

R

Rabenbein *nt* <*Syn*→ **Coracoid**>
(Lat: Os coracoides) anat korakoid

Rabenschnabelbein→ **Rabenbein**

Rachen *m anat* yutak; <*Syn*→
Pharynx> farinks; **der ~ befindet
sich zwischen der Mundhöhle und
der Nasenhöhle** yutak, ağız boşluğu
ile burun boşluğu arasında bulunur

Rachenmandeln *pl* <*Syn*→
Mandeln> bademcikler

Rachenmuskulatur *f* yutak kasları;
faringeal kaslar

Rachenschleimhaut *f (in der
Histologie)* yutak mukozası

Rachitis *f (Kinderkrankheit)* raşitizm

Radialarterie *f* radyal arter

Radialislähmung *f* <*Syn*→
Radialisparese> radial sinir hasarı

Radialispuls *m* radyal nabız

radikal *Adj* radikal; ~e **Resektion** *(in
der Chirurgie)* radikal rezeksiyon

Radikalhöhle *f* <*Syn*→
Mastoidhöhle> *(in der HNO)*
mastoid boşluk

Radikulapathie→ **Radikulitis**

272

Radikulitis f <Syn→
Radikulapathie> (in der
Orthopädie) radikülit

Radioaktivität f radyoaktivite;
ışınetkinlik

Radiochirurgie f radyocerrahi

Radiofrequenzablation f <Syn→
Hochfrequenzablation →
Thermoablation> (in der
Kardiologie, Hämatologie und der
Onkologie) radyofrekans ablasyon

Radiographie f radyografi; <Syn→
Röntgenaufnahme →
Röntgenbild> Röntgen çekimi

Radioiodtherapie→
Radiojodtherapie

Radiojodtherapie f <Syn→
Radioiodtherapie> (in der
Hämatologie und der Onkologie)
radyoiyot tedavisi

Radiologe m (erkek) radyolog

Radiologie f radyoloji;
diagnostische ~ diagnostik radyoloji

Radiologin f (kadın) radyolog

Radioonkologie f radyasyon
onkolojisi

Radiotherapie f <Syn→
Strahlentherapie> radyoterapi

Radioulnargelenk nt (Lat:
Articulatio radioulnaris) anat
radioulnar eklem

Radius[1] m anat radius; <Syn→
Speiche> ön kol kemiği; **der ~ ist
ein Knochen des Unterarmes**
radius, ön koldaki kemiklerden
biridir

Radius[2] m yarıçap

Radiusfraktur f radius kırığı

Radiushals m radius boynu

Radiuskopf m <Syn→
Speichenkopf> (Lat: Caput radii)
anat radius başı

Radiuskopfbruch m <Syn→
Radiuskopffraktur> radius başı
kırığı

Radiusköpfchen→ **Radiuskopf**

Radiuskopffraktur→
Radiuskopfbruch

Ramus m <Syn→ **Ast**> anat dal

randomisiert Adj randomize; ~e
kontrollierte Studie (in der
klinischen Forschung) randomize
kontrollü çalışma; ~es **Experiment**
randomize deney

Randschaden m <Syn→
Begleitschaden →
Kollateralschaden> tali hasar;
ikincil hasar

Rasselgeräusch nt (Frz: râles
crépitants) (in der Pulmonologie) ral;
feinblasige ~e ince raller;
grobblasige ~e kaba raller;
kleinblasige ~e ince raller;
mittelblasige ~e orta raller; **trockene**
~e kuru raller

Rasterelektronenmikroskop nt
taramalı elektron mikroskobu

Rastertunnelmikroskop nt taramalı
tünel mikroskobu

Rasterschub m <Syn→ **Frameshift**
→ **Leseraster-verschiebung**> (Eng:
frameshift mutation) (in der Genetik)
çerçeve kayması mutasyonu

273

Rastertunnelmikroskop *nt* <*kurz*→ **RTM**> taramalı tünel mikroskobu

Rauchen *nt* tütün içimi; **aktives** ~ aktif tütün içimi; **passives** ~ pasif tütün içimi

Raum[1] *m (Lat: spatium)* bölge[4]

Raum[3] *m (Lat: spatium)* <*Syn*→ **Hohlraum**> boşluk; **perivaskulärer** ~ *(Lat: Spatium perivasculare)* perivasküler boşluk

Raum[2] *m* <*Syn*→ **Zimmer**> oda

räumlich *Adj* uzaysal; **~e Orientierung** uzaysal oryantasyon

Raumtemperatur *f* <*Syn*→ **Zimmertemperatur**> oda sıcaklığı

Rausch *m* sarhoşluk

Rauschdroge *f* <*Syn*→ **Rauschmittel** → **Rauschstoff**> uyuşturucu; uyuşturucu madde; <*Syn*→ **Droge**> drog; <*umg*→ **Stoff**> madde

Rauschmittel→ **Rauschdroge**

Rauschstoff→ **Rauschdroge**

Rautenhirn *nt* art beyin; <*Syn*→ **Rhombencephalon**> rombensefalon

Raum *m* <*Syn*→ **Höhle**> *(im Körper) anat* boşluk

Räuspern *nt* boğaz temizleme

Reaktant *m* <*Syn*→ **Ausgangsstoff**> *(Eng: reactant) chem* reaktant; *(Eng: reagent)* reajan; reaktif; ayıraç

Reaktion[1] *f psych* tepki

Reaktion[2] *f chem* tepkime; reaksiyon

Reaktionsbildung *f (bei Abwehrmechanismen) psych* ters tepki oluşturma

Reaktionsgeschwindigkeit *f* <*Syn*→ **Reaktionsrate**> *(Eng: rate of reaction) (in der Kinetik)* reaksiyon hızı; tepkime hızı

Reaktionsmechanismus *m (bei chemischen Reaktionen)* reaksiyon mekanizması

Reaktionsrate→ **Reaktionsgeschwindigkeit**

Reaktionsstörung *f* tepki bozukluğu

reaktiv *Adj* reaktif; **~e Bindungsstörung** *(in der Psychiatrie und der Pädiatrie)* reaktif bağlanma bozukluğu

Realität *f* gerçeklik; **virtuelle** ~ sanal gerçeklik

Reanimation *f* <*Syn*→ **Wiederbelebung**> *(in der Notfallmedizin und der ersten Hilfe)* reanimasyon

Reassortierung→ **Reassortment**

Reassortment *nt* <*Syn*→ **Reassortierung**> *(in der Virologie)* reassortman

Rechtsherzinsuffizienz *f* <*Ant*→ **Linksherzinsuffizienz** > *(in der Kardiologie)* sağ kalp yetmezliği

Rechtsmedizin *f* <*Syn*→ **forensische Medizin**> adli tıp

Redoxreaktion *f chem* redoks reaksiyonu; redoks tepkimesi

Reduktans→ **Reduktionsmittel**

Reduktion[1] *f* azaltma; ~ **der Dosis**
(in der Pharmazie) dozu azaltma

Reduktion[2] *f chem* indirgeme

Reduktionsmittel *nt* <*Ant*→
Oxydationsmittel> *chem* indirgeyici
madde; <*Syn*→ **Reduktans** →
Reduktor> indirgeyici ajan

Reduktor→ **Reduktionsmittel**

Reduplikation→ **Replikation**

reduzieren *vt* <*Ant*→ **erhöhen**>
azaltmak; **die Dosis** ~ *(in der
Pharmazie)* dozu azaltmak

reduzierend *Adj* indirgeyici; ~**er
Zucker** *(in der Biochemie)*
indirgeyici şeker

Reflex *m* refleks; tepke; **bedingter** ~
koşullu refleks; **pathologischer** ~
patolojik refleks; **unbedingter** ~
koşulsuz refleks

Reflexauslösbarkeit *f* <*Syn*→
Reflexerregbarkeit> *(in der
Gynäkologie: zur Bestimmung des
Apgar-Scores)* dokunsal uyarıma
refleks sinirlilik

Reflexbogen *m (in der Physiologie)*
refleks yayı; **in der Physiologie ist
der** ~ **die kürzeste Verbindung
zwischen Rezeptor und Effektor**
fizyolojide refleks yayı, reseptör ile
efektör arasındaki en kısa bağlantıdır

Reflexhammer *m (bei der
körperlichen Untersuchung)* refleks
çekici; <*Syn*→
Perkussionshammer> perküsyon
çekici

Reflexerregbarkeit→
Reflexauslösbarkeit

Reflexologie *f (in der
Alternativmedizin)* refleksoloji

Reflux *m (in der Gastroenterelogie)*
reflü; mide reflüsü; <*Syn*→
gastroösophagealer Reflux> gastro
özofageal reflü

Refluxerkrankung *f* reflü hastalığı

Refluxösophagitis *f* <*Syn*→
gastroösophagealer Reflux> gastro
özofageal reflü

refraktär *Adj* refrakter

Refraktärphase *f (in der Sexualität)*
refrakter dönem

refraktiv *Adj* refraktif; ~**e Chirurgie**
refraktif cerrahi

Regelblutung *f (in der Gynäkologie)*
âdet kanaması

regelmäßig *Adj* <*Ant*→
unregelmäßig> düzenli; ~**er Puls**
düzenli nabız

Regelschmerzen *pl (Lat:
Dysmenorrhoe) (in der Gynäkologie)*
dismenore; sancılı regl

Regenbogenhaut *f* <*Syn*→ **Iris**> *(in
der Anatomie des Auges)* iris

Regenbogenhaut-entzündung *f*
<*Syn*→ **Iritis**> iritis

Regeneration *f (in der
Entwicklungsbiologie)* rejenerasyon;
yenilenme

regenerativ *Adj* rejeneratif; ~**e
Medizin** rejeneratif tıp

Region *f* <*Syn*→ **Gegend**> *(Lat:
regio)* bölge[3]

Regredienz *f* <*Syn*→ **regressiver Krankheitsverlauf**; *Ant*→ **Progredienz**> *(in der Pathologie)* gerileyen hastalık

regressiv *Adj* <*Syn*→ **progressiv**> gerileyen

Regulation *f* <*Syn*→ **Regulierung**> düzenlenme; ~ **der Genexpression** gen ifadesinin düzenlenmesi

regulatorisch *Adj* düzenleyici; ~**e Sequenz** *(in der Genetik)* düzenleyici dizi

Regulierung *f* <*Syn*→ **Regulation**> düzenlenme

Reha *f* rehab; <*Syn*→ **Rehabilitation**> rehabilitasyon; **orthopädische** ~ ortopedik rehabilitasyon

Rehabilitation *f* rehabilitasyon; <*kurz*→ **Reha**> rehab

Rehabilitationsübungen *pl* rehabilitasyon egzersizleri

Rehydration→ **Rehydrierung Rehydrationslösung**→ **Rehydrierungslösung**

Rehydrierung *f* rehidrasyon; **orale** ~ oral rehidrasyon

Rehydrierungslösung *f* rehidrasyon solüsyonu;

Reifeteilung *f* <*Syn*→ **Meiose**> *(in der Genetik)* mayoz (bölünme); ~ **der Keimzellen** üreme hücrelerinin mayoz bölünmesi

Reifung *f* olgunlaşma; <*Syn*→ **Maturation**> matürasyon

Reifungsprozess *m* olgunlaşma süreci

rein *Adj* saf

Reinheitsgrad *m* saflık derecesi

reinigen *vt* temizlemek; **das Blut in einem Dialysegerät** ~ kanı diyaliz makinesinde temizlemek; **die Wunde** ~ yarayı temizlemek

Reinstoff *f* <*Ant*→ **Gemisch**> *chem* saf madde

Reisekrankheit *f* *(in der Neurologie)* yol tutması; <*Syn*→ **Kinetose**> kinetozis

Reisemedizin *f* seyahat tıbbı

Reismehl *nt* pirinç unu; ~ **für glutenfreies Backen** *(in der Ökotrophologie)* glutensiz fırınlama için pirinç unu

Reiz[1] *m* <*Syn*→ **Stimulus**> uyaran; **distaler** ~ <*Syn*→ **distaler Stimulus** → **Fernreiz**> *(in der Wahrnehmungspsychologie)* distal uyaran; **emotionaler** ~ *(in der Verhaltenspsychologie)* duygusal uyaran

Reiz[2] *m* *(in der HNO: im Hals)* gıcık

Reizdarmsyndrom *nt* huzursuz bağırsak sendromu; hassas bağırsak sendromu; *(İng: irritable bowel syndrome)* irritabl bağırsak sendromu; IBS

reizen *vt* tahriş etmek; **die Augen** ~ gözleri tahriş etmek

Reizhusten *m* gıcık öksürüğü

Reizüberflutung *f* *(in der Neurologie)* duyusal aşırı yüklenme

Reizung *f* tahriş; <*Syn*→ **Irritation**>
iritasyon; irritasyon; ~ **der Augen**
gözlerin tahrişi

Rekombinase *f (in der Genetik:*
Enzym, welches die genetische
Rekombination katalysiert)
rekombinaz

Rekombination *f (Eng: genetic*
recombination) (in der Genetik)
rekombinasyon; **genetische** ~ genetik
rekombinasyon; **homologe** ~
homolog rekombinasyon

Rekonstruktion *f* <*Syn*→
Wiederherstellung> *(Eng:*
reconstruction) (in der Chirurgie)
rekonstrüksiyon

rektal *Adj* rektal; **die ~e Applikation**
eines Medikaments bir ilacı rektal
yoldan uygulama

Rektalabszess *m* rektal apse

Rektalfistel *f* rektal fistül

Rektal-Spekulum *nt (in der*
Gastroenterologie) rektal spekulum

Rektaluntersuchung *f* rektal
muayene

Rektalzäpchen *nt* <*Syn*→
Analzäpchen> rektal supozituvar

Rektoskopie *f* <*Syn*→
Mastdarmspiegelung> *(in der*
Gastroenterologie) rektoskopi

Rektum *nt* <*Syn*→ **Mastdarm** →
Schlackdarm> *(Lat: Intestinum*
rectum) rektum; göden bağırsağı

Rektumkarzinom *m* <*Syn*→
Mastdarmkrebs> rektum kanseri

relativ *Adj* <*Syn*→ **absolut**>
göreceli; rölatif; bağıl; ~**e**

Kontrindikation *(in der Pharmazie)*
göreceli kontrendikasyon; ~**es Risiko**
göreceli risk

Relaxation *f* relaksasyon; <*Syn*→
Erschlaffung → **Entspannung**>
gevşeme

REM *m (Eng: rapid eye movement)*
<*Syn*→ **rasche Augenbewegung**>
psych hızlı göz hareketi

Remission *f (in der Pathologie und*
der Onkologie: das Nachlassen von
Krankheitssymptomen) remisyon

REM-Schlaf *m psych* REM uykusu;
<*Syn*→ **paradoxer Schlaf**>
paradoksal uyku; <*Syn*→
desynchronisierter Schlaf>
desenkronize uyku

Ren *m* <*Syn*→ **Niere**> *(Lat: ren) anat*
böbrek

renal *Adj* renal; ~**e Anämie** *(in der*
Nephrologie) renal anemi; ~**er**
Blutfluss *(in der Physiologie der*
Niere) renal kan akımı

Replantation *f (in der Chirurgie)*
replantasyon

Replikation *f* <*Syn*→
Reduplikation> replikasyon;
ikileşme; **prokaryotische** ~
prokaryotik ikileşme

Replikationsursprung *m*
replikasyon orijini; ikileşme orijini

Replikationszyklus *m* replikasyon
döngüsü

replikativ *Adj* ikilenmeli; ~**e**
Transposition *(in der*
Molekularbiologie) ikilenmeli
transpozisyon

277

Repressor *m (in der Genetik)* represör

Reproduktion *f <Syn→* **Fortpflanzung>** üreme; **geschlechtliche** ~ eşeyli üreme

Reproduktionsmedizin *f* üreme tıbbı

Resektion *f (Lat: resectio; Eng: resection) (in der Chirurgie: operative Entfernung)* rezeksiyon; **anatomische** ~ anatomik rezeksiyon

Resektions-Arthroplastik *f (in der Orthopädie)* rezeksiyon artroplastisi

Reservoirwirt *m (in der Parasitologie)* rezervuar konak

resezieren *vt (Lat: resecare) (in der Chirurgie: operativ entfernen)* rezeke etmek *vt*

Resilienz *f psych* rezilyans; **emotionale** ~ duygusal rezilyans; **körperliche** ~ bedensel rezilyans; **mentale** ~ zihinsel rezilyans

Resistenz *f* direnç

Resorption *f (in der Zahnmedizin)* rezorpsiyon; **interne** ~ iç rezorpsiyon; ~ **von Knochengewebe** *(in der Histologie)* kemik dokunun rezorpsiyonu

respiratorisch *Adj* respiratuar; ~**e Insuffizienz** respiratuar yetmezlik; *<Syn→* **Ateminsuffizienz** → **Atmungsinsuffizienz>** solunum yetmezliği; ~**es Synzytial-Virus** respiratuar sinsityal virüs; solunum sinsityal virüsü

Response-Syndrom *nt (in der Intensivmedizin)* yanıt sendromu; **systemisches inflammatorisches** ~ sistemik inflamatuar yanıt sendromu

Restless-Legs-Syndrom *nt (Eng: restless legs syndrome)* huzursuz bacak sendromu

Restriktionsendonuklease *f (in der Molekularbiologie)* restriksiyon endonükleazı; *<Syn→* **Restriktionsenzym>** restriksiyon enzimi

Restriktionsenzym *nt (in der Molekularbiologie)* restriksiyon enzimi; *<Syn→* **Restriktionsendonuklease>** restriksiyon endonükleazı

Restriktionsfragmentlängenpolymorphismus *m (in der Molekularbiologie)* restriksiyon fragment uzunluk polimorfizmi

Retardarzneimittel *nt (in der Pharmazie)* retard ilaç

Retardkapsel *f (in der Pharmazie)* retard kapsül

Retardierung *f (in der Psychiatrie)* retardasyon; gerilik; **intellektuelle** ~ zekâ geriliği; zihin yetersizliği; **mentale** ~ mental retardasyon

Reticulozyt *m (in der Labormedizin und der Mikrobiologie)* retikülosit; **reife** ~**en** olgun retikülositler; **unreife** ~**en** olgunlaşmamış retikülositler

Reticulum→ Retikulum

retikulär *Adj* retikuler; ~**e Faser** *(in der Zellbiologie)* retikuler fibril; ~**es Bindegewebe** retikuler bağ doku

Retikulum *nt (Lat; reticulum)* retikulum; **endoplasmatisches** ~ endoplazmik retikulum

Retina *f (im Auge)* anat retina; *<Syn→* **Netzhaut>** ağkatman; ağ tabaka

Retinoblastom *nt* retinoblastom; **das** ~ **ist ein bösartiger Tumor in der**

278

Netzhaut des Auges retinoblastom, gözün retinasında oluşan kötü huylu bir tümördür

Retortenbaby *nt (in der Gynäkologie)* tüp bebek

Retraktor *m (in der Chirurgie)* retraktör; **der ~ ist ein chirurgisches Instrument** retraktör, cerrahi bir alettir

Retrognathie *f (in der Kieferorthopädie)* retrognati; retrognatizm

Retrokognition *f <Syn→* **Postkognition>** *(in der Parapsychologie)* postkognisyon

Retroperitonealraum *m (Lat: Spatium retroperitoneale) <Syn→* **Retroperitoeum>** *anat* retroperitonal bölge

Retroperitoeum→ Retroperitonealraum

retrospektiv *Adj* retrospektif; **~e Studie** retrospektif araştırma

Retrosynthese *f* retrosentez

Retrosynthesebaum *m (Eng: retrosynthetic tree)* retrosentetik ağaç

retrosynthetisch *Adj* retrosentetik; **~e Analyse** *(in der organischen Chemie)* retrosentetik analiz

Retroviren *pl (Lat: Retroviridae)* retrovirüsler

Rettungsflugzeug *nt* ambulans uçak

Rettungshund *m <Syn→* **Suchhund>** *(Eng: search and rescue dog)* arama-kurtarma köpeği

Rettungsmannschaft *f* arama-kurtarma ekibi

Rettungssanitäter *m* (erkek) ambulans teknisyeni; ambulans teknikeri

Rettungssanitäterin *f* (kadın) ambulans teknisyeni; ambulans teknikeri

Rettungsschwimmer *m* (erkek) cankurtaran[1]

Rettungsschwimmerin *f* (kadın) cankurtaran[1]

Rettungsstelle→ Notaufnahme

Rettungswagen *m <Syn→* **Krankenwagen>** ambulans; cankurtaran[2]

Revaskularisierung *f* revaskülarizasyon; **invasive ~** girişimsel revaskülarizasyon

revers *Adj* ters; **~e Transkriptase** *(in der Molekularbiologie)* ters transkriptaz; **~e Transkription** *(in der Genetik)* ters transkripsiyon

reversibel *Adj <Ant→* **irreversibel>** tersinir; **reversible Enzymhemmung** *(in der pharmazeutischen Chemie)* tersinir enzim inhibisyonu; **reversibler Inhibitor** *(in der pharmazeutischen Chemie)* tersinir inhibitör

Reversibilität *f* tersinirlik

Reye-Syndrom *nt* Reye sendromu

Rezept[1] *nt (in der Pharmazie: ärztliche Verschreibung von Arzneimitteln)* reçete; **~ verschreiben** reçete yazrmak; **~ verschreiben lassen** reçete yazdırmak

Rezept² *nt (Koch~)* tarife

Rezeptcode *m* reçete kodu

rezeptfrei *Adj <Ant→*
rezeptpflichtigi> reçetesiz

Rezeptor¹ *m (in der Biochemie)*
reseptör; almaç; **ionotroper** ~ *(in der Neurophysiologie)* iyonotropik
reseptör; **metabotroper** ~ *(in der Neurophysiologie)* metabotropik
reseptör; **postsynaptischer** ~ *(in der Neurophysiologie)* postsinaptik
reseptör

Rezeptor² *m (in der Physiologie)*
reseptör; *<Syn→* **Rezeptorzelle>**
reseptör hücre

Rezeptoragonist *m* resesptör agonist

Rezeptorzelle *f (in der Physiologie)*
reseptör hücre; *<Syn→* **Rezeptor²>**
reseptör

rezeptpflichtig *Adj <Ant→*
rezeptfrei> reçeteli; reçete ile satılır

Rezeptur *f (in der Pharmazie)*
majistral ilaç formülü

Rezepturarzneimittel *nt <Ant→*
Fertigarzneimittel> *(in der Pharmazie: Arzneimittel, die auf ärztliche Verschreibung in der Apotheke gefertigt werden)* majistral ilaç

rezessiv *Adj <Ant→* **dominant>**
(Lat: recedere) (in der Genetik)
resesif; çekinik; ~**e Allele** çekinik aleller

Rezidiv *nt* nüks; nüksetme; *<Syn→*
Rückfall> *(Wiederauftreten einer Krankheit oder psychischen Störung)*
relaps

rezidivfrei *Adj* nüksüz; ~**es**
Überleben nüksüz sağkalım

rezidivierend *Adj <Syn→*
wiederauftretend> nükseden;
yeniden ortaya çıkan; ~**e Schmerzen**
nükseden ağrılar; yeniden ortaya çıkan ağrılar

Rhabdomyolyse *f (in der Nephrologie: Auflösung quergestreifter Muskelfasern)*
rabdomiyoliz

Rhagade *f <Syn→* **Schrunde>** ragat

Rheuma→ Rheumatismus

rheumatisch *Adj* romatizmal; ~**e**
Erkrankung romatizmal hastalık;
~**es Fieber** romatizmal ateş

Rheumatismus *m <Syn→* **Rheuma>**
romatizma

rheumatoid *Adj* romatoid; ~**e**
Arthritis romatoid artrit

Rheumatologie *f* romatoloji

Rhinoplastik *f <Syn→* **Nasenplastik**
→ Nasenkorrektur> *(in der HNO)*
rinoplasti

Rhinovirus *nt/m* rinovirüs;
Rhinoviren verursachen
Schnupfen und Erkältungen
rinovirüsler, nezle ve soğuk algınlığına neden olurlar

Rhizom *nt* rizom; *<Syn→*
Wurzelstock> köksap

Rhombencephalon *nt*
rombensefalon; *<Syn→*
Rautenhirn> art beyin

Rhonchus *m (Lat: rhonchus) (in der Pneumologie)* ronküs; ronflan ral;
pfeifender ~ sibilan ronküs

Rhythmus *m* ritim; **biologischer ~** biyolojik ritim

Rhythmusstörung *f* ritim bozukluğu

Rhytidektomie *f* ritidektomi; *<Syn→* **Gesichtsstraffung>** *(Eng: facelift)* yüz germe

Ribonuklease *f* ribonükleaz

Ribonukleinsäure *f* ribonükleik asit; *<kurz→* **RNS → RNA>** *(Eng: ribonucleic acid)* RNA

Ribosom *nt (in der Histologie und der Zellbiologie)* ribozom; **mitochondriales ~** *<Syn→* **Mitoribosom>** mitokondriyal ribozom; mitoribozom

ribosomal *Adj (in der Zellbiologie und der Genetik)* ribozomal; **~e DNA** ribozomal DNA *<Syn→* **rDNA>** rDNA; **~e RNA** ribozomal RNA *<Syn→* **rRNA>** rRNA

richtig *Adj* doğru; **~e Ernährung** doğru beslenme

Ricin *nt <Syn→* **Rizin>** *(in der Toxikologie)* risin

Riechfunktion *f* koku alma işlevi

Riechnerv *m (Lat: Nervus olfactorius)* olfaktör sinir

Riechverlust *m* koku kaybı

Riechwahrnehmung *f* koku alma; *<Syn→* **olfaktorische Wahrnehmung>** olfaksiyon

Riesenaneurysma *nt* dev anevrizma

Riesenwuchs *m <Syn→* **Gigantismus>** gigantizm; *<Syn→* **Hypersomie>** hipersomi

Riesenzellarteriitis *f (in der Augenheilkunde)* dev hücreli arterit; temporal arterit

Riesenzelle *f (in der Histologie)* dev hücre; **mehrkernige ~** çok çekirdekli dev hücre

Rinde *f (Hirnrinde) <Syn→* **Kortex → Cortex>** *(Lat: cortex)* korteks; *<Syn→* **Hirnmantel → Pallium>** palyum; **somatomotorische~** *(in der Neurophysiologie)* somatomotorik korteks

Rindennekrose *f (in der Pathologie)* kortikal nekroz

Rinderbandwurm *m (Lat: Taenia saginata)* sığır tenyası

Rinderpest *f* sığır vebası; *umg* malkıran; çor

Rinderwahn *m* deli dana hastalığı; *<Syn→* **bovine spongiforme Enzephalopathie>** *(Eng:bovine spongiform encephalopathy)* bovin süngerimsi ensefalopati; *<kurz→* **BSE>** BSE

Rindfleisch *nt* sığır eti; **~ ist rotes Fleisch** sığır eti, kırmızı ettir

Ringelröteln *f <Syn→* **Kinderrotlauf>** *(Lat: Erythema infectiosum)* eritema; *<Syn→* **fünfte Krankheit>** beşinci hastalık

ringförmig *Adj* dairesel; **~e Kontraktionen der glatten Muskulatur** *(in der Verdauungsphysiologie)* düz kasların dairesel kasılması

Ringknorpel *m (Lat: Cartilago cricoidea) anat* krikoid kıkırdak

Rinne-Versuch *m (in der Hals-Nasen-Ohren-Heilkunde)* Rinne testi

Rippe *f (Lat: costa)* kaburga

Rippenfellentzündung *f <Syn→* **Brustfellentzündung>** *(in der Pneumologie)* zatülcenp; *<Syn→* **Pleuritis>** plörezi; *<Syn→* **Pleuraentzündung>** plöral efüzyon

Rippenknorpel *m (Lat: Cartilago costalis)* kaburga kıkırdağı

Rippenkorb *m <Syn→* **Brustkorb>** göğüs kafesi

Rippenpaar *nt* kaburga çifti

Rippenregion *f anat* kaburga bölgesi; *<Syn→* **Brustregion>** göğüs bölgesi

Risiko *nt* risk; **~, einen Herzinfarkt zu erleiden** kalp krizi geçirme riski; **geringes** ~ düşük risk; **hohes** ~ yüksek risk; **medizinisches** ~ tıbbi risk; **relatives** ~ göreceli risk

Risikoanalyse *m* risk analizi

Risikofaktor *m* risk faktörü

Risikogruppe *f* risk grubu

Risikopatient *m* yüksek riskli hasta

Risikoschwangerschaft *f* riskli gebelik

Risikovorhersage *f* risk tahmini

Riss[1] *m* yırtık; yırtılma; *<Syn→* **Ruptur>** rüptür; **~e an den Mundwinkeln** *(in der Dermatologie; in der Haut)* ağız kenarlarında yırtıklar

Riss[2] *m (in der Dermatologie; in der Haut)* çatlak

Rizin *nt <Syn→* **Ricin>** *(in der Toxikologie)* risin

RNA *f (Eng: ribonucleic acid)* RNA; *<Syn→* **Ribonukleinsäure>** ribonükleik asit; **ribosomale** ~ *<kurz→* **rRNA>** rRNA

RNA-abhängige DNA-Polymerasen *pl (in der Molekularbiologie)* RNA'ya bağımlı DNA polimerazlar

RNA-Base *f* RNA bazı; **Uracil ist eine** ~ urasil, RNA bazıdır

RNA-Edierung *f <Syn→* **RNA-Edieren>** *(Eng: RNA editing) (bei Genexpression)* RNA düzeltme

RNA-Polymerasen *pl (in der Genetik)* RNA polimerazlar

RNase→ Ribonuklease

RNS→ RNA

Roborans *nt <Syn→* **Stärkungsmittel>** roborans

robotisch *Adj* robotik; **~ assistierte Leberchirurgie** robotik yardımlı karaciğer cerrahisi; **~e Chirurgie** robotik cerrahi

Röcheln *nt (in der Pulmonologie)* hırıltı

röchelnd *Adj* hırıltılı; **~e Atmung** hırıltılı solunum

Röhrenknochen *m <Syn→* **Langknochen>** *(Lat: Os longum; pl= Ossa longa) (in der Osteologie)* uzun kemik

Rohrzucker *m* kamış şekeri; *<Syn→* **Saccharose>** sakkaroz; sükroz

Rollator *m* tekerlekli yürüteç

Rollbein *nt* <*Syn*→ **Sprungbein**>
(untere Extremität) aşık kemiği;
<*Syn*→ **Talus**> talus; <*Syn*→
Astragalus> astragalus

Rollstuhl *m* tekerlekli sandalye

Röntgenaufnahme *f* <*Syn*→
Röntgenbild> Röntgen çekimi;
<*Syn*→ **Radiographie**> radyografi

Röntgenapparat→ **Röntgengerät**

Röntgenbild *f* <*Syn*→
Röntgenaufnahme> Röntgen
çekimi; <*Syn*→ **Radiographie**>
radyografi

Röntgengerät *nt* <*eş*→
Röntgenapparat> *(in der
Radiologie)* Röntgen cihazı

Röntgenkontrastmittel *nt (in der
Radiologie)* radyolojide kontrast
madde

Röntgenstrahlen *pl* <*Syn*→
Röntgenstrahlung> Röntgen
ışınları; X ışınları

Röntgenstrahlung→
Röntgenstrahlen

Rose→ **Rotlauf**

rot *Adj* kırmızı; al; **~e Blutzelle**
kırmızı kan hücresi; **~es
Blutkörperchen** alyuvar

Rotation *f* rotasyon; **mentale ~**
psych zihinsel rotasyon

Rotatoren-Manschette *f (Eng:
rotator cuff) anat* rotator manşet;
döndürücü manşet

Rotatorenmanschettenruptur *f
(Eng: rotator cuff tear) (in der
Orthopädie)* rotator manşet yırtığı;
döndürücü manşet yırtığı

Rotaviren *pl (in der
Gastroenterologie)* rotavirüsler

Röteln *f* <*Syn*→ **Rubeola**>
(Kinderkrankheit) kızamıkçık

Rotlauf *f* <*Syn*→ **Wundrose** →
Rose> *(in der Dermatologie)*
yılancık; <*Syn*→ → **Erysibel**>
erizibel

Rötung *f (in der Dermatologie)*
kızarma; kızarıklık; <*Syn*→ **Rubor**>
rubor

Rouge *nt (in der Kosmetik)* allık; ~
**ist ein Kosmetikartikel, der auf die
Wangen aufgetragen wird** allık,
yanağa sürülen bir kozmetik
ürünüdür

rRNA *f* rRNA; <*Syn*→ **ribosomale
RNA**> ribozomal rRNA

RTM→ **Rastertunnelmikroskop**

Rubeola→ **Röteln**

Rubor *m (in der Dermatologie)*
rubor; <*Syn*→ **Rötung**> kızarıklık

Rücken *m (Lat: dorsum)* sırt

Rückenmark *nt (Lat: Medulla
spinalis/Medulla dorsalis) anat*
omurilik

Rückenmarkarterie *f* spinal arter

Rückenmarkentzündung *f* omurilik
iltihabı

Rückenmark(s)flüssigkeit *f*
omurilik sıvısı

Rückenmarkskanal *m* <*Syn*→
Wirbelkanal> omurga kanalı;
<*Syn*→ **Spinalkanal**> spinal kanal

Rückenmarksnerv *m* <*Syn→*
Spinalnerv> spinal sinir

Rückenmarkspunktion *f* <*Syn→*
Lumbalpunktion> *(Eng: lumbar
puncture; Fr: Ponction lombaire) (in
der Neurologie)* lomber ponksiyon

Rückenmuskulatur *f* sırt kasları

Rückfall *m* <*Syn→*
Wiederauftreten> nüks; yeniden
ortaya çıkma; <*Syn→* **Rezidiv**>
*(Wiederauftreten einer Krankheit
oder psychischen Störung)* relaps; ~
bei Alkoholsucht alkol
bağımlılığında relaps

Rückfallrisiko *nt* relaps riski

Rückfluss *m (in der
Gastroenterologie)* geri akım; ~ **von
Magenflüssigkeit** mide sıvısının geri
akımı

Rückgrat *nt* <*Syn→* **Wirbelsäule**>
(Lat: Columna vertebralis) anat
omurga; spinal kolon

Rückgratverkrümmung *f (in der
Orthopädie)* omurga eğriliği

Rückkoppelung→ Rückkopplung

Rückkopplung *f*, <*Syn→*
Rückmeldung → Feedback> geri
bildirim; *(in der Kybernetik)* geri
besleme; **negative** ~ negatif geri
besleme; **positive** ~ pozitif geri
besleme

Rückmeldung→ Rückkopplung

Rückziehmethode *f (in der
Sexualpraxis: unterbrochener
Geschlechtsverkehr)* geri çekme
yöntemi; <*eş→* **Coitus interruptus**>
koitus interruptus

Rudiment *nt (Lat: rudimentum) anat*
körelmiş yapı

Ruhe *f* dinlenme; istirahat; **die
Herzschlagfrequenz in** ~ *(in der
Kardiologie)* dinlenme halinde sinüs
ritmi

**Ruheenergiebedarf→
Grundumsatz**

**Ruheenergieumsatz→
Grundumsatz**

**Ruheenergieverbrauch→
Grundumsatz**

Ruhephase *f* <*Syn→* **latente Phase**>
latent faz

Ruhestellung *f* dinlenme durumu

Ruhetonus *m* dinlenme kas tonusu

Ruhezyklen *pl* <*Ant→*
Aktivitätszyklen> dinlenme
döngüleri

Ruhr *f* <*Syn→* **Dysenterie**> *(in der
Gastroenterologie)* dizanteri

Rülpsen *nt* geğirme

Rumen *m (Lat: pantex)* rumen;
<*Syn→* **Pansen**> işkembe

Rumination *f* <*Syn→* **Grübeln**>
psych ruminasyon

Rumpf *m (Lat: Truncus) anat* gövde

Rundgewicht *nt* <*Syn→*
Kugelhantel> *(Eng: kettlebell) (in
der Sportmedizin)* girya

Rundläuferpresse *f (in der
Pharmazie: zur Tablettenherstellung)*
tablet baskı makinesi

Ruptur *f* rüptür; <*Syn*→ **Riss**> *(Lat: ruptura)* yırtık; yırtılma; ~ **der Harnblase** <*Syn*→ **Blasenruptur**> idrar kesesinin yırtılması

S

Saccharose *f (Formel: $C_{12}H_{22}O_{11}$) (Lat: saccharum)* sakkaroz; sükroz; <*umg*→ **Haushaltszucker**> çay şekeri

Sachverständigengutachten *nt* bilirkişi raporu

Sachverständiger *m* bilirkişi

Sagittalschnitt *m anat* sagital kesit

saisonal-affektive Störung *f* mevsimsel duygulanım bozukluğu

sakkulär *Adj* sakküler; ~**es Aneurysma** *(in der Angiologie und der Chirurgie)* sakküler anevrizma

Sakralfleck *m* <*Syn*→ **Mongolenfleck** → **Asiatenfleck** → **Steißfleck**> *(in der Dermatologie)* Moğol lekesi; Moğol beneği

Sakroiliakalgelenk *nt* <*Syn*→ **Iliosakralgelenk** → **Kreuzbein-Darmbein-Gelenk**> *(Lat: Articulatio sacroiliaca) anat* sakroiliak eklem

Salbe *f* <*Syn*→ **Heilsalbe** → **Wundsalbe**> merhem

Salicylsäure *f* <*Syn*→ **Salizylsäure**> *(Formel: $C_7H_6O_3$) chem* salisilik asit

Salizylsäure→ **Salicylsäure**

Salmonellen *pl (Lat: Salmonella)* salmonella

Salmonellen-Bakterien *pl* salmonella bakterileri

Salmonellenenteritis *f* <*Syn*→ **Salmonellose**> salmonelloz

Salmonellen-Erkrankung *f* salmonella hastalığı

Salmonellen-Infektion *f* salmonella enfeksiyonu

Salmonellose *f* <*Syn*→ **Salmonellenenteritis**> salmonelloz

Salpetersäure *f* <*Syn*→ **Scheidewasser**> *(Formel: HNO_3) chem* kezzap; nitrik asit

salzfrei *f* tuzsuz; ~**e Diät** tuzsuz diyet

Salzlösung *f* tuz çözeltisi; tuzlu solüsyon

Samenerguss *m* <*Syn*→ **Ejakulation**> *(Lat: eıaculatıo) (in der Urologie)* boşalma; ejakülasyon; **frühzeitiger** ~ *(Lat: Ejaculatio praecox)* erken boşalma

Samenflüssigkeit *f* <*Syn*→ **Sperma**> *(in der Urologie)* atmık; meni; semen; er suyu

Samenleiter *m (Lat: Ductus deferens/Vas deferens) (in der Urologie)* atmık kanalı; sperm kanalı; vas deferens kanalı; duktus deferens

Samenprobe *f* <*Syn*→ **Spermaprobe**> *(in der Reproduktionsmedizin)* sperm örneği

Samenspende *f (in der Reproduktionsmedizin)* sperm bağışı

Samenspender *m (in der Reproduktionsmedizin)* sperm donörü

Samenstrang *m (Lat: Funiculus spermaticus)* spermatik kord

Sampling *nt <Syn→* **Stichprobenverfahren>** *(Eng: sampling)* örnekleme

Sandmücke *f (Lat: Phlebotomus)* tatarcık; yakarca

Sanitärtechnik *f (Eng: sanitation)* sanitasyon

Sanitäter *m* teknisyen; tekniker

sarkoid *Adj (in der inneren Medizin)* sarkoid; **~e Granulome** sarkoid granülomlar
Sarkoidose *f (in der inneren Medizin)* sarkoidoz

Sarkom *nt (in der Onkologie)* sarkom; **~e gehen von mesenchymalen Zellen aus und sind bösartige Tumore** sarkomlar, mezenkimal hücrelerden köken alan kötü huylu tümörlerdir; **bösartige Tumoren von Geweben mesenchymalen Ursprungs werden als ~e bezeichnet** mezenşimal kökenli dokulardan oluşan kötü huylu tümörlere sarkom denir; **osteogenes ~** *<Syn→* **Osteosarkom>** osteosarkom

SARS *nt* SARS; *<Syn→* **Schweres Akutes Respiratorisches Syndrom>** *(Eng: severe acute respiratory syndrome)* şiddetli akut solunum yolu sendromu

sättigen *vt* doyurmak

Sättigung *f* doyum; doygunluk; saturasyon; satürasyon; tokluk

Saturnismus *f* satürnizm; *<Syn→* **Bleivergiftung>** kurşun zehirlenmesi

sauer *Adj <Ant→* **basisch →** **alkalisch>** *(pH-Wert ist weniger als 7) chem* asidik

Sauerrahm *m <Syn→* **saure Sahne>** ekşi krema

Sauerstoff *m (Formel: O_2) chem* oksijen

Sauerstoffflasche *f* oksijen tüpü

Sauerstoffkanüle *f* oksijen kanülü; **nasale ~** nazal oksijen kanülü

Sauerstoffmangel *f* oksijen yetersizliği; *<Syn→* **Hypoxie>** hipoksi

Sauerstoffmaske *f* oksijen maskesi

sauerstoffreich *Adj* oksijen zengini; **~es Blut** oksijen zengini kan

Sauerstoffsättigung *f <Syn→* **sO_2>** oksijen doygunluğu; oksijen doyumu; **~ im Blut** kanda oksijen doyumu; **arterielle ~** arteriyel oksijen doyumu; **venöse ~** venöz ksijen doyumu

Sauerstofftherapie *f* oksijen tedavisi

Sauerstofftoxikose *f <Syn→* **Sauerstoffvergiftung>** oksijen zehirlenmesi

Sauerstofftransportprotein *nt* oksijen taşıyıcı protein

Sauerstoffvergiftung *f <Syn→* **Sauerstofftoxikose>** oksijen zehirlenmesi

Saugflasche *f (im Labor)* nuçe erleni

Saugglocke *f (in der Gynäkologie und der Geburtshilfe)* vakum ekstraktör; fetal ekstraktör

Saugglockenentbindung f <Syn→
Vakuumextraktion> (in der
Gynäkologie und der Geburtshilfe)
vakum ekstraksiyonu; vakumla
ekstraksiyon

Säugling m süt çocuğu; <Syn→
Baby> bebek

Säuglingsalter nt bebeklik dönemi

Säuglingsnahrung f <Syn→
Babynahrung> bebek maması

Säuglingssterblichkeit f bebek ölüm
hızı

Säuglingstod m bebek ölümü;
plötzlicher ~ (Lat: Mors subita
infantium) ani bebek ölümü

Saugreflex m emzirme refleksi

Säure f <Ant→ **Base>** (Lat: acidum)
chem asit

Säure-Base-Indikator m asit-baz
indikatörü

Säure-Basen-Haushalt m (Eng:
acid-base homeostasis) asit-baz
homeostazı

Säurelösung f asit çözeltisi

Säureproduktion f asit üretimi

Säuresekretion f asit salınımı

Scabies f <Syn→ **Skabies** → **Krätze**
→ **Acarodermatitis>** (in der
Dermatologie) uyuz

Scaler m (in der Zahnmedizin)
ölçekleyici; fulvar

Schädel m (Lat: Cranium) anat
kafatası

Schädelbasis f (Lat: Basis cranii)
kafatası tabanı

Schädelbasisbruch m <Syn→
Schädelbasisfraktur> (in der
Notfallmedizin) **baziler** kafatası
kırığı; bazal kafatası kırığı

Schädelbasisfraktur→
Schädelbasisbruch

Schädeldach→ Schädelkalotte

Schädeldecke→ Schädelkalotte

Schädeldeformation f <Syn→
Schädelverformung> kafatası
deformasyonu

Schädel-Hirn-Trauma nt (Eng:
traumatic brain injury) (in der
Notfallmedizin) travmatik beyin
hasarı

Schädelhöhle f (Lat: Cavum cranii)
anat kafatası boşluğu; intrakraniyal
alan

Schädelkalotte f <Syn→
Schädeldecke → **Schädeldach** →
Kalotte> (Lat: Calvaria) kafatası
çatısı

Schädelöffnung f <Syn→
Kraniotomie> (in der
Neurochirurgie) kraniyotomi

Schädelnaht f kafatası sütürü;
kraniyal sütür

Schädeltrauma nt kafa travması

Schädelverformung→
Schädeldeformation

Schädigung f hasar; ~ **der Netzhaut**
(bei Diabetes) retina hasarı

Schaden *m* hasar; **bleibender** ~ kalıcı hasar

Schadenfreude *f psych* başkasının zararına sevinme

Schadensfreude→ **Schadenfreude**

schädlich *Adj* zararlı

Schaftfraktur *f (in der Orthopädie)* şaft kırığı

Schambein *nt (Lat: Os pubis; Eng: pubis)* pubis; pubis kemiği

Schamgegend *f <Syn→ Schamregion>* *(Lat: Regio pubica)* *anat* pubik bölge; *umg* mahrem alan; mahrem bölge

Schamhaar *nt* kasık kılı

Schamhügel *m <Syn→ Venushügel>* *(Lat: Mons pubis; Mons veneris)* kasık höyüğü; pubis tepesi

Schamlippen *pl <Syn→ Venuslippen>* *(Lat: Labia pudendi)* labia; *<Syn→* **Vulvalippen**> vulva dudakları

Schamregion *f <Syn→ Schamgegend>* *(Lat: Regio pubica)* *anat* pubik bölge

Scharlach *m (Lat: Scarlatina; Eng: scarlet fever) (Kinderkrankheit)* kızıl

Scharlatan *m <Syn→ Kurpfuscher>* şarlatan

Scharlatanerie *f <Syn→ Kurpfuscherei>* şarlatanlık

Scharniergelenk *nt (Lat: Articulatio ginglymus) anat* menteşe tipi eklem

Schaufeltrage *f* faraş sedye; kaşık sedye

Scheckhaut *f <Syn→ Weißfleckenkrankheit>* *(in der Dermatologie)* alaca hastalığı; *<Syn→* **Vitiligo**> vitiligo

Scheide *f* dölyolu; *<Syn→* **Vagina**> *anat* vajina

Scheidenausfluss *m (Lat: Fluor vaginalis)* vajinal akıntı; dölyolu akıntısı

Scheideneingang→ **Scheidenvorhof**

Scheidenflora *f <Syn→ Vaginalflora>* vajinal flora

Scheidensenkung *f <Syn→ Vaginalsenkung>* *(Lat: Descensus vaginae)* vajinal sarkma

Scheidenspekulum *nt <Syn→ Vaginal-Spekulum>* *(in der Gynäkologie)* vajinal spekulum

Scheidenvorfall *m <Syn→ Vaginalprolaps>* *(Lat: Prolapsus vaginae)* vajinal prolapsus

Scheidenvorhof *m (Lat: Vestibulum vaginae; Eng: vulvar vestibule) anat* vulvar antre; dölyolu girişi

Scheidenzäpchen *nt <Syn→ Vaginalzäpchen>* vajinal supozituvar

Scheidetrichter *m <Syn→ Schütteltrichter>* *(im Labor)* ayırma hunisi

Scheidewand *f (Nasen~) anat* bölme; *<Syn→* **Septum**> septum

Scheidewasser *nt <Syn→ Salpetersäure>* *(Formel: HNO_3)* *chem* kezzap; nitrik asit

Scheinwissenschaft *f <Syn→*
Pseudowissenschaft →
Afterwissenschaft> *(Ing:*
pseudoscience) sözdebilim; sahte
bilim

Scheitelbein *nt (Lat: Os parietale)*
anat parietal kemik

Scheitelkamm *m (Lat: Crista*
sagittalis) anat sagital tepe

Scheitellappen *m <Syn→*
Parietallappen> *(Lat: Lobus*
parietalis) (in der Neuroanatomie)
parietal lob; paryetal lob

Scheitelnaht *f <Syn→* **Kronennaht**
→ **Kranznaht**> *(Lat: Sutura*
coronalis) koronal sütür; taçsı dikiş

Schicht[1] *f (Lat: stratum)* kat; katman;
tabaka

Schicht[2] *f (Arbeits~)* vardiya

Schichtarbeit *f* vardiyalı çalışma

Schieberrollstuhl *m* refakatçi
kullanımlı tekerlekli sandalye

Schielen *m (in der Ophthalmologie)*
şaşılık; *<Syn→* **Strabismus**>
strabismus

Schieloperation *f* şaşılık ameliyatı

Schienbein *nt (Lat: tibia)* kaval
kemiği; *<Syn→* **Tibia**> tibia

Schiene[1] *f (Frz: attelle) (in der*
Notfallmedizin) atel

Schiene[2] *f (in der Zahnmedizin)*
hizalayıcı

Schienung *f* atelleme

Schigellose *f (in der*
Gastroenterologie) şigelloz; *<Syn→*
Bakterienruhr → **Bazillenruhr** →
bazilläre Dysenterie> basil
dizanterisi; basilli dizanteri

Schilddrüse *f (Lat: Glandula*
thyroidea) kalkan bezi; tiroit bezi

Schilddrüsenhormone *pl* tiroit
hormonları

Schilddrüsenkarzinom→
Schilddrüsenkrebs

Schilddrüsenkrebs *m <Syn→*
Schilddrüsenkarzinom> *(Lat:*
Struma maligna) (in der
Nuklearmedizin) tiroit kanseri

Schilddrüsen-Sonographie *f (in der*
Endokrinologie) tiroit bezi
ultrasonografisi; tiroit ultrasonu;
tiroit ultrasonografisi

Schilddrüsenüberfunktion *f <Ant→*
Schilddrüsenunter-funktion> *(in*
der Endokrinologie) hipertiroidizm

Schilddrüsenunterfunktion *f*
<Ant→ **Schilddrüsenüber-**
funktion> *(in der Endokrinologie)*
hipotiroidizm

Schilddrüsenszintigrafie *f* tiroit
sintigrafisi

Schildknorpel *m (Lat: Cartilago*
thyroidea) anat tiroit kıkırdak

Schimmel *m* küf

Schimmelallergie *f* küf alerjisi

Schimmelpils *m* küf mantarı

Schimmelsporen *pl (in der*
Mikrobiologie) küf sporları

Schimmelsporenallergie *f (in der Immunologie)* küf sporları alerjisi

Schistosomiasis *a. (Lat: Bilharziosis) (in der Parasitologie)* şistozomiyaz; *<Syn→* **Bilharziose>** bilharyaz

schizoid *Adj* şizoıd; ~**e Persönlichkeitsstörung** şizoıd kişilik bozukluğu

Schizophrenie *f* şizofreni

schizotyp *Adj* şizotipal; ~**e Persönlichkeitsstörung** *(in der Psychiatrie)* şizotipal kişilik bozukluğu; ~**e Störung** şizotipal bozukluk

Schlackdarm *m <Syn→* **Mastdarm → Rektum>** *(Lat: Intestinum rectum)* rektum; göden bağırsağı

Schlaf *m* uyku; **desynchronisierter** ~ desenkronize uyku; **gesunder** ~ sağlıklı uyku; **leichter** ~ hafif uyku; **mangelnder** ~ eksik uyku; **mehrphasiger** ~ çok fazlı uyku; **polyphasischer** ~ çok fazlı uyku; **tiefer** ~ derin uyku; **unruhiger** ~ huzursuz uyku

Schlafapnoe *f (in der Pneumologie)* uyku apnesi; **obstruktive** ~ obstrüktif uyku apnesi; tıkayıcı uyku apnesi

Schlafapnoe-Syndrom *nt (in der Pneumologie)* uyku apne sendromu

Schlafbedarf *m* uyku ihtiyacı

Schläfe *f (Lat: Tempus) anat* şakak

Schläfenbein *nt (Lat: Os temporale) anat* temporal kemik

Schläfenbereich *m* şakak bölgesi

Schläfenlappen *m* şakak lobu; *<Syn→* **Temporallappen>** *(Lat: Lobus temporalis) (in der Neuroanatomie)* temporal lob

Schläfenlappenepilepsie *f <Syn→* **Temporallappenepilepsie>** temporal lob epilepsisi

Schläfenmuskel *m <Syn→* **Musculus temporalis>** temporal kas

Schlafentzug *m (in der Psychotherapie: Behandlungsverfahren bei Depressionen)* uyku eksikliği

Schlaferziehung *f <Syn→* **Schlaftraining>** uyku eğitimi; ~ **bei Säuglingen** bebeklerde uyku eğitimi

schlaff *Adj* gevşek[2]; *(Eng: flaccid)* flasid; ~**e Dysarthrie** *(Eng: flaccid dysarthria)* flasid dizartri; ~**er Muskeltonus** gevşek kas tonusu

Schlafforschung *f* uyku araştırması

Schlafhygiene *f* uyku hijyeni

Schlafkrankheit *f* uyku hastalığı; *<Syn→* **Afrikanische Tripanosomiasis>** Afrika tripanosomiyazisi; **die** ~ **wird durch den Stich der Tsetsefliege übertragen** Afrika tripanosomiyazisi, çeçe sineği ısırığı ile bulaşır

Schlaflabor *nt* uyku laboratuvarı

Schlaflabortechnologie *f* uyku laboratuvarı teknolojisi

Schlaflähmung *f <Syn→* **Schlafparalyse → Schlafstarre>** *(in der Neurologie und der Neuropsychologie)* uyku felci; *umg* karabasan

schlaflos *Adj* uykusuz

Schlaflosigkeit *f* uykusuzluk; **tödliche familiäre** ~ *(bei Erbkrankheiten)* ailevi ölümcül uykusuzluk; ölümcül uykusuzluk

Schlafmangel *m* uyku eksikliği

Schlafmedizin *f (in der Neurophysiologie)* uyku tıbbı

Schlafmittel *nt* uyku ilacı; *<Syn→* **Hypnotikum>** hipnotik

Schlafmohn *m <Syn→* **Mohn>** *(Lat: Papaver somniferum)* haşhaş

Schlafparalyse→ Schlaflähmung

Schlafphase *f* uyku evresi

Schlafprobleme *pl* uyku sorunları

Schlafqualität *f* uyku kalitesi

Schlafstarre→ Schlaflähmung

Schlafstörung *f* uyku bozukluğu

Schlaftablette *f* uyku hapı

Schlaftraining *nt <Syn→* **Schlaferziehung>** uyku eğitimi; ~ **bei Säuglingen** bebeklerde uyku eğitimi

schlaftrunken *Adj* uyku sersemi

Schlafwandeln *nt <Syn→* **Nachtwandeln →** **Somnambulismus>** uyurgezerlik

Schlafzyklus *m* uyku döngüsü

Schlag[1] *m* darbe; *(Hitz~)* çarpma; **elektrischer** ~ *<Syn→* **Stromschlag>** elektrik çarpması

Schlag[2] *m (Herz~)* atış

Schlagader *f (in der Angiologie)* atardamar; *<Syn→* **Arterie>** arter

Schlaganfall *m (Eng: stroke) (in der Neurochirurgie und der Notfallmedizin)* inme; *<Syn→* **Apoplexie>** *(Lat: Apoplexia cerebri)* apopleksi; ~ **aufgrund eines Aneurysmas** anevrizma yüzünden inme; **ischämischer** ~ iskemik inme; *<Syn→* **Hirninfarkt>** beyin enfarktüsü

schlaganfallbedingt *Adj* inmeye bağlı; ~**e Todesfälle** inmeye bağlı ölüm vakaları

Schlaganfallrisiko *nt* inme riski

Schlagrahm→ Schlagsahne

Schlagsahne *f <Syn→* **Schlagrahm>** çırpılmış krema

Schlammbad *nt* çamur banyosu

Schlangenbiss *m* yılan ısırması; yılan ısırığı

Schlangengift *nt* yılan zeh(i)ri; ~**e können eine Sphärozytose hervorrufen** yılan zehirleri sferozitoza yol açabilirler

Schlankmuskel *m <Syn→* **Musculus gracilis → schlanker Muskel>** *anat* gracilis kası

Schlappheit *f* kırıklık

Schlauchmagenoperation *f (in der Gastroenterologie)* tüp mide operasyonu

schleichend *Adj* sinsi; ~**e Krankheit** sinsi hastalık; **ein ~er Prozess** sinsi bir süreç

Schleim *m (Lat: mucus)* sümük; mukus

schleimartig *Adj* sümüksü; **ein ~es Sekret** sümüksü bir salgı

Schleimbeutel *m <Syn→* **Gleitbeutel>** *(Lat: Bursa synovialis)* anat bursa; **der ~ ist ein kleines flüssigkeitsgefülltes Säckchen** bursa, içi sıvı dolu küçük bir keseciktir

Schleimbeutelentzündung *f <Syn→* **Bursitis>** *(in der Orthopädie)* bursit

Schleimhaut *f (Lat: Tunica mukosa) (in der Histologie)* sümükdoku; *<Syn→* **Mukosa>** mukoza; mukoza zarı; *(Magen~)* zar

Schleimhauterosion *f* mukoza erozyonu

Schleimhautimmunität *f (Eng: mucosal immunity)* mukozal bağışıklık; mukoza bağışıklığı

Schleimhautödem *nt* mukoza ödemi

Schleimhautschwellung *f* mukoza zarının şişmesi

Schleimpilz *m (in der Mykologie)* cıvık mantar

Schließmuskel *m anat* büzgen kas; *<Syn→* **Sphinkter>** sfinkter

Schluck *m* yudum; **ein ~ Wasser** bir yudum su

Schluckauf *m (Lat: singultus) (in der Gastroenterologie und der Neurologie)* hıçkırık; **chronischer ~** kronik hıçkırık

Schluckbeschwerden *pl* yutma rahatsızlığı

schlucken *vt* yutmak

Schluckstörung *f* yutkunma güçlüğü; yutma bozukluğu

Schlucksynkope *f (in der Neurologie: kurz dauernder Bewusstseinsverlust beim Schlucken)* yutkunma senkopu

Schlund *m <Syn→* **Rachen>** yutak

Schlundbogen→ Kiemenbogen

Schlundrachen *m <Syn→* **Laryngopharynx>** *(Lat: Laryngopharynx; Hypopharynx; Pars laryngea pharyngis) (im Verdauungsapparat)* hipofarinks; laringofarinks

Schlundschnürer *m (Lat: Musculus constriktor pharyngis)* yutak konstriktör kası; **mittlerer ~** *(Lat: Musculus constriktor pharyngis medius)* orta yutak konstriktör kası

Schlüsselbein *nt (Lat: Clavicula)* köprücük kemiği; *<Syn→* **Klavikula>** klavikula

Schmarotzer *m* asalak; *<Syn→* **Parasit>** parazit

Schmarotzertum *m* asalaklık; *<Syn→* **Parasitismus>** parazitlik

Schmeckknospen *pl <Syn→* **Geschmacksknospen>** *(Lat: Caliculi gustatorii)* tat alma cisimcikleri; tat tomurcukları

Schmelztablette *f* ağızda eriyen tablet; ağızda eriyen hap

Schmerz *m (Lat: dolor)* ağrı; acı; **akuter ~** akut ağrı; **chronischer ~** kronik ağrı; **brennender ~** yanıcı ağrı; **stechender ~** batıcı tipte ağrı;

stressbedingter ~ strese bağlı ağrı;
viszeraler ~ visseral ağrı

Schmerzbekämpfung *f* ağrı ile mücadele

Schmerzempfinden *nt* ağrı duyma

schmerzempfindlich *Adj* ağrıya
duyarlı

Schmerzempfindlichkeit *f* <*Syn*→
Schmerzsensibilität> ağrıya
duyarlılık

Schmerzempfindungs-schwelle→
Schmerzschwelle

Schmerzen *pl* ağrı(lar)

schmerzen *vi* ağrımak *vi*

Schmerzgefühl *nt* ağrı hissi

Schmerzgel *nt* ağrı kesici jel

Schmerzgrenze→ Schmerzschwelle

schmerzhaft *Adj* <*Ant*→
schmerzlos> ağrılı; ~es
Wasserlassen ağrılı idrara çıkma

schmerzlindernd *Adj* ağrı dindirici;
ağrı yatıştırıcı

schmerzlos *Adj* <*Ant*→
schmerzhaft> ağrısız

Schmerzmanagement *nt* (in der
Palliativmedizin) ağrı yönetimi

Schmerzmedizin *f* ağrı tıbbı

Schmerzmittel *nt* ağrı kesici;
<*Syn*→ Analgetikum> analjezik

Schmerzreiz *m* (in der
Allgemeinmedizin) acı veren uyarıcı

Schmerzschwelle *f* <*Syn*→
Schmerzempfindungsschwelle →

Schmerzgrenze> *(in der Neurologie)*
ağrı eşiği

Schmerzsensibilität *f* <*Syn*→
Schmerzempfindlichkeit> ağrıya
duyarlılık

schmerzstillend *Adj* ağrı kesici; ~e
Wirkung ağrı kesici etki

Schmerzstillung *f* ağrı kesimi

Schmerzsyndrom *nt* ağrı sendromu;
chronisches ~ kronik ağrı sendromu

Schmerztablette *f* ağrı hapı

Schmerztherapie *f* ağrı tedavisi

Schmerzunempfindlichkeit *f* ağrıya
duyarsızlık; <*Syn*→ Analgesie →
Analgie> analjezi

Schmetterlingserythem *nt* (İng:
malar rash) (in der Dermatologie)
malar raş

Schmierstoff *m* yağlayıcı madde

Schminke *f (Eng: make-up; Fr:
Maquillage)* makyaj

Schnappatmung *f (Fr: respiration
agonale; İng:agonal respiration)*
agonal solunum

Schnappfinger *m* <*Syn*→
Springfinger → schnellender
Finger> *(Lat: Digitus saltans) (in
der Chirurgie)* tetik parmak

Schnarchen *nt* horlama; lautes ~
gürültülü horlama

Schnarchgeräusche *pl* horlama
sesleri

Schneidermuskel *m (Lat: Musculus
sartorius) anat* terzi kası; sartorius
kası

293

Schneidezahn *m (Lat: Dens incisivus)* kesici diş

Schneidezähne *pl (Lat: Dentes incisivi)* kesici dişler

Schnellatmung *f* hızlı solunum; *<Syn→* **Tachypnoe>** takipne

schnellender Finger *m <Syn→* **Schnappfinger → Springfinger>** *(Lat: Digitus saltans) (in der Chirurgie)* tetik parmak

Schnitt *m (in der Chirurgie)* kesi; **einen ~ ansetzen** kesi yapmak

Schnittentbindung *f <Syn→* **Kaiserschnitt>** *(Lat: Sectio caesarea) (in der Gynäkologie)* sezaryen

Schnittwunde *f* kesici âlet yarası; kesik yarası

Schnupfen *m* nezle

Schock *m* şok; **allergischer ~** alerjik şok; **anaphylaktischer ~** anafilaksik şok; **kardiogener ~** *(in der Notfallmedizin)* kardiyojen şok; **obstrüktif ~** *(acil tıpta)* obstruktiver Schock; **septischer ~** *(in der Notfallmedizin)* septik şok

Schockgeber *m* şok cihazı; *<Syn→* **Defibrillator**; *kurz→* **Defi>** defibrilatör

Schocklunge *f (in der Notmedizin: beim akutem Lungenversagen)* şok akciğeri

Schocksyndrom *nt* şok sendromu; **toxisches ~** toksik şok sendromu

Schocktherapie *f (in der Psychiatrie)* şok tedavisi

Schollenmuskel *m (Lat: Musculus soleus)* anat soleus kası

Schönheitschirurgie *f* kozmetik cerrahi; *<Syn→* **ästhetische Chirurgie>** estetik cerrahi

Schönheits-OP *f* estetik ameliyat

Schramme→ Schürfwunde

Schreibstörung *f (in der klinischen Linguistik)* yazma bozukluğu; *<Syn→* **Dysgraphie>** disgrafi

Schröpfen *nt (in der Alternativmedizin)* bardak çekme; kupa çekme; kupa tedavisi

Schröpfglas *nt <Syn→* **Schröpfkopf>** *(Lat: ventosa) (in der Alternativmedizin)* kupa bardağı; vantuz

Schröpfkopf→ Schröpfglas

Schrumpfniere *f (in der Nephrologie)* kontrakte böbrek; *<Syn→* **Nephrozirrhose → Nierencirrhose>** böbrek sirozu

Schub *m (Depressions~)* atak; *(Wachstums~)* hamle

Schuldgefühl *nt psych* suçluluk duygusu

Schulpsychologie *f* okul psikolojisi

Schulter *f anat* omuz

Schulterarthrose *f* omuz artrozu

Schulterarthroskopie *f* omuz artroskopisi

Schulterblatt *nt (Lat: Scapula)* kürek kemiği; omuz kemiği

Schultergelenk *nt (Lat: Articulatio humeri)* omuz eklemi

Schultergürtel *m (Lat: Cingulum membri superioris)* omuz kemeri; omuz kuşağı; pektoral kemer

Schultermuskulatur *f anat* omuz kasları

Schulterregion *f anat* omuz bölgesi; **Schmerzen in der ~** omuz bölgesinde ağrı

Schultersteife *f <Syn→* **frozen shoulder>** *(in der Orthopädie)* donuk omuz; *<Syn→* **adhäsive Kapsulitis>** adheziv kapsülit

Schulterzucken *nt <Syn→* **Achselzucken>** *(in der Neurologie)* omuz silkme; **das ~ gehört zu den einfachen motorischen Tics** omuz silkme, basit motor tiklerdendir

Schuppe *f (in der Dermatologie)* kepek

Schuppenbildung *f <Syn→* **Desquamation → Abschuppung>** *(in der Dermatologie)* kepeklenme

Schuppenflechte *f (Lat: Psoriasis)* sedef hastalığı; *<Syn→* **Psoriasis>** psöriazis

Schuppenschicht *f <Syn→* **Cuticula>** kütikül

Schuppenteil *m (Lat: Pars squamosa) (anat: des Schläfenbeins)* squama

schuppig *Adj (in der Dermatologie)* kepekli; **~e Haut** kepekli deri

Schürfwunde *f <Syn→* **Hautabschürfung>** sıyrık

Schussverletzung→ Schusswunde

Schusswaffenverletzung *f* ateşli silâh yaralanması

Schusswunde *f <Syn→* **Schussverletzung>** kurşun yarası

Schusterbrust *f <Syn→* **Trichterbrust>** *(Lat: Pectus excavatum) (in der Orthopädie)* çökük göğüs

Schüttelfrost *m <Syn→* **Fieberfrost>** titremeli üşüme

Schüttelkolben *m <Syn→* **Erlenmeyerkolben>** *(im Labor)* erlen; *(Eng: Erlenmeyer flask)* Erlenmeyer flask; Erlenmeyer şisesi; titreşim şisesi

Schütteltrichter *m <Syn→* **Scheidetrichter>** *(im Labor)* ayırma hunisi

Schutz *m* koruma; korunma; **~ vor der Sonne** *<Syn→* **Sonnenschutz>** güneşten korunma

Schutzausrüstung *f* koruyucu ekipman; **persönliche ~** kişisel koruyucu ekipman

Schutzbrille *f* koruma gözlüğü

Schutzfunktion *f* koruma fonksiyonu

Schutzimpfung *f* koruyucu aşı

Schutzkleidung *f* koruyucu giyim

Schutzmaske *f* yüz koruyucu maske

Schutzverband *m* sargı bezi; *<Syn→* **Bandage>** bandaj

Schutzwirkung *f* koruma etkisi; **~ der Impfung** aşının koruma etkisi

schwach *Adj* zayıf; ~er **Puls** zayıf
nabız; ~es **Immunsystem** zayıf
bağışıklık sistemi

Schwäche *f* zafiyet; *(Geistes~)*
zayıflık

Schwächeanfall *m* baygınlık hissi

Schwachsichtigkeit *f (in der
Augenheilkunde)* göz tembelliği;
<Syn→ **Amblyopie**> ambliyopi

schwammartig *Adj <Syn→*
spongiform> süngerimsi; ~es
Hirnleiden *<Syn→* **spongiforme
Enzephalopathie**> süngerimsi
enscfalopati

schwanger *Adj (in der Gynäkologie)*
hamile

Schwangerschaft *f (in der
Gynäkologie)* hamilelik; gebelik;
erzwungene ~ zorla hamilelik; **in
der sechzenten Woche der** ~
gebeliğin on altıncı haftasında

Schwangerschaftsabbruch *m*
<Syn→ **Abtreibung**> *(Lat:
interruptio) (in der Gynäkologie)*
kürtaj

Schwangerschaftsdauer *f <Syn→*
Gestationsalter> *(in der
Pränatalmedizin und der
Gynäkologie)* gebelik süresi

Schwangerschaftsdiabetes *m*
gebelik diyabeti;
<Syn→ **Gestationsdiabetes
(mellitus)**> gestasyonel diyabet

Schwangerschaftshormone *pl*
gebelik hormonları

Schwangerschafts-intoxikation *f*
<Syn→ **Schwangerschafts-
vergiftung**> *(in der Notfallmedizin)*
gebelik zehirlenmesi; *<Syn→*

Präeklampsie> *(Eng: pre-
eclampsia)* preeklampsi

Schwangerschaftsstreifen *pl (Lat:
Striae gravidarum) (in der
Gynäkologie und der Dermatologie)*
strialar

Schwangerschaftstest *m (in der
Gynäkologie)* hamilelik testi; gebelik
testi

Schwangerschaftsvergiftung→
Schwangerschafts-intoxikation

Schwangerschaftsverlauf *m* gebelik
seyri; gebeliğin seyri

Schwangerschaftswoche *f (in der
Gynäkologie)* gestasyon haftası;
gebelik haftası; **nach der 20.** ~ 20.
Gestasyon/gebelik haftasından sonra;
vor der 20. ~ 20. gestasyon/gebelik
haftasından önce

Schwarzer **Tod** *m (in der
Medizingeschichte)* kara veba; kara
ölüm

Schwefelsäure *f kim (Formel:
H_2SO_4)* sülfürik asit

Schweinebandwurm *m (Lat: Taenia
solium)* domuz tenyası

Schweinegrippe *f <Syn→*
Schweineinfluenza → **Porzine
Influenza**> domuz gribi

Schweineinfluenza→
Schweinegrippe

Schweiß *m* ter; ~ **absondern** *<Syn→*
schwitzen> terlemek; **kalter** ~ soğuk
ter; soğuk terleme

Schweißabsonderung *f* ter
salgılama; *<Syn→* **Schwitzen**>
terleme

Schweißausbruch *m* ter boşanması

Schweißbläschen *nt* <*Syn*→
Hitzepickel → **Schwitzbläschen**>
isilik

Schweißdrüsen *pl (Lat: Glandulae sudoriferae)* ter bezleri; **apokrine** ~ apokrin ter bezleri

Schwellenwert *m* eşik değeri

Schwellkörper *m (Lat: Corpus cavernosum)* kavernöz cisim

Schwellung *f* şişlik; şişme; ~ **von Lymphknoten** *(in der Onkologie)* lenf düğümlerinin şişmesi; **ödematöse** ~ ödemli şişlik

schwer *Adj* <*Ant*→ **leicht**> ağır; şiddetli; ~ **therapierbar** tedavisi zor; ~**e depressive Störung** ağır depresif bozukluk

Schweres Akutes Respiratorisches Syndrom *(Eng: severe acute respiratory syndrome)* şiddetli akut solunum yolu sendromu a.; <*kurz*→ **SARS**> SARS

Schwerkettenkrankheit *f (in der Hämatologie und der Onkologie)* ağır zincir hastalığı

Schwermetallvergiftung *f* metal zehirlenmesi

Schwiele *f* <*Syn*→ **Hornschwiele**> *(Eng: callus; Frz: cal) (in der Dermatologie)* kallus; <*umg*→ **Hühnerauge**> nasır

Schwindel *m (Lat: Vertigo) (in der Neurologie)* baş dönmesi; etrafın dönmesi; <*Syn*→ **Vertigo**> vertigo

Schwindelbeschwerden *pl (in der Neurologie)* baş dönmesi şikayetleri

Schwitzbläschen *nt* <*Syn*→
Hitzepickel → **Schweißbläschen**>
isilik

Schwitzen *nt* <*Syn*→
Schweißabsonderung> terleme; **übermäßiges** ~ *(in der Dermatologie)* aşırı terleme; <*Syn*→ **Hyperhidrose**> hiperhidroz

schwitzen *vi* terlemek

Sclera→ **Sklera**

Scrapie *f* <*Syn*→ **Traberkrankheit**> *(Lat: Paraplegia enzootica)* Scrapie

Screening *nt (Haut-~)* tarama

seborrhoisch *Adj (in der Dermatologie)* seboreik; ~**e Keratose** <*Syn*→ **seborrhoische Warze** → **Alterswarze**> seboreik keratoz

sechste Krankheit *f* <*Syn*→
Dreitagefieber> *(in der Kinderheilkunde)* altıncı hastalık; <*Syn*→ **Exanthema subitum**> egzantema subitum; roseola infantum

Sedation→ **Sedierung**

Sedativ→ **Sedativum**

Sedativum *nt* sedatif

sedieren *vt* <*Syn*→ **beruhigen**> sakinleştirmek

sedierend *Adj* sedatif; <*Syn*→ **beruhigend**>; sakinleştirici; ~**e Wirkung** sedatif etki; sakinleştirici etki

Sedierung *f* sedasyon; <*Syn*→ **Beruhigung**>; sakinleştirme

Sediment *nt chem* tortu

Sedimentation *f chem*
sedimantasyon; tortullaşma

sedimentieren *vi chem* tortullaşmak

Seekrankheit *f (in der Neurologie)*
deniz tutması

Seelenblindheit *f <Syn→* **visuelle
Agnosie → optische Agnosie>** *(in
der Neuropsychologie)* görsel agnozi

seelisch *Adj* ruhsal; **~e Gesundheit**
ruhsal sağlık; **~e Störung** *<Syn→*
psychische Störung> *(in der
Psychiatrie)* ruhsal bozukluk

sehbehindert *Adj* görme engelli

Sehbehinderung *f* görme engeli

Sehen *nt* görme; **peripheres ~**
çevresel görme; **verschwommenes ~**
(in Nebenwirkungen) bulanık görme

Sehfähigkeit *f* görme yeteneği

Sehne *f <Syn→* **Flechse>** *(Lat:
tendo) anat* tendon; kiriş; **~n der
Rotatoren-Manschette** rotator
manşet tendonları

Sehnenreflex *m* tendon refleksi

Sehnenriss *m <Syn→*
Sehnenruptur> *(in der Orthopädie)*
tendon rüptürü

Sehnenruptur *f <Syn→*
Sehnenriss> *(in der Orthopädie)*
tendon rüptürü

Sehnenscheide *f (Lat: Vagina
synovialis tendinis) (Eng: tendon
sheath) anat* tendon kılıfı

Sehnenscheidenentzündung *f*
tendinit

Sehnenverkalkung *f* tendon
kireçlenmesi

Sehnerv *m (Lat: Nervus optikus)*
optik sinir

Sehnervenkreuzung→
Sehnervkreuzung

Sehnerv-Hypoplasie *f (in der
Augenheilkunde)* optik sinir
hipoplazisi

Sehnervkreuzung *f <Syn→*
Chiasma opticum> *(im
Zentralnervensystem)* optik kiyazma

Sehnsuchtstropfen *m <Syn→*
Lusttropfen> zevk suyu; *<Syn→*
Präjakulat> boşalma öncesi sıvı;
<Syn→ **Vorsaft>** mezi

Sehrinde *f <Syn→* **visueller
Cortex>** *(in der Neurophysiologie)*
görsel korteks; **primäre ~** primer
görsel korteks

Sehschärfe *f <Syn→* **Visus>** *(Lat:
Visus; Acies visus)* keskin görme;
görme keskinliği

Sehsinn *m* görme duyusu

Sehstörung *f* görme bozukluğu

Sehstrahlung *f (Lat: Radiatio
optica) (im visuellen System)* optik
radyasyon

Seide *f* ipek; **chirurgische ~** cerrahi
ipek

Seitenschnitt *m anat* yan kesit

Seitenstechen *nt <Syn→*
Seitenstiche> *(in der Sportmedizin:
Schmerzen in der Flanke)* böğür
sancısı; böğür ağrısı

Seitenstiche→ Seitenstechen

Seitenventrikel *m (im Ventrikelsystem)* yanal ventrikül; *<Syn→* **lateraler Ventrikel>** lateral ventrikül

Sekret *m* salgı; **ein schleimartiges ~** sümüksü bir salgı; **wässriges ~** sulu salgı

Sekretion *f <Syn→* **Absonderung>** *(Lat: secretio) (in der Zellbiologie)* sekresyon; salgılama; salınım; **Drüsen innerer ~** iç salgı bezleri; **holokrine ~** holokrin salgılama; **merokrine ~** merokrin salgılama

Sekretionsmechanismen *pl (in der Zellbiologie)* salgılama mekanizmaları

Sekretionsphase *f (beim Menstruationszyklus)* sekretuvar dönem: *<Syn→* **Lutealphase>** luteal faz

Sekretionsweg *m* salgılama yolu

Sektion *f <Syn→* **Obduktion →** **Autopsie>** otopsi

sekundär *Adj* sekonder; ikincil; **~e Tuberkulose** sekonder tüberküloz

Sekundärmetabolit *m* ikincil metabolit

Sekundärprävention *f (in der Vorsorge)* ikincil önleme

Sekundärstruktur *f (in der Proteinstruktur und der Bioinformatik)* ikincil yapı; **die ~ eines Proteins** bir proteinin ikincil yapısı

Selbstachtung *f psych* öz saygı; benlik saygısı

Selbstbeobachtung *f psych* içgözlem; *<eş→* **Introspektion>** içebakış

Selbstdarstellung *f psych* öz sunum

Selbstdiagnose *f psych* kendi kendine teşhis

Selbsterkenntnis *f psych* kendini tanıma

Selbstheilung *f (in der Naturheilkunde)* kendini sağaltabilme

Selbstheilungskraft *f (in der Naturheilkunde)* kendini sağaltabilme gücü; **die ~ des Körpers** vücudun kendini sağaltabilme gücü

Selbsthilfe *f* kendi kendine yardım

Selbsthilfegruppe *f (Eng: support group)* destek grubu

Selbstkontrolle *f psych* özdenetim

Selbstmitleid *nt psych* kendine acıma

Selbstmord *m <Syn→* **Suizid →** **Selbsttötung>** intihar; özkıyım; **~ begehen** intihar etmek

Selbstmordgedanke *m psych* intihar düşüncesi

Selbstregulation *f (Eng: self-regulation) psych* öz düzenleme

Selbsttötung *m <Syn→* **Suizid →** **Selbstmord>** intihar; özkıyım

Selbsttötungsabsicht *f* intihar niyeti

Selbstverletzung *f psych* kendini yaralama

Selbstvertrauen *nt psych* özgüven

Selbstwahrnehmung *f psych* benlik algısı

Selbstzerstörung *f psych* kendini yok etme

Selbstwert *m <Syn→* **Selbstachtung>** *psych* öz saygı; benlik saygısı

Selbstwertgefühl→ Selbstwert

Selbstwertschätzung→ Selbstwert

Selektion *f <Syn→* **Auslese>** *(in der Evolution)* seleksiyon; seçilim; **natürliche ~** doğal seçilim; **sexuelle ~** cinsel seçilim; eşeysel seçilim

selektiv *Adj (in der Osmose)* seçici; **~ permeabel** seçici geçirgen; **~e Aufmerksamkeit** *psych* seçici dikkat; **~e Permeabilität** *<Syn→* **Permselektivität>** seçici geçirgenlik; **~ Wahrnehmung** *psych* algıda seçicilik; **~er Mutismus** *<Syn→* **elektiver Mutismus>** *(in der Psychiatrie)* seçici mutizm

selten *Adj* nadir; **~e Krankheit** nadir hastalık

Semaglutid *nt (Formel: $C_{187}H_{291}N_{45}O_{59}$)* semaglutid; **~ ist ein Antidiabetikum, das zur Behandlung von Typ-2 Diabetes eingesetzt wird.** Semaglutid, tip 2 diyabet tedavisinde kullanılan bir antidiyabetiktir

semikonservativ *Adj* yarı korumalı; **~e Replikation** *(in der Genetik)* yarı korumalı replikasyon

semipermeabel *Adj* yarı geçirgen; **semipermeable Membran** yarı geçirgen membran; yarı geçirgen zar

Semipermeabilität *f* yarı geçirgenlik

Seneszenz *f (in der Gerontologie)* yaşlanma; **zelluläre ~** *<Syn→* **Zellalterung>** hücre yaşlanması

Senfallergie *f* hardal alerjisi

Senfgas *nt (Formel: $C_4H_8C_{12}S$)* hardal gazı; *<Syn→* **Yperit>** iperit; **das ~ ist ein Giftgas** hardal gazı, zehirli gazdır

Seniorenwindel *f* yetişkin bezi

senken *vt* düşürmek; **das Fieber ~** ateşi düşürmek; **den Blutdruck ~** tansiyonu düşürmek; **den Blutzucker ~** kan şekerini düşürmek; **die Körpertemperatur ~** vücut sıcaklığını düşürmek

Senkung[1] *f (Blutdruck~)* düşürme; düşürülme; **medikamentöse ~ des Blutdrucks** tamsiyonun ilaç ile düşürülmesi

Senkung[2] *f <Syn→* **Descensus>** *(Lat: descensus)* sarkma; **~ der Gebärmutter** *(Lat: Descensus uteri)* rahim sarkması

sensibel *Adj* duyusal; **sensible Nervenfasern** duyusal sinir lifleri

Sensor *m* sensör; *<Syn→* **Detektor>** dedektör

sensorisch *Adj* duyusal; **~e Fasern** duyusal lifler; **~es Gedächtnis** *<Syn→* **Ultrakurzzeitgedächtnis>** duyusal hafıza

Sepsis *f (in der Intensivmedizin)* sepsis; **die ~ ist ein lebensbedrohlicher Zustand** sepsis, yaşamı tehdit edici bir durumdur

Septikämie *f (Eng: septicemia)* septisemi

septikämsch *Adj* septikemik

septisch *Adj* septik; ~**e Arthritis**
<*Syn*→ **Pyarthrose**> *(in der*
Orthopädie) septik artrit; <*Syn*→
Gelenkempyem> eklem empiyemi;
~**er Schock** *(in der Notfallmedizin)*
septik şok

Septum *nt anat* septum; <*Syn*→
Scheidewand> bölme

Septumdeviation *f* <*Syn*→
Nasenscheidewand-verbiegung>
septum deviasyonu

Septumplastik *f* septoplasti

Sequenz *f* <*Syn*→ **Abfolge**> *(in der*
Bioinformatik) dizi; sekans;
genetische ~ genetik dizi; genetik
sekans

Sequenzalignment *nt (in der*
Bioinformatik) dizi hizalaması

Sequenzanalyse *f (in der*
Bioinformatik) dizi analizi

sequenziert *Adj* dizilenmiş; ~**es Gen**
dizilenmiş gen

Sequenzierung *f* dizileme

Serologie *f* seroloji; serumbilim;
serum bilimi

serös *Adj* seröz

Serosa *f* <*Syn*→ **Tunica serosa**>
seroza; seröz membran; seröz zar

Serotoninmangel *m (in der*
Neurotransmission) serotonin
eksikliği

Serotyp *m (in der Mikrobiologie und*
der Taxonomie) serotip; <*Syn*→
Serovar> serovar

Serovar→ **Serotyp**

Serum *nt (Lat: serum)* serum;
<*Syn*→ **Blutserum**> *(Lat: Serum*
sanguinis) kan serumu

Serumhepatitis *f* <*Syn*→ **Hepatitis**
B> hepatit B

Serumherstellung *f* serum üretimi

Sesamallergie *f* susam alerjisi

Sesambein *nt* <*Syn*→ **Gleichbein**>
(Lat: Os sesamoideum) susamsı
kemik

Seton-Einlage *f (in der Proktologie)*
seton yerleştirilmesi; <*Syn*→
Fadendrainage> seton drenajı

Seuche *f* salgın

Seuchengefahr *f* salgın tehlikesi

Sexualforschung→
Sexualwissenschaft

Sexualhormon *nt* seks hormonu;
cinsiyet hormonu

Sexualität *f* cinsellik

Sexualorgan→ **Geschlechtsorgan**

Sexualorientierung *f* cinsel yönelim

Sexualpraktik *f* <*Syn*→ **sexuelle**
Praktik> cinsel etkinlik

Sexualwissenschaft *f* <*Syn*→
Sexualforschung> cinsellikbilim;
<*Syn*→ **Sexuologie**> seksoloji

sexuell *Adj* cinsel; <*Syn*→
geschlechtlich> eşeysel; eşeyli; ~**e**
Praktik <*Syn*→ **Sexualpraktik**>
cinsel etkinlik; ~**e Selektion** cinsel
seçilim; eşeysel seçilim; ~**e Unlust**
cinsel isteksizlik

301

sexuell übertragbar *Adj* cinsel yolla bulaşan; ~e **Erkrankung** cinsel yolla bulaşan hastalık

Sexuologie *f* seksoloji; *<Syn→* **Sexualwissenschaft>** cinsellikbilim

sezernieren *vt <Syn→* **absondern>** *(Lat: secernere)* salgılamak

Shunt *m (in der Gefäßchirurgie und der Neurochirurgie)* şant; ~ **anlegen** şant takmak

Sichelzell(en)anämie→ **Sichelzellkrankheit**

Sichelzellkrankheit *f <Syn→* **Sichelzell(en)anämie>** *(in Erbkrankheiten)* orak hücreli anemi

sicher *Adj* güvenli; ~e **Bindung** *(Eng: secure attachment) (in der Psychiatrie und der Pädiatrie)* güvenli bağlanma;

Sicherheitsgurt *m* emniyet kemeri

Sichtfeld *nt (Eng: field of view)* görüş alanı

Sick-Sinus-Syndrom *nt <Syn→* **Sinusknotensyndrom>** *(in der Kardiologie)* hasta sinüs sendromu

Sideropenie *f (in der inneren Medizin)* sideropeni; *<Syn→* **Eisenmangel>** demir eksikliği

sideropenisch *Adj* sideropenik

Siebbein *nt (Lat: Os ethmoidale; Os etmoides)* etmoid kemik; kalbursu kemik

Siedepunkt *m <Syn→* **Kochpunkt>** kaynama noktası

Sigma→ **Sigmaschlinge**

Sigmadarm→ **Sigmaschlinge**

Sigmaschlinge *f <Syn→* **Colon sigmoideum → Sigmadarm → Sigmoid → Sigma>** sigmoid kolon

Sigmoid→ **Sigmaschlinge**

Signalprotein *nt* sinyal proteini

Signaltransduktion *f <Syn→* **Signalübertragung>** *(in der Biochemie und Physiologie)* sinyal transdüksiyonu

Signalüberführung→ **Signaltransduktion**

Signalübermittlung→ **Signaltransduktion**

Signalübertragung→ **Signaltransduktion**

Silencer *m (in der Genetik)* susturucu

Simulation[1] *f <Syn→* **Simulierung>** simülasyon; benzetim

Simulation[2] *f (in der Psychopathologie: Vortäuschen von Krankheitszuständen)* sayrımsama: temaruz

simulieren[1] *vt* simüle etmek

simulieren[2] *vi (in der Psychopathologie: Krankheitszustände vortäuschen)* sayrımsamak: temaruz etmek

Sinnesepithel *nt (im Nervensystem)* duyu epiteli; *<Syn→* **Neuroepithel>** nöroepitel

Sinnesorgan *m* duyu organı

Sinuatrial-Knoten *m (Lat: Nodus sinuatrialis) anat* sinoatriyal düğüm; *<Syn→* **Sinusknoten>** sinüs düğümü

Sinus *m* sinus; sinüs; girit; **die duralen ~ im Schädel** kafatasındaki dural sinuslar

Sinus caroticus *m* <*Syn*→ **Karotissinus** → **Bulbus**> *(Lat: Sinus caroticus) (in der Kardiologie)* karotis sinus

Sinus cavernosus *m* kavernöz sinus

Sinus durae matris *m anat* dural venöz sinus

Sinusitis *f* <*Syn*→ **Nasennebenhöhlen- entzündung**> *(Lat: Sinus paranasalis)* sinüzit

Sinusknoten *m* *(Lat: Nodus sinuatrialis) anat* sinüs düğümü; <*Syn*→ **Sinuatrial-Knoten**> sinoatriyal düğüm

Sinusknotensyndrom *nt* <*Syn*→ **Sick-Sinus-Syndrom**> *(in der Kardiologie)* hasta sinüs sendromu

Sinus transversus *m anat* transvers sinus

Sirup *m* şurup

Situation *f* <*Syn*→ **Lage**> durum; **epidemische ~** epidemik durum

Situs *m* <*Syn*→ **Lage** → **Position**> *anat* situs

Situs inversus *m* <*Ant*→ **Sinus solitus**> *(spiegelverkehrte Lage) anat* situs inversus

Situs soltus *m* <*Ant*→ **Sinus inversus**> *(normgerechte Lage) anat* situs solitus

Sitzbein *nt (Lat: Os ischii; Eng: ischium)* iskiyum

Sjögren-Syndrom *nt (in der Zahnmedizin)* sjögren sendromu; **das ~ ist eine Autoimmunerkrankung** sjögren sendromu, bir otoimmun hastalıktır

Skabies *f* <*Syn*→ **Scabies** → **Krätze** → **Acarodermatitis**> *(in der Dermatologie)* uyuz

Skalierung *f* ölçekleme; **allometrische ~** *(in der Kinderheilkunde)* alometrik ölçekleme

Skalp *m* <*Syn*→ **Kopfschwarte**> *(Lat: scalpus)* kafa derisi; saç derisi

Skalpell *nt (Lat: scalpellum)* neşter; *(Fr: bistouri)* bistüri

Skalpellgriff *m* bistüri sapı

Skelett *nt* iskelet

Skelettmuskel *m* iskelet kası; **~ der unteren Extremität** alt ekstremite iskelet kası

Skelettszintigrafie *f* <*Syn*→ **Knochenszintigrafie**> kemik sintigrafisi

Skin Picking Disorder *nt (in der Psychiatrie)* deri yolma bozukluğu; <*Syn*→ **Dermatilomanie**> dermatilomani

Sklera *f (Lat: sclera) (in der Augenheilkunde)* sklera; <*Syn*→ **Lederhaut**> *(Eng: white of the eye)* gözakı; göz akı; gözün beyazı

Skleritis *f (in der Augenheilkunde)* sklerit; sklera iltihabı

Sklerose *f (in der anatomischen Pathologie: Verhärtung)* skleroz;

tuberöse ~ tuberoskleroz; tuberoz skleroz

sklerosierend *Adj* sklerozan

Skoliose *f (ın der Orthopädie)* skolyoz; **idiopathische** ~ idiyopatik skolyoz

Skoliose-Korsett *nt (ın der Orthopädie)* skolyoz korsesi

Skorbut *m (in der Zahnmedizin)* iskorbüt; ~ **ist eine Krankheit, die wegen Vitamin-C-Mangel entsteht** iskorbüt, C vitamini eksikliği nedeniyle ortaya çıkan bir hastalıktır

Skotom *nt (in der Augenheilkunde)* skotom; *<Syn→* **Gesichtsfeldausfall>** görme alanı kaybı

Slipeinlage *f <Syn→* **Damenbinde>** hijyenik ped

Smartwatch *f* akıllı saat

sO₂→ **Sauerstoffsättigung**

Social Distancing *nt (Pandemie-Maßnahme)* sosyal mesafe

Sodbrennen *nt <Schweiz→* **Magenbrennen>** mide yanması; **ich habe** ~ midem yanıyor

Sohle *f* taban; *<Syn→* **Fußsohle>** ayak tabanı

Sohlenballen *m* taban ayak yuvarı

Sohlenwarzen *pl <Syn→* **Fußsohlenwarzen → Dornwarzen>** *(Lat: Verrucae plantares) (in der Dermatologie)* ayak tabanı siğilleri; *<Syn→* **Plantarwarzen>** plantar siğiller

Sojaallergie *f* soya alerjisi

Solarium *nt* solaryum

Soma *nt (in der Zellbiologie)* soma; *<Syn→* **Zellkörper → Zellleib → Zellsoma → Zytosoma>** hücre gövdesi

somatisch *Adj* somatik; ~**e Hypermutation** *(in der Immunologie)* somatik hipermutasyon; ~**e Mutation** *(in der Genetik)* somatik rmutasyon; ~**e Zelle** *(in der Genetik)* somatik hücre; ~**es Nervensystem** somatik sinir sistemi

Somatomedine *pl* somatomedinler; *<Syn→* **insulinähnliche Wachstumsfaktoren>** *(Eng: insulin-like growth factors)* insülin benzeri büyüme faktörleri

somatomotorisch *Adj* somatomotorik; ~**e Rinde** *(in der Neurophysiologie)* somatomotorik korteks

somatosensibel→ **somatosensorisch**

somatosensorisch *Adj <Syn→* **somatosensibel>** *(in der Neurophysiologie)* somatosensoriyel; ~**er Cortex** somatosensoriyel korteks

Sommersprossen *pl <Syn→* **Epheliden>** *(in der Dermatologie)* çiller

Somnambulismus *m <Syn→* **Schlafwandeln → Nachtwandeln>** uyurgezerlik

Somnolenz *f (in der Neurologie)* somnolans

Somnologie *f (in der Schlafmedizin)* somnoloji; **die** ~ **umfasst die Ätiologie, Physiologie, Pathophysiologie, Diagnostik und**

304

die Differentialdiagnose somnoloji, etiyoloji, fizyoloji, patofizyoloji, diagnostik ve ayırıcı tanıyı kapsar

Sonde *f* sonda; kanül; tüp; **nasale ~** *<Syn→* **Nasensonde>** nazal kanül; **nasogastrale ~** nazogastrik kanül; nazogastrik tüp

Sonnenbad *nt <Syn→* **Sonnenbaden>** güneş banyosu

Sonnenbaden→ Sonnenbad

Sonnenbrand *m* güneş yanığı

Sonnencreme *f* güneş kremi

Sonnenlotion *f <Syn→* **Sonnenmilch>** güneş losyonu

Sonnenmilch *f <Syn→* **Sonnenlotion>** güneş losyonu

Sonnenöl *nt* güneş yağı

Sonnenschutz *m* güneşten korunma

Sonnenstich *m* güneş çarpması

Sonochemie *f <Syn→* **Ultraschallchemie>** sonokimya

Sonografie→ Sonographie

Sonographie *f <Syn→* **Echografie>** sonografi; *<Syn→* **Ultraschalluntersuchung>** ultrason muayenesi; *<umg→* **Ultraschall>** ultrason

Soor *m (in der Zahnmedizin)* pamukçuk

Sorption *f chem* sorpsiyon; soğurma

sozial *Adj* sosyal; **~e Phobie→ Sozialphobie**; **~es Geschlecht** *<Syn→* **Gender>** toplumsal cinsiyet

Sozialphobie *f <Syn→* **Soziophobie>** sosyal fobi; **die ~ ist eine Angststörung** sosyal fobi, bir anksiyete bozukluğudur

Soziophobie→ Sozialphobie

Spalt *m* aralık; **synaptischer ~** *(in der Neurophysiologie)* sinaptik aralık; sinaptik fissür

spalten *vt* parçalamak; **Enzyme, die Proteine ~** protein parçalayan enzimler

Spanische Grippe *f* İspanyol gribi

Spannung *f* gerilim; **emotionale ~** *psych* duygusal gerilim

Spannungspneumothorax *m* tansiyon pnömotoraks

Spannungsschmerz *m* gerilim tipi ağrı

Spasmus *m <pl→* **Spasmen>** spazm; *<Syn→* **Krampf>** kramp

Spastik *f <Syn→* **Spastizität>** *(in der Neurologie)* spastisite

spastisch *Adj* spastik; **~e Lähmung** spastik felç

Spastizität *f <Syn→* **Spastik>** *(in der Neurologie)* spastisite

Spätallergie *f <Syn→* **verzögerte Allergie>** gecikmeli alerji

Spätdyskinesie *f <Syn→* **Dyskinesia tarda>** *(in der Neurologie)* geç diskinezi

Spatium *nt <Syn→* **Raum>** *(Lat: spatium)* bölge[4]; *<Syn→* **Zwischenraum>** *(Lat: spatium)* aralık

Speiche *f anat* ön kol kemiği; *<Syn→* **Radius>** radius; **Elle und ~** dirsek kemiği ve ön kol kemiği

Speichel *m (Lat: Saliva) <umg→* **Spucke>** tükürük; salya

Speichel-Amylase *f (in der Verdauungsphysiologie)* tükürük amilazı

Speicheldrüse *f (Lat: Glandula salivaria)* tükürük bezi

Speicheldrüsenabszess *m* tükürük bezi apsesi

Speicheldrüsenfistel *f* tükürük bezi fistülü

Speicheldrüsenkrebs *m* tükürük bezi kanseri

Speicheldrüsentumor *m* tükürük bezi tümörü

Speichelsekret *nt* tükürük salgısı

Speichelstein *m* tükürük bezi taşı

Speichenkopf *m <Syn→* **Radiuskopf>** *(Lat: Caput radii) anat* radius başı

Speichennerv *m <Syn→* **Nervus radialis>** radial sinir; radyal sinir

Speicherkrankheit *f* depo hastalığı; **lysosomale ~** lizozomal depo hastalığı

speichern *vt* depolamak; **Daten ~** verileri depolamak

Speiseöl *nt* yemek yağı

Speiseröhre *f (Lat: Oesophagus)* yemek borusu; *<Syn→* **Ösophagus>** özofagus

Speiseröhrenkrebs *m* yemek borusu kanseri; *<Syn→* **Ösophaguskarzinom>** özofagus kanseri

Spektrograf *m (im Labor)* spektrograf

Spektrografie *f (im Labor)* spektrografi

Spektrometer *nt* spektrometre; tayfölçer

Spektroskop *nt* spektroskop

Spektroskopie *f* spektroskopi

Spektrum *nt* spektrum; tayf

Spekulum *nt <pl→* **Spekula>** spekulum

Spende *f* bağış; done; donasyon

Spender *m <Ant→* **Empfänger>** (erkek) organ bağışlayıcı; bağışçı; (erkek) donör

Spenderherz *f* donör kalbi

Spenderin *f <Ant→* **Empfängerin>** (kadın) organ bağışlayıcı; bağışçı; (kadın) donör

Spenderleber *f* donör karaciğeri

Spenderzelle *f <Ant→* **Empfängerzelle>** verici hücre; donör hücre

Sperma *nt* sperm; *<Syn→* **Samenflüssigkeit>** *(in der Urologie)* meni; semen; er suyu

Spermaprobe *f <Syn→* **Samenprobe>** *(in der Reproduktionsmedizin)* sperm örneği

306

spezifisch *Adj* özgül; ~e **Phobien**
psych özgül fobiler

Sphärozytose *f* sferozitoz;
Schlangengifte können eine ~
hervorrufen yılan zehirleri
sferozitoza yol açabilirler

Sphinkter *m* sfinkter; <*Syn*→
Schließmuskel> büzgen kas

Sphygmomanometer *nt*
sfigmomanometre; <*Syn*→
Blutdruckmessgerät> tansiyon aleti

Spiegelbild *nt (in der Stereochemie)*
ayna görüntüsü

Spiegelstadium *nt (in der
Psychoanalyse)* ayna evresi

Spinalanästhesie *f* spinal anestezi

Spinalkanal *m* <*Syn*→ **Wirbelkanal**
→ **Rückenmarkskanal**> spinal
kanal

Spinalnerv *m* <*Syn*→
Rückenmarksnerv> spinal sinir

Spindelfasern *pl (in der
Zellbiologie)* iğ iplikleri

Spindelzelle *f (im Nervensystem)* iğsi
hücre; <*Syn*→ **fusiforme Zelle**>
fusiform hücre

Spindelzellkarzinom *nt* iğsi hücre
karsinom

Spinngewebshaut→
Spinnwebenhaut

Spinnwebenhaut *f (Anatomie des
Gehirns)* örümceksi zar; <*Syn*→
Arachnoidea> araknoid mater

Spirale *f (in der Gynäkologie)* spiral;
<*Syn*→ **Intrauterinpessar**> rahim

içi araç; rahim içi kontraseptif cihaz;
~ **einsetzen** spiral takmak

Spirographie *f (in der Pneumologie)*
spirografi

Spirometer *nt (in der Pneumologie)*
spirometre

Spirometrie *f (in der Pneumologie)*
spirometri

Spital *nt* <*Syn*→ **Krankenhaus**>
hastane

Spitze *f* uç; ~ **der Nadel** iğnenin ucu

Spliceosom→ **Spleißosom**

Splicing→ **Spleißen**

Spleißen *nt* <*Syn*→ **Splicing**> *(in
der Genetik)* uçbirleştirme

Spleißosom *nt* <*Syn*→ **Spliceosom**>
(in der Genetik) splisozom

Splenektomie *f* <*Syn*→
Milzexstirpation> *(in der
Viszeralchirurgie)* splenektomi

Splenomegalie *f (in der inneren
Medizin: Vergrößerung der Milz
über ihre normalen Maße hinaus)*
splenomegali

Spondylitis ankylosans *f (in der
Orthopädie)* ankilozan spondilit

spongiform *Adj* <*Syn*→
schwammartig> süngerimsi; ~e
Enzephalopathie <*Syn*→
schwammartiges Hirnleiden>
süngerimsi ensefalopati

spongiös *Adj* süngerimsi; ~er
Knochen süngerimsi kemik

Spontanfraktur *f* <*Syn*→
pathologische Fraktur> *(in der*

307

Hämatologie und der Onkologie)
patolojik kırık

Spontanremission *f a. (in der Onkologie)* spontan remisyon

Spontanruptur *f (in der Orthopädie)* spontan rüptür

Spore *f (in der Biologie)* spor^2

Sporenbildung *f (in der Biologie)* spor oluşması; ~ **bei Mikroorganismen wie Bakterien und Pilzen** bakteri ve mantar gibi mikroorganizmalarda spor oluşması

Sportgel *nt* spor jeli

Sportgetränk *nt* spor içeceği

Sportmedizin *f* spor hekimliği

Sportverletzung *f* spor yaralanması; sporcu yaralanması

Sprachcoaching *nt* konuşma koçluğu

Sprachentwicklung *f* dil gelişimi

Spracherwerb *m (in der Psycholinguistik)* dil edinimi

Sprachproduktion *f* dil üretimi

Sprachstörung *f (in der Logopädie)* dil bozukluğu

Spray *nt* sprey

Sprechapraxie *f (in der Neurologie)* sözel apraksi; konuşma apraksısı

Sprechstörung *f (in der Logopädie)* konuşma bozukluğu

Sprechstunde *f* danışma saati

Sprechtherapie *f (in der Logopädie)* konuşma terapisi

Sprechtrakt *m* <*Syn*→ **Ansatzrohr** → **Vokaltrakt** → **Artikulationstrakt**> *(Eng: vocal tract; Frz: canal vocal)* anat ses yolu

Spreizer *m (Frz: écarteur chirurgical) (in der Chirurgie)* ekartör; <*Syn*→ **Wundspreizer**> yara ekartörü

Springfinger *m* <*Syn*→ **Schnappfinger** → schnellender **Finger**> *(Lat: Digitus saltans) (in der Chirurgie)* tetik parmak

Springwurm *m* <*Syn*–> **Madenwurm** → **Aftermade** → **Pfriemenschwanz**> *(Lat: Enterobius vermicularis; Oxyuris vermicularis) (in der Parasitologie)* kıl kurdu

Spritze *f* <*Syn*→ **Injektionsspritze**> iğne; şırınga

spritzen *vt* <*Syn*→ **injizieren**> zerk etmek; enjekte etmek; **Stresshormone** ~ stres hormonları zerk etmek

Spritzenangst *f psych* iğne korkusu; <*Syn*→ **Trypanophobie**> tripanofobi

Spritzenpumpe *f (Instrument in der Intensivmedizin)* enjektör pompası; perfüzyon pompası; şırınga pompası; enjektomat; <*Syn*→ **Perfusor**> perfüzör; perfüzör cihazı

sprühen *vt* püskürtmek; **auf die Wunde** ~ yaraya püskürtmek

Sprühpflaster *nt* pansuman spreyi

Sprungbein *nt* <*Syn*→ **Rollbein**> *(untere Extremität)* aşık kemiği; <*Syn*→ **Talus**> talus; <*Syn*→ **Astragalus**> astragalus

Sprungbeinkopf *m* <*Syn*→ Taluskopf> *(Lat: Caput tali)* aşık başı

Sprunggelenk *nt* <*Syn*→ Knöchelgelenk> *(Lat: Articulatio talocruralis)* ayak bileği eklemi; talocrural eklem

Spucke *f* tükürük; <*Syn*→ Speichel> salya

spucken *vi* tükürmek

Spülung *f* <*Syn*→ Lavage> lavaj

Spulwurm *m (Lat: Ascaris lumbricoides)* bağırsak solucanı

Spurenelement *nt* eser element; <*Syn*→ Mikroelement> mikro element

Sputum *nt* <*Syn*→ Auswurf → Expektorat> balgam

squamös *Adj* skuamöz; ~es Karzinom skuamöz karsinom; <*Syn*→ Plattenepithelkarzinom> yassı hücreli karsinom

Stäbchen[1] *nt* çubuk

Stäbchen[2]→ Stäbchenzellen

stäbchenförmig *Adj* çubuksu; ~e Bakterien çubuksu bakteriler

Stäbchenzellen *pl (Lat: Bacillum retinae) (in der Neurobiologie im Auge)* çubuk hücreleri

stabil *Adj* kararlı; stabil; ~e Angina pectoris kararlı anjina pektoris

Stabilität *f* kararlılık; chemische ~ kimyasal kararlılık; genomische ~ genomik kararlılık

Stabsichtigkeit *f* <*Syn*→ Astigmatismus → Hornhautverkrümmung> *(in der Augenheilkunde)* astigmatizma

Stachelzelle *f* dikensi hücre

Stachelzellschicht *f* <*Syn*→ Stratum spinosum> *(Lat: Stratum spinosum)* dikensi hücre katmanı

Stadienbestimmung *f* <*Syn*→ Staging> *(in der Onkologie)* evrelendirme

Stadium *nt* <*pl*→ Stadien> evre; ein ~ der frühen Embryonalentwicklung embriyonik gelişimin erken bir evresi; im fortgeschrittenen ~ ileri evrede

Staging *nt* <*Syn*→ Stadienbestimmung> *(in der Onkologie)* evrelendirme

Stamm[1] *m (in der Taxonomie)* şube; bölüm; *(in der Botanik)* şube; filum; phylum; *(in der Zoologie)* şube; divisio

Stamm[2] *m (Lat: truncus) (in der Neurologie: Hirn ~)* sap

Stamm[3] *m (in der Mikrobiologie: Bakterien ~)* suş[1]

Stammzelle *f* kök hücre; induzierte pluripotente ~ *(in der Entwicklungsbiologie)* endüklenmiş pluripotent kök hücre

Stammzelltherapie *f (in der Hämatologie)* kök hücre tedavisi

Stammzelltransplantation *f* kök hücre nakli; kök hücre transplantasyonu

Stand *m* durum; ~ **der Wissenschaft** *<Syn→* **wissenschaftlicher Konsens>** bilimsel konsensüs

Standardabweichung *f* standart sapma

Standardtherapie *f* standart terapi

ständig *Adj* sürekli; **~e Impfkommission** *<kurz→* **STIKO>** sürekli aşı komisyonu; **~es Erbrechen** sürekli kusma

Standmixer *m <Syn→* **Mixer>** *(im Labor: Laborgerät) (Eng: blender)* blender

Staphylokokken *pl* stafilokoklar; **~ sind rundliche, weintrauben ähnlich angeordnete, nicht sporenbildende grampositive Bakterien** stafilokoklar, yuvarlak biçimli, üzüm salkımı biçiminde diziliö spor oluşturmayan grampozitif bakterilerdir

stark *Adj* şiddetli; **~er Schmerz** şiddetli ağrı

Stärke *f (Lat: Amylum) (Formel: $C_6H_{10}O_5$)* nişasta

stärken *vt* güçlendirmek; **das Immunsystem ~** bağışıklık sistemini güçlendirmek

stärkereich *Adj* nişastası zengin; **~e Lebensmittel** nişastası zengin gıdalar

Stärkungsmittel *nt <Syn→* **Roborans>** roborans

starr *Adj* rijit; **~e Endoskope** *<Ant→* **flexible Endoskope>** rijit endoskoplar

Starre *f <Syn→* **Steifigkeit>** *(Toten~)* sertlik

Starrsucht *f <Syn→* **Katalepsie>** *(Lat: Stupor vigilans) (in der Psychiatrie)* katalepsi; **die ~ ist eine neurologische Störung** katalepsi, nörolojik bozukluktur

Statine *pl* statinler; **~ sind Arzneistoffe, die als Cholesterinsenker/Lipidsenker eingesetzt werden** statinler, kolesterol/lipid düşürücü olarak kullanılan ilaçlardır

Station *f* ünite; servis; **~ eines Krankenhauses** bir hastanenin ünitesi

stationär[1] *Adj <Ant→* **ambulant>** yatakta; yatarak; **~e Behandlung** yatakta tedavi

stationär[2] *Adj <Ant→* **temporär>** daimi; **~er Parasit** daimi parazit

stationär[3] *Adj* durağan; **~e Phase** *(in der analytischen Chemie: bei der Chromatografie)* durağan evre

Stationsschwester *f* ünite hemşiresi

statisch *Adj* statik; **~e Okklusion** *<Ant→* **dynamische Okklusion>** *(in der Zahnmedizin)* statik oklüzyon

Statistik *f* istatistik; **deskriptive ~** betimsel istatistik; tanımlayıcı istatistik; **inferentielle ~** *<Syn→* **Inferenzstatistik>** çıkarımsal istatistik; **mathematische ~** matematiksel istatistik

Status epilepticus *m (in der Neurologie)* Status epileptikus

Stauballergie *f* toz alerjisi

Staublunge *f <Syn→* **Pneumokoniose>** pnömokonyoz

Staubmaske *f* toz maskesi

Staubpartikel *f/pl* toz partikülleri

stechen[1] *vt* batırmak; ~ **Sie mit der Nadel in die Haut** *(in der Bedienungsanleitung)* iğneyi derinize batırınız

stechen[2] *vt (Insekt)* sokmak

stechen[3] *vi* bıçak gibi saplanmak

stechend *Adj* batıcı tipte; yırtılır gibi şiddetli; **ein ~er Schmerz** batıcı tipte bir ağrı; yırtılır gibi şiddetli bir ağrı

Stechmücke *f <kurz→* **Mücke>** sivrisinek

steif[1] *Adj* sert[2]

steif[2] *Adj* tutuk

Steifigkeit *f (Morgen~)* tutukluk

Steigbügel *m (Lat: Stapes) anat* üzengi kemiği; **der ~ ist ein kleiner Knochen im Mittelohr** üzengi kemiği, orta kulakta küçük bir kemiktir

steigen *vı* artmak; **das Kariesrisiko steigt**; çürük riski artar

steigern *vt* arttırmak; **die Gedächtnisleistung ~** bellek performansını arttırmak

Steiß *m anat* kuyruk sokumu

Steißbein *nt <Syn→* **Coccyx>** *(Lat: coccyx; Os coccygis) anat* kuyruk sokumu; kuyruk sokumu kemiği; koksiks

Steißbeinfistel *f (Lat: Sinus pilonidalis)* kuyruk sokumu fistül; pilonidal sinüs

Steißbeinwirbel *m anat* kuyruk sokumu omuru; koksigeal vertebra

Steißfleck *m <Syn→* **Mongolenfleck → Asiatenfleck → Sakralfleck>** *(in der Dermatologie)* Moğol lekesi; Moğol beneği

Steißgeburt *f <Syn→* **Beckenendlagengeburt>** *(in der Gynäkologie)* makat doğum

Steißlage *f <Syn→* **Beckenendlage>** *(Frz: présentation podalique) (in der Gynäkologie)* makat prezentasyon; makat geliş

Stellknorpel *m <Syn→* **Aryknorpel>** *(Lat: Cartilago arytaenoidea) anat* aritenoid kıkırdak

Stenokardie *f <Syn→* **Angina pectoris>** anjina pektoris; anjina

Stenose *f* stenoz; *<Syn→* **Verengung>** darlık; *<Syn→* **Einengung>** daralma; **die ~ der Aorta** aortun stenozu; aortun daralması; **peptische ~** peptik darlık

Stent *m (in der Kardiologie: Gefäßstütze)* stent; **~ für den Gallengang** *(in der Gastroenterologie)* safra yolu stenti

Stentangioplastie *f (in der Kardiologie)* stent anjiyoplastisi

Steatosis hepatis→ Fettleber

Sterbehilfe *f* ötanazi; **aktive ~** aktif ötanazi; **ärztliche ~** hekim destekli intihar; **passive ~** pasif ötanazi

sterben *vi* ölmek *vi*; **~ auf der Intensivstation** yoğun bakım ünitesinde ölmek

sterbenskrank *Adj* ölümcül hasta

Sterbeprozess *m* ölme süreci

Sterberisiko *nt* ölüm riski

Sterblichkeit *f* <*Syn*→ **Mortalität**> mortalite

Stereochemie *f* stereokimya

stereochemisch *Adj* stereokimyasal; ~**e Strategie** stereokimyasal strateji

stereotaktisch *Adj (in der Chirurgie)* stereotaksik; ~**er Eingriff** stereotaksik müdahale

steril *Adj* steril; <*Syn*→ **keimfrei**> mikroptan arındırılmış

Sterilisation *f* <*Syn*→ **Sterilisierung**> sterilizasyon; <*Syn*→ **Entkeimung**> mikroptan arındırılma; **thermische** ~ ısı ile sterilizasyon

Sterilisierung *f* sterilizasyon

Sterilität *f* <*Syn*→ **Unfruchtbarkeit**> kısırlık; *(Eng: infertility)* infertilite

Sternum *nt (Lat: Sternum)* sternum; <*Syn*→ **Brustbein**> göğüs kemiği

Steroid *nt* steroid

Steroidhormon *nt* steroid hormon; **Cortison ist ein** ~ kortizon, steroid hormondur

Stethoskop *nt* stetoskop

Stichprobe *f (Eng: sample)* örnek; numune; *(in der Statistik)* örneklem

Stichprobenverfahren *nt* <*Syn*→ **Sampling**> *(Eng: sampling)* örnekleme

Stichtagsprävalenz *f* <*Syn*→ **Punktprävalenz**> *(in der Epidemiologie)* nokta prevalansı

Stichwunde *f* delici âlet yarası

Stickoxid *nt* <*Syn*→ **Stickstofffoxid**> *chem* azot oksit

Stickstoff *m (Lat: Nitrogenium) (Formel: N) chem* azot; nitrojen

Stickstofffixierung *f (in der Ökologie)* azot bağlanması

Stickstoffnarkose *f (in der Tauchmedizin)* azot narkozu; <*Syn*→ **Tiefenrausch**> derinlik sarhoşluğu; <*Syn*→ **Inertgasnarkose**> inert gaz narkozu

Stickstoffoxid *nt* <*Syn*→ **Stickoxid**> *chem* azot oksit

Stickstoffverbindungen *pl (in der organischen Chemie)* azot bileşikleri

Stiel *m* sap; **der** ~ **des Darmpolypen** *(in der Gastroenterologie)* bağırsak polipinin sapı

Stielwarze *f* <*Syn*→ **Fibrom**> *(in der Dermatologie)* fibrom

STIKO *f* <*Syn*→ **ständige Impfkommission**> sürekli aşı komisyonu

Stillen *nt* emzirme

stillen[1] *vt* emzirmek

stillen[2] *vt* durdurmak; kesmek; **den Schmerz** ~ ağrıyı kesmek; **die Blutung** ~ kanamayı durdurmak

Stillstand *m (des Herzens)* durma

Stillzeit *f* emzirme dönemi

Stimmbänder *pl (Lat: Ligamenta vocalia) anat* ses telleri[1]

312

Stimmbandlähmung *f* ses telleri felci

Stimmfremitus *m* *<Syn→* **Fremitus>** *(bei der Palpation in der körperlichen Untersuchung)* solunum titreşimi

Stimmlippen *pl (Lat: Plica vocalis) anat* ses telleri

Stimmritze *f (Lat: Rima glottidis) (in der HNO: Spalt zwischen den Stimmlippen)* mizmar aralığı

Stimmung *f psych* duygudurum

Stimmungsstörung *f <Syn→* **Affektstörung>** *psych* duygudurum bozukluğu; *(veraltet)* duygulanım bozukluğu

Stimulans *nt <pl→* **Stimulanzien>** *(in der Neurologie)* stimülan; uyarıcı

Stimulanzien *pl (in der Neurologie)* stimülanlar; uyarıcılar; **einige der bekanntesten ~ sind: Ephedrin, Amphetamine, Kokain, Methylphenidat und Modafinil** en çok bilinen uyarıcılardan birkaçı, efedrin, amfetamin, kokain, metilfenidat ve modafinildir

Stimulation *f <Syn→* **Anregung>** uyarı; uyarım; **elektrische ~** elektriksel uyarı; **elektrische ~ des Herzmuskels zur Kontraktion** *(in der Kardiologie durch einen Herzschrittmacher)* kalp kasının kasılması için elektriksel uyarı

stimulieren *vt* uyarmak; **die Replikation des Hepatitis E-Virus ~** *(in der Immunologie)* hepatitis E virüsü replikasyonunu uyarmak

stimulierend *Adj* uyarıcı; stimule edici; **~ Substanzen** uyarıcı maddeler

Stimulus *m <Syn→* **Reiz>** uyaran; **chemischer ~** kimyasal uyaran; **distaler ~** *<Syn→* **distaler Reiz** → **Fernreiz>** *(in der Wahrnehmungspsychologie)* distal uyaran

Stirn *f (Lat: frons)* alın

Stirnbein *nt (Lat: Os frontale) (in der Anatomie des Auges)* alın kemiği

Stirnfortsatz *m (Lat: Processus frontalis)* alın çıkıntısı

Stirnhaut *f* alın derisi

Stirnhöhle *f (Lat: Sinus frontalis) anat* frontal sinüs

Stirnlappen *m <Syn→* **Frontallappen>** *(Lat: Lobus frontalis) (Bereich im Gehirn)* frontal lob; ön lob; frontal korteks

Stirnlifting *nt <Syn→* **Stirnstraffung>** *(in der ästhetischen Chirurgie)* alın germe

Stirnrunzeln *nt* alın kırıştırma; **das ~ gehört zu den einfachen motorischen Tics** *(in der Neurologie)* alın kırıştırma, basit motor tiklerdendir

Stirnstraffung *f <Syn→* **Stirnlifting>** *(in der ästhetischen Chirurgie)* alın germe

Stoff¹ *m* madde

Stoff² *m <Syn→* **Wirkstoff>** ajan; **pharmakologischer ~** farmakolojik ajan

Stoff³ *m* madde; *<Syn→* **Rauschstoff>** uyuşturucu; uyuşturucu madde; *<Syn→* **Droge>** drog

Stoffmenge *f chem* madde miktarı

Stoffwechsel *m* <*Syn*→
**Metabolismus*> metabolizma;
aerober ~ aerobik metabolizma;
basischer ~ bazik metabolizma;
dermatologischer ~ dermatolojik
metabolizma

Stoffwechselerkrankung *f*
metabolik hastalık

Stoffwechselintermediat *nt (Eng:
reaction intermediate) chem*
reaksiyon ara ürünü

Stoffwechselkrankheit *f*
metabolizma hastalığı; <*Syn*→
**Stoffwechselerkrankung*>
metabolik hastalık

Stoffwechselprodukt *nt*
metabolizma ürünü; <*Syn*→
**Metabolyt*> metabolit

Stoffwechselprozesse *pl* metabolik
süreçler

Stoffwechselrate *f* metabolizma hızı

Stoffwechselstörung *f* metabolik
bozukluk;
metabolizma bozukluğu

Stoffwechseltätigkeit *f* metabolizma
faaliyeti

Stoffwechselweg *m (in der
Biochemie; Eng: metabolic pathway)*
metabolik yolak; metabolik patika

Stolpern *nt* sendeleme

Stomabeutel *m* stoma torbası

Stomatitis *f (in der Oralpathologie:
Entzündung der Mundschleimhaut)*
stomatit; **aphthöse** ~ <*Syn*→
**Mundfäule*> (Lat: Stomatitis
aphthosa; Eng: aphthous stomatitis)*

aftöz stomatit; **gangränöse** ~ *(Lat:
Stomatitis gangraenosa; Cancrum
oris)* kangrenli stomatit; <*Syn*→
Noma → **Wangenbrand*> noma

Stomatologie *f* stomatoloji

Stomatostatin *nt* stomatostatin; ~ **ist
ein Peptidhormon, das von der
Bauchspeicheldrüse während der
Verdauung ausgeschüttet wird** *(in
der Neuroindrokrinologie)*
stomatostatin, sindirim esnasında
pankreastan salınan bir peptit
hormondur

Stopcodon→ **Stoppcodon**

Stoppcodon *nt* <*Syn*→
**Terminationscodon*> (in der
Genetik bei der Proteinbiosynthese)*
durdurma kodonu

Stöpsel *m* tıkaç

Störung *f* bozukluk; **emotionale** ~
duygusal bozukluk;
gastrointestinale ~ gastrointestinal
bozukluk; **genetische** ~ genetik
bozukluk; **neurologische** ~ nörolojik
bozukluk; **seelische** ~ <*Syn*→
**psychische Störung*> (in der
Psychiatrie)* ruhsal bozukluk

Stößel *m (in der Pharmazie: für den
Mörser)* tokmak

Stottern *nt (in der Logopädie)*
kekeleme

Strabismus *m (in der
Ophthalmologie)* strabismus; <*Syn*→
**Schielen*> şaşılık

straff *sf.* <*Ant*→ **locker*> sıkı; ~**es
Bindegewebe** *(in der Histologie)* sıkı
bağ doku

314

straffen *vt* germek; **die Stirn** ~ *(in der ästhetischen Chirurgie)* alnı germek

Strahlenbelastung→ **Strahlenexposition**

Strahlendosis *f (in der Radiologie)* radyasyon dozu

Strahlenexposition *f <Syn→* **Strahlenbelastung>** *(in der Nuklearmedizin)* radyasyon teşhiri

Strahlenkörper *m <Syn→* **Ziliarkörper>** *(Lat: Corpus ciliare) (in der Anatomie des Auges)* kirpiksi cisim; siliyer cisim

Strahlenkrankheit *f* radyasyon hastalığı; *(Eng: acute radiation syndrome)* akut radyasyon sendromu

Strahlenschaden *m <pl→* **Strahlenschäden>** *(in der Nuklearmedizin)* radyasyon hasarı

Strahlenschutz *m (in der Nuklearmedizin)* radyasyon koruması; radyasyondan korunma

Strahlentherapie *f* ışın tedavisi; *<Syn→* **Radiotherapie>** radyoterapi

Strahlung *f* radyasyon; ışınım

Strang¹ *m (Fr: souche; Eng: strain)* suş

Strang² *m (Eng: strand) (in der Molekularbiologie)* iplik²; **codierend/codogener** ~ kodlayıcı iplik

Strang³ *(Samen~) (Lat: Funiculus)* kord

Strategie *f* strateji; **stereochemische** ~ stereokimyasal strateji

Stratum *nt <Syn→* **Schicht>** katman; tabaka

Stratum basale *f <Syn→* **Basalzellschicht>** *(Lat: Stratum basale)* bazal hücre katmanı

Stratum spinosum *nt <Syn→* **Stachelzellschicht>** *(Lat: Stratum spinosum)* dikensi hücre katmanı

Streckmuskel *m* gerici kas

Streckung *f <Ant→* **Beugung>** gerilme; *<Syn→* **Extension>** *(Lat: extensio)* ekstansiyon

Streptococcus→ **Streptokokke**

Streptokokke *f <Syn→* **Streptokokkus>** *(Lat: Streptococcus)* streptokok

Streptokokkeninfektion *f* streptokok enfeksiyonu

Streptokokkenpharyngitis *f* streptokok farenjiti; streptokokal farenjit

Streptokokkus→ **Streptokokke**

Streptomycin *nt (Formel: $C_{21}H_{39}N_7O_{12}$) (in der Pharmazie)* streptomisin

Stress *m* stres; **akuter** ~ akut stres; **chronischer** ~ kronik stres; **oxidativer** ~ *(in der Geriatrie und der Zellbiologie)* oksidatif stres

Stressachse *f <Syn→* **Hypothalamus-Hypophysen-Nebennierenrinden-Achse>** *(in der Endokrinologie)* hipotalamus-hipofiz-adrenal aks

stressbedingt *Adj* strese bağlı; ~**er Schmerz** strese bağlı ağrı

315

Stressbruch *m* <*Syn→*
Stressfraktur> *(in der Osteologie)*
stres kırığı

Stressfraktur *m* <*Syn→*
Stressbruch> *(in der Osteologie)*
stres kırığı

Stresshormon *nt* stres hormonu

Stressinkontinenz *f psych* stres
inkontinansı

Stressmanagement *nt* stres yönetimi

Stressreaktion *f (in der*
Neuropsychologie) stres tepkisi

Stressreduktion *f* stres azaltma;
stresi azaltma

Stresstest *m* stres testi; <*Syn→*
Belastungstest> zorlama testi

Stridor *m (in der Pulmonologie:*
pfeifendes Geräusch beim Einatmen)
stridor

Stroma *f* <*Syn→* **Interstitium**> *(in*
der Histologie und der Zellbiologie)
stroma

Stromschlag *m (in der*
Notfallmedizin) elektrik çarpması

Strukturbiologie *f* yapısal biyoloji

strukturell *Adj* yapısal; **~es Protein**
yapısal protein

Strukturprotein *nt* <*Ant→* **Nicht-**
Strukturprotein> *(in der Virologie)*
yapısal protein

Struma *f* struma; <*Syn→* **Kropf**>
guatr

Strumaresektion *f* guatr rezeksiyonu

Strychnin *nt (Formel: $C_{21}H_{22}N_2O_2$)*
(in der Toxikologie) striknin

Studie *f* araştırma[2]; **klinische ~**
klinik araştırma; klinik çalışma

Studienergebnisse *pl* araştırma
sonuçları

Stuhl[1] *m* sandalye

Stuhl[2] *m* dışkı; gaita; **Blut im ~**
dışkıda kan

Stuhlgang *m* dışkılama; <*Syn→*
Defäkation> defekasyon; **blutiger ~**
kanlı dışkılama; **unregelmäßiger**
düzensiz dışkılama

Stuhlinkontinenz *f* <*Ant→*
Stuhlkontinenz> dışkı tutamama

Stuhlkontinenz *f* <*Ant→*
Stuhlinkontinenz> dışkı tutma;
fekal kontinans

Stuhlprobe *f* dışkı örneği; **~ zur**
Darmkrebsvorsorge *f* bağırsak
kanseri profilaksisi için dışkı örneği

Stuhluntersuchung *f* dışkı testi

Stuhlverstopfung *f* <*Syn→*
Verstopfung → Darmverstopfung>
kabızlık; <*Syn→* **Obstipation**>
obstipasyon

stumpf *Adj* künt; **~er Gegenstand**
künt cisim; **~es Abdominaltrauma**
(in der Notfallmedizin) künt
abdominal travma; **~es Trauma** *(in*
der Notfallmedizin) künt travma

Stupor *m (in der Psychiatrie und der*
Neurologie) stupor

stürzen *vi* düşmek

Stützgewebe *nt (in der Histologie)*
destek doku

Stützstrumpf→
Kompressionsstrumpf

Stütztherapie *f* destek tedavisi

Stütz- und Bewegungsapparat *m*
destek ve hareket sistemi

Subarachnoidalblutung *f (in der
Neurochirurgie und der Intensivmedizin)*
subaraknoid kanama

Subarachnoidalraum *m <Syn→*
Subarachnoidealraum> *(Lat: Spatium
subarachnoideum; Cavitas
subarachnoidea) (in der Anatomie der
Hirnhäute)* araknoidaltı boşluk;
subaraknoid aralık

Subarachnoidealraum→
Subarachnoidalraum

Subcutis→ Subkutis

subgingival *Adj <Ant→*
supragingival> diş taşı altı; ~**er**
Zahnstein *(Eng: subgingival
calculus)* diş eti altı diş taşı

subglottisch *Adj (in der HNO:
unterhalb der Stimmritze)* subglottik;
~**e Stenose** subglottik stenoz; ~**er**
Raum subglottik bölge

subkutan *Adj* subkutan; subkütan;
deri altı; cilt altı; ~**e Injektion**
subkütan enjeksiyon; ~**es Emphysem**
(in der Pneumologie) subkutan
amfizem; *<Syn→*
Unterhautemphysem> cilt altı
amfizemi

Subkutis *f <Syn→* **Unterhaut>** *(Lat:
subcutis)* alt deri

sublingual *Adj* dil altı

Substantia nigra *f <Syn→* **Soemmering-
Ganglion>** Substantia nigra; kara madde

Substanz *f* madde *(Lat: substantia)*;
graue ~ *(Lat: Substantia grisea) (im
Zentralnervensystem)* boz madde;
psychotrope ~ *(in der Psychiatrie)*
psikotrop madde; **synthetische** ~ sentetik
madde; **weiße** ~ *(Lat: Substantia alba)
(im Zentralnervensystem)* ak madde;
beyaz madde

Substituent *m (in der organischen
Chemie)* ornatık

substituiert *Adj (in der organischen
Chemie)* ornatılmış; ~ **Aminosäuren**
ornatılmış amino asitler

Substitution *f <Syn→* **Ersatz[1]>**
ikame

Substitutionstherapie *f <Syn→*
Ersatztherapie> ikame tedavisi;
replasman terapisi

Substrat[2] *nt (in der Biochemie)*
substrat

Substrat[2] *nt <Syn→* **Nährmedium>**
(in der Mikrobiologie) besiortamı

Substratkonzentration *f (in der
Biochemie)* substrat konsantrasyonu

Substratsättigung *f (in der
Biochemie)* substrat doyumu

subtalar *Adj (anat: unter dem
Sprungbein gelegen)* subtalar; ~**e**
Luxation *(in der Orthopädie)*
subtalar çıkık; ~**es Gelenk** subtalar
eklem

Subvariante *f (in der Epidemiologie
und der Virologie)* alt varyant

Suchhund *m <Syn→*
Rettungshund> *(Eng: search and
rescue dog)* arama-kurtarma köpeği

317

Sucht *f <Syn→* **Abhängigkeit>** *(in der Psychiatrie)* bağımlılık

süchtig *Adj f <Syn→* **abhängig>** *(in der Psychiatrie)* bağımlı

Suchtprävention *f (in der Gesundheitspsychologie)* bağımlılığı önleme

Suchtstoff *m <Syn→* **Betäubungsmittel>** uyuşturucu; uyuşturucu madde

Suizid *m <Syn→* **Selbstmord** → **Selbsttötung>** intihar; özkıyım; **assistierter** ~ yardımlı intihar; destekli intihar; **ärztlich assistierter** ~ hekim yardımlı intihar; hekim destekli intihar

Suizidialität *f <Syn→* **Suizidgefährdung** *umg→* **Lebensmüdigkeit>** *(in der Psychiatrie)* intihar düşüncesi

Suizidgefährdung→ Suizidialität

Suizidprävention *f* intiharı önleme

Sulcus *m <pl→* **Sulci>** *(Rinne, Rille)* çatlak; yarık; *<Syn→* **Furche>** girinti

Sulcus lateralis *m <Syn→* **Fissura lateralis>** *(in der Anatomie des Gehirns)* yanal çatlak; yanal girinti; *<Syn→* **Fissura Sylvii** → **Sylvische Fissur>** Silviya yarığı

Sumpffieber *nt <Syn→* **Malaria>** sıtma

supercoiled *Adj (in der Genetik)* süper sarımlı; ~ **DNA** süper sarımlı DNA; DNA süpersarımı

superfiziell *Adj <Syn→* **oberfächlich>** yüzeysel; ~ **spreitendes malignes Melanom** *(in der Onkologie)* yüzeysel yayılan malign melanom superfiziell

Superinfektion *f <Syn→* **Hyperinfektion>** *(in der Virologie)* süper enfeksiyon

Supination *f <Ant→* **Pronation>** *(anat: Auswärtsdrehung)* supinasyon

Supinationsbewegung *f* supinasyon hareketi

supportiv *Adj* destekleyici; ~**e Therapie** destekleyici terapi

Suppositorium *nt (in der Pharmazie: Arzneimittel)* supozituvar; *<Syn→* **Zäpchen>** fitil

Suppression *f* baskılama

suppressiv *Adj <Syn→* **unterdrückend>** baskılayıcı

Suppressivum *nt* baskılayıcı (ilaç)

Suppressor *m (in der Immunologie)* supresör; süpresör; baskılayıcı

Suppressorzelle *f (in der Immunologie)* supresör hücre; baskılayıcı hücre

supragingivaler *Adj <Ant→* **subgingival>** diş taşı üstü; ~**er Zahnstein** *(Eng: supragingival calculus)* diş eti üstü diş taşı

supraklavikulär *Adj <Ant→* **infraklavikulär>** *(anat: oberhalb des Schlüsselbeins gelegen)* supraklaviküler; ~**e Lymphknoten** supraklaviküler lenf düğümleri

supramolekular *Adj* supranmoleküler; ~**e Chemie** supranmoleküler kimya

supranukleär *Adj* supranükleer; ~e
Lähmung supranükleer felç; ~e
Parese supranükleer felç

Surfactant *nt (Eng: surface active
agent) (in der Pulmonologie:
grenzflächenaktive Substanz)*
sürfaktan

Suspension *f (in der Pharmazie)*
süspansiyon; katı asıltı

Süßstoff *m* tatlandırıcı

Süßungsmittel *nt* tatlandırıcı

Sutur *f* sütür; *<Syn→* **Schädelnaht>**
kraniyal sütür

Symbiose *f (in der Ökologie)*
simbiyoz; ortakyaşam; ortakyaşarlık;
mutualistische ~ *<Syn→*
Mutualismus> mutualizm

symbiotisch *Adj* simbiyotik; ~e
Beziehungen *Psych* simbiyotik
ilişkiler; ~es **Leben** simbiyotik
yaşam

Sympathektomie *f (in der
Neurologie und der Chirurgie)*
sempatektomi

Sympathie *f <Ant→* **Antipathie>**
psych antipati

Sympathikus *m (in der
Neurobiologie)* sempatik sinir sistemi

Symptom *nt* belirti; semptom;
psychopathologisches ~
psikopatolojik belirti

symptomatisch *Adj* semptomatik; ~e
Therapie semptomatik tedavi

Symptomatologie *f* simptomatoloji;
semptomatoloji

symptomlos *Adj* belirtisiz; ~er
Verlauf der Krankheit hastalığın
belirtisiz seyri

Synapse *f (in der Neurophysiologie)*
sinaps; **die** ~ **zwischen dem
Motoneuron und der Muskelzelle**
motor nöron ile kas hücresi
arasındaki sinaps

Synapsis *f* sinapsis

synaptisch *Adj* sinaptik; ~er **Spalt** *(in der
Neurophysiologie)* sinaptik aralık;
sinaptik fissür

Synästesie *f (in der
Kognitionswissenschaft)* sinestezi

Syndrom *nt* sendrom; belirgi
*(in der Pathologie: Krankheitsbild
mit mehreren Symptomen)* Syndrom
nt; **neurologisches** ~ nörolojik
sendrom; **prämenstruelles** ~ *(in der
Gynäkologie)* premenstrüel sendrom

Syndrom SIRS *nt*; *(Eng: systemic
inflammatory response syndrome)*
sistemik inflamatuar yanıt sendromu

Synergist *m* sinerjistik kas; ~ **ist ein
Muskel, der die Bewegung eines
anderen Muskels unterstützt** sinerjistik
kas, başka bir kasın hareketini
destekleyen kastır

Synkope *f (in der Neurologie)* senkop;
<Syn→ **Ohnmacht>** bayılma

Synovia *f <Syn→*
Synovialflüssigkeit →
Gelenkschmiere> *(in der
Orthopädie)* sinoviyal sıvı

Synovialflüssigkeit→ **Synovia**

Synthese *f* chem sentez; **organische**
~ organik sentez

Syntheseprozess *m chem* sentez süreci

synthetisch *Adj* sentetik; **~e Substanz** sentetik madde; **~es Äquivalent** sentetik eşdeğer

Syphilis *f* sifilis; sifiliz; frengi; *<Syn→* **Lues (venerea)** → **harter Schanker** → **Morbus Schaudinn>** frengi; **latente** ~ latent frengi

Syringomyelie *f (in der Neurologie)* siringomiyeli; **angeborene** ~ doğuştan siringomiyeli; **erworbene** ~ edinsel siringomiyeli

System *nt* sistem; **limbisches** ~ *(in der Neuropsychologie)* limbik sistem; **skelettales** ~ iskelet sistemi

systematisch *Adj* sistematik; **~e Desensibilisierung** *(in der Verhaltenstherapie)* sistematik duyarsızlaştırma

Systemerkrankung *f <Syn→* **systemische Erkrankung>** sistemik hastalık

systemisch *Adj* sistemik; **~e Erkrankung** *<Syn→* **Systemerkrankung>** sistemik hastalık; **~e Therapie** sistemik terapi; **~es inflammatorisches Response-Syndrom SIRS** *nt (Eng: systemic inflammatory response syndrome)* sistemik inflamatuar yanıt sendromu

Systole *f <Ant→* **Diastole>** sistol

systolisch *sf. <Ant→* **diastolisch>** *(in der Kardiologie)* sistolik; **~er Blutdruck** sistolik kan basıncı; **~es Herzgeräusch** sistolik üfürüm

Szintigrafie *f <Syn→* **Szintigraphie>** *(in der Nuklearmedizin)* sintigrafi

Szintigraphie→ Szintigrafie

szirrhös *Adj* skiröz; **~es Karzinom** *(in der Onkologie)* skiröz karsinom

T

Tablette *f (Lat: tabuletta)* tablet; ~ **mit Bruchkerbe** çentikli tablet; **morgens eine ~, abends zwei** sabahları bir tablet, akşamları iki tane

Tablettenbox *f* hap kutusu; ilaç kutusu

Tablettenteiler *m* tablet bölücü

Tachykardie *f <Syn→* **Herzrasen**; *Ant→* **Bradykardie>** *(in der Kardiologie)* taşikardi; **fetale** ~ *(in der Gynäkologie)* fetal taşikardi: **maternale** ~ *(in der Gynäkologie)* maternal taşikardi; **ventrikuläre** ~ ventriküler taşikardi

Tachypnoe *f* takipne; *<Syn→* **Schnellatmung>** hızlı solunum

Tagesdosis *f (auf dem Beipackzettel)* günlük doz; **maximale** ~ maksimum günlük doz

Tagesmüdigkeit *f* gündüz yorgunluğu

Tagespflege[1] *f (tägliche Pflege)* günlük bakım

Tagespflege[2] *f <Ant→* **Nachtpflege>** gündüz bakımı

täglich *Adj* günlük; **~e Pflegeroutine** günlük bakım rutini

Tagschlaf *m (Eng: power nap)* güç uykusu

Tagtraum *m (Eng: daydream) psych* gündüz düşü

Taille *f (Frz: taille) anat* bel; **die ~ ist die schmalste Stelle zwischen Hüfte und Brustkorb** bel, kalça ile göğüs kafesi arasında kalan en dar bölümdür

taktil *Adj* taktil; dokunsal; **~e Agnosie** *<Syn→* **Astereognosie>** *(in der Neuropsychologie: Gegenstände durch Ertasten nicht erkennen)* taktil agnozi; **~e Halluzinose** *(Eng: tactile hallucination)* dokunsal halüsinasyon; temas halüsinasyonu

Talg *m (Lat: sebum) (in der Dermatologie)* sebum

Talgdrüse *f (Lat: Glandula sebaceae) (in der Dermatologie)* yağ bezi; **die ~ ist eine holokrine Drüse und liegt in der Lederhaut** yağ bezi, bir holokrin bez olup dermiste bulunur

Talus *m (untere Extremität)* talus; *<Syn→* **Sprungbein → Rollbein>** aşık kemiği; *<Syn→* **Astragalus>** astragalus

Taluskopf *m <Syn→* **Sprungbeinkopf>** *(Lat: Caput tali)* aşık başı

Tampon *m (in der Gynäkologie)* tampon; **der ~ ist ein Hygieneprodukt, das Frauen zum Auffangen der Regelblutung nutzen** tampon, kadınların âdet kanını emmek için kullandıkları hijyen bir üründür

Tamponade *f* tamponad

Target *nt (in der organischen Chemie: stereochemische Strategie)* hedef[2]

Tastsinn *m* dokunma duyusu; dokunma hissi

Täter-Opfer-Umkehr *f <Syn→* **Opferbeschuldigung →** **Opferschelte>** *(in der Sozialpsychologie)* kurbanı suçlama

taub *Adj <Syn→* **gehörlos>** sağır

Taubheit *f <Syn→* **Gehörlosigkeit>** *(Lat: Surditas)* sağırlık

Taubheitsgefühl *nt* uyuşukluk; **~ in den Beinen** bacaklarda uyuşukluk

Tauchausrüstung *f (in der Tauchmedizin)* dalış ekipmanı

Taucherausrüstung→ **Tauchausrüstung**

Tauchermaske→ Tauchmaske

Tauchmaske *f* dalış maskesi

Tauchmedizin *f* dalış tıbbı

Täuschung *f* yanılsama; **akustische ~** işitsel yanılsama

Tautomerie *f (in der organischen Chemie)* tautomeri

Taxon *nt* takson

Taxonomie *f* taksonomi

TCM→ traditionelle chinesische Medizin

Technologie *f* teknoloji; **medizinische ~** tıbbi teknoloji

Teerstuhl *m <Syn→* **Meläna>** *(in der Gastroenterologie)* melena

Teil *m (Lat: pars) anat* parça

Teilgebiet *nt* alt dal; ~ **der Medizin** tıbbın alt dalı

Teilnahmslosigkeit *f psych* ilgisizlik; kayıtsızlık; *<Syn→* **Apathie>** apati

Teilnarkose *f <Ant→* **Vollnarkose>** *(in der Chirurgie)* kısmi anestezi

Teilresektion *f (in der Chirurgie)* parsiyel rezeksiyon; kısmi rezeksiyon

Telemedizin *f* teletıp

Telencephalon *nt (Lat: cerebrum)* telensefalon; *<Syn→* **Cerebrum →** **Endhirn → Großhirn>** serebrum

Telophase *f (in der Genetik bei der Meiose)* telofaz

Temperament *nt (Lat: temperamentum) psych* mizaç; huy

Temperatur *f* sıcaklık; ısı

temperaturempfindlich *Adj* ısıya duyarlı

Temporallappen *m (Lat: Lobus temporalis) (in der Neuroanatomie)* temporal lob; *<Syn→* **Schläfenlappen>** şakak lobu

Temporallappenepilepsie *f <Syn→* **Schläfenlappenepilepsie>** temporal lob epilepsisi

temporär *Adj* geçici; ~**er Parasit** geçici parazit

Tenotomie *f (in der Chirurgie; operative Durchtrennung einer Sehne)* tenotomi; ~ **der Achillessehne** aşilotomi

Teratom *nt (in der Onkologie)* teratom

Termin *m* randevu; ~ **beim Arzt** doktorda randevu

Terminalnerv *m <Syn→* **Nervus terminalis>** *(in der Neuroanatomie)* terminal sinir

Termination *f (in der Biochemie: dritte Phase der Transkription)* sonlanma

Terminationscodon *nt <Syn→* **Stopcodon>** *(in der Genetik bei der Proteinbiosynthese)* durdurma kodonu

Terminologie *f* terminoloji; **medizinische** ~ tıbbi terminoloji

Tertiärprävention *f (in der Vorsorge)* üçüncül önleme

Tertiärstruktur *f (in der Proteinstruktur und der Bioinformatik)* üçüncül yapı; **die ~ eines Proteins** bir proteinin üçüncül yapısı

Testosteron *nt (Formel: $C_{19}H_{28}N_2O_2$)* testosteron; ~ **ist ein Sexualhormon** testosteron, seks hormonudur

Teststreifen *m* test şeridi; test kâğıdı

Tetanus *m* tetanos; *<Syn→* **Wundstarrkrampf>** kazıklı humma; ~ **ist eine tödlich verlaufende Infektionskrankheit** tetanos, seyri ölümcül olan bir enfeksiyon hastalığıdır; **maternaler** ~ *(in der Gynäkologie)* maternal tetanos; **neonataler** ~ *(in der Gynäkologie)* neonatal tetanos

Tetanusimpfung *f* tetanos aşısı

Tetanusprophylaxe *f* tetanos profilaksisi

Tetracyclin *nt <Syn→* **Tetrazyklin>** *(Formel: $C_{22}H_{24}N_2O_8$)* tetrasiklin; ~ **ist ein Antibiotikum** tetrasiklin, bir antibiyotiktir

Tetraplegie *f (in der Neurologie)* tetrapleji; ~ **ist eine Lähmung aller vier Gliedmaßen** tetrapleji, dört ekstremitenin felce uğramasıdır

Tetrazyklin→ Tetracyclin

Thalamus *m (in der Neuroanatomie)* talamus; **der ~ ist ein Teil des Zwischenhirns (Diencephalons)** talamus, ara beynin (diensefalonun) bir parçasıdır

Thalamuskerne *pl (in der Neuroanatomie)* talamus çekirdekleri

Thalassämie *f (in der Hämatologie und der Onkologie)* talasemi; *<Syn→* **Mittelmeeranämie>** Akdeniz anemisi; Akdeniz kansızlığı

T-Helferzelle *f <Syn→* **T$_H$-Zelle>** *(in der Immunologie: das T steht für Thymus)* yardımcı T hücresi

theoretisch *Adj* teorik; kuramsal; ~**e Chemie** teorik kimya

therapeutisch *Adj* terapötik; **der ~er Effekt einer Dosis** *(in der Pharmakologie)* bir dozun terapötik etkisi

Therapeut *m* (erkek) terapist

Therapeutin *f*(kadın) terapist

Therapeutisches Drug-Monitoring *nt <Syn→* **Medikamentenspiegelbestimmung>** *(in der Pharmakologie)* terapötik ilaç düzey izlemi

Therapie *f* terapi; sağaltım; *<Syn→* **Behandlung>** tedavi; **adjuvante ~**

(in der Onkologie) adjuvan terapi; **zielgerichtete ~** hedefe yönelik tedavi

Therapiealternative *f* tedavi seçeneği

Therapieansatz *m* terapi yaklaşımı

Therapieanwendung *f* terapi uygulama

Therapieform *f* tedavi şekli

Therapiegruppe *f* terapi grubu; **adjuvante ~** *(in der Onkologie)* adjuvan terapi grubu

therapieren *vt* tedavi etmek

therapieresistent *Adj* terapiye karşı dirençli

Therapieresistenz *f* terapiye karşı direnç

Therapietreue *f <Syn→* **Compliance → Komplianz>** *(in der Gesundheitspsychologie: kooperatives Verhalten von Patienten im Rahmen einer Therapie)* tıbbi tedaviye uyum

Thermalquelle *f* kaplıca

thermisch *Adj* termik; ısıl; ~**e Strahlung** *<Syn→* **Wärmestrahlung>** ısıl ışınım; ısı radyasyonu

Thermoablation *f <Syn→* **Hochfrequenzablation → Radiofrequenzablation>** *(in der Kardiologie, Hämatologie und der Onkologie)* radyofrekans ablasyon

Thermometer *nt* termometre; sıcaklıkölçer; *umg* derece[2]

Thermophor *nt* <*Syn*→
Wärmflasche; *in der Schweiz*→
Bettflasche> termofor; *(Frz:*
Bouillotte) buyot

Thermoregulation *f*
termoregülasyon; <*Syn*→
Wärmeregulation> sıcaklığın
düzenlenmesi

Thorax¹ *m anat* toraks; <*Syn*→
Brust> göğüs

Thorax² *m* <*Syn*→ **Brustkorb**> *anat*
göğüs kafesi

Thoraxchirurgie *f* toraks cerrahisi

Thoraxdrainage *f* toraks drenajı

Thoraxprellung *f* toraks kontüzyonu

Thoraxriss *m* toraks yırtılması

Thoraxschmerz *m* <*Syn*→
Brustschmerz> göğüs ağrısı

Thoraxspreizer *m (in der Chirurgie)*
toraks ekartörü

Thoraxtrauma *nt* <*Syn*→
Thoraxverletzung> toraks travması;
göğüs travması

Thoraxverletzung *nt* <*Syn*→
Thoraxtrauma> toraks travması;
göğüs travması; **stumpfe** ~ künt
toraks travması

Thoraxwand *f* toraks duvarı

Thrombolyse *f* <*Syn*→
Lysetherapie → **Lyse**> *(in der*
Kardiologie und der Angiologie)
tromboliz

Thrombopenie *f (in der*
Hämatologie) trombopeni; <*Syn*→
Thrombozytopenie> trombositopeni

Thrombophlebitis *f (in der*
Angiologie) tromboflebit

Thromboplastinzeit *f (İng:*
prothrombin time) protrombin
zamanı

Thrombose *f (in der Hämatologie)*
tromboz; **venöse** ~ venöz tromboz

Thrombozyt *m (beim Blutbild)*
trombosit; <*Syn*→ **Blutplättchen**>
kan pulcuğu

Thrombozytenadhäsion *f (in der*
Hämatologie) trombosit adezyonu

Thrombozytenaggregation *f (in der*
Hämatologie) trombosit agregasyonu

Thrombozytenanzahl *f (in der*
Hämatologie) trombosit sayısı

Thrombozythose *f* trombositoz;
essentielle ~ esansiyel trombositoz

Thrombozytopenie *f (in der*
Hämatologie) trombositopeni;
<*kurz*→ **Thrombopenie**>
trombopeni

Thrombus *m (in der Hämatologie)*
trombus; trombüs; <*Syn*→
Blutgerinnsel> kan pıhtısı

Thymoleptikum *nt* <*Syn*→
Antidepressivum>
Antidepresan

Thymus *m* <*Syn*→ **Thymusdrüse**>
(im lymphatischen System) timüs;
der ~ **befindet sich im oberen**
Mediastinum timüs, üst
mediastendedir

Thymusdrüse→ **Thymus**

T$_H$-Zelle *f* <*Syn*→ **T-Helferzelle**>
(in der Immunologie: das T steht für
Thymus) yardımcı T hücresi

Tibia *f (Lat: tibia)* tibia; *<Syn→* **Schienbein>** kaval kemiği

Tic *m (Fr: tic) <Syn→* **Tick>** *(in der Neurologie)* tik; **einfacher** ~ basit tik; **komplexer** ~ karmaşık tik

Tic douloureux *m* ağrılı tik; *<Syn→* **Trigeminusneuralgie>** trigeminal nevralji

Tick→ Tic

Ticstörung *f (in der Neurologie)* tik bozukluğu; *<Syn→* **Zwangsstörung → Zwangserkrankung>** *(Eng: obsessive-compulsive disorder OCD)* obsesif-kompulsif bozukluk OKB

tief *Adj* derin; ~ **einatmen** derin nefes almak

Tiefenpsychologie *f (Sigmund Freud)* derinlik psikolojisi

Tiefenrausch *m (in der Tauchmedizin)* derinlik sarhoşluğu; *<Syn→* **Stickstoffnarkose>** azot narkozu; *<Syn→* **Inertgasnarkose>** inert gaz narkozu

Tiefenschmerz *m <Ant→* **Oberflächenschmerz>** *(in der Schmerzmedizin)* derin ağrı

Tiefenwahrnehmung *f* derinlik algısı

Tiefkühlkost *f* dondurulmuş gıda

Tiegel *m (Frz: creuset) (im Labor)* kroze

Tiegelzange *f <Syn→* **Bauchzange>** *(im Labor)* kroze maşası

Tierhaarallergie *f* hayvan kılı alerjisi

tierisch *Adj <Ant→* **pflanzlich>** hayvansal; ~e **Eiweiße** hayvansal proteinler; ; ~e **Fette** hayvansal yağlar ~es **Gewebe** hayvansal doku

Tierkot *m* hayvan dışkısı

Tierversuch *m* hayvan deneyi

Tiefenpsychologie *f (Sigmund Freud)* derinlik psikolojisi

Tinea *f <Syn→* **Dermatophytose>** *(in der Dermatologie)* dermatofitoz

Tinea inguinalis *f <Syn→* **Leistenflechte>** *(in der Dermatologie)* kasık mantarı; kasık kaşıntısı

Tinea pedis *m <Syn→* **Fußpilz>** ayak mantarı

Tinktur *f (Lat: tinctura; Fr: teinture-mère; İng: tincture)* tentür

Tinnitus *m <Syn→* **Tinnitus aurium>** *(in der Neurologie)* tinnitus; *<Syn→* **Ohrensausen>** kulak çınlaması

Tinnitus aurium *m <kurz→* **Tinnitus>** *(in der Neurologie)* tinnitus; *<Syn→* **Ohrensausen>** kulak çınlaması

Tissue-Engineering *nt <Syn→* **Gewebezucht>** doku mühendisliği

Titer *m* titer; titre

Titration *f <Syn→* **Titrimetrie>** *chem* titrasyon; *<Syn→* **Volumetrie → Maßanalyse>** hacimsel analiz

Titrimetrie→ Titration

T-Lymphozyt *m (in der Immunologie: das T steht für*

Thymus) T lenfosit; *<Syn→* **T-Zelle>**
T hücresi

Tochterzelle *f <Ant→* **Mutterzelle>**
(in der Genetik) yavru hücre

Tod *m (Lat: Exitus letalis)* ölüm;
ölme; ~ **durch Lachen** *(in der*
Medizingeschichte) gülmektem ölme;
klinischer ~ *(in der Notfallmedizin)*
klinik ölüm; **natürlicher** ~ doğal
ölüm; **plötzlicher** ~ ansızın ölüm; ani
ölüm

Todesart *f* ölüm şekli

Todesbescheinigung *f <Syn→*
Totenschein> ölüm belgesi

Todesfall *m (in der Pathologie)* ölüm
vakası

Todeskampf *m (in der Pathologie)*
can çekişme

Todestrieb *m (in der Psychoanalyse)*
ölüm içgüdüsü; ölüm itkisi

Todesursache *f* ölüm nedeni; **die**
häufigsten ~n en sık ölüm nedenleri

Todeszeichen *nt* ölüm belirtisi

Todeszeitpunkt *nt* ölüm anı

tödlich *Adj <Syn→* **fatal>** ölümcül;
~ **verlaufend** seyri ölümcül; ~**e**
familiäre Schlaflosigkeit *(bei*
Erbkrankheiten) ailevi ölümcül
uykusuzluk; ölümcül uykusuzluk

Toilettenstuhl *m <Syn→*
Nachtstuhl> tuvalet sandalyesi

Tokologie *f <Syn→* **Geburtshilfe** →
Obstetrik> ebelik

Toleranz *f* tolerans; **periphere** ~ *(in der*
Immunologie) periferal tolerans; **zentrale**
~ merkezi tolerans

Tollwut-Impfung *f* kuduz aşısı

Tollwut *f* kuduz

Tomographie *f* tomografi

tomographisch *Adj* tomografik; ~**e**
Darstellung tomografik görüntüleme

Tonikum *nt* tonik

tonisch-klonisch *Adj* tonik-klonik;
~**er Anfall** *(in der Neurologie: bei*
Epilepsie) tonik-klonik nöbet

Tonus *m (in der Neonatologie:*
Spannungszustand) tonus; **niedriger**
~ düşük tonus

Tonizität *f (in der Zellbiologie)*
tonisite; **die ~ ist der Unterschied**
des osmotischen Druckes tonisite,
osmotik basınç farkıdır

Tonsillen *pl <Syn→* **Mandeln>**
bademcikler

Tonsillitis *f* tonsilit; *<Syn→*
Mandelentzündung> *(Lat: Angina*
tonsillaris) anjin

Töpchenerziehung *f <Syn→*
Töpchentraining> *(in der Pädiatrie)*
tuvalet eğitimi; lâzımlık eğitimi

Töpchentraining→
Töpchenerziehung

topisch *Adj (äußerlich)* topikal; ~**e**
Anwendung von Arzneimitteln
ilaçlarin topikal uygulanması

topochemisch *Adj* topokimyasal; ~**e**
Reaktion topokimyasal tepkime

topographisch *Adj* topografik; ~**e**
Anatomie topografik anatomi

Torque-Zange *f (in der Zahnmedizin)* tork pensi

Torso→ Rumpf

Totalprothese *f <Syn→* **Vollprothese>** *(in der Zahnmedizin)* total protez; takma diş; ~ **für den Oberkiefer** takma damak diş

Totenflecke *pl (Lat: Livores mortis) (in der Pathologie)* ölüm lekeleri

Totenschein *m <Syn→* **Todesbescheinigung>** ölüm belgesi

Totenstarre *f (Lat: Rigor mortis)* ölü sertliği; ölüm sertliği

Totgeburt *f* ölü doğum; cansız doğum

Totimpfstoff *m <Syn→* **Totvakzine;** *Ant~* **Lebendimpfstoff>** ölü aşı; inaktif aşı

Totraum *m* ölü boşluk; **anatomischer** ~ *(in der Pulmologie)* anatomik ölü boşluk

Totvakzine→ Totimpfstoff

Tourette-Syndrom *nt (in der Neurologie)* Tourette sendromu; Turet sendromu

Tourniquet *nt <Syn→* **Aderpresse>** *(in der Notfallmedizin und der Chirurgie: Binde, um den Blutfluss zu unterbinden)* turnike

Toxikologe *m* (erkek) toksikolog

Toxikologie *f* toksikoloji; **forensische** ~ adli toksikoloji

Toxikologin *f* (kadın) toksikolog

toxikologisch *Adj* toksikolojik; ~**e Analyse** toksikolojik analiz

Toxikose *f <Syn→* **Vergiftung>** zehirlenme

Toxin *nt* toksin; ağı; **bakterielles** ~ bakteriyel toksin; **mikrobielles** ~ *(in der Mikrobiologie)* mikrobiyal toksin

toxisch *Adj* toksik; ~**e Hepatitis** toksik hepatit; ~**e Substanzen** toksik maddeler; ~**es Megakolon** *(in der Gastroenterologie)* toksik megakolon; **hochgradig** ~ aşırı derecede toksik

Toxizität *f (in der Toxikologie und der Pharmakologie)* toksisite; toksiklik; *<Syn→* **Giftigkeit>** zehirlilik; ağılılık

Toxoplasmose *f (parazitolojide)* toksoplazmosis

Trachea *f (Lat: Trachea)* trakea; *<Syn→* **Luftröhre>** soluk borusu

Trachealkanüle *f <Syn→* **Trachealtubus>** *(in der Intensivmedizin)* trakeostomi tüpü

Trachealpunktion *f* trakeal ponksiyon; *<Syn→* **Luftröhrenpunktion>** soluk borusu ponksiyonu

Trachealtubus→ Trachealkanüle

Tracheobronchitis *f (in der Pneumologie: Entzündung der Luftröhre)* trakeobronşit

Tracheostoma *nt <Syn→* **Luftröhrenzugang>** trakeostomi tüpü

Tracheotomie *f <Syn→* **Luftröhrenschnitt[1]>** trakeostomi

Trachom *nt (in der Ophthalmologie)* trahom; *<Syn→* **Ägyptische**

Augenkrankheit> Mısır oftalmisi; ~ **ist eine bakterielle Entzündung des Auges mit Chlamydia trachomatis** trahom, gözün klamidya trahomatis bakterileri ile iltihaplanmasıdır

traditionell *Adj* geleneksel; **~e chinesische Medizin** Geleneksel Çin Tıbbı; <*kurz*→ **TCM**> GÇT; **~e Medizin** geleneksel tıp

Tragbahre→ **Trage**

Trage *f* <*Syn*→ **Tragbahre**> sedye

Training *nt (in der Sportmedizin)* antrenman; idman; egzersiz; *(Gehirn~)* eğitim

Trainingsübung *f* egzersiz

Trance *f (in der Biopsychologie)* trans

Träne *f* gözyaşı

Tränenapparat *m (Lat: Apparatus lacrimalis)* gözyaşı sistemi

Tränenbein *nt (Lat: Os lacrimale)* gözyaşı kemiği; lakrimal kemik

Tränendrüse *f (Lat: Glandula lacrimalis)* gözyaşı bezi

Tränenfistel *f (Lat: Fistula lacrimalis) (in der Augenheilkunde)* lakrimal fistül

Tränengas *nt* göz yaşartıcı gaz

Tränensack *f (Lat: Saccus lacrimalis)* gözyaşı kesesi

transdermal *Adj* transdermal; **~es Pflaster** *(in der Pharmakologie)* transdermal bant

Transdifferenzierung *f (in der Zellbiologie)* dönüşerek farklılaştırma

Transduktion *f (in der Biochemie und der Physiologie: Übertragung)* transdüksiyon

Transform *nt (in der organischen Chemie)* dönüştürme

Transformation *f* dönüşüm; **digitale ~** dijital dönüşüm

Transfusion *f* transfüzyon

Transfusionsmedizin *f* transfüzyon tıbbı

Transfusionspumpe *f* transfüzyon pompası

transkortikal *Adj* transkortikal; **~e Aphasie** *(in der Neurologie)* transkortikal afazi; **~e sensorische Aphasie** transkortikal duyu afazi; **~e motorische Aphasie** transkortikal motor afazi

Transkription *f (in der Genetik)* transkripsiyon; **die ~ ist, wie auch die Translation ein wesentlicher Teilprozess der Genexpression** transkripsiyon, translasyon gibi gen ifadesinin önemli süreçlerinden biridir; **reverse ~** ters transkripsiyon

Transkriptionsfaktor *m (in der Molekularbiologie)* transkripsiyon faktörü

Translation *f (in der Genetik: in der Genexpression)* translasyon; çevrim; **unter ~ versteht man die Übersetzung der Basensequenz der mRNA in die Aminosäuresequenz des Proteins** translasyondan, mRNA baz dizisinin proteinin amino asit dizisine çevrilmesi anlaşılır

translational *Adj* aktarımsal; **~e Medizin** aktarımsal tıp

Translationsprozess *m* translasyon süreci

Translokation *f (in der Genetik bei Chromosomenmutationen)* translokasyon; **balancierte** ~ dengeli translokasyon; **reziproke** ~ resiprokal translokasyon; **unbalancierte** ~ dengesiz translokasyon

Transmembranprotein *nt (in der Zellbiologie)* transmembran protein

Transmission *f <Syn→* **Übertragung>** *(in der Infektiologie)* bulaş; **vertikale** ~ dikey bulaş; dikey hastalık geçişi

Transmitter *m <Syn→* **Neurotransmitter>** *(in der Molekularbiologie)* nörotransmitter

Transplantat *m <Syn→* **Graft>** *(Eng: graft)* greft

Transplantatabstoßung *f* greft rejeksiyonu

Transplantation *f (Lat: transplantatio)* transplantasyon; nakil; greftleme

Transplantationsmedizin *f* transplantasyon tıbbı; nakil hekimliği

Transportprotein *nt* taşıyıcı protein

Transposition *f (in der Molekularbiologie)* transpozisyon; **konservative** ~ sakınımlı transpozisyon; **replikative** ~ ikilenmeli transpozisyon

Transposon *m (in der Molekularbiologie)* transpozon; <

umg→ **springendes Gen>** sıçrayan gen

Transsexualität *f* transseksüellik

Transsudat *nt (in der Pathophysiologie)* transüda

Transsudation *f (in der Pathophysiologie)* transüdasyon

Transversalschnitt *m anat* transversal kesit; enine kesit; *<Syn→* **Horizontalschnitt>** yatay kesit

Trapezmuskel *m (Lat: Musculuc trapezius)* trapezius kası

Traubenhaut *f <Syn→* **Uvea** → **mittlere Augenhaut>** *(Lat: Tunica media bulbi) (in der Augenheilkunde: pigmentierte Mittelschicht des Augapfels)* uvea

Traubenzucker *m <Syn→* **Dextrose>** dekstroz

Trauma *nt <pl→* **Traumata>** travma; örselenme; *<Syn→* **Verletzung>** yaralanma; **penetrierendes** ~ penetran travma; **stumpfcs** ~ *(in der Notfallmedizin)* künt travma

Traumachirurgie *f* travma cerrahisi; *<Syn→* **Unfallchirurgie>** kaza cerrahisi

Traumatologie *f <Syn→* **Verletzungschirurgie** → **Unfallchirurgie>** travmatoloji

Traumdeutung *f* rüya yorumu; *<Syn→* **Oneirologie>** *(in der Psychoanalyse)* oneiroloji

Tremor *m (in der Neurologie)* tremor; *<umg→* **Zittern>** titreme; **essentieller** ~ esansiyel tremor

329

Trennkost *f (in der Ernährungswissenschaft: eiweißhaltige und kohlenhydrathaltige Lebensmittel werden nicht gleichzeitig gegessen)* ayırma diyeti

Trennungsangst *f (in der Entwicklungspsychologie)* ayrılma kaygısı

Trennverfahren *nt* ayırma işlemi

Trepanation *f (in der Neurochirurgie: operative Öffnung der Schädeldecke durch Bohren)* trepanasyon

Triage *f (Frz: triage médical) (in der Intensivmedizin)* triyaj

Trichinen *pl (Lat: Trichinella)* trişinler

Trichophagie *f (psychische Störung: Haare verschlucken)* trikofaji

Trichotillomanie *f (psych: Haare ausreißen)* trikotillomani

Trichterbrust *f <Syn→ Schusterbrust> (Lat: Pectus excavatum) (in der Orthopädie)* çökük göğüs

Trieb *m* dürtü; **sexueller ~** cinsel dürtü

Trigeminus *m <Syn→ Nervus trigeminus> (Lat: Nervus trigeminus) (in der Neuroanatomie)* trigeminal sinir; **der ~ ist der fünfte Hirnnerv** trigeminal sinir, beşinci kraniyal sinirdir

Trigeminusneuralgie *f* trigeminal nevralji; *<Syn→* **Tic douloureux>** ağrılı tik

Trigger *m <Syn→* **Auslöser>** tetikleyici

Triggerpunktbehandlung *f (in der Alternativmedizin)* tetik nokta tedavisi

Triggerpunkte *pl* tetik noktaları

Triggerpunktmasage *f (in der Alternativmedizin)* tetik nokta masajı

Triggerpunkttherapie *pl (in der Alternativmedizin)* tetik nokta terapisi

Triggersubstanzen *pl* tetikleyici maddeler

Trinkwasser *nt* içme suyu; **sauberes ~** temiz içme suyu

Triple-Test *m (in der Pränatalmedizin)* üçlü tarama testi

Tripper *m (in der Pathologie: meldepflichtige Krankheit)* belsoğukluğu; *<eş→* **Gonorrhoe → Gonorrhö>** gonore

Trismus *m (in der HNO)* trismus; *<Syn→* **Kieferklemme>** çene kilitlenmesi

Trisomie 21 *f* trizomi 21; *<Syn→* **Down-Syndrom>** Down sendromu

trocken *Adj* kuru; **~e Haut** *(in der Dermatologie)* kuru deri; *(in der Kosmetik)* kuru cilt; **~e Rasselgeräusche** *(in der Pulmonologie)* kuru raller

Trockeneis *nt* kuru buz

Trockenextrakt *nt (Lat: Extracta sicca)* kuru ekstre

Trocknungsmittel *nt (im Labor)* nemçeker; *(Eng: desiccant)* desikant madde

Trokar *m* trokar; **eine Punktion mit einem ~ durchführen** trokarla ponksiyon yapmak

Trommelfell *nt (Lat: Membrana tympani) anat* kulak zarı; timpanik membran

Trommelfellperforation *f* kulak zarı perforasyonu; **akute ~** akut kulak zarı perforasyonu; **traumatische ~** travmatik kulak zarı perforasyonu

Trommelschlägelfinger *m (Eng: clubbing) (in der Pneumologie)* çomak parmak

Tröpchen *nt* damlacık; infektiöse ~

Tröpcheninfektion *f* damlacık enfeksiyonu

Tropenfieber *nt <Syn→* **Malaria>** sıtma

Tropenkrankheit *f* tropikal hastalık

Tropf *m* damlalık; *<Syn→* **Infusionsständer>** *(in der Intensivmedizin)* serum askısı

tropfen *vi* damlamak

Tropfen *m* damla

Tropfinfusion *f* damlalıklı enfüzyon

Tropfflasche *f* damlalıklı şişe

Trophoblast *m (in der Embryologie)* trofoblast

Trunksucht *f <Syn→* **Alkoholabhängigkeit →** **Alkoholsucht>** alkol bağımlılığı

Trypanophobie *f psych* tripanofobi; *<eş→* **Spritzenangst>** iğne korkusu

Tubenkarzinom *nt (in der Onkologie)* yumurtalık tüpü kanseri

Tuberkel *m (Lat: Tuberculum) (in der Anatomie und der Pathologie: kleiner Höcker/Vorsprung)* tüberkül

Tuberkulin-Test *m (in der Dermatologie)* tuberkulin deri testi; tuberkulin cilt testi

Tuberkulose *f (Lat: tuberculosis)* tüberküloz; *<Syn→* **Schwindsucht>** verem

Tuberkulose-Bazillus *m* tüberküloz basili

tubulös *Adj* tübüler; **~e Drüsen** *(in der Gastroenterologie)* tübüler bezler

Tubulus *m <pl→* **Tubuli>** *(in der Anatomie der Niere)* tübül; **distaler ~** distal tübül; **proximaler ~** proksimal tübül; proksimal tüp

Tubus *m* tüp

Tubusöffnung *f* tüp ağzı

Tularämie *f <umg→* **Hasenpest>** *(in der Epidemiologie)* tularemi; **pulmonale ~** pulmoner tularemi; **ulzeroglanduäre ~** ülseroglandüler tularemi

Tumor *m* tümör; tumor; *<Syn→* **Geschwulst>** ur; **bösartiger ~** kötü huylu tümör; habis tümör

Tumordurchmesser *m (in der Onkologie)* tümör çapı

Tumorentstehung *f* tümör oluşması

Tumorentwicklung *f* tümör gelişmesi

Tumorinvasion *f (in der Onkologie)* tümör invazyonu; ~ **und**

Metastasierung tümör invazyonu ve metastaz yapma

Tumormarker *m (in der Onkologie)* tümör markeri; tümör belirteci

Tumormikromilieu→ **Tumormikroumgebung**

Tumormikroumgebung *f <Syn*→ **Tumormikromilieu>** *(in der Onkologie)* tümör mikro çevresi

Tumorrezidiv *nt (in der Onkologie)* tümör nüksü

Tumorsuppressor *m (in der Onkologie)* tümör baskılayıcısı; tümör supresörü

Tumorsuppressorgen *nt (in der Onkologie)* tümör süpresör gen; tümör baskılayıcı gen

Tumorsuppressor-Protein *nt (in der Onkologie)* tümör baskılayıcı protein

Tumorvirus *nt/m <Syn*→ **onkogenes Virus>** *(in der Onkologie)* tümör virüsü; *<Syn*→ **Onkovirus>** onkovirüs

Tumorzelle *f (in der Onkologie)* tümör hücresi

Tunica adventitia *f <Syn*→ **Adventitia>** *(in der Histologie: die äußere Schicht um schlauchförmige Organe)* adventisya

Tunica serosa *f <Syn*→ **Serosa>** seroza; seröz membran; seröz zar

Türkensattel *m (Lat: Sella turcica)* *anat* Türk eyeri

Tympanon *nt <Syn*→ **Paukenhöhle>** *(Lat: Cavum tympani) (in der HNO: Höhle im Mittelohr)* timpan boşluğu; timpanik boşluk

Typ-1-Diabetes *m* tip 1 diyabet

Typ-2-Diabetes *m* tip 2 diyabet; *<Syn*→ **Diabetes mellitus>** *m* diabetes mellitus

Typhus *m <Syn*→ **Unterleibstyphus** → **Abdominaltyphus>** *(Lat: Typhus abdominalis)* tifo; **der Krankheitserreger für ~ ist das Bakterium Salmonella Typhi** tifonun hastalık etkeni, Salmonella Typhi adlı bakteridir

Typhus-Erreger *m* tifo etkeni

T-Zelle *f (in der Immunologie: das T steht für Thymus)* T hücresi; *<Syn*→ **T-Lymphozyt>** T lenfosit

T-Zone *f (in der Kosmetik: Stirn, Nase, Kinn)* (yüzün) T bölgesi

U

Übelkeit *f (Lat: nausea)* bulantı; mide bulantısı

Überaktivität *f <Syn*→ **Hyperaktivität>** hiperaktivite; aşırı hareketlilik

Überanstrengung *f psych* aşırı zorlama

Überarbeitung *f psych* sürmenaj

Überbiss *m (in der Zahnmedizin) (Eng: overbite)* overbite

Überdiagnose *f (Eng: overdiagnosis)* aşırı tanı

Überdosierung *f* doz aşımı

332

Überdosis *f* aşırı doz

Überempfindlichkeit *f* <*Syn*→
übermäßige Empfindlichkeit> *(in
der Immunologie)* aşırı duyarlılık;
aşırı duyarlık; artmış hassasiyet; aşırı
hassasiyet;
~ **gegenüber Ablehnung**
*(in der Psychiatrie: bei
Persönlichkeitsstörungen)*
reddedilmeye aşırı hassasiyet

Überernährung *f* <*Syn*→
Hyperalimentation> aşırı beslenme

Überfunktion *f* <*Syn*→
Hyperfunktion> hiperfonksiyon

Übergangsepithel *nt* <*Syn*→
Urothel> *(in der Histologie)* geçiş
epiteli

Übergewicht *nt* fazla kilo

übergewichtig *Adj* aşırı kilolu; fazla
kilolu

Über-Ich *nt (in der Psychoanalyse)*
süper-ego

Überlastung *f* aşırı stres

Überleben *nt* sağkalım; **rezidivfreies**
~ nüksüz sağkalım

Überlebensanalyse *f* <*Syn*→
Überlebenszeitanalyse> *(Eng:
survival analysis) (in der
medizinischen Statistik)* sağkalım
analizi

Überlebenschance *f* yaşama şansı

Überlebensinzidenz *f* sağkalım
insidansı

Überlebensrate *f* sağkalım oranı

Überlebenszeitanalyse→
Überlebensanalyse

übermäßig *Adj* aşırı; ~**e**
Empfindlichkeit aşırı duyarlılık;
aşırı duyarlık; ~**es Schwitzen** *(in der
Dermatologie)* aşırı terleme; <*Syn*→
Hyperhidrose> hiperhidroz

Übermüdung *f* aşırı yorgunluk

übersättigt *Adj* aşırı doymuş; ~**e
Lösung** *chem* aşırı doymuş çözelti

Übersättigung *f* aşırı doymuşluk

Übersäuerung *f* ekşime

Übersichtigkeit *f* <*Syn*→
Hypermetropie → **Weitsichtigkeit**>
(in der Augenheilkunde) hipermetropi

überstehen *vt* atlatmak

Überstimulation *f* aşırı uyarı; aşırı
uyarılma; ~ **des Nervus vagus** *(in
der Neurologie)* vagus sinirinin aşırı
uyarılması

übertragen[1] *vt (in der Epidemiologie
und der Infektiologie)* bulaştırmak;
Krankheiten ~ hastalık bulaştırmak;
Viren ~ virüs bulaştırmak

übertragen[2] *Adj* bulaşan;
interhuman ~**e Krankheiten**
insandan insana bulaşan hastalıklar

Überträger *m (in der Epidemiologie
und der Infektiologie)* taşıyıcı;
<*Syn*→ **Vektor**> vektör

Übertragung[1] *f* <*Syn*→
Transmission> *(Eng: transmission)
(in der Epidemiologie und der
Infektiologie)* bulaş; nakil;
biologische ~ biyolojik nakil;
mechanische ~ mekanik nakil

Übertragung[2] *f (Eng: transference)*
(in der Psychoanalyse) aktarım

Übertragungsneurose *f (in der Psychoanalyse)* aktarım nevrozu

Übertragungsrisiko *nt (in der Epidemiologie)* bulaş riski

Übertragungswege *pl (in der Epidemiologie)* bulaş yolları

Überwärmung *f <Syn→* **Hyperthermie>** hipertermi

überzählig *Adj (in der Zahnmedizin: Hyperdontie)* süpernümerer; **~e Zähne** süpernümerer dişler

Überzuckerung *f <Ant→* **Unterzuckerung>** yüksek kan şekeri; *<Syn→* **Hyperglykämie>** hiperglisemi

Ubi pus, ibi evacua *(wo Eiter ist, dort räume aus)* nerede irin varsa, orayı boşalt

ubiquitär *Adj (überall)* her yerde olan

Uhrglasnagel *m (in der Orthopädie)* yumru parmak

Ulcus *nt <Syn→* **Geschwür>** *(Lat: ulcus) (in der Dermatologie)* ülser

Ulcus cruris *nt <Syn→* **Unterschenkelgeschwür>** *(Lat:) (in der Angiologie)* venöz bacak ülseri

Ulcus Molle *nt (Eng: chancroid)* şankroid; *<Syn→* **weicher Schanker>** yumuşak şankr; **~ ist eine sexuelle übertragbare Erkrankung** şankroid cinsel yolla bulaşan bir hastalıktır; **~ wird durch das Bakterium** *Haemophilus ducreyi* **hervorgerufen** şankroid,

Haemophilus ducreyi adlı bakterinin yol açtığı hastalıktır

Ulkus→ Ulcus

Ulna *f (Lat: ulna) anat* ulna; *<eş→* **Elle>** dirsek kemiği

Ultrafiltration *f (in der Membrantechnik)* ultrafiltrasyon

Ultrakurzzeitgedächtnis *Adj* *<Syn→* **sensorisches Gedächtnis>** duyusal hafıza

Ultraschall *m* ultrason; **~ des Darmes** bağırsağın ultrasonu; **die Diagnose mit ~ stellen** teşhisi ultrasonla koymak

Ultraschallbild *nt* ultrason görüntüsü

Ultraschallchemie *f <Syn→* **Sonochemie>** sonokimya

Ultraschallreinigung *f* ultrasonik temizleme

Ultraschalluntersuchung *f* ultrason muayenesi; *<Syn→* **Sonographie→ Echografie>** sonografi; *<umg→* **Ultraschall>** ultrason

Ultraviolettstrahlung *f <Syn→* **UV-Strahlung>** morötesi ışınım; *<kurz→* **UV>** ultraviyole

Ultrazentrifuge *f (in der Mikrobiologie: Laborgerät)* ultrasantrifüj; **analytische ~** analitik ultrasantrifüj; **präparative ~** preparatif ultrasantrifüj

ulzerativ *Adj* ülseratif; *<Syn→* **ulzerös>** ülserli; **~e Kolitis** *(Lat: Colitis ulcerose)* ülseratif kolit

ulzeriert *Adj* ülseratif; **~e Läsion** *(in der Nosologie)* ülseratif lezyon

ulzeroglanduär *Adj* ülseroglandüler;
~e Tularämie *(epidemiyolojide)*
ülseroglandüler tularemi

ulzerös *Adj* ülserli; *<Syn→*
ulzerativ> ülseratif; **~e Entzündung**
ülserli yangı; **~e Kolitis** *(Lat: Colitis
ulcerose)* ülseratif kolit

Umkehrplastik *f (Eng:
rotationplasty)* rotasyonplasti

Umlauf *m <Syn→*
Nagelbettentzündung> dolama;
<Syn→ **Paronychie>** paronişi

Umschlag *m* kompresi; **kalter ~**
<Syn→ **Kalt-Kompresse>** soğuk
kompres

Umschlingung *f* dolanma; **~ der
Nabelschnur** *(in der Gynäkologie)*
kordon dolanması

Umstellungs-Osteotomie *f <Syn→*
Osteoklasie →
Korrekturosteotomie> *(in der
Orthopädie und der Chirurgie:
Durchtrennen eines (z.B.
fehlverheilten) Knochens, um die
normale Knochenanatomie
herzustellen)* osteoklazi

Umwandlung *f* dönüşme; dönüşüm;
abiotische ~ abiyotik dönüşüm

Umwandlungsprozess *m* dönüşme
süreci

Umwelt *f* çevre; **natürliche ~** *(in der
Biogeografie)* doğal çevre

Umweltbedingungen *pl* çevre
koşulları

Umweltchemie *f* çevre kimyası

Umweltfaktoren *pl* çevresel etkenler

Umwelttoxikologie *f <Syn→*
Ökotoxikologie → **ökologische
Toxikologie>** ekotoksikoloji

Unaufmerksamkeit *f* dikkatsizlik

Unaufmerksamkeitsblindheit *f*
dikkatsiz körlük; algısal körlük;
istem dışı körlük

unbalanciert *Adj <Ant→*
balanciert> dengesiz; **~e
Translokation** *(in der Genetik bei
Chromosomenmutationen)* dengesiz
translokasyon

unbedingt *Adj <Ant→* **bedingt>**
koşulsuz; **~er Reflex** koşulsuz refleks

unbefruchtet *Adj <Ant→*
befruchtet> döllenmemiş; **~e Eizelle**
döllenmemiş yumurta
hücresi

unbehandelbar *Adj* tedavi edilemez

unbehandelt *Adj* tedavi edilmemiş;
tedavi edilmeyen; **~e Infektionen**
tedavi edilmemiş enfeksiyonlar

undifferenziert *Adj <Ant→*
differenziert> farklılaşmamış; **~e
Zellen** *(in der Histologie)*
farklılaşmamış hücreler; **~es Gewebe**
(in der Histologie) farklılaşmamış
doku

unerwünscht *Adj* istenmeyen; **~e
Wirkung** *(bei Komplikationen)*
istenmeyen etki

Unfall *m* kaza

Unfallchirurgie *f <Syn→*
Verletzungschirurgie>kaza
cerrahisi; *<Syn→*
Traumachirurgie> travma cerrahisi;
<Syn→ **Traumatologie>**
travmatoloji

Unfallgefahr *f* kaza tehlikesi

unfruchtbar *Adj* <*Syn*→ **steril**> kısır; *(Eng: infertile)* infertil

Unfruchtbarkeit *f* <*Syn*→ **Sterilität**> kısırlık; *(Eng: infertility)* infertilite

ungefaltet *Adj* <*Ant*→ **gefaltet**> katlanmamış; **~e Proteine** katlanmamış proteinler

ungeimpft *Adj* <*Ant*→ **geimpft**> aşısız

ungesättigt *Adj* <*Ant*→ **gesättigt**> doymamış; **~e Fettsäuren** doymamış yağ asitleri

ungeschützt *Adj* <*Ant*→ **geschützt**> korunmasız

ungesund *Adj* <*Ant*→ **gesund**> sağlıksız; **~e Ernährung** sağlıksız beslenme

ungewollt *Adj* istemsiz

unheilbar *Adj* tedavisi olmayan; **eine ~e Krankheit** tedavisi olmayan bir hastalık

unlöslich *Adj* çözünmez; **~ im Wasser** suda çözünmez; **Cholesterin ist im Wasser ~** kolesterol suda çözünmez

Unlust *f* isteksizlik; **sexuelle ~** cinsel isteksizlik

unregelmäßig *Adj* <*Ant*→ **regelmäßig**> düzensiz; **~e Atmung** düzensiz solunum; **~er Puls** *(bei Vorhofflimmern)* düzensiz nabız

unreif *Adj* olgunlaşmamış; **~e Eizelle** *(in der Embryologie)* olgunlaşmamış yumurta hücresi; <*Syn*→ **Oocyt**> oosit

Unruhe *f psych* huzursuzluk; **innere ~** iç huzursuzluk; **motorische ~** motor huzursuzluk

unruhig *Adj* huzursuz; **~er Schlaf** huzursuz uyku

unter *Adj* <*Ant*→ **ober**> alt; **~e Extremität** *(Lat: Membrum inferius)* alt ekstremite; **~e Hohlvene** *(Lat: Vena cava inferior)* alt ana toplardamar; **~e Nasenmuschel** *(Lat: Concha nasalis inferior)* alt nazal konka; **~es Augenlid** *(Lat: Palpebra inferior)* alt göz kapağı

Unterarm *m* *(Lat: Antebrachium)* *anat* önkol

Unterarmgehstütze *f* <*Syn*→ **Unterarmstütze** → **Krücke**> koltuk değneği

Unterarmstütze→ **Unterarmgehstütze**

Unterbauch *m* <*Ant*→ **Oberbauch**> alt karın; **Schmerzen im ~** alt karın ağrısı

Unterbein→ **Unterschenkel**

unterdrücken *vt* bloke etmek; **die Wirkung eines Medikaments ~** bir ilacın etkisini bloke etmek

unterdrückend *Adj* <*Syn*→ **suppressiv**> baskılayıcı

Untereinheitenimpfstoff *m* *(İng: subunit vaccine)* alt ünite aşı; alt birim aşısı

Unterhaut *f* <*Syn*→ **Subkutis**> *(Lat: subcutis)* deri altı; cilt altı; alt deri

Unterhautemphysem *nt* <*Syn*→ **Hautemphysem** → **subkutanes**

Emphysem> *(in der Pneumologie)* cilt altı amfizemi

Unterhautgewebe *nt* deri altı dokusu; cilt altı dokusu

Unterkiefer *m <Ant→* Oberkiefer> *(Lat: Mandibula) anat* altçene

Unterkieferspeicheldrüse *f (Lat: Glandula submandibularis)* altçene tükürük bezi

Unterkieferzähne *pl* mandibular dişler

Unterlappen *m <Ant→* Oberlappen> *(Lat: Lobus inferior)* alt lob; ~ der Lunge akciğer alt lobu

Unterleibsbruch→ Leistenbruch

Unterleibsentzündung *f <Syn→* Beckenentzündung> *(Eng: pelvic inflammatory disease) (in der Gynäkologie)* pelvik inflamatuar hastalık

Unterleibsschmerzen *pl (in der Gynäkologie)* pelvik ağrı; chronische ~ kronik pelvik ağrı

Unterleibstyphus *m <Syn→* Typhus → Abdominaltyphus> *(Lat: Typhus abdominalis)* tifo

Unterlid *nt <Ant→* Oberlid> *(in der Augenheilkunde)* alt göz kapağı

Unterlippe *f <Ant→* Oberlippe> *(Lat: Labius inferius)* altdudak

Unternehmergeist *m Psych* girişimci ruhu

Unterschenkel *m <Syn→* Unterbein> *(Lat: crus) anat* baldır

Unterschenkelgeschwür *f (Lat: Ulcus cruris) (in der Angiologie)* venöz bacak ülseri

Unterschläfengrube *f <Syn→* Fossa infratemporalis> *anat* şakak altı çukuru

untersuchen[1] *vt* muayene etmek

untersuchen[2] *vt* incelemek; das Blut ~ kanı incelemek; den Dickdarm ~ kalın bağırsağı incelemek

Untersuchung[1] *f* muayene; klinische ~ fizik muayene; körperliche ~ fizik muayene

Untersuchung[2] *f (Labor~)* inceleme; endoskopische ~ endoskopik inceleme; histologische ~ histolojik inceleme; mikroskopische ~ mikroskopik inceleme

Untersuchung[3] *f (Blut~)* tahlil; analiz;*(Stuhl~)* test; *(Urin~)* tahlil; analiz

Untersuchungsinstrument *nt* muayene aleti; medizinisches ~ tıbbi muayene aleti

Untersuchungszimmer *nt* muayene odası

Unterwäsche *f* iç çamaşırı; saubere ~ temiz iç çamaşırı

Unterzuckerung *f (bei Diabetes)* düşük kan şekeri; *<Syn→* Hypoglykämie> hipoglisemi

Unterzungennerv *m (Lat: Nervus hypoglossus)* dil altı siniri

Unverträglichkeit *f <Syn→* Intoleranz> intolerans

unvollständig *Adj <Ant→* **vollständig>** eksik; **~e Penetranz** *(in der Genetik)* eksik penetrans

unwillkürlich *Adj <Ant→* **willkürlich>** istemsiz; irade dışı; **~e Bewegungen** *(in der Neurologie: z.B. bei Tourette-Syndrom)* istemsiz hareketler; **~e Zuckung** *(in der Neurologie)* istemsiz seğirme

unwohl *Adj* rahatsız; **sich ~ fühlen** kendini rahatsız hissetmek

Unwohlsein *nt* rahatsızlık

Urea *f <Syn→* **Harnstoff>** üre

Üremie *f (in der Nephrologie: Urin im Blut)* üremi

Ureter *m (Lat: Ureter)* anat üreter; *<Syn→* **Harnleiter>** idrar borusu

Ureteroskopie *f <Syn→* **Harnleiterspiegelung>** *(in der Urologie)* üreteroskopi

Urethra *f* üretra; *<Syn→* **Harnröhre>** sidik borusu; idrar yolu; siyek

urethrovaginal *Adj* üretrovajinal; **~e Fistel** *(in der Chirurgie: Fistel zwischen der Harnröhre und der Vagina)* üretrovajinal fistül

Urethrozystoskopie *f <kurz→* **Cystoskopie → Zystoskopie>** *(in der Urologie: Harnröhren- und Blasenspiegelung)* sistoskopi

Urgeschlechtszelle *f <Syn→* **Urkeimzelle>** *(in der Organogenese)* germ hücresi

Urin *m <Syn→* **Harn>** *(Lat: Urina)* idrar; sidik

Urinausscheidung *f* idrar atılımı; idrarın atılması

Urinkultur *f* idrar kültürü

Urinprobe *f* idrar örneği

Urinsediment *nt <Syn→* **Harnsediment>** *(im Labor)* idrarda tortu

Urinuntersuchung *f <Syn→* **Harndiagnostik → Urognostik>** idrar analizi; idrar tahlili; ürinaliz

Urkeimzelle *f <Syn→* **Urgeschlechtszelle>** *(in der Organogenese)* germ hücresi

Urognostik *f <Syn→* **Urinuntersuchung →** **Harndiagnostik>** idrar analizi; idrar tahlili; ürinaliz

Urologe *m* (erkek) ürolog

Urologie *f* üroloji

Urologin *f* (kadın) ürolog

urologisch *Adj* ürolojik

Uronephrose *f <Syn→* **Hydronephrose>** *(in der Urologie und der Nephrologie: Wassersackniere oder Harnstauungsniere)* hidronefroz

Urothel *nt <Syn→* **Übergangsepithel>** *(in der Histologie)* geçiş epiteli

Ursache *f* neden; **eine unbekannte ~** bilinmeyen bir neden

Ursachenforschung *f* nedenleri araştırma

Urtikaria *f <Syn→* **Nesselsucht →** **Nesselfieber>** *(Lat: urtica)* ürtiker; *umg* kurdeşen

Uterus *m* uterus; *<Syn→*
Gebärmutter> rahim; dölyatağı

Uterusextirpation *f <Syn→*
Hysterektomie> *(in der
Gynäkologie)* histerektomi

Uteruskarzinom *nt (Lat: Carcinoma
corporis uteri)* rahim kanseri; *<Syn→*
Endometriumkarzinom →
Korpuskarzinom> endometriyum
kanseri; endometriyal kanser

Uterustransplantation *f* rahim nakli

UV *f* ultraviyole; *<Syn→*
Ultraviolettstrahlung → **UV-
Strahlung** > morötesi ışınım

Uvea *f <Syn→* **mittlere Augenhaut**
→ **Traubenhaut>** *(in der
Augenheilkunde: pigmentierte
Mittelschicht des Augapfels)* uvea

Uvealtrakt→ **Uvea**

Uveitis *f (in der Augenheilkunde:
Entzündung der Uvea)* uveit

UV-Strahlung *f <Syn→*
Ultraviolettstrahlung> morötesi
ışınım; *<kurz→* **UV>** ultraviyole

Uvula *f <Syn→* **Zäpfchen>** *(Lat:
uvula)* küçük dil

V

Vagina *f <Syn→* **Scheide>** *anat*
vajina

vaginal *Adj* vajinal; ~**e Lubrikation**
*(in der Physiologie der
Fortpflanzung)* vajinal lübrikasyon;
vajinal ıslanma

Vaginalflora *f <Syn→*
Scheidenflora> vajinal flora

Vaginalöffnung *f anat* vajinal
açıklık

Vaginalsekret *nt* vajinal salgı

Vaginalsenkung *f <Syn→*
Scheidensenkung> *(Lat: Descensus
vaginae)* vajinal sarkma

Vaginal-Spekulum *nt <Syn→*
Scheidenspekulum> *(in der
Gynäkologie)* vajinal spekulum

Vaginalverkehr *m (Sexualpraktiken)*
vajinal seks

Vaginalzäpfchen *nt <Syn→*
Scheidenzäpfchen> vajinal
supozituvar; vajinal fitil

Vagotomie *f (in der Chirurgie:
Durchtrennung des Vagusnervs)*
vagotomi

Vagus *m <Syn→* **Nervus vagus>**
*(Lat: Nervus vagus) (in der
Neuroanatomie)* vagus siniri; **der ~
ist der zehnte Hirnnerv** vagus siniri,
onuncu kraniyal sinirdir

Vagusnerv *m <kurz→* **Vagus>** *(Lat:
Nervus vagus) (in der
Neuroanatomie)* vagus siniri

Vakuole *f (in der Zellanatomie)*
vakuol; koful

Vakuumaspiration *f* vakum
aspirasyonu

Vakuumdestillation *f (im Labor)*
vakum damıtması

Vakuumexsikkator *m (im Labor)*
vakumlu dezikatör

Vakuumextraktion *f* <*umg*→ **Saugglockenentbindung**> *(in der Gynäkologie und der Geburtshilfe)* vakum ekstraksiyonu; vakumla ekstraksiyon; **via ~ geborene Kinder** vakum ekstraksiyonu yoluyla doğan çocuklar

Vakuumpumpe *f (im Labor)* vakum pompası

Vakzin *nt* <*Syn*→ **Impfstoff**> aşı

Vakzination *f* <*Syn*→ **Impfung**> aşı; aşılama

Vakzine→ **Vakzin**

Valenzschale *f (Eng: electron shell) (in der physikalischen Chemie und der Atomphysik)* elektron kabuğu

Valvula *f (Lat: valvula)* anat kapakçık

Variante *f (in der Virologie)* varyant

Variatiät *f (Lat: varietas) (in der Biologie)* varyete

Variation *f* varyasyon; **genetische ~** genetik varyasyon

Varicella→ **Varizella**

Varicella-Zoster-Virus→ **Varizella-Zoster-Virus**

Varize *f* <*Syn*→ **Krampfader**> *(Lat: varix) (in der Angiologie)* varis

Varizella *f* varisella; <*Syn*→ **Windpocken**> suçiçeği

Varizella-Zoster-Virus *nt* <*Syn*→ **Varicella-Zoster-Virus**> varisella zoster virüsü; <*kurz*→ **VZV**> VZV

Varizenblutung *f (in der Angiologie)* varis kanaması

Vasektomie *f* <*Syn*→ **Vasoresektion**> *(in der Urologie; chirurgischer Eingriff zur Sterilisation des Mannes)* vasektomi

vaskulär *Adj* vasküler; damarsal; **~e Chirurgie** vasküler cerrahi; <*Syn*→ **Gefäßchirurgie**> damar cerrahisi; **~e Demenz** vasküler tip demans; **~e Malformation** <*Syn*→ **Gefäßmalformation**> vasküler malformasyon; **~e Nephropathie** vasküler nefropati; **~e Permeabilität** vasküler permeabilite; damar geçirgenliği

Vaskulitis *f* vaskülit; <*Syn*→ **Gefäßentzündung**> kan damarlarının iltihaplanması

Vasodilatation *f (in der Kardiologie: Erweiterung der Blutgefäße)* vazodilatasyon; <*Syn*→ **Gefäßerweiterung**> damar genişlemesi; damarların genişlemesi

Vasokonstriktion *f (in der Herz-Kreislauf-Physiologie)* vazokonstriksiyon; <*Syn*→ **Gefäßverengung**> damar daralması; damar büzülmesi

Vasopressin *nt (in der Neuroendokrinologie)* vasopressin; <*Syn*→ **antidiuretisches Hormon**> antidiüretik hormon

Vasoresektion→ **Vasektomie**

Vasospasmus *m* <*Syn*→ **Gefäßspasmus** → **Angiospasmus**> *(in der Angiologie)* vazospazm

vasovagal *Adj* vazovagal; **~e Synkope** *(in der Neurologie)* vazovagal senkop

Vaterschaft *f* babalık

vegetarisch *Adj* vejetaryen; etyemez

Vegetarismus *m* vejetaryenlik; etyemezlik

vegetativ *Adj* vejetatif; **~es Nervensystem** *(in der Neurobiologie)* vejetatif sinir sistemi

Veilchen *nt* <*Syn*→ **blaues Auge**> morarmış göz

Vektor *m (in der Epidemiologie und der Infektiologie)* vektör; <*Syn*→ **Überträger**> taşıyıcı; **viraler** ~ *(in der Molekularbiologie)* viral vektör

Vektorimpfstoff→ **Vektorimpfung**

Vektorimpfung *f* <*Syn*→ **Vektorimpfstoff**> *m* vektör aşısı

Vena cava inferior *f* <*Syn*→ **untere Hohlvene**> vena kava inferior; alt ana toplardamar

Vena cava superior *f* <*Syn*→ **obere Hohlvene**> vena kava superior; üst ana toplardamar

Vena-cava-superior-Syndrom *nt* <*Syn*→ **obere Einflussstauung**> *(in der Hämatologie und der Onkologie)* superior vena kava sendromu

Vena cerebri magna *f* vena serebri magna; <*Syn*→ **Vena magna cerebri** → **Vena Galeni** → **Galen-Vene**> Galen veni

Vena Galeni *f* <*Syn*→ **Galen-Vene**> Galen veni; <*Syn*→ **Vena magna cerebri** → **Vena cerebri magna**> vena serebri magna

Vena magna cerebri→ **Vena cerebri magna**

Vene *f* <*Ant*→ **Arterie**> ven; *(in der Angiologie)* toplardamar

Venenkollaps *m (in der Angiologie)* venlerde kollaps; ven kollapsı; toplardamar kollapsı

Venole *f (in der Angiologie)* venül; toplardamarcık

venös *Adj* <*Ant*→ **arteriell**> venöz; **~e Sauerstoffsättigung** venöz oksijen doyumu; **~e Thrombose** venöz trombüs

Ventilation *f* <*Syn*→ **Lungenventilation**> ventilasyon; soluma

Ventrikel *m (Lat: Ventriculus cordis)* ventrikül; <*Syn*→ **Herzkammer**> kalp karıncığı

Ventrikeldrainage *f (in der Neurochirurgie)* ventriküler drenaj; **externe** ~ eksternal ventriküler drenaj; ventrikülostomi

Ventrikelruptur *f* <*Syn*→ **Herzkammerriss**> *(in der Kardiologie)* ventrikül rüptürü

Ventrikelseptumdefekt *m (in der Kardiologie)* ventriküler septal defekt

Ventrikelsystem *nt* ventriküler sistem

ventrikulär *Adj (in der Kardiologie)* ventriküler; **~e Fibrilation** <*Syn*→ **Herzkammerflimmern** → **Kammerflimmern**> ventriküler fibrilasyon

Venusberg→ **Venushügel**

Venushügel *m* <*Syn*→ **Schamhügel**> *(Lat: Mons pubis; Mons veneris)* kasık höyüğü; pubis tepesi

Verabreichungsform *f* <*Syn→*
Applikationsform> *(von
Arzneimitteln)* uygulama yolu

Veränderung *f* değişiklik

Veränderungsblindheit *f psych*
değişim körlüğü

Veranlagung *f* yatkınlık; **genetische**
~ genetik yatkınlık

Verarbeitung *f* işleme; ~ **von
Emotionen** *(im Telencephalon)*
duygu işleme

Verband *m* sargı; *(Fr: pansement)*
pansuman; **medizinischer** ~ tıbbi
sargı

Verbindung[1] *f* bağlantı;
kommunizierende ~**en** <*Syn→*
Kommunikationskontakte> *(Eng:
communicating junctions; bei
Zellkontakten)* iletişim bağlantıları

Verbindung[2] *f* <*Syn→* **chemische
Verbindung**> *chem* bileşik;
molekulare ~**en** moleküler bileşikler

Verbindungsfasern *pl* birleştirme
lifleri

Verbindungstubulus *m (in der
Anatomie der Niere)* bağlayıcı tübül

Verbrauchsdatum *nt (bei
Lebensmitteln)* son kullanma tarihi

Verbreitung *f* yayılma

Verbreitungsgebiet *nt* yayılma alanı

Verbrennung *f* yanık; ~ **vierten
Grades** dördüncü derecede yanık

Verdacht *m* şüphe; ~ **auf Krebs**
kanser şüphesi; ~ **auf
Unterzuckerung** düşük kan şekeri
şüphesi; **klinischer** ~ klinik şüphe

verdächtig *Adj* şüpheli; kuşkulu; ~**e
Stoffe** kuşkulu maddeler

Verdampfung *f (in der
Laserchirurgie)* buharlaştırma

verdauen *vt* sindirmek

Verdauung *f* sindirim

Verdauungsapparat *m (Lat:
Apparatus digestorius)* sindirim
sistemi; <*Syn→*
Verdauungssystem> *(Lat: Systema
digestivum)* sindirim sistemi

Verdauungsdrüse *f* sindirim bezi

Verdauungsenzym *nt* sindirim
enzimi

Verdauungskanal *m* <*Syn→*
Verdauungstrakt> *(Lat: Canalis
alimentarius)* sindirim borusu

Verdauungsphysiologie *f* sindirim
(sistemi) fizyolojisi

Verdauungssystem *nt (Lat: Systema
digestivum)* sindirim sistemi; <*Syn→*
Verdauungsapparat> *(Lat:
Apparatus digestorius)* sindirim
sistemi

Verdauungstrakt *m* <*Syn→*
Verdauungskanal> *(Lat: Canalis
alimentarius)* sindirim borusu

Verdrängung *f (bei
Abwehrmechanismen) psych* bastırma

verdünnt *Adj* <*Ant→* **konzentriert**>
seyreltik; ~**e Säure** seyreltik asit

Verdünnung *f chem* seyreltme

Verdünnungsausstrich *m* <*Syn→*
Ausstrich> *(in der Mikrobiologie)*
yayma

342

Verengung *f* <*Ant*→ **Erweiterung**>
daralma; darlık; <*Syn*→ **Stenose**>
stenoz

vererbbar *Adj* kalıtsal; irsi; ~**e**
Krankheit kalıt kalıtsal hastalık; irsi
hastalık

vererbt *Adj* kalıtımlı; ~**e Krankheit**
kalıtımlı hastalık

Vererbung *f* <*Syn*→ **Heredität**> *(in*
der Genetik) kalıtım; irsiyet;
soyaçekim; **autosomal-dominante** ~
otosomal dominant kalıtım;
autosomal-rezessive ~ otosomal
resesif kalıtım; **bei Tumoren spielt**
die ~ **eine große Rolle** tümörlerde
kalıtımın önemli rolü vardır

Veresterung *f* <*Syn*→
Esterbildung> *chem* esterleşme;
esterleştirilme

Verfahren *nt* işlem; yöntem; *(Eng:*
procedure) prosedür; **chemisches** ~
kimyasal işlem; **operatives** ~ cerrahi
prosedür

Verfalldatum *nt* <*Syn*→
Verfallsdatum> (ilaç) son kullanma
tarihi

Verformung *f* <*Syn*→ **Deformation**
> deformasyon

vergesslich *Adj* unutkan

Vergesslichkeit *f* unutkanlık

Vergewaltigung *f* ırza geçme;
tecavüz

Vergiftung *f* <*Syn*→ **Intoxikation**>
zehirlenme

vergleichend *Adj* karşılaştırmalı; ~**e**
Anatomie karşılaştırmalı anatomi

Vergleichsstudie *f* karşılaştırmalı
çalışma

Verhaltensanalyse *f psych* davranış
analizi; **angewandte** ~ uygulamalı
davranış analizi

Verhaltensbiologie *f* davranışsal
biyoloji

Verhaltensmuster *nt* davranış kalıbı

Verhaltenspsychologie *f* davranışsal
psikoloji

Verhaltensstörung *f* davranışsal
bozukluk

Verhaltenstherapie *f* davranışçı
terapi; **kognitive** ~ bilişsel davranışçı
terapi

Verhärtung *f* sertleşme[1];
krankhafte ~ **der Haut** deride
patolojik sertleşme

verhindern *vt* engellemek; **das**
Fortschreiten der Krankheit ~
hastalığın ilerlemesini engellemek

Verhornung *f (in der Dermatologie:*
Keratinisierung) keratinleşme

Verhütung *f* önleme; *(Empfängnis~)*
kontrasepsiyon; gebeliği önleme

Verhütungsmittel *nt* <*Syn*→
Kontrazeptivum> kontraseptif;
gebeliği önleme aracı

Verhütungspflaster *nt (Eng:*
contraceptive patch) kontraseptif
bant

Verkalkung *f* kireçlenme

Verkehrsunfall *m* trafik kazası

343

Verklebung *f (in der Pathologie)*
yapışma; *<Syn→* **Adhäsion>**
adhezyon; adezyon

Verkleinerung *f* küçülme; **die ~**
eines Organs bir organın küçülmesi

Verknöcherung *f* kemikleşme

Verkrümmung[1] *f (in der*
Pathologie) körelme; *<Syn→*
Atrophie> atrofi

Verkrümmung[2] *f (in der*
Orthopädie) eğrilik; **~ des**
Rückgrats omuganın eğriliği

verkrustet *Adj* kabuk bağlamış; **~e**
Wunde kabuk bağlamış yara

verlangsamen *vt* yavaşlatmak; **den**
Krankheitsverlauf ~ hastalığın
seyrini yavaşlatmak

Verlauf *m* seyir; **ein schwerer ~** ağır
bir seyir; **symptomloser ~ der**
Krankheit hastalığın belirtisiz seyri

verlaufen *vi* seyretmek

verletzen *vt* yaralamak; zedelemek;
incitmek; **sich das Knie ~** dizini
incitmek

Verletzung *f* yaralanma; zedelenme;
(Gelenk~) incinme

Verletzungschirurgie *f <Syn→*
Traumatologie → Unfallchirurgie>
travmatoloji

Vermännlichung *f <Syn→*
Virilisierung> *(in der*
Endokrinologie) erkekleşme

Vermehrung *f* çoğalma; **asexuelle ~**
eşeysiz çoğalma; **sexuelle ~** eşeyli
çoğalma

vermeiden *vt* kaçınmak *vi*; **Stress ~**
stresten kaçınmak

vermeidend *Adj (İng: avoidant)*
kaçıngan; **~e Bındung** *(Eng:*
avoidant attachment) (in der
Psychiatrie und der Pädiatrie)
kaçıngan bağlanma

Vermeidungsverhalten *nt* kaçınma
davranışı

Verrenkung *f (Lat: luxatio)* çıkık;
<Syn→ **Luxation>** luksasyon

verrukös *Adj <Syn→* **warzenartig>**
siğilimsi; **~es Wachstum** siğilimsi
büyüme

Versagen *nt <Syn→* **Insuffizienz>**
yetmezlik; **~ der Niere** böbreğin
yetmezliği

Verschlechterung *f* kötüleşme; **~ des**
Gesundheitszustandes sağlık
durumunun kötüleşmesi

Verschleiß *m* aşınma

verschlossen *Adj* tıkanık; tıkanmış
(olan); **~es Blutgefäß** *(in der*
Kardiologie und der Angiologie)
tıkanmış olan kan damarı

verschlucken *vt* yutmak; **ohne**
Kauen ~ çiğnemeden yutmak

Verschluss[1] *m* tıkanma; tıkanıklık;
~ der Atemwege *(in der*
Notfallmedizin) solunum yollarının
tıkanması

Verschluss[2] *m* kapak

Verschlussmechanismus *m* kapak
mekanizması

verschreiben *vt* yazmak;
(Medikament) reçete etmek; **Rezept**

~ reçete yazrmak; **Rezept ~ lassen** reçete yazdırmak

verschwommen *Adj* bulanık; **~es Sehen** *(in Nebenwirkungen)* bulanık görme

Verschwörungstheorie *f* komplo teorisi

versorgen *vt* beslemek

Versorgungsgebiet *nt* besleme alanı

Versprecher *m (in der Psycholinguistik und Logopädie)* dil sürçmesi; sürçülisan

verstauchen *vt* burkmak; **sich das Knie ~** dizini burkmak

Verstauchung *f* burkulma; *<Syn→* **Distortion>** distorsiyon

verstoffwechseln *vt <Syn→* **metabolisieren>** metabolize etmek

Verstoffwechselung *f <Syn→* **Metabolisierung>** metabolizasyon

verstopft *Adj* tıkanık; tıkalı; **~e Nase** tıkanık burun; **die Nadel kann ~ sein** iğne (ucu) tıkalı olabilir

Verstopfung¹ *f (Nasen~)* tıkanıklık

Verstopfung² *f <Syn→* **Stuhlverstopfung → Obstipation>** kabızlık

Verstümmelung *f* sakatlama; *(Eng: mutilation)* mutilasyon

Versuchsperson *f* denek

Versuchstier *f* deney hayvanı

Verteilungs-chromatographie *f* dağılma kromatografisi

Vertigo *f (Lat: Vertigo) (in der Neurologie)* vertigo; *<Syn→* **Schwindel>** baş dönmesi; etrafın dönmesi

vertikal *Adj <Ant→* **horizontal>** dikey; **~e Übertragung** *(in der Epidemiologie)* dikey bulaş

vertragen *vt* tolere etmek

Verträglichkeit¹ *f <Syn→* **Toleranz>** tolerans

Verträglichkeit² *f (Eng: agreeableness) (in der Persönlichkeitspsychologie: im Fünf-Faktoren-Modell)* uyumluluk²

verursachen *vt* neden olmak *vi*; **Krankheiten ~** hastalıklara neden olmak; **Krebs ~** kansere neden olmak

Verweilkanüle *f* kalıcı kanül

Verweilkatheter *m* kalıcı kateter

Verwesung *f* çürüme

Verworrenheit *f <Syn→* **Verwirrtheit>** *(Eng: confusion) (in der organischen Psychiatrie und bei Überdosierung)* konfüzyon

Verwirrtheit→ Verworrenheit

verzögert *Adj* gecikmeli; **~e Allergie** *<Syn→* **Spätallergie>** gecikmeli alerji

verzweigt *Adj* dallanmış; **~e Alkane** dallanmış alkanlar

Vesikel *nt <Syn→* **Bläschen>** *(Lat: vesicula)* vezikül; **synaptisches ~** *(in der Neurophysiologie)* sinaptik vezikül

vesikovaginal *Adj (in der Chirurgie: zwischen Harnblase und Scheide*

345

befindlich) vezikovajinal; ~e **Fistel**
<*Syn*→ **Blasen-Scheiden-Fistel**>
(Lat: Fistula vesicovaginalis)
vezikovajinal fistül

vestibulär *Adj* vestibüler

Vestibularapparat *m (Eng:*
vestibular system) (in der
Neurobiologie) vestibüler sistem

Vestibularorgan *m* vestibüler organ

Vestibulariskern→ **Vestibularkern**

Vestibularkern *m* <*Syn*→
Vestibulariskern> *(Lat: Nucleus*
vestibularis) (im Metencephalon)
vestibüler çekirdek

Veterinärarzt *m* (erkek) veteriner
hekim

Veterinärärztin *f* (kadın) veteriner
hekim

Veterinärmedizin *f* veteriner hekimlik

Viabilität *f* <*Syn*→
Lebensfähigkeit> *(Eng: viability)*
(in der Mikrobiologie) yaşayabilirlik

Vibrator *m* vibratör

Vielfalt *f* <*Syn*→ **Diversität**>
çeşitlilik; **biologische** ~ <*Syn*→
Biodiversität> biyoçeşitlilik;
genetische ~ genetik çeşitlilik

viral *Adj* viral; ~**er Vektor** *(in der*
Molekularbiologie) viral vektör; ~**e**
Kolitis hemorajik kolit; ~**es**
hämorrhagisches Fieber kanamalı
ateş

Virilisierung *f* <*Syn*→
Vermännlichung> *(in der*
Endokrinologie) erkekleşme

Virologe *m* (erkek) virolog

Virologie *f* viroloji

Virologin *f* (kadın) virolog

Virostatikum *nt* <*Syn*→
Virustatikum> antiviral (ilaç)

Virotherapie *f (in der Hämatologie*
und der Onkologie) viroterapi

virtuell *Adj* sanal; ~**e Realität** sanal
gerçeklik

virulent *Adj (in der Epidemiologie*
und der Mikrobiologie) virülan; ~**e**
Bakterien virülan bakteriler; ~**e**
Viren virülan virüsler

Virulenz *f (in der Epidemiologie und*
der Mikrobiologie: krank machende
Eigenschaft) virülans

Virulenzfaktor *m (in der*
Epidemiologie und der
Mikrobiologie) virülans faktörü

Virus *nt/m* virüs

Virusantigen *nt (in der*
Immunologie) virüs antijeni

Virusart *f* virüs türü

Viruserkrankung *f* virüs hastalığı;
viral hastalık

Virushepatitis *f (in der*
Gastroenterologie) viral hepatit

Virushülle *f (Eng: viral envelope)*
viral zarf; virüs kılıf

Virusinfektion *f* virüs enfeksiyonu

virusinfiziert *Adj* virüsler tarafından
enfekte edilmiş

346

Virusproliferation *f* virüs proliferasyonu; <*eş*→ **Virusvermehrung**> virüs çoğalması

Virusprotein *nt (in der Mikrobiologie)* viral protein

Virussuppression *f* virüs baskılama

Virustatikum→ **Virostatikum**

Virusstrang *m* virüs suşu

Virustyp *m* virüs tipi

Virusvermehrung *f* virüs çoğalması; <*eş*→ **Virusproliferation**> virüs proliferasyonu

Viruswarze *f (in der Dermatologie)* viral siğil

Visite *f* vizite[1]

Viskosität *f* viskozite; <*Syn*→ **Zähflüssigkeit**> ağdalık; akmazlık; **dynamische** ~ dinamik akmazlık; **kinematische** ~ kinematik akmazlık

visualisieren *vt* görselleştirmek; **mentale Bilder** ~ zihinsel görüntüleri görselleştirmek

visuell *Adj* görsel; vizüel; ~**e Aufmerksamkeit** *psych* görsel dikkat; ~**e Wahrnehmung** görsel algı; ~**er Cortex** <*Syn*→ **Sehrinde**> *(in der Neurophysiologie)* görsel korteks; ~**es System** vizüel sistem; görme sistemi

Visus *m* <*Syn*→ **Sehschärfe**> *(Lat: Visus; Acies visus)* keskin görme; görme keskinliği

viszeral *Adj* visseral *sf.*; ~**e Faszie** visseral fasya; ~**er Schmerz** visseral ağrı; ~**es Nervensystem** visseral sinir sistemi

Viszeralbogen→ **Kiemenbogen**

Viszeralchirurgie *f* visseral cerrahi

vital *Adj* <*Ant*→ **avital**> canlı

Vitaldatenmonitor *m* hasta başı monitörü

Vitalität *f* canlılık

Vitamin *nt* vitamin

Vitamin A *nt (Formel: $C_{20}H_{30}O$)* A vitamini

Vitamin B *nt* B vitamini

Vitamin B₂ *nt* B_2 vitamini

Vitamin-B₂-Mangel *m* B_2 vitamini eksikliği; ~ **kann zu einem Exanthem führen** B_2 vitamini eksikliği, ekzanteme yol açabilir

Vitamin B₃ *nt (Formel: $C_6H_5NO_2$)* B_3 vitamini; <*Syn*→ **Nicotinsäure**> nikotinik asit; <*Syn*→ **Niacin**> niyasin

Vitamin B₆ *nt (Formel: $C_8H_{11}NO_3$)* B_6 vitamini; <*Syn*→ **Pyridoxin**> piridoksin

Vitaminbedarf *m* vitamin ihtiyacı

Vitamin C *nt (Formel: $C_6H_8O_6$)* C vitamini

Vitamin-C-Mangel *m* C vitamini eksikliği

Vitamin D₃ *nt (Formel: $C_{27}H_{44}O$)* D_3 vitamini; <*Syn*→ **Cholecalciferol** → **Colecalciferol** → **Calciol**> kolekalsiferol

Vitamin-D₃-Mangel *m* D_3 vitamini eksikliği

Vitaminmangel *m* vitamin eksikliği

Vitiligo *f (in der Dermatologie)* vitiligo; *<umg→* **Weißfleckenkrankheit →** **Scheckhaut>** alaca hastalığı; **segmentale ~** segmentel vitiligo

Vokaltrakt *m <Syn→* **Ansatzrohr → Artikulationstrakt →** **Sprechtrakt>** *(Eng: vocal tract; Frz: canal vocal) anat* ses yolu

Volksgesundheit *f (İng: public health)* halk sağlığı

Volksmedizin *m* halk hekimliği; *<Syn→* **traditionelle Medizin>** geleneksel tıp

Völlegefühl *nt* tokluk hissi; bağırsakların tam boşalmadığı hissi

Vollnarkose *f < Syn→* **Allgemeinnarkose;** *Ant→* **Teilnarkose>** *(in der Chirurgie)* genel anestezi

Vollprothese *f <Syn→* **Totalprothese>** *(in der Zahnmedizin)* total protez; takma diş

vollständig *Adj <Ant→* **unvollständig>** tam; **~e Heilung** tam iyileşme; **~e Penetranz** *(in der Genetik)* tam penetrans;

Volumen *nt* hacim

Volumenkonzentration *f chem* hacimce derişim

Volumenreduktion *f* hacmi azaltma

Volumetrie *f <Syn→* **Maßanalyse>** *chem* hacimsel analiz; *<Syn→* **Titration → Titrimetrie>** titrasyon

Volvulus *m (in der Gastroenterologie)* volvulus

Vomer *m anat* vomer; *<Syn→* **Pflugscharbein>** sapan kemiği

Vomitus *m <Syn→* **Erbrechen;** → **Emesis>** kusma

Vomitivum *nt* kusturucu; *<Syn→* **Brechmittel>** kusma ilacı; *<Syn→* **Emetikum>** emetik

vorbeugen *vt* önlemek; **Krebs ~** kanseri önlemek

vorbeugend *Adj <Syn→* **prophylaktisch → vorsorglich → präventiv>** profilaktik; önleyici

Vorbeugung *f <Syn→* **Prävention>** önleme; *<Syn→* **Vorsorge →** **Prophylaxe>** profilaksi; önleyici tedavi; önleyici tıp

vorder *Adj <Ant→* **hinter>** *(Lat: anterius)* ön; **-es Kreuzband** *(Lat: Ligamentum cruciatum anterius)* ön çapraz bağ

Vordergaumen *m (in der Kiefernorthopädie)* ön damak

Vorderhirn *nt (in der Neuroanatomie)* ön beyin; *<Syn→* **Prosencephalon>** prosensefalon

Vorderhorn *nt (Lat: Cornu anterius/ Cornu frontale) (im Großhirn)* alın boynuzu

Vorderkammer *f (in der Augenheilkunde)* ön kamara

Vordiagnose *f* ön tanı

Vorerkrankung *f* geçmiş hastalık

Vorfall *m <Syn→* **Prolaps>** *(Lat: prolapsus)* prolapsus

Vorgang *m* prosedür

348

vorgeburtlich *Adj* < *Syn*→
pränatal; *Ant*→ **nachgeburtlich**>
doğum öncesi

Vorgeschichte *f (medizinisch)*
<*Syn*→ **Krankheitsgeschichte**>
epikriz

Vorhaut[1] *f* sünnet derisi; <*Syn*→
Penisvorhaut> *(Lat:*
praeputium/preputium) prepüs;
Wiederherstellung der ~ *(in der*
Chirurgie) sünnet derisi restorasyonu

Vorhaut[2] *f (Klitoris~) (Lat:*
praeputium/preputium) kaput[2]

Vorhautverengung *f* <*Syn*→
Phimose> fimoz; fimosis; fimozis

Vorhersage *f* <*Syn*→ **Prognose**>
prognoz; tahmin

Vorhof[1] *m (Lat: Atrium; İng: atrium)*
(in der Kardiologie) atriyum; kalp
kulakçığı; **rechter** ~ *(Lat: Atrium*
dextrum) sağ atriyum; sağ kulakçık

Vorhof[2] *m (Scheiden~) (Lat:*
vestibulum) anat antre

Vorhoffenster *nt* <*Syn*→ **ovales**
Fenster → **Fenestra ovalis**> *(Lat:*
Fenestra vestibuli) oval pencere

Vorhofflimmern *nt (Eng: atrial*
fibrillation) (in der Kardiologie)
atriyal fibrilasyon

Vorhofscheidewand *nt* <*Syn*→
Vorhofseptum → **Atriumseptum**>
(in der Kardiologie) atriyal septum

Vorhofseptum→
Vorhofscheidewand

Vorlage *f (Eng: template)* şablon

vorläufig *Adj* geçici; **~e Diagnose**
geçici teşhis

Vorsichtsmaßnahme *f* ihtiyati
önlem

Vorsorge *f* <*Syn*→ **Prävention** →
Prophylaxe> profilaksi; önleyici
tedavi; önleyici tıp

Vorsorgeuntersuchung *f* profilaktik
muayene

Vorsteherdrüse *f* <*Syn*→ **Prostata**>
prostat

Vorsteherdrüsenentzündung *f*
<*Syn*→ **Prostatitis**> prostatit

Vorstellungsvermögen *nt* hayal
gücü

vorübergehend *Adj* <*Syn*→
dauerhaft> geçici; **~e Erblindung**
geçici körlük

vorzeitig *Adj* erken; **~e Alterung**
erken yaşlanma

Vulva *f (Lat: Vulva; Pudendum*
femininum) anat vulva

Vulvalippen *pl* <*Syn*→
Venuslippen> *(Lat: Labia pudendi)*
vulva dudakları; <*Syn*→
Schamlippen> labia

Vulvektomie *f* vulvektomi

VZV *nt* VZV; <*Syn*→ **Varizella-**
Zoster-Virus> varisella zoster virüsü

W

Waage *f* tartı

Wachkoma *nt* uyanık koma

Wachstum *nt* büyüme; **begrenztes ~** sınırlı büyüme; **unbegrenztes ~** sınırsız büyüme

Wachstumsalter *nt* büyüme çağı; **progrediente Skoliose im ~** *(in der Orthopädie)* büyüme yaşında ilerleyen skolyoz

Wachstumsfaktor *m (in der Zellbiologie)* büyüme faktörü; **epidermaler ~** epidermal büyüme faktörü

wachstumsfördernd *Adj <Ant→* **wachstumshemmend>** büyümeyi teşvik edici

Wachstumsgeschwindigkeit *f* büyüme hızı

wachstumshemmend *Adj <Ant→* **wachstumsfördernd>** büyümeyi engelleyici

Wachstumshormon *nt* büyüme hormonu

Wachstumsparameter *m* büyüme parametresi

Wachstumsrate *f* büyüme oranı

Wachstumsschmerzen *pl (in der Orthopädie)* büyüme ağrısı

Wachstumsschub *m* büyüme hamlesi

Wachzustand *m* uyanıklık durumu

Wade *f anat* baldır

Wadenbein *nt (Lat: fibula)* baldır kemiği; *<Syn→* **Fibula>** fibula

Wadenbeinfraktur *f* baldır kemiği kırığı; *<Syn→* **Fibulafraktur>** fibula kırığı

Wadenbeinmuskulatur *f* baldır kemiği kasları

Wadenkrampf *m* baldır krampı

Wadenmuskel *m* baldır kası

Wadenmuskulatur *f* baldır kasları

Wahlblindheit *f psych* seçim körlüğü

Wahn *m (Eng: delusion) (in der Psychiatrie)* delüzyon; sanrı; vehim; hezeyan; **~ ist ein psychopathologisches Symptom** delüzyon, psikopatolojik bir belirtidir

wahnhaft *Adj* sanrılı; sanrısal; **~e Störung** *<Syn→* **Wahnstörung>** sanrılı bozukluk; sanrısal bozukluk

Wahnsinn *m (in der Psychiatrie)* çılgınlık

Wahnstörung *f (Eng: delusional disorder) (in der Psychiatrie)* delüzyonel bozukluk; sanrısal bozukluk

Wahrnehmung *f* algı; algılama; **außersinnliche ~** *(in der Parapsychologie)* duyular dışı algılama; **visuelle ~** görsel algı

Wahrnehmungspsychologie *f* algısal psikoloji

Wahrnehmungsstörungen *pl* algılama bozuklukları

Waisenhaus *nt* yetimhane

Wand *f (Gefäß~)* çeper

Wandel *m* değişim[3]; **sozialer ~** toplumsal değişim

Wanderfilarie *f* <*Syn*→
Augenwurm> *(Lat: Loa loa) (in der
Parasitologie)* Afrika göz solucanı

Wanderungsgschwindigkeit→
Driftgeschwindigkeit

Wange *f* <*Syn*→ **Backe**> *(Lat:
Bucca)* yanak

Wangenbein *nt* <*Syn*→ **Jochbein** →
Backenknochen> *(Lat: Os
zygomaticum) anat* elmacık kemiği;
zigomatik kemik

Wangenbrand *m* <*Syn*→ **Noma**>
*(Lat: Stomatitis gangraenosa;
Cancrum oris) (in der
Oralpathologie)* noma; <*Syn*→
gangränöse Stomatitis> kangrenli
stomatit

Wangengegend *f (Lat: Regio
buccalis)* yanak bölgesi

Wangenknochen→ **Jochbein**

Wangenschleimhaut *f* <*Syn*→
Backenschleimhaut> *(in der
Histologie)* yanak mukozası

Wärme *f* ısı; ~ **empfinden** ısı
hissetmek

Wärmeflasche→ **Wärmflasche**

Wärmekapazität *f* ısı sığası; ısı
kapasitesi

Wärmeleitung *f* ısı iletimi; <*eş*→
Konduktion> kondüksiyon

Wärmeregulation *f* <*Syn*→
Thermoregulation> sıcaklığın
düzenlenmesi; ısı düzenleme

wärmeregulierend *Adj* ısı
düzenleyici

Wärmestrahlung *f* <*Syn*→
thermische Strahlung> ısıl ışınım;
ısı radyasyonu

Wärmflasche *f* sıcak su torbası;
<*Syn*→ **Thermophor**; *in der
Schweiz*→ **Bettflasche**> termofor;
(Frz: Bouillotte) buyot

Wärmegel *nt* ısıtıcı jel

Warm-Kompresse *f* <*Syn*→ **Kalt-
Kompresse**> sıcak kompres

Warnhinweis *m* uyarı yazısı

Warnsignal *nt* uyarı sinyali

Warnsystem *nt* uyarı sistemi

Wartezimmer *nt* bekleme odası

Warze *f (Lat: Verruca) (in der
Dermatologie)* siğil

warzenartig *Adj* <*Syn*→ **verrukös**>
siğilimsi; ~**es Wachstum** siğilimsi
büyüme

Warzenbehandlung *f (in der
Dermatologie)* siğil tedavisi

Warzenfortsatz *m* <*Syn*→
Mastoid> *(Lat: Processus
mastoideus) (in der HNO)* mastoid;
mastoid çıkıntı

Warzenhof *m (Lat: Areola
mammae) anat* areola

Warzenteil *m (Lat: Pars
mastoideus) anat* mastoid parça

waschen *vt* yıkamak; **Hände** ~ el
yıkamak

Waschzettel *f* <*Syn*→ **Beipackzettel**
→ **Packungsbeilage** →
Gebrauchsinformation> prospektüs

351

Wasserabspaltung *f <Syn→*
Dehydratisierung →
Dehydratiation> dehidrasyon;
kondenzasyon tepkimesi

Wasseransammlung *f* su
toplanması; ~ **im Ventrikelsystem**
(beim Hydrocephalus) ventriküler
sistemde su toplanması

Wassergeburt *f (in der Gynäkologie*
und der Geburtshilfe) suda doğum

Wasserharnruhr *f* şekersiz şeker
hastalığı; *<Syn→* **Diabetes**
insipidus> diabetes insipidus

Wasserkopf→ Hydrocephalus

Wasserkrebs→ Wangenbrand

Wasserlassen *nt <Syn→*
Harnlassen> idrara çıkma;
schmerzhaftes ~ ağrılı idrara çıkma

Wasserlunge *f <Syn→* **Lungenödem>**
(in der Pneumologie und der
Notfallmedizin) akciğer ödemi; *<Syn→*
pulmonales Ödem> pulmoner ödem

Wassermenge *f* su miktarı

Wasserstoff *m (Symbol: H) (Lat:*
Hydrogenium) hidrojen

Wasserstoffbrücke *f <Syn→*
Wasserstoffbrückenbindung> hidrojen
bağı

Wasserstoffbrückenbindung *f <kurz→*
Wasserstoffbrücke> hidrojen bağı

Wasserstoffion *f chem* hidrojen iyonu

Wasserstoffkonzentration *f* hidrojen
konsantrasyonu

Wasserstoffperoxid *nt (Formel: H_2O_2)*
chem hidrojen peroksit

wässrig *Adj* sulu; ~**e Lösung** sulu
çözelti

Wattepads *f (Hygieneartikel)*
pamuklu pedler

Wattestäbchen *nt (Hygieneartikel)*
pamuklu çubuk

Wechseljahre *pl <Syn→*
Klimakterium> *(Lat: climacterium)*
yaş dönümü

wechselseitig *Adj* karşılıklı; ~**e**
Abhängigkeit *(in der Biologie)*
karşılıklı bağımlılık

Wechselwirkung *f <Syn→*
Interaktion> etkileşim; ~**en**
zwischen DNA-Klammer und DNA
DNA kıskacı ile DNA arasındaki
etkileşimler; **intermolekulare ~**
moleküllerarası etkileşim

Weg *m* yol; **extringischer ~**
ekstrinsik yol

Wehe *f (in der Gynäkologie)* sancı

Wehrmedizin *f <Syn→*
Militärmedizin> askerî tıp

weiblich *Adj* kadın; dişi; ~**e**
Geschlechtsorgane dişi cinsiyet
organları; ~**er Zyklus** *<Syn→*
Menstruationszyklus> âdet döngüsü

weich *Adj <Ant→* **hart>** yumuşak;
~**er Gaumen** *<Ant→* **harter**
Gaumen> *(Lat: Palatum molle)*
yumuşak damak; ~**er Schanker**
yumuşak şankr; *<Syn→* **Ulcus**
Molle> *(Eng: chancroid)* şankroid; ~
ist eine sexuelle übertragbare
Erkrankung şankroid cinsel yolla
bulaşan bir hastalıktır; ~ **wird durch**
das Bakterium *Haemophilus*
ducreyi **hervorgerufen** şankroid,
Haemophilus ducreyi adlı bakterinin
yol açtığı hastalıktır

Weichgewebe *nt* <*Syn*→
Weichteilgewebe> *(Eng: soft tissue)*
(in der Histologie) yumuşak doku

Weichkapsel *f* <*Ant*→ **Hartkapsel**>
(in der Pharmazie) yumuşak kapsül;
enterik kaplı tablet

Weichmacher *m* plastikleştirici;
akışkanlaştırıcı

Weichteile→ **Weichteilgewebe**

Weichteilgewebe *nt* <*Syn*→
Weichgewebe> yumuşak doku

Weichzelle *f* *(in der Psychiatrie)*
yastıklı hücre; <*umg*→
Gummizelle> kauçuk oda

Weingummi *m* pastilli sakız

Weisheit *f* *(Lat: sapientia)* bilgelik; ~
und Wissen *(in der positiven
Psychologie)* bilgelik ve bilgi

Weisheitszahn *m* yirmi yaş dişi

weiß *Adj* ak; beyaz; ~e **Substanz**
*(Lat: Substantia alba) (im
Zentralnervensystem)* ak madde;
beyaz madde; ~er **Infarkt** beyaz
infarkt; soluk infarkt; ~es
Blutkörperchen *(in der
Immunologie)* akyuvar; <*Syn*→
Leukozyt> lökosit

Weißblutigkeit *f* <*Syn*→
Leukämie> lösemi; <*Syn*→
Blutkrebs> kan kanseri

Weißfleckenkrankheit *f* <*Syn*→
Scheckhaut> *(in der Dermatologie)*
alaca hastalığı; <*Syn*→ **Vitiligo**>
vitiligo

Weitsichtigkeit *f* <*Syn*→
Hypermetropie →

Übersichtigkeit> *(in der
Augenheilkunde)* hipermetropi

Weitung *f* genişletme; ~ **der
Bronchien** bronşları genişletme

Weltgesundheits-organisation *f*
*(İng: World Health Organisation;
WHO)* Dünya Sağlık Örgütü

wenden *vrefl* danışmak; başvurmak; **sich
an jemanden** ~ birine danışmak; birine
başvurmak; ~ **Sie sich an Ihren Arzt** *(auf
dem Beipackzettel)* doktorunuza
(hekiminize) danışınız; doktorunuza
(hekiminize) başvurunuz

Wickeln *m* bebek kundaklama

Wickelraum *m* bebek kundaklama
odası

Widerstand *m* *(in der
Psychotherapie)* karşı koyma

Wiederaufnahmehemmer *m* *(Eng:
reuptake inhibitor)* geri alım
inhibitörü

Wiederauftreten *nt* <*Syn*→
Rückfall> nüks; yeniden ortaya
çıkma; <*Syn*→ **Rezidiv**>
*(Wiederauftreten einer Krankheit
oder psychischen Störung)* relaps

wiederauftretend *Adj* <*Syn*→
rezidivierend> nükseden; yeniden
ortaya çıkan; ~e **Schmerzen**
nükseden ağrılar; yeniden ortaya
çıkan ağrılar

Wiederbelebung *f* canlandırma;
<*Syn*→ **Reanimation**>
*(in der Notfallmedizin und der ersten
Hilfe)* reanimasyon

Wiederherstellen→
Wiederherstellung

353

Wiederherstellung *f* restorasyon; <*Syn*→ **Rekonstruktion**> *(Eng: reconstruction) (in der Chirurgie)* rekonstrüksiyon

Wiederherstellungschirurgie *f* <*Syn*→ **rekonstruktive Chirurgie**> rekonstrüktif cerrahi

Wiege *f* beşik

willkürlich *Adj* <*Ant*→ **unwillkürlich**> istemli; **~e Muskelbewegungen** istemli kas hareketleri

Wimper *f* <*Syn*→ **Zilie**> *(Lat: Cilium)* kirpik

Windel *f* bebek bezi; alt bezi

Windpocken *f* suçiçeği; <*Syn*→ **Varicella**> varisella

Windpockenimpfstoff *m* suçiçeği aşısı; <*Syn*→ **Varicellaimpfstoff**> varisella aşısı

Windung *f* anat kıvrım

Winterdepression *f* kış depresyonu; kış bunalımı

Wirbel *m* omur; vertebra

Wirbelbruch *m* <*Syn*→ **Wirbelfraktur**> *(in der Orthopädie)* omur kırığı

Wirbelfraktur→ **Wirbelbruch**

Wirbelkanal *m* omurga kanalı; <*Syn*→ **Spinalkanal** → **Rückenmarkskanal**> spinal kanal

Wirbelsäule *f* <*Syn*→ **Rückgrat**> *(Lat: Columna vertebralis) anat* omurga; spinal kolon

Wirbeltiere *pl (Lat: Vertebrata)* omurgalılar

Wirkmechanismus *m* etki mekanizması

wirksam *Adj* etkin; **~e Behandlung** etkin tedavi

Wirkstoff *m* etkin madde; ajan; **pharmakologischer** ~ farmakolojik ajan

Wirkstofffreisetzung *f (in der Pharmazie)* etkin madde salınımı

Wirkung *f* etki; **adstringierend** ~ astrenjan etki; **lokale** ~ lokal etki; **stimulierende** ~ uyarıcı etki; **systemische** ~ sistemik etki

Wirkungsdauer *f* etki süresi

Wirkungsmechanismus *m* etki mekanizması

Wirkungsspektrum *nt* etki spektrumu

Wirkungsweise *f (Eng: mode of action) (in der Toxikologie)* etki modu

Wirt *m (in der Parasitologie)* konak

Wirtszelle *f (in der Parasitologie)* konak hücre

wissenschaftlich *Adj* bilimsel; **~er Mitarbeiter** araştırma görevlisi

Wochenbett *nt* <*Syn*→ **Kindbett**> *(Lat: Puerperium) (in der Gynäkologie)* loğusalık.

Wochenbettfieber *nt (in der Gynäkologie)* lohusa ateşi; loğusa ateşi

Wochenfluss *m (Eng: lochia) (in der Gynäkologie)* loşi

Wöchnerin *f (in der Gynäkologie)* lohusa

wohl *Adv <Syn→* **gesund, gut>** iyi; **ich fühle mich nicht** ~ kendimi iyi hissetmiyorum

wohldefiniert *Adj* iyi tanımlanmış; **~e Probleme** *(in der Kognitionswissenschaft)* iyi tanımlanmış problemler

Wölbung *f <Syn→* **Kurtose>** *(in der deskriptiven Statistik)* basıklık

Wort-Assoziationstest *m (in der Psychoanalyse)* kelime çağrışım testi

Wundbehandlung *f* yara tedavisi

Wunde *f* yara; **offene** ~ açık yara; **verkrustete** ~ kabuk bağlamış yara

Wunderheilung *f* mucize şifa

Wundermedikament *nt* mucize ilaç

Wundermittel *nt* mucize ilaç

Wundheilung *f* yara iyileşmesi

Wundinfektion *f* yara enfeksiyonu

Wundlegegeschwür *nt* yatak yarası; *<Syn→* **Druckgeschwür>** basınç ülseri; *<Syn→* **Dekubitus>** dekubitus; *<Syn→* **Delkubitalgeschwür>** dekubitus ülseri

Wundnaht *f (in der Chirurgie) (Fr: souture)* sütür; *<Syn→* **Naht>** dikiş

Wundpflaster *m <Syn→* **Wundschnellband** → **Heftpflaster→ Pflaster>** yapışkan bandaj; yara bandı

Wundränder *pl (in der Notfallmedizin)* yara kenarları

Wundrose *f <Syn→* **Rotlauf** → **Rose>** *(in der Dermatologie)* yılancık; *<Syn→* → **Erysibel>** erizibel

Wundsalbe *f <Syn→* **Salbe** → **Heilsalbe>** merhem

Wundschnellband *m <Syn→* **Wundpflaster→ Heftpflaster→ Pflaster>** yapışkan bandaj; yara bandı

Wundsein *nt <Syn→* **Hautwolf>** *(in der Dermatologie)* pişik; *<Syn→* **Intertrigo>** intertrigo

Wundspreizer *m (Frz: écarteur chirurgical) (in der Chirurgie)* yara ekartörü; *<Syn→* **Spreizer>** ekartör

Wundstarrkrampf *m* kazıklı humma; *<Syn→* **Tetanus>** tetanoz

Wundtoilette *f <Syn→* **Débridement>** *(in der Chirurgie)* debridman; debride etme; debride edilme

Würgereflex *m* öğürme refleksi

Wurm *m (in der Parasitologie)* solucan; **parasitärer** ~ parazitik solucan

Wurmfortsatz *m <Syn→* **Appendix vermiformis>** *(Lat: Appendic coeci; Eng: appendix/vermiform appendix)* apandis; apendiks; *<umg Syn→* **Blinddarm>** kör bağırsak

Wurmfortsatzentzündung *f <Syn→* **Appendizitis** → **Blinddarmentzündung>** *(Lat: Appendicitis)* apandisit

Wurmmittel *nt* solucan düşürücü;
<*Syn*→ **Anthelminthikum**>
anthelmintik; antihelmintik

Wurstvergiftung *f* <*Syn*→
Botulismus → **Fleischvergiftung**>
botulizm

Wurzelbehandlung *f (in der*
Zahnmedizin) kök tedavisi

Wurzelhaut *f* <*Syn*→
Periodontium> *(Eng: periodontium)*
(in der Zahnmedizin) periodonsiyum;
<*Syn*→ **periodontales Ligament**>
periodontal ligament

Wurzelkanalbehandlung *f (in der*
Endodontie) kök kanal tedavisi;
kanal tedavisi; <*Syn*→
endodontische Behandlung > *(Eng:*
endodontic therapy) endodontik
tedavi; endodontik terapi

Wurzelspitze *f* <*Syn*→ **Apex**
dentis> *(Lat: Apex radices dentis)*
(in der Zahnmedizin) apeks

Wurzelstock *m* köksap; <*Syn*→
Rhizom> rizom

Wurzelzement *nt* <*Syn*→ **Zement**>
(Lat: Cementum) (in der
Zahnmedizin) kök sementi; sement

X

Xanthelasma *nt (in der*
Dermatologie) ksantelasma

Xanthom *nt* ksantom

X-Bein-Stellung *nt* <*Ant*→ **O-Bein-**
Stellung> *(in der Orthopädie)*
parantez bacak; <*Syn*→ **Genu**
valgum> genu valgum

Xerostomie *f* kserostomi; <*Syn*→
Mundtrockenheıt> ağız kuruluğu

Y

Yperit *nt (Formel: $C_4H_8C_{12}S$)* iperit;
<*Syn*→ **Senfgas**> hardal gazı; ~ **ist**
ein Giftgas iperit, zehirli gazdır

Z

zähflüssig *Adj* ağdalı; akmaz

Zähflüssigkeit *f* ağdalık; akmazlık;
<*Syn*→ **Viskosität**> viskozite

Zahn *m (Lat: Dens)* diş

Zahnabszess *m* diş apsesi

Zahnarzt *m* (erkek) diş hekimi

Zahnarzthelfer *m* (erkek) diş hekimi
yardımcısı

Zahnarzthelferin *f* (kadın) diş
hekimi yardımcısı

Zahnärztin *f* (kadın) diş hekimi

Zahnaufhellung *f* <*Syn*→
Bleaching> diş beyazlatma

Zahnbehandlung *f* diş tedavisi

Zahnbein *nt* <*Syn*→ **Dentin**> *(Lat:*
Substantia eburnea) dentin

Zahnbelag *m* tartar; kefeki

Zahnbezeichnungen *pl* diş
numaralandırma; **System für** ~
<*Syn*→ **Zahnschema**> diş
numaralandırma sistemi

Zahnbogen *m (Lat: Arcus dentalis)*
diş arkı

Zahnbürste *f* diş fırçası

Zahndurchbruch *m* diş sürmesi; diş
çıkması

Zähneknirschen *nt* diş gıcırdatma; ~
im Schlaf uykuda diş gıcırdatma

Zähneputzen *nt* diş fırçalama

Zahnersatz *m <Syn→*
Zahnprothese> *(in der
Zahnmedizin)* diş protezi

Zahnextraktion *f <Syn→*
Extraktion> *(in der Zahnmedizin)*
diş çekme

Zahnfach *nt <Syn→* **Alveole>** *(in
der Zahnmedizin)* alveol kemiği

Zahnfäule→ Zahnkaries

Zahnfehlstellung *f (in der
Zahnmedizin)* diş kapanış bozukluğu;
<Syn→ **Fehlbiss → Malokklusion>**
(Eng: malocclusion) maloklüzyon

Zahnfleisch *nt (Lat: Gingiva)* diş eti

Zahnfleischblutung *f* diş eti
kanaması

Zahnfleischentzündung *f* diş eti
iltihabı

Zahnfleischrückgang *f <Syn→*
Zahnfleischschwund →
Gingivarezession> diş eti çekilmesi

Zahnfleischschwund→
Zahnfleischrückgang

Zahnfleischwucherung *f* diş eti
büyümeleri; *<Syn→*
Gingivahyperplasie> gingival
hiperplazi

Zahnfluorose *f <Syn→*
Dentalfluorose> dental florozis

Zahnfollikel *m* diş folikülü

Zahnfüllung *f <umg→* **Plombe>** diş
dolgusu

Zahngesundheit *f* diş sağlığı

Zahnhalteapparat *m <Syn→*
Parodontium> *(Eng: periodontium)*
periodonsiyum; *<Syn→*
Attachment> ataşman; **der ~**
besteht aus Zahnfleisch (Gingiva
propria), Zanhzement
(Cementum), Zahnfach (Alveole)
und Wurzelhaut
(Periodontium/Desmodont)
periodonsiyum, diş eti (Gingiva
propria), sement (Cementum), alveol
kemiği (Alveole), periodontal
ligamentten oluşur

Zahnheilkunde *f <Syn→*
Zahnmedizin> diş hekimliği;
alternative ~ alternatif diş hekimliği

Zahnimplantat *nt* diş implantı;
dental ımplant

Zahnkaries *f <Syn→* **Zahnfäule>**
(Lat: Caries dentium) diş çürüğü;
<Syn→ **Karies>** çürük

Zahnkrone *f (Lat: Corona dentis)*
diş tacı

Zahnloch *nt* diş deliği

Zahnlockerung *f* diş gevşemesi

Zahnmark→ Zahnpulpa

Zahnmedizin *f <Syn→*
Zahnheilkunde> diş hekimliği

Zahnmedizinische Fachangestellte
f <in der Schweiz→

357

Dentalassistentin> (kadın) diş hekimi asistanı

Zahnmedizinische Prophylaxeassistentin *f* (kadın) diş profilaksi asistanı

Zahnmedizinischer Fachangestellter *m* <*in der Schweiz*→ **Dentalassistent**> (erkek) diş hekimi asistanı

Zahnnerv→ **Zahnpulpa**

Zahnpaste *f* diş macunu

Zahnpflege *f* diş bakımı

Zahnprothese *f* <*Syn*→ **Zahnersatz**> *(in der Zahnmedizin)* diş protezi

Zahnpulpa *f* <*Syn*→ **Pulpa dentis** → **Zahnmark** → **Zahnnerv**> pulpa; diş pulpası; diş özü; **infizierte ~** enfekte diş pulpası

Zahnresorption *f* diş rezorpsiyonu

Zahnschema *pl* <*Syn*→ **System für Zahnbezeichnungen**> diş numaralandırma sistemi

Zahnschmelz *nt* <*Syn*→ **Adamantin**> *(Lat: Substantia adamantinea) (Eng: tooth enamel)* diş minesi

Zahnschmerzen *f* diş ağrısı

Zahnseide *f* diş ipi

Zahnspange *f* braket

Zahnstein *m* diş taşı; **subgingivaler ~** *(İng: subgingival calculus)* diş eti altı diş taşı; **supragingivaler ~** *(İng: supragingival calculus)* diş eti üstü diş taşı

Zahnstellung *m* diş pozisyonu

Zahnstocher *m (Fr: cure-dent)* kürdan

Zahnwurzel *f (Lat: Radix dentis)* diş kökü

Zahnzange *f* diş kerpeteni

Zahnzement *nt* <*Syn*→ **Zement**> *(Lat: Cementum) (in der Zahnmedizin)* sement

Zahnziehen *f* <*Syn*→ **Zahnextraktion**> *(in der Zahnmedizin)* diş çekme

Zahnzwischenräume *pl* <*Syn*→ **Interdentalräume**> *(in der Zahnmedizin)* diş araları

Zahnzwischenraumreinigung *f* diş arası temizliği

Zäkum *m (Lat: Caecum/Coecum)* çekum; <*Syn*→ **Blinddarm**> kör bağırsak

Zapchen→ **Zapchenzellen**

Zäpfchen[1] *nt* <*Syn*→ **Gaumenzäpfchen** → **Uvula**> *(Lat: uvula)* anat küçük dil

Zäpchen[2] *nt (in der Pharmazie: Arzneimittel)* fitil; <*Syn*→ **Suppositorium**> supozituvar

Zapchenzellen *pl (Lat: Neuron coniferum; Eng: cone cells) (in der Neurobiologie im Auge)* koni hücreleri

Zauberpilze *pl (Eng: magic mushrooms)* sihirli mantarlar; <*Syn*→ **halluzinogene Pilze**> halüsinojen mantarlar

Zeckenbiss *m* <*Syn*→ **Zeckenstich**>
kene ısırması; kene ısırığı

Zeckenimpfung *f* kene aşısı

Zeckenstich→ **Zeckenbiss**

Zeckenzange *f* kene penseti

Zeh *m anat* ayak parmağı; **großer** ~
ayak başparmağı

Zehe→ **Zeh**

Zehenknochen *pl anat* ayak parmağı
kemikleri

Zehenspitzengang *m (in der
Orthopädie)* parmak uçlarında
yürüme

Zeichensprache *f* işaret dili

Zeigefinger *m (Lat: Digitus (manus)
secundus) anat* işaret parmağı;
şahadet parmağı

Zeitpunkt *m* an; ~ **des Todes**
<*Syn*→ **Todeszeitpunkt**> ölüm anı

Zelllalterung *f* <*Syn*→
Zellseneszenz> *(in der
Gerontologie)* hücre yaşlanması

Zellanatomie *f* hücre anatomisi

Zellatmung *f (Eng: celllular
respiration)* hücresel solunum

Zellbiologie *f* hücre biyolojisi;
<*Syn*→ **Zytologie**> sitoloji

Zelldifferenzierung *f (in der
Entwicklungsbiologie)* hücresel
farklılaşma

Zelle *f (Lat: cellula) (in der Genetik)*
hücre; göze; **eukaryotische** ~
ökaryotik hücre; **prokaryotische** ~

prokaryotik hücre; **somatische** ~
somatik hücre

Zellenlehre→ **Zytologie**

Zellfraktionierung *f (in der
Mikrobiologie)* hücre parçalanması

Zellgenetik *f* <*Syn*→ **Zytogenetik**
→ **Cytogenetik**> sitogenetik

Zellgewebe *nt* hücre dokusu

Zellgiftigkeit *f* <*Syn*→ **Cytotoxizität**
→ **Zytotoxizität**> *(in der
Toxikologie und der Pharmakologie)*
sitotoksisite

Zellkern *m* <*Syn*→ **Nukleus**> *(Lat:
nucleus)* hücre çekirdeği; nükleus

Zellkontakte *pl* <*Syn*→
Zellverbindungen> hücre
bağlantıları; interselüler köprü

Zellkörper *m* <*Syn*→ **Zytosoma** →
Zellleib → **Zellsoma**> *(in der
Zellbiologie)* hücre gövdesi

Zellkultur *f (in der Biochemie)* hücre
kültürü

Zelllebensfähigkeit→ **Zellviabilität**

Zellleib→ **Zellkörper**

Zellmembran *f* <*Syn*→
Zytomembran> *(Lat: Membrana
cellularis)* hücre zarı; hücre
membranı

Zellmigration *f (in der Zellbiologie)*
hücre göçü

Zellnekrose *f* hücre nekrozu

Zellorganell *nt* hücre organeli

Zellpathologie *f* hücre patolojisi

359

Zellpopulation f (in der Mikrobiologie) hücre popülasyonu

Zellprobe f (im Labor) hücre örneği

Zellproliferation f (in der Entwicklungsbiologie: Vermehrung von Zellen) hücre proliferasyonu; hücresel proliferaasyon

Zellseneszenz f <Syn→ **Zelllalterung**> (in der Gerontologie) hücre yaşlanması

Zellskelett→ **Zytoskelett**

Zellsoma→ **Zellkörper**

Zellteilung f <Syn→ **Cytokinese** → **Zytokinese**> hücre bölünmesi

Zelltherapie f hücre tedavisi

Zelltod m hücre ölümü; **programmierter** ~ programlanmış hücre ölümü

Zelltyp m hücre tipi

zellübertragene Allergie hücre aktarmalı alerji

Zellulitis f <Syn→ **Cellulite** → **Orangenhaut** → **Apfelsinenhaut**> (Lat: Adipositas oedamatosa) (in der Dermatologie) selülit

Zellverbindungen pl <Syn→ **Zellkontakte**> hücre bağlantıları; interselüler köprü

Zellviabilität f <Syn→ **Zelllebensfähigkeit**> (Eng: cell viability) (in der Mikrobiologie) hücre yaşayabilirliği

Zellvolumen nt hücre hacmi

Zellwachstum nt hücre büyümesi

Zellwand f (in der Zellbiologie) hücre duvarı; hücre çeperi

Zellzwischenraum m <Syn→ **Interzellularraum**> (Lat: Spatium intercellulare) (in der Histologie und der Zellbiologie) hücrelerarası boşluk

Zellzyklus m (in der Genetik) hücre döngüsü

Zement[1] nt (Lat: Cementum) çimento

Zement[2] nt <Syn→ **Wurzelzement**> (Lat: Cementum) (in der Zahnmedizin) sement

Zementoblast m (in der Zahnmedizin) sementoblast

Zementogenese f (in der Zahnmedizin) sementogenez

Zentralnervensystem nt (in der Neurobiologie) merkezî sinir sistemi

Zentrifugation f santrifüjleme; **differentielle** ~ (in der Mikrobiologie) ayrımsal santrifüjleme

Zentrifuge f (in der Pharmazie: Laborgerät) santrifüj

zentrisch Adj sentrik; ~e **Okklusion** (in der Zahnmedizin) sentrik oklüzyon

Zentromer nt <Syn→ **Centromer**> (in der Genetik) sentromer

Zentrum nt merkez; ~ **für Labormedizin** laboratuvar tıbbı merkezi

zerebral Adj serebral; ~e **kavernöse Felhbildung** (İng: cerebral cavernous malformation) (in der

Neurochirurgie) serebral kavernöz malformasyon

Zerebralparese *f <Syn→* **infantile Zerebralparese>** *(in der Neurologie)* serebral palsi

Zerebralshunt *m <Syn→* **Cerebralshunt>** *(in der Neurochirurgie beim Hydrocephalus)* serebral şant

Zerebrospinalflüssigkeit *f <Syn→* **Gehirn-Rückenmark(s)-Flüssigkeit → Liquor cerebrospinalis>** *(Körperflüssigkeiten)* beyin-omurilik-sıvısı; serebrospinal sıvı; nörolenf

zerebrovaskulär *Adj (in der Neurologie und der Angiologie)* serebrovasküler; **~e Störungen** serebrovasküler bozukluklar; **~er Unfall** *(Eng: cerebrovascular accident)* serebrovasküler kaza

Zerfall[1] *m* bozunma; **radioaktiver ~** *<Syn→* **Kernzerfall>** *(in der Radioaktivität)* nükleer bozunma

Zerfall[2] *m <Syn→* **Auflösung>** yıkım

Zersetzung *f* ayrışma; **die ~ organischer Stoffe** organik maddelerin ayrışması

Zersetzungsprozess *m* ayrışma süreci

Zerstäuber *m* püskürteç

Zerumen *m <Syn→* **Cerumen>** serumen; *<umg→* **Ohrenschmalz>** kulak kiri

Zervikalschleim→ Zervixschleim

Zervikalstütze *f (in der Orthopädie)* boyun ateli

Zervixerosion *f <Syn→* **Portioerosion>** *(in der Gynäkologie) (Eng: cervical ectropion)* servikal ektropiyon

Zervizitis *f <Syn→* **Gebärmutterhalsentzündung>** servisit

Zervix *f <Syn→* **Cervix>** *(Lat: Cervix uteri)* serviks; *<Syn→* **Gebärmutterhals>** rahim ağzı; rahim boynu

Zervixcerclage *f (in der Gynäkologie)* servikal serklaj

Zervixkanal *m <Syn→* **Gebärmutterhalskanal>** servikal kanal

Zervixkarzinom *m <Syn→* **Kollumkarzinom>** *(Lat: Carcinoma cervicis uteri)* serviks kanseri; servikal kanser; *<Syn→* **Gebärmutterhalskrebs>** rahim ağzı kanseri

Zervixschleim *m <Syn→* **Zervikalschleim>** servikal mucus; rahim ağzı salgısı

Ziegenpeter *m <Syn→* **Mumps>** *(Kinderkrankheit)* kabakulak

zielgerichtet *Adj* hedefe yönelik; **~e Therapie** hedefe yönelik tedavi

Ziliarkörper *m <Syn→* **Strahlenkörper>** *(Lat: Corpus ciliare) (in der Anatomie des Auges)* kirpiksi cisim; siliyer cisim

Zilie *f <Syn→* **Wimper>** *(Lat: Cilium)* kirpik

Zimmertemperatur *f <Syn→* **Raumtemperatur>** oda sıcaklığı

Zinnsalbe *f (in der Dermatologie:*
Wundbehandlung) çinko merhemi

Zirbeldrüse *f <Syn→* **Pinealis>**
(Lat: Glandula pinealis) pineal bez;
<Syn→ **Epiphyse → Epiphysis**
cerebri> epifiz

Zirkulation *f* sirkülasyon; *<Syn→*
Kreislauf> dolaşım; *<Syn→*
Blutkreislauf> kan dolaşımı

Zirkumduktion *f (İng:*
circumduction) sirkumduksiyon;
sirkümdiksiyon

Zirkumzision *f* sirkumsizyon;
<Syn→ **Beschneidung>** sünnet

Zirrhose *f <Syn→* **Cirrhosis>** *(in*
der Pathologie) siroz

Zittern *nt (in der Neurologie)*
titreme; *<Syn→* **Tremor>** tremor

zittern *vi* titremek; ~ **Ihnen die**
Hände? Elleriniz titriyor mu?

Zökum *m (Lat: Caecum/Coecum)*
çekum; *<Syn→* **Blinddarm>** kör
bağırsak

Zöliakie *f* çölyak hastalığı; *<Syn→*
Gluten-Enteropathie> gluten
enteropatisi

Zölom *nt <Syn→* **Coelom>** sölom;
<Syn→ **Leibeshöhle>** vücut boşluğu

Zone *f* bölge; **erogene** ~ erojen bölge

Zoonose *f* zoonoz hastalık; **die ~ ist**
eine von Tier zu Mensch und von
Mensch zu Tier übertragbare
Infektionskrankheit zoonoz
hastalık, hayvandan insana ve
insandan hayvana geçebilen
enfeksiyon hastalığıdır

Zoophobie *f psych* zoofobi; *<Syn→*
Angst vor Tieren> hayvan korkusu

Zorn *m (Lat: ira) psych* öfke;
kızgınlık

Zubereitung *f* preparasyon

züchten *vt* yetiştirmek; **Bakterien** ~
(im Labor) bakteri yetiştirmek

Zucken *nt (Achsel~)* silkme

Zuckerharnruhr→
Zuckerkrankheit

Zuckerkrankheit *f* şeker hastalığı;
<Syn→ **Diabetes mellitus>** diabetes
mellitus; *<umg→* **Diabetes>** diyabet

Zuckerstoffwechsel *m* şeker
metabolizması

Zuckung *f (in der Neurologie)*
seğirme; *<Syn→* **Myoklonie>**
(rasche und unwillkürliche
Muskelzuckungen) miyoklonus *(ani*
ve istemsiz seğirmeler);
unwillkürliche ~ istemsiz seğirme

Zufallsbefund *m (in der Diagnostik)*
rastlantısal bulgu

Zufallsprobe→ Zufallsstichprobe

Zufallsstichprobe *f (Eng: random*
sample) rastgele örnek

Zufallswirt *m (in der Parasitologie)*
rastlantısal konak

Zufallszustellung *f (Eng: random*
assignment) rastgele atama

Zufriedenheit *f psych* hâlinden
memnunluk

zunehmen *vi <Ant→* **abnehmen>**
kilo almak

Zunge *f (Lat: lingua)* dil

Zungenbein *nt (Lat: Os hyoideum; Os hyoides)* dil kemiği; hiyoid kemik

Zungenbrennen→ **Zungen- und Mundschleimhautbrennen**

Zungenbürste *f* dil fırçası

Zungenhalter *m (in der Zahnmedizin)* dil retraktörü

Zungenkörper *m (Lat: Corpus linguae)* dil gövdesi

Zungenmuskeln *pl <Syn→* **Zungenmuskulatur>** dil kasları; **innere** ~ *<Syn→* **intrinsische Zungenmuskulatur;** → **Binnenmuskulatur>** intrinsik dil kasları

Zungenmuskelnerv *m <Syn→* **Nervus hypoglossus>** *(Lat: Nervus hypoglossus) (in der Neuroanatomie; 12. Hirnnerv)* hipoglossal sinir

Zungenmuskulatur *pl <Syn→* **Zungenmuskeln>** dil kasları; **intrinsische** ~ *<Syn→* **innere Zungenmuskulatur;** → **Binnenmuskulatur>** intrinsik dil kasları

Zungenpiercing *nt* dil pirsingi

Zungen-Rachen-Nerv *m <Syn→* **Nervus glossopharyngeus>** *(in der Neuroanatomie; 9. Hirnnerv)* glossofaringeal sinir

Zungenreiniger *m* dil temizleyici

Zungenschaber *m* dil kazıyıcı

Zungenspitze *f (Lat: Apex linguae)* dil ucu

Zungen- und Mundschleimhautbrennen *nt <Syn→* **Glossodynie>** *(Eng: burning mouth syndrome) (in der Neurologie)* ağız yanması sendromu

Zungenwurzel *f (Lat: Radix linguae)* dil kökü

Zur-Ader-Lassen→ **Aderlass**

Zusammenbruch *m <Syn→* **Kollaps>** *(in der Neurologie)* kollaps; **zusammengesetzt** *Adj* bileşik; ~**e Drüsen** *(in der Gastroenterologie)* bileşik bezler

Zusammenhang *m* bağlantı; ~ **zwischen Darmmikrobiom und Vorhofflimmern** bağırsak mikrobiyomu ile atriyal fibrilasyon arasındaki bağlantı

zusammenziehend *Adj* büzücü; *<Syn→* **adstringierend>** *(Eng: astringent)* astrenjan

Zusatzstoff *m (bei Lebensmitteln)* katkı maddesi

Zustand *m* durum; ~ **des Patienten** hastanın durumu; **gesundheitlicher** ~ sağlık durumu; **psychischer** ~ ruhsal durum

zwanghaft *Adj*; obsesif; ~**e Persönlichkeitsstörung** *(in der Psychiatrie)* obsesif kompulsif kişilik bozukluğu *<Syn→* **Zwangsneurose>** saplantı nevrozu

Zwangsabtreibung *f* zorla kürtaj

Zwangsbehandlung *f* zorunlu tedavi

Zwangserkrankung→
Zwangsstörung

Zwangsjacke *f (in der Psychiatrie)*
deli gömleği

Zwangsneurose *f* saplantı nevrozu

Zwangsstörung *f <Syn*→
Zwangserkrankung> *Psych* tik
bozukluğu; *(Eng: obsessive-
compulsive disorder OCD)*
obsesif-kompulsif bozukluk; OKB

Zweckforschung *f <Syn*→
angewandte Forschung>
(in Forschung und Entwicklung)
uygulamalı araştırma

Zwerchfell *nt <Syn*→ **Diaphragma>**
diyafram; **das ~ trennt die
Brusthöhle und die Bauchhöhle
voneinander** diyafram, göğüs
boşluğunu karın boşluğundan ayırır

Zwerchfellatmung *f* diyafragmatik
solunum

Zwerchfellhernie *f <Syn*→
Diaphragma> diyafram fıtığı

Zwerchfelllähmung *f* diyafram felci

Zwerchfellnerv *m <Syn*→ **Nervus
phrenicus>** *(im peripheren
Nervensystem)* frenik sinir

Zwerchfellruptur *f* diyafram
yırtılması

Zwilling *m* ikiz; **eineiige ~e** tek
yumurta ikizleri; **zweieiige ~e** ayrı
yumurta ikizleri

Zwischenhirn *nt (in der
Neuroanatomie)* ara beyin;
ılma*<Syn*→ **Diencephalon>**
diensefalon

Zwischenkieferbein *nt <Syn*→
Prämaxillare> *(in der Zahnmedizin)*
premaksilla

Zwischenmahlzeit *f* ara öğün

Zwischenprodukt *nt <Syn*→
Intermediat> ara ürün

Zwischenrippenmuskel *m (Lat:
Musculus intercostalis)* anat
kaburgalar arası kas; interkostal kas

Zwischenrippenraum *m (Lat:
Spatium intercostale)* anat kaburgalar
arası bölge; *<Syn*→
Intercostalraum> interkostal boşluk

Zwischenwirbelscheibe *f <Syn*→
Bandscheibe> *(Lat: Discus
intervertebralis)* intervertebral disk

Zwischenwirt *m (in der
Parasitologie)* ara konak

Zwischenzellsubstanz *f <Syn*→
Interzellularsubstanz> *(in der
Histologie)* hücrelerarası madde

Zwittrigkeit *f* erdişilik; *<Syn*→
Hermaphroditismus> hermafroditlik

Zwölffingerdarm *m (Lat:
Duodenum)* on iki parmak bağırsağı

Zwölffingerdarmgeschwür *nt
<Syn*→ **Duodenalulkus>** *(Lat: Ulcus
duodeni) (in der Gastroenterologie)*
on iki parmak bağırsağı ülseri;
duodenum ülseri

Zyanose *f <Syn*→ **Blausucht>**
siyanoz; **die ~ ist eine bläuliche bis
violette Verfärbung der Haut, der
Schleimhäute, der Lippen und der
Fingernägel** siyanoz, cilt, mukoza,
dudak ve eldeki tırnakların mavimsi
mor bir renk almasıdır; **periphere ~**
periferik siyanoz; **zentrale ~** merkezi
siyanoz

Zygote *f* zigot

Zytogenetik *f* <*Syn*→ **Zellgenetik**
→ **Cytogenetik**> sitogenetik; **die ~
ist die Lehre über die
Zusammenhänge zwischen
Vererbung und Zellaufbau**
sitogenetik, kalıtım ile hücre yapısı
arasındaki bağlantıların öğretisidir

Zytokinese *f* <*Syn*→ **Cytokinese** →
Zellteilung> hücre bölünmesi

Zytomembran *f* <*Syn*→
Zellmembran> *(Lat: Membrana
cellularis)* hücre zarı; hücre
membranı

Zyklus *m* döngü; **lysogener ~** *(in der
Virologie)* lizogenik döngü;
weiblicher ~ <*Syn*→
Menstruationszyklus> *(in der
Gynäkologie)* âdet döngüsü

Zyste *f* <*Syn*→ **Cyste**> kist

Zystengröße *f* kist büyüklüğü

Zystenasiration *f* kist aspirasyonu

Zystenwand *f* kist duvarı

zystisch *Adj* kistik; **~e Fibrose** kistik
fibrozis; <*Syn*→ **Mukoviszidose**>
mukovisidoz

Zystitis *f (Lat: Cystitis)* sistit;
<*Syn*→ **Harnblasenentzündung** →
Blasenkatarrh> idrar kesesi
iltihaplanması; mesane enfeksiyonu

zystoid *Adj* kistoid; **~es
Makulaödem** *(Eng: cystic macular
edema)* kistoid makula ödemi

Zystoskop *nt (in der Urologie:
Blasenspiegel)* sistoskop

Zystoskopie *f* <*Syn*→ **Cystoskopie**
→ **Urethrozystoskopie**> *(in der
Urologie: Harnröhren- und
Blasenspiegelung)* sistoskopi

Zytokin *nt* <*Syn*→ **Cytokin**> sitokin

Zytokinese *f* <*Syn*→ **Cytokinese**>
sitokinez; <*Syn*→ **Zellteilung**> hücre
bölünmesi

Zytokinrezeptoren *pl* sitokin
reseptörleri

Zytologie *f* <*Syn*→ **Zellenlehre**>
sitoloji; <*Syn*→ **Zellbiologie**> hücre
biyolojisi

zytopathisch *Adj* <*Syn*→
cytopathisch> sitopatik; **~er Effekt**
(in der virologischen Diagnostik)
sitopatik etki

Zytoplasma *nt* <*Syn*→
Cytoplasma> sitoplazma

Zytoskelett *nt* <*Syn*→ **Cytoskelett**>
hücre iskeleti

Zytosoma *nt* <*Syn*→ **Zellkörper** →
Zellleib → **Zellsoma**> *(in der
Zellbiologie)* hücre gövdesi; <*Syn*→
Soma> soma

Zytotoxizität *f* <*Syn*→ **Cytotoxizität**
→ **Zellgiftigkeit**> *(in der
Immunologie)* sitotoksisite

Wörterbücher des Autors Kıygı in chronologischer Reihenfolge

Wirtschaftswörterbuch
Bd. I: Türkisch-Deutsch
Verlag Vahlen, München 1995,
ISBN 3 8006 1877-X

Wirtschaftswörterbuch
Bd. II: Deutsch-Türkisch
Verlag Vahlen, München 1995,
ISBN 3 8006 18737

İktisat ve Ticaret Terimleri Sözlüğü
Almanca-Türkçe
(Wörterbuch der Wirtschafts- und Handelsterminologie),
ABC Kitabevi, Istanbul 1997,
ISBN 975-09-0359-5

Wörterbuch der Rechts- und Wirtschaftssprache
Türkisch-Deutsch
Verlag C.H.Beck, München 1997,
ISBN 3-406-41365-X

İktisat ve Ticaret Terimleri Sözlüğü
Türkçe - Almanca
(Wörterbuch der Wirtschafts- und Handelsterminologie),
ABC Kitabevi, Istanbul 1998,
ISBN 975-09-0358-7

Wörterbuch der Rechts- und Wirtschaftssprache
Deutsch-Türkisch
Verlag C.H.Beck, München 1999,
ISBN 3-406-41375-7

PONS - Kompaktwörterbuch für alle Fälle
Türkisch-Deutsch/Deutsch-Türkisch
Verlag Ernst Klett Sprachen, Stuttgart 2003,
ISBN 3-12-517139-3

PONS – Kompaktwörterbuch Türkisch
Verlag Ernst Klett Sprachen, Stuttgart 2005,
ISBN 3-12-517147-4

Kompaktwörterbuch Türkisch
Verlag PONS GmbH, Stuttgart 2009,
ISBN 978-3-12-517466-5

Wörterbuch Recht
Türkisch-Deutsch, Deutsch-Türkisch;
Verlag C.H.Beck, München 2010,
ISBN 978 3 406 56673 8

Wörterbuch der Rechts- und Wirtschaftssprache
Deutsch-Türkisch; Bd.2, 2.Auflage
Verlag C.H.Beck, München 2013,
ISBN 978 3 406 64003 2

Kompaktwörterbuch Türkisch
Verlag PONS GmbH, Stuttgart 2015,
ISBN 978-3-12-517974-5

Subsumtionswörterbuch
Deutsch-Englisch
Twenty Six Verlag, Norderstedt 2017,
ISBN 978-3-7407-3256-1

Subsumtionswörterbuch
Deutsch-Türkisch
Band 2
Twenty Six Verlag, Norderstedt 2021,
ISBN 978-3740786434

Kompaktwörterbuch Türkisch
Verlag PONS GmbH, Stuttgart 2022,
ISBN 978-3-12-516295-2

Türkisch-Deutsches Wörterbuch der Idiomatik
BoD Verlag, Norderstedt 2023
ISBN 978-3-758-301469

Deutsch-Türkisches Wörterbuch der Idiomatik
BoD Verlag, Norderstedt 2023
ISBN 9-783758-314056